Jens Asendorpf · Keiner wie der andere

Jens Asendorpf

Keiner wie der andere

Wie Persönlichkeits-Unterschiede entstehen

Mit 66 Tafeln

Piper
München Zürich

ISBN 3-492-03132-3

Gesetzt aus der Times-Antiqua
Gesamtherstellung: Mühlberger, Gersthofen
Printed in Germany

Für Jonas

Inhalt

Vorwort von Franz E. Weinert 9

Dank 13

I Selbstverhör 15

II Übersicht 21

III Unterschiede in der menschlichen Entwicklung 32
1 Drei Sichtweisen der Entwicklung 33
2 Meßprobleme 52
3 Das Ausmaß der Unterschiede 62
4 Die Normalität abweichender Entwicklungen 69

IV Die Stabilität der Unterschiede 72
1 Persönlichkeit und Entwicklung: Ein Widerspruch? 73
2 Drei Sichtweisen der Stabilität 82
3 Das Ausmaß der Stabilität 91
4 Stabilität und Vorhersagbarkeit 108

V Die Erklärbarkeit der Unterschiede 111
1 Trugschlüsse und Sackgassen 112
2 Ein Panorama der Persönlichkeitsentwicklung 148
3 Der Ursprung genetischer Unterschiede 157
4 Der Ursprung von Verhaltensunterschieden 185
5 Reifung und Erfahrung 206
6 Die Stabilisierung von Unterschieden 231
7 Abschätzung der Einflußgrößen 244
8 Eigendynamik oder Fremdbestimmung? 286
9 Zufall und Notwendigkeit 297
10 Grenzen der Erklärbarkeit 303

VI Schöne neue Persönlichkeit? 311
1 Die Brisanz der Genomanalyse 312
2 Genomanalyse 315
3 Harte und weiche Gen-Therapie 323
4 Die Zukunft der Persönlichkeit 328

Anmerkungen 333

Register 347

Vorwort

Natürlich wissen auch psychologische Laien, daß sich Menschen in vielfacher Weise voneinander unterscheiden. Dennoch neigen wir dazu, diese Unterschiede zu unterschätzen, besonders bei Kindern. So sind Eltern, die mehrere Kinder haben, immer wieder überrascht darüber, wie stark sie sich unterscheiden: Keines ist wie das andere.

Ziel des Buches von Jens Asendorpf ist es, diese schon früh vorhandenen Unterschiede zwischen Menschen und ihre Verfestigung zu stabilen Persönlichkeitsunterschieden zu beschreiben und zu erklären. Der Autor vermeidet dabei drei typische Fehlerquellen, die besonders die populärwissenschaftliche Literatur zur Persönlichkeitsentwicklung kennzeichnen: Die Entwicklung des Menschen wird rein individualistisch ohne Zusammenhang mit allgemeinen Gesetzmäßigkeiten dargestellt; die Vielfalt der Entwicklung wird zugunsten der Entwicklungsgemeinsamkeiten vernachlässigt, oder Abweichungen von der typischen Entwicklung werden vorschnell bewertet und zweifelhafte Rezepte für ihre Beeinflussung gegeben. Asendorpf nimmt demgegenüber eine differentielle Perspektive ein: Die Entwicklung einzelner Menschen wird mit den Gemeinsamkeiten in der Entwicklung vieler Menschen kontrastiert. Oder um ein berühmtes Wort von William Stern abzuwandeln: Es geht dem Autor darum zu demonstrieren, wie sich jeder Mensch ebenso wie einige andere Menschen in mancher Hinsicht anders als der Durchschnitt entwickelt.

Wenn Jens Asendorpf typische Entwicklungsunterschiede analysiert, bleibt er nicht bei ihrer Beschreibung stehen, sondern stellt auch rigoros die Frage nach ihrer Erklärung. Ein wesentlicher Teil des Buches ist deshalb der Anlage-Umwelt-Kontroverse gewidmet. Um die damit verbundenen wohlbekannten

Sackgassen zu vermeiden, formuliert der Autor dieses Buches das Problem präziser als üblich und sucht die Problemlösungen dazu auf der Basis grundlegender wissenschaftlicher Analysen. So kommt er zu einem Modell der Wechselwirkung von Anlage und Umwelt, das ebenso weit von blindem Biologismus wie von ideologisierten Sozialisationstheorien entfernt ist. Dabei vergißt er in seiner Argumentation nie, daß die Individualentwicklung des Menschen (Ontogenese) ohne Bezugnahme auf die Entwicklung der Menschheit (Phylogenese) unverstehbar bleiben muß. Ein solcher Blickwinkel öffnet zugleich die Augen für die Mannigfaltigkeit und Bedeutung soziokultureller Verhältnisse, in die Kinder hineingeboren werden und in deren Kontext sie sich entwikkeln. Und was vielleicht das Überraschendste ist: Die Beeinflussung der Entwicklung durch den Sich-Entwickelnden selbst wird in dieser Perspektive besonders deutlich.

Eine solche Themenstellung läßt sich nicht mit Hilfe einiger plausibler und wohlfeiler Überlegungen bewältigen, sondern bedarf der gründlichen methodischen Fundierung und einer beständig darauf aufbauenden Argumentation. Bei diesen notwendigerweise schwierigen Passagen bemüht sich Jens Asendorpf mit Erfolg um eine verständliche Darstellung. Sie wird vor allem durch den Kunstgriff gefördert, bei der Argumentation stets von der Alltagspsychologie auszugehen und ihr dann die heutige wissenschaftliche Auffassung entgegenzusetzen. Trotzdem werden manche Leser ohne Erfahrung mit Methoden der psychologischen Erkenntnisgewinnung manche Passagen als schwierig empfinden. (Dabei handelt es sich vor allem um die Abschnitte III.2: Meßprobleme; die Abschnitte IV.2 und IV.3: Art der Stabilität und empirische Beispiele dazu; und den Abschnitt V.7: Varianzschätzungen.) Diesen Lesern rate ich, die methodenzentrierten Teile des Buches bei der Lektüre zu überspringen, sich zuerst mit den inhaltlichen Befunden zu beschäftigen und erst danach zu den erwähnten Abschnitten zurückzukehren. Diese nachträgliche Auseinandersetzung mit den Forschungsmethoden ist allerdings unverzichtbar, weil man sonst den berichteten Ergebnissen mehr oder minder blind vertrauen müßte. Der Wert wissenschaftlicher Erkenntnisse bemißt sich aber gerade in der Psychologie nicht nur nach ihrem vermeintlichen gesellschaftlichen Nutzen, sondern stets auch nach dem Vertrauen, das man ihnen wegen ihrer methodischen Fundierung entgegenbringen kann. Dies gilt für komplizierte und ideologieanfällige Themen natürlich ganz besonders. Die Entwicklung der Persönlichkeit gehört zweifellos dazu. Es ist deshalb ein besonderer Vorzug des Buches, allen interessierten Lesern unabhängig von ihrem psychologischen Wissen die Möglichkeit zu bieten, die wissenschaftlichen Argumente bis in ihre methodische Fundierung hinein nachvollziehen zu können.

Die Bedeutung des Themas, die Solidität seiner Behandlung und das didaktische Geschick in der Darstellung machen es mir leicht, dem Buch von Jens Asendorpf viele interessierte und kritische Leser zu wünschen. Ich bin sicher, daß die meisten von ihnen nach der Lektüre der These zustimmen werden, daß in der Psychologie wie in der Erziehung nichts so praktisch ist wie eine methodisch gut fundierte Theorie.

München, im Frühjahr 1988 Franz E. Weinert

Dank

Zu diesem Buch wurde ich angeregt durch meine Beteiligung an der Münchner Longitudinalstudie zur Genese individueller Kompetenzen (LOGIK) des Max-Planck-Instituts für psychologische Forschung. Wer die Möglichkeit hat, sehr viele Kinder desselben Jahrgangs in den gleichen Situationen über lange Zeit hinweg zu beobachten, muß von den enormen Unterschieden zwischen den Kindern ebenso beeindruckt sein wie von der Plastizität ihrer Entwicklung: Einiges scheint angelegt, weniges scheint festgelegt. Diese Erfahrung ist unersetzlich. Mein Dank gilt deshalb an erster Stelle Herrn Prof. Dr. Franz E. Weinert, der diese Studie initiierte, den Kindern, Eltern und Erziehern, die sie durch ihre aktive Beteiligung möglich machten, meinen Mitarbeiterinnen und Mitarbeitern, auf deren Unterstützung ich bauen konnte, und der Max-Planck-Gesellschaft, die die Rahmenbedingungen nicht nur für eine solche aufwendige Studie, sondern auch für optimale Arbeitsbedingungen bot.

Dieses Buch ist auch ein Ergebnis der Seminare, die ich an der Ludwig-Maximilian-Universität München zum Thema Persönlichkeitsentwicklung hielt. Die Diskussionen in diesen Seminaren halfen mir vor allem, meinen Blick für die typischen Vorannahmen und Denkfallen unserer alltagspsychologischen Auffassungen von Entwicklung und Persönlichkeit zu schärfen. Mein Dank gilt deshalb den Studentinnen und Studenten, die sich an den lebendigen, manchmal hitzigen, selten öden Diskussionen beteiligten.

Für ihre Kommentare zum Manuskript danke ich Dirk Asendorpf (die tageszeitung, Bremen), Stephan Hermelink (Gesellschaft für technische Information, München), Monika Knopf und Franz E. Weinert (MPI für psychologische Forschung) und Heidi Bohnet (Piper-Verlag), die die redaktionelle Überarbeitung mit soviel Elan betreute.

Ich erlaubte mir den antiquierten Luxus, das Manuskript mit weichem Bleistift auf weißes Papier zu schreiben. Die Arbeit damit hatten deshalb andere: vielen Dank, Frau Dressler und WORDSTAR, für die Textverarbeitung, und Elisabeth Schroeder, für die Zeichnungen. Nicht zuletzt danke ich Jonas und Elfriede für ihre Nachsicht gegenüber meiner häufigen Abwesenheit, wenn ich anwesend war.

I Selbstverhör

Kühner, als das Unbekannte zu erforschen,
kann es sein, das Bekannte zu bezweifeln.
Kaspar

Nehmen Sie sich einmal selbst ins Kreuzverhör:

1.1
Glauben Sie als Mutter oder Vater, daß Sie Einfluß auf die Entwicklung Ihrer Kinder (gehabt) haben?

1.2
Auf welche Ihrer Kinder, auf welche Eigenschaften dieser Kinder und ab/bis zu welchem Alter dieser Kinder? Stichworte genügen.

1.3
Glauben Sie, daß auch Ihre Kinder Einfluß auf Ihre Entwicklung (gehabt) haben, und woher nehmen Sie die Überzeugung, daß dieser Einfluß geringer sei?

1.4
Was ist ein Einfluß?

1.5
Befriedigt Sie die Vorstellung, daß in der belebten und in der unbelebten Natur alles in ständiger Wechselwirkung steht? Was sonst wollen Sie erfahren?

2.1
Glauben Sie, daß Charaktereigenschaften vererbt werden?

2.2
Wenn nein: auf welche Daten stützen Sie Ihren Glauben?

2.3
Wenn ja: welche Charaktereigenschaften in welchem Alter in welchen Kulturen zu welchem historischen Zeitpunkt in welchem Grade? Stichworte genügen.

2.4
Halten Sie genetische Einflüsse auf die Persönlichkeit für weniger veränderbar als Umwelteinflüsse?

2.5
Warum glauben Sie, daß sich genetische Einflüsse nur durch Änderung der Gene, Umwelteinflüsse nur durch Änderung der Umwelt verändern ließen, nicht aber genetische Einflüsse durch Veränderung der Umwelt oder Umwelteinflüsse durch Veränderung der Gene?

3.1
Glauben Sie an Zufälle?

3.2
Welches Ergebnis ist beim Würfeln unwahrscheinlicher:
6666666666 oder 4162355142?

3.3
Denken Sie gelegentlich darüber nach, welcher zufälligen Verkettung von Umständen es zu verdanken ist, daß Sie Ihren Lebensgefährten / Ihre Lebensgefährtin kennenlernten? Wenn ja: Sind Sie der Meinung, daß diese Kette von Zufällen sich in irgendeiner Weise von den Zufällen unterscheidet, durch die Sie bei Ihrem letzten Einkauf im Supermarkt an der Kasse hinter derjenigen Person standen, hinter der Sie standen?

3.4
Warum beschäftigt Sie zuweilen die Zufälligkeit Ihrer Partnerwahl, nie aber die Zufälligkeit der Zusammensetzung von Schlangen vor den Kassen von Supermärkten, und warum erstaunt Sie die erstere Zufälligkeit mehr?

3.5
Glauben Sie, daß Zufälle für die belebte Natur notwendig sind, d. h. daß wir unsere Existenz dem Zufall verdanken; glauben Sie, daß die Notwendigkeiten unserer Welt zufälligerweise so sind, wie sie sind, oder glauben Sie beides? Überzeugt Sie Ihre Antwort in den beiden letzten Fällen? Und warum nicht?

4.1
Wenn Sie auf Ihren bisherigen Lebenslauf zurückblicken: halten Sie ihn für Ihr eigenes Verdienst, oder glauben Sie, ein Opfer der Verhältnisse geworden zu sein?

4.2
Wenn Sie ihn für Ihr eigenes Verdienst halten: Sind Sie mit dieser Meinung kein Opfer der Verhältnisse?

4.3
Wenn Sie sich für ein Opfer der Verhältnisse halten: Halten Sie diese Meinung für ein Verdienst?

4.4
Sind Sie ein Opfer *Ihrer* Verhältnisse?

4.5
Warum ist Ihnen schwindlig?

Kommen Sie, legen Sie sich hier auf die Couch. Nein, ich bin kein Psychiater und kein Psychoanalytiker: Sie sollten sich bloß entspannen. Es denkt sich dann auch leichter.

Ja, die Fragen waren wirklich perfide. Das war Absicht. Ich wollte Ihre Alltagspsychologie ein wenig aufmischen. Stacheln des Zweifels säen. Unsere Köpfe sind so verklebt mit tradierten Vorstellungen, was Persönlichkeit sei, wie sich Persönlichkeitsunterschiede entfalten, warum der eine sich so und die andere sich anders entwickelt. Wir sind alle Experten der *Alltagspsychologie*, die alles zu erklären scheint, alles und auch sein Gegenteil.

Mühelos und höchst plausibel. Ihre Vorhersagen allerdings sind selten besser als der Zufall. Oft schlechter, weil sie systematische Fehler enthalten.

Natürlich, im großen und ganzen können wir mit der Alltagspsychologie sehr gut leben. Da haben Sie völlig recht. Sie ist wie geschaffen für unser Bedürfnis nach einfachen Erklärungen, die uns nicht allzu lange vom Handeln abhalten. Ob die Erklärungen richtig sind, ist für die Praxis ja nicht entscheidend: Handeln folgt weitgehend seinen eigenen Gesetzen. Eine erfolgreiche Praxis kann mit einer völlig falschen Theorie vereinbar sein.

Trotzdem: Manche Menschen haben ab und zu das Bedürfnis innezuhalten, zu reflektieren, was vorgeht, zu versuchen herauszufinden, was *wirklich* vorgeht. Und dafür, behaupte ich, ist unsere Alltagspsychologie nicht geeignet. Im Gegenteil, sie behindert uns oft in diesem Bemühen, weil sie uns dazu verleitet, von vornherein bestimmte mögliche Alternativen auszuschließen. Sie lenkt unsere Phantasie und unser schlußfolgerndes Denken in enge Bahnen, ohne daß wir es merken. Dadurch entgeht uns vieles. Schauen Sie sich zum Beispiel Tafel 1 an.

Tafel 1
Sind Sie kreativ?

Oft enthalten Intelligenztests die Aufgabe, in vorgegebenen Zahlenfolgen eine Gesetzmäßigkeit zu erkennen und die Folge dementsprechend fortzusetzen.

Beispiele:

1 4 9 16 25 ... (alle quadrierten ganzen Zahlen)
4 9 25 49 ... (alle quadrierten Primzahlen)

Die folgende, von einem fünfjährigen Kind erfundene Aufgabe ist eine kreative Erweiterung dieses Aufgabentyps:

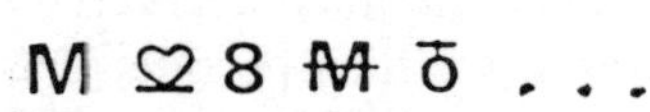

Wie lautet die Fortsetzung dieser Reihe? Die Lösung erfordert wenig Intelligenz, aber viel Kreativität. Die beste Lösungsstrategie besteht darin, die Reihe einfach lange anzusehen; *die Lösung »kommt dann von selbst«, und zwar »ohne zu denken«. Versuche, die Lösung systematisch zu finden, sind meist erfolglos; ein kom-*

plettes mathematisches Seminar der Universität Kiel schaffte es z. B. nicht. Die Auflösung finden Sie in den Anmerkungen ab S. 333 als Anmerkung[1].

Sie meinen, das beweise wieder einmal, daß Kinder kreativer sind als Erwachsene? Diese Selbstkritik ehrt Sie, aber sie geht am Kern der Sache vorbei. Kinder sind nicht kreativer als Erwachsene, aber sie können bestimmte kreative Leistungen, zu denen Erwachsene nur mit großer Mühe oder nur mit Hilfe einer Flasche Chablis fähig sind, mit spielerischer Leichtigkeit vollbringen. Weil sie lockerer mit dem umgehen, was Erwachsene für die Realität halten. Diese kindliche Lockerheit ist eine notwendige Voraussetzung, um zu tiefergehenden neuen Erkenntnissen zu gelangen. Deshalb die perfiden Fragen zu Beginn: sie sollten Ihre Alltagspsychologie unterminieren, Selbstverständliches in Frage stellen, Verkrustetes aufbrechen. Danach denkt es sich leichter; ich wollte Ihnen zu etwas mehr kindlicher Lockerheit verhelfen.

Nein, da haben Sie mich gründlich mißverstanden. Ich sagte nicht »hinreichende Voraussetzung«, sondern »notwendige Voraussetzung«. Phantasie und Lockerheit alleine reichen nicht! Erkenntnis erfordert *kontrollierte* Phantasie. Ja, Sie haben recht: Das ist anstrengender; es erfordert eine delikate Balance zwischen Lockerheit und Stringenz. Sie werden mitdenken müssen.

Ich biete Ihnen an, gemeinsam mit mir auf eine Entdeckungsreise zu gehen, um den weithin unbekannten Kontinent der Persönlichkeitsentwicklung zu erforschen. Worum es im wesentlichen gehen wird, deuten die eingangs gestellten Fragen schon an. Glauben Sie aber nicht, daß diese Reise eine reine Denkübung wäre. Auch kontrollierte Phantasie ist nur eine notwendige, aber keine hinreichende Bedingung für neue Entdeckungen auf diesem Kontinent. Warum? Ja glauben Sie denn, Psychologie ließe sich auf Philosophie reduzieren? Erkenntnisse über die Entwicklung der Persönlichkeit ließen sich durch reines Nachdenken am grünen Tisch gewinnen? Oder durch psychoanalytisches Deuten der freien Assoziationen neurotischer Erwachsener auf der Couch?

Psychologie ist die Wissenschaft des beobachtbaren Erlebens und Verhaltens von Menschen. Wie jede andere Naturwissenschaft setzt sie langwierige, mühevolle Kärrnerarbeit voraus: kontrollierte Beobachtungen an vielen Menschen. Wer Persönlichkeitsentwicklung erforschen will, hat es besonders schwer, weil das ein Beobachten derselben Menschen über einen Zeitraum von vielen Jahren erfordert. Eine einzige, zeitlich vollständige Beobachtung der Persönlichkeitsentwicklung eines einzigen Menschen dauert ein Leben lang. Inzwischen gibt es viele langfristige Untersuchungen an vielen Menschen. Es gibt also eine Datenbasis.

Ja, natürlich ist diese Datenbasis äußerst lückenhaft. Die Psychologie ist eine junge Naturwissenschaft. Aber das heißt nicht, daß nichts bekannt wäre. Bei der Interpretation dessen, was bekannt ist, kann unsere kontrollierte Phantasie ansetzen. Vorher nicht. Wer sich der Mühe entzieht, diese Datenbasis zu berücksichtigen, bleibt in der Alltagspsychologie gefangen oder orthodoxen Lehren ausgeliefert, die sich durch unsaubere Begriffsbildung gegen jede Widerlegung durch Erfahrung immunisieren.

Ein wesentlicher Teil unserer Entdeckungsreise zum Kontinent der Persönlichkeitsentwicklung wird deshalb darin bestehen, diese Datenbasis zu erkunden. Ein zweiter wesentlicher Teil wird sein, die möglichen Interpretationen dieser Datenbasis mit kontrollierter Phantasie auszuloten. Denn in den Naturwissenschaften gibt es meist mehrere mögliche Interpretationen derselben Beobachtung. Wir wollen dabei mit der Haltung vorgehen, die Bertolt Brecht dem Galileo Galilei in den Mund legte: »Ja, wir werden alles, alles noch einmal in Frage stellen. Und wir werden nicht mit Siebenmeilenstiefeln vorwärtsgehen, sondern im Schneckentempo. Und was wir heute finden, werden wir morgen von der Tafel streichen und erst wieder anschreiben, wenn wir es noch einmal gefunden haben. Und was wir zu finden wünschen, das werden wir, gefunden, mit besonderem Mißtrauen ansehen . . . *Mit einem Zwinkern*: Sollte uns aber dann jede andere Annahme als diese unter den Händen zerronnen sein, dann keine Gnade mehr mit denen, die nicht geforscht haben und doch reden.«[2]

Jetzt können Sie von der Couch aufstehen; setzen Sie sich in Ihren Lieblingssessel, schalten Sie eine Lampe an, die ein mildes Licht verbreitet, und verschaffen Sie sich zunächst einmal eine . . .

II Übersicht

In der Öffentlichkeit herrschen weit verbreitete, tief verwurzelte und wenig hinterfragte Vorstellungen über die menschliche Entwicklung. Seitdem wir einiges über die *durchschnittliche* Entwicklung wissen (etwa: wann Kinder zu laufen beginnen), wird dieses Wissen zum Maßstab für *normale* Entwicklung erhoben. Wie gebannt starren viele Eltern auf diese Entwicklungsnormen. Abweichungen selbst geringfügiger Art werden sofort gewertet. »Mein Kind konnte schon zwei Monate eher laufen als normal« (ein künftiger Olympiasieger?), »mein Kind macht immer noch manchmal in die Hosen« (ein Hinweis auf Fehler in der Erziehung?).

Diese Abweichungen vom Durchschnitt werden auch deshalb so wichtig genommen, weil der Glaube herrscht, unsere Persönlichkeit werde weitgehend durch Umwelteinflüsse in der frühen Kindheit geprägt: Kinder seien passive Opfer ihrer Umwelt. Mit dem Schuleintritt sei im wesentlichen schon alles gelaufen, höchstens die Pubertät könne noch einmal einen Strich durch die Rechnung machen. Deshalb sei eine gute Erziehung zu Hause und im Kindergarten so wichtig.

Diese folkloristischen Vorstellungen über die Einheitlichkeit der menschlichen Entwicklung und die frühzeitige Verfestigung von Persönlichkeitsunterschieden durch Umwelteinflüsse wurden wesentlich durch unüberprüfte Annahmen der Psychoanalyse und des Behaviorismus gespeist. Obwohl diese beiden Traditionen in vielerlei Hinsicht gänzlich konträrer Auffassung waren, bildeten sie doch in einem Punkt eine unheilvolle Allianz: Beide nahmen an, daß die Persönlichkeit auch im Normalfall frühzeitig festgelegt werde. Nach psychoanalytischer Auffassung ist es die Verarbeitung bestimmter, gesetzmäßig auftretender Konflikte in der frühen Kindheit, die die Persönlichkeit prägt. Nach behavioristischer Auffassung kommt das Neugeborene als unbeschriebenes Blatt zur Welt und eignet sich dann in den ersten Jahren überdauernde Verhaltenstendenzen durch Lernen an. Beides sind stimmige Annahmen in den jeweiligen Theoriegebäuden, die jedoch von den Vertretern dieser beiden Theorien nie ernsthaft überprüft wurden.

Die moderne Entwicklungspsychologie, die sich inzwischen auf viele langfristige Beobachtungen der menschlichen Entwicklung stützen kann, kommt zu einem anderen Bild von der Persönlichkeitsentwicklung. Von Beginn der Zeugung an spielt der Mensch eine aktive Rolle in seiner Entwicklung, weil er seine Umwelt in Grenzen selbst gestalten kann. Das gilt schon für den Embryo, der den Verlauf der Schwangerschaft mitbestimmt. Neugeborene unterscheiden sich erheblich voneinander; die Unterschiede sind aber noch nicht so stabil, daß man von Persönlichkeitsunterschieden sprechen kann. Diese verfestigen sich meist erst später, z. T. erst nach der Pubertät. Nur in extremen Fällen, z. B. bei geistiger Behinderung, sind die Bahnen schon in den ersten Lebensjahren klar vorgezeichnet.

Im Normalfall bleibt deshalb die gesamte Persönlichkeit bis etwa zum Ende der Pubertät noch im Fluß; keineswegs wird sie schon in der frühen Kindheit festgelegt. Mit dem Eintritt in das Erwachsenenalter werden viele Persönlichkeitsunterschiede bei vielen Menschen stabil; dennoch können auch jetzt noch in Einzelfällen deutliche Persönlichkeitsveränderungen stattfinden. Die Verfestigung von Persönlichkeitsunterschieden beruht nicht nur auf einer Kanalisierung von Eigenschaften durch stabile Umwelteinflüsse, sondern auch darauf, daß Menschen mit wachsendem Alter ihre Umwelt in Abhängigkeit von ihrer bereits entwickelten Persönlichkeit wahrnehmen, auswählen und verändern.

Einzelne Umweltfaktoren wie der Erziehungsstil der Eltern oder die Position in der Geschwisterreihe haben, wenn überhaupt, einen äußerst begrenzten Einfluß auf die Persönlichkeitsentwicklung. Das gilt auch für den langfristigen Einfluß einzelner, angeblich traumatischer Erlebnisse wie z. B. eine frühkindliche Mutterentbehrung. Diese Erlebnisse verändern nur dann die Entwicklung der Persönlichkeit, wenn sie mit lang andauernden Belastungen verbunden sind. Ein genetischer Einfluß ist für viele

Persönlichkeitsunterschiede nachweisbar, nie aber alles entscheidend. Eine größere Rolle als einzelne, isolierte Faktoren scheinen die systematische Verknüpfung mehrerer Faktoren und die letztlich nicht vorhersagbare Verkettung von Umständen zu spielen. Persönlichkeit wird durch Zufall und sehr komplexe Notwendigkeiten bestimmt.

Drei Merkmale kennzeichnen also das Bild, das die moderne Entwicklungspsychologie von der Entwicklung der Persönlichkeit entwirft: die *großen Unterschiede* in der menschlichen Entwicklung, die *begrenzte und erst recht spät einsetzende Stabilität* von Persönlichkeitsunterschieden und die mehrfaktorielle, zu einem bedeutsamen Teil auf schlichtem Zufall beruhende Verursachung von Persönlichkeitsunterschieden, also ihre *begrenzte Erklärbarkeit*.

Ziel dieses Buches ist es, diese drei Kernaussagen deutlich zu machen. Das Buch gibt also keinen ausgewogenen Überblick über den gegenwärtigen Stand der Psychologie der Persönlichkeitsentwicklung und ihre Theorienvielfalt. Vielmehr wird versucht, die drei Kernaussagen und ihre Datenbasis ausführlich und allgemeinverständlich zu erläutern und *verständlich* zu machen. Dazu wird der Rahmen der Psychologie gesprengt und versucht deutlich zu machen, daß sich in den drei Kernaussagen Grundprinzipien der Entwicklung widerspiegeln, die auch die Stammesentwicklung und die Individualentwicklung von Lebewesen ganz allgemein charakterisieren.

In dieser *psychobiologischen Perspektive* liegt das eigentlich Originelle dieses Buches: Sie unterstreicht die Kontinuität von biologischen und psychologischen Entwicklungsprinzipien. Dem Buch wird deshalb von mancher Seite der bei solcher Thematik übliche »Biologismus«-Vorwurf nicht erspart bleiben. Ich hoffe nur, daß solche Kritiker die Kapitel V.3 bis V.5 und V.8 wirklich gelesen haben, denn die dort dargestellten Konzepte von Genotyp-Umwelt-Koevolution und Person-Umwelt-Transaktion haben mit biologischem Determinismus oder Sozialdarwinismus nichts, aber auch gar nichts gemeinsam.

Kapitel III beginnt mit der Unterscheidung von drei Sichtweisen der Entwicklung, deren klare Trennung notwendig ist, um die Entwicklung von Unterschieden zwischen Menschen zu verstehen. Die *individuelle* Sichtweise vergleicht eine Person im Verlauf ihrer Entwicklung nur mit sich selbst: Ist Paul mit 6 Jahren schlauer als mit 4 Jahren? Die *universelle* Sichtweise interessiert sich für allgemeingültige Gesetzmäßigkeiten der Entwicklung: Sind Sechsjährige schlauer als Vierjährige? Die *differentielle* Sichtweise schließlich interessiert sich für die Veränderung von Unterschieden zwischen Menschen im Verlauf ihrer Entwicklung: Wenn Paula mit 4 Jahren schlauer ist als Paul, ist sie dann mit 6 Jahren noch genausoviel schlauer, oder hat sich der Unterschied zwischen Paula und Paul inzwischen verändert?

Da es in diesem Buch um die Entwicklung von Persönlichkeitsunterschieden geht, liegt ihm durchweg die differentielle Sichtweise zugrunde. Viele Mißverständnisse beruhen auf der Verwechslung dieser drei Sichtweisen. So wird immer wieder behauptet, die Erbe-Umwelt-Diskussion sei trivial, weil Gene und Umwelt immer gemeinsam auf die Entwicklung eines Menschen wirkten. Für diese individuelle Fragestellung ist das auch richtig. Keineswegs trivial ist jedoch die Frage, wie groß der relative Einfluß von Genen und Umwelt auf die Entwicklung von *Unterschieden* zwischen Menschen ist (die differentielle Fragestellung).

Im Anschluß an die Diskussion dieser drei Sichtweisen der Entwicklung werden einige Schwierigkeiten bei der Messung von Verhaltensunterschieden und ihren Veränderungen diskutiert. Es handelt sich dabei um eine allgemeinverständliche Einführung in grundlegende methodische Probleme der Messung von Entwicklungsveränderungen, die gleichzeitig klar macht, was der Intelligenzquotient (IQ) eigentlich ist. Dieser Abschnitt stellt einige Ansprüche an Ihr Mit-Denken; Sie können ihn auch überspringen, wenn Sie sich mit Ihrem Vorverständnis des IQ zufriedengeben wollen.

Der Abschnitt zeigt, daß es nur selten möglich ist, universelle und differentielle Fragestellungen mit dem gleichen Meßverfahren zu beantworten. Insbesondere läßt sich die Variabilität von Verhaltensmerkmalen nur schwer zwischen verschiedenen Altersgruppen vergleichen. Unabhängig von dieser Schwierigkeit erweist sich aber die Variabilität des Verhaltens auf allen Altersstufen als enorm groß. Diese große Variabilität des alterstypischen Verhaltens führt die gängige Praxis ad absurdum, die durchschnittliche Entwicklung als normal und Abweichungen von ihr als anomal zu betrachten. Genau das Umgekehrte ist richtig: Abweichungen vom Durchschnitt sind normal, während der durch und durch durchschnittliche Mensch eine statistische Fiktion ist.

In Kapitel IV wird der Begriff des Persönlichkeitsmerkmals eingeführt: Ein Persönlichkeitsmerkmal ist eine Verhaltenstendenz einer Person, die situativ und zeitlich stabil ist. Die Stabilität kann sich auf die Abweichung einer einzelnen Person vom Durchschnitt beziehen (individuelle Sichtweise), auf die durchschnittliche Stabilität von Verhaltensunterschieden zwischen vielen Menschen (universelle Sichtweise) und auf die unterschiedliche Stabilität in verschiedenen Gruppen von Menschen (differentielle Sichtweise). Eine Übersicht über die vorliegenden langfristigen Beobachtungen der Entwicklung vieler Menschen in westlichen Industrienationen kommt zu folgendem Bild von der universellen zeitlichen Stabilität von Verhaltensunterschieden.

In den ersten Lebensjahren ist ihre Stabilität so gering, daß es problematisch ist, überhaupt von Persönlichkeitsunterschieden zu sprechen. Von allen untersuchten Verhaltensunterschieden weisen Intelligenzunterschiede die höchste Stabilität auf: Sie stabilisieren sich im Verlauf der mittleren Kindheit und erreichen im Alter von 8 Jahren eine sehr hohe Stabilität, die der Stabilität von Unterschieden in der Körpergröße entspricht; diese hohe Stabilität bleibt dann langfristig erhalten. Die bisher untersuchten Unterschiede im sozialen und emotionalen Verhalten hingegen stabilisieren sich später als Intelligenzunterschiede; erst im Erwachsenenalter wird ein mittleres Stabilitätsniveau erreicht, das bedeutsame langfristige Persönlichkeitsänderungen bei vielen Menschen nicht ausschließt. Wenn Sie diese Schlußfolgerungen einfach glauben möchten, ohne sie anhand von Daten belegt zu sehen, können Sie die Abschnitte IV.2 und IV.3 auch überspringen.

Diese auf langfristigen Beobachtungen der tatsächlichen Entwicklung beruhenden Ergebnisse sind erklärungsbedürftig: Warum unterscheiden sich Menschen auf allen Altersstufen so stark, selbst schon Neugeborene? Warum gibt es in der frühen Kindheit noch kaum langfristig stabile Verhaltensunterschiede, warum stabilisieren sich diese Unterschiede aber dann doch bei vielen Menschen spätestens bis zum frühen Erwachsenenalter, und warum ist diese Stabilität bei Unterschieden im sozialen und emotionalen Verhalten nur mittelhoch, so daß die Persönlichkeit vieler Erwachsener immer noch im Fluß bleibt? Und vor allem: Warum entwickelt sich der eine zu dieser, die andere zu jener Persönlichkeit? Was sind die Ursachen von Persönlichkeitsunterschieden?

Diesen Fragen ist Kapitel V gewidmet, das mit Abstand umfangreichste dieses Buches. In Kapitel V.1 werden einige gängige Erklärungsmuster unserer Alltagspsychologie diskutiert, die auch immer noch weite Teile der psychologischen, pädagogischen und sozialwissenschaftlichen Literatur zum Thema Persönlichkeitsentwicklung prägen: Persönlichkeitsunterschiede würden wesentlich durch den Erziehungsstil der Eltern, das frühkindliche Temperament, die Geschwisterposition oder bestimmte frühkindliche Erlebnisse beeinflußt, z. B. eine frühkindliche Mutterentbehrung.

Alle diese Erklärungsversuche erweisen sich bei genauerer Analyse als Trugschlüsse: Jeweils für sich betrachtet übt keiner dieser vier Faktoren einen bedeutsamen Einfluß auf die Persönlichkeitsentwicklung aus. Selbst angeblich traumatische Erlebnisse wie der Tod der eigenen Mutter oder auch ein Heimaufenthalt haben nur dann einen nachweisbaren Einfluß auf die Persönlichkeitsentwicklung, wenn sie mit langandauernden Belastungen verbunden sind. Der Versuch, Persönlichkeitsunterschiede auf einzelne, isolierte Umweltfaktoren zurückzuführen, ist eine typische Sackgasse unseres linearen Ursache-Wirkungs-Denkens.

Um dieser Sackgasse zu entkommen, wird in Kapitel V.2 ein »Panorama der Persönlichkeitsentwicklung« entworfen, das Persönlichkeitsunterschiede als Ergebnis ständiger Wechselwirkungen zwischen Personen und ihren Umwelten auffaßt, als Ergebnis der »Person-Umwelt-Transaktion«. Personen können ihre Umwelt in Grenzen selbst auswählen und gestalten, und ihre Umwelt kann sie selbst nur so weit verändern, wie es ihre bereits entwickelte Persönlichkeit zuläßt. Um ein tieferes Verständnis dieser Person-Umwelt-Transaktion zu erreichen, wird sie vor dem Hintergrund der Entwicklung von Lebewesen betrachtet: Welche biologischen Wurzeln hat die menschliche Persönlichkeitsentwicklung?

Kapitel V.3 zieht einige Parallelen zwischen der Persönlichkeitsentwicklung und der Evolution der Lebewesen, genauer: zwischen der Person-Umwelt-Transaktion und der Genotyp-Umwelt-Koevolution. So wie Personen sich im Verlauf ihres Lebens verändern, verändern sich Genotypen (die genetische Identität von Lebewesen) im Verlauf der Stammesentwicklung. So wie Personen können auch Genotypen ihre Umwelt in Grenzen selbst auswählen und gestalten, und so wie die Umwelt einer Person diese nur in Abhängigkeit von der bereits entwickelten Persönlichkeit beeinflußt, beeinflussen Spontanmutationen und die selektiven Wirkungen der Umwelt die Fortentwicklung der Genotypen nur so weit, wie deren bereits entwickelte Strukturen und Funktionen das zulassen.

Diese und einige andere Parallelen werden in einer *tour de force* durch die Evolution des Lebens aufgezeigt, die gleichzeitig die fundamentale Bedeutung einer hohen genetischen Variabilität für das langfristige Überleben der Arten und des Lebens insgesamt deutlich macht. Die hohe genetische Variabilität stellt ein Sicherheitsreservoir für das Überleben dar; langfristiges Überleben in einer sich ändernden Umwelt setzt das Vorhandensein *nicht* optimal umweltangepaßter Varianten voraus. Dabei können unterschiedliche genetische Varianten derselben Art mit gleicher Überlebenschance nebeneinander existieren, obwohl sie sich deutlich in ihrem Verhalten unterscheiden: Es gibt »evolutionsstabile Persönlichkeitsunterschiede«.

Dies wäre dann eine Erklärung für die Existenz von Persönlichkeitsunterschieden zwischen Menschen, wenn diese rein genetisch bedingt wären. Kapitel V.4 macht deutlich, daß Verhaltensunterschiede zwischen Menschen zwar auch durch genetische Unterschiede mitbedingt sein können, in Extremfällen sogar durch die Aktivität eines einzigen Gens, daß aber im allgemeinen die genetischen Auswirkungen auf das Verhalten hoch variabel sind. Die Wirkung eines Gens oder eines Umweltfaktors bzw. des kompletten Genotyps oder der kompletten Umwelt einer Person besitzt einen großen Spielraum: eine »Reaktionsnorm«.

Diese Reaktionsnorm ist *zeitabhängig*. So wirkt ein Gen nur dann auf das Verhalten, wenn es überhaupt biochemisch aktiv ist; diese Aktivität variiert aber enorm im Verlauf der Entwicklung eines Menschen. Diese triviale Feststellung wird bisher nur selten zur Kenntnis genommen. Die Reaktionsnorm eines Gens ist auch *umweltabhängig*. Wie am Beispiel der Phenylketonurie, einer genetisch verursachten Stoffwechselstörung, deutlich gemacht wird, lassen sich genetische Wirkungen auf das Verhalten durch Umweltänderungen modifizieren; so läßt sich die stark intelligenzmindernde Wirkung der Phenylketonurie durch eine maßgeschneiderte Diät in den ersten Lebensjahren beseitigen. Genetische Wirkungen auf die Persönlichkeit sind nicht »gottgegeben«, sondern teilweise auch ohne »Gen-Manipulation« gezielt veränderbar.

Allgemeiner betrachtet können Menschen die Wirkungen ihres Genotyps auf ihre Persönlichkeitsentwicklung aktiv mitbestimmen. Durch entsprechende Auswahl und Gestaltung einer Umwelt, die zu ihrem Genotyp »paßt«, können sie seine Wirkung verstärken oder durch eine »gegenläufige« Umwelt in Grenzen nivellieren. Damit ist ein erstes, tieferes Verständnis der Person-Umwelt-Transaktion erreicht, das die Rolle des Genotyps in der Persönlichkeit mit berücksichtigt.

In den beiden folgenden Kapiteln wird dieses Verständnis weiter vertieft durch eine genauere Diskussion einiger *Entwicklungsprozesse*, auf denen die Entwicklung der Persönlichkeit beruht. In Kapitel V.5 werden einige Entwicklungs*gemeinsamkeiten* aller Menschen dargestellt (die universelle Sichtweise der Entwicklung). Wichtige Prinzipien lassen sich schon an der *Embryonalentwicklung* (der vorgeburtlichen Entwicklung) herausarbeiten. Diese Prinzipien gelten auch für die Entwicklung neuroanatomischer Strukturen, die sich noch weit über die Geburt hinaus fortsetzt. Da menschliches Verhalten auf der Funktion dieser neuroanatomischen Strukturen beruht, kann seine Entwicklung zunächst als Ausdruck der Entwicklung dieser Strukturen aufgefaßt werden: Verhaltensentwicklung durch *Reifung*. Diese einseitige Sicht wird anschließend korrigiert durch eine Diskussion der Bedeutung der *Erfahrung* für die universelle Entwicklung. Dabei zeigt sich, daß Wechselwirkungen zwischen Reifung und Erfahrung bestehen, die deren strikte Trennung in Frage stellen.

In Kapitel V.6 werden dann einige Prinzipien skizziert, die für die Stabilisierung von Verhaltensunterschieden zu Persönlichkeitsunterschieden verantwortlich sind: die Konstanz des Genotyps (bei variabler Gen-Aktivität), eine mögliche Konstanz der Umwelt und eine mögliche positive Person-Umwelt-Kovariation durch die persönlichkeitskonforme Wahrnehmung der Umwelt und die Auswahl und Gestaltung einer zur eigenen Persönlichkeit passenden Umwelt. Eine besondere Rolle bei der Stabilisierung von Persönlichkeitsunterschieden spielt das *Selbstkonzept*, das Bild von der eigenen Persönlichkeit. Die Entwicklung des Selbstkonzepts wird deshalb kurz skizziert und seine Wechselwirkungen mit dem eigenen Verhalten und dem Bild, das sich andere davon machen, dargestellt. Am Ende dieses Kapitels haben wir eine verwirrende Vielfalt möglicher Wechselwirkungen ausgebreitet zwischen Genotyp, Selbstkonzept, eigenem Verhalten, dem Bild anderer Menschen von diesem Verhalten, deren Verhalten und anderen Umwelteinflüssen.

Kapitel V.7 bringt wieder etwas Übersicht in diese verwirrende Vielfalt. Unterstützt durch eine Analogie aus dem Pferderennsport wird ausführlich erläutert, was eine Genotyp-Umwelt-Kovarianz und eine Genotyp-Umwelt-Interaktion ist, wie das Prinzip der Varianzzerlegung funktioniert und wie sich die Varianzanteile von Persönlichkeitsunterschieden aus der Ähnlichkeit von Personengruppen bestimmen lassen, die bestimmte Gene oder Umweltfaktoren gemeinsam haben.

Mit Hilfe dieser Methodik wird dann der relative Einfluß von drei globalen Einflußgrößen auf die Entwicklung von Persönlichkeitsunterschieden abgeschätzt: der relative Einfluß des Genotyps, der von allen Geschwistern einer Familie geteilten Umweltfaktoren und der Person-spezifischen Umweltfaktoren. Der jeweilige relative Einfluß erweist sich dabei als stark abhängig vom betrachteten Persönlichkeitsmerkmal. Intelligenzunterschiede beruhen etwa zur Hälfte auf genetischen Faktoren und zur knappen Hälfte auf »familiären« Umweltfaktoren (im oben angeführten Sinne). Person-spezifische, individuelle Erfahrungen spielen für Intelligenzunterschiede hingegen keine bedeutsame Rolle.

Bei sozialen und emotionalen Persönlichkeitsunterschieden variiert der relative Einfluß der drei Hauptfaktoren stark je nach dem speziell betrachteten Verhalten. Es läßt sich jedoch für die bisher untersuchten *selbstbeurteilten* sozialen und emotionalen Persönlichkeitsunterschiede folgender Trend erkennen: Sie beruhen etwa zur knappen Hälfte auf genetischen Unterschieden, zu einem etwa gleichgroßen Anteil auf Person-spezifischen Umweltfaktoren und nur zu einem geringen Teil auf Umwelteinflüssen, die von Geschwistern geteilt werden (hierzu gehören u. a. die sozioökonomischen Rahmenbedingungen der Familie und der Erziehungsstil der Eltern).

Obwohl diese Ergebnisse derzeit nur für westliche Industrienationen gelten (für andere Kulturen gibt es nicht genügend Daten), machen sie doch drei Punkte eindringlich klar. Erstens variiert das relative Gewicht dieser drei Einflußgrößen stark mit der Art der betrachteten Persönlichkeitsunterschiede: ihr Einfluß ist *bereichsspezifisch*. Zweitens ist der Einfluß genetischer Unterschiede auf die Entwicklung von Persönlichkeitsunterschieden so groß (auch bei Unterschieden im sozialen und emotionalen Bereich), daß sie bei der Erklärung dieser Persönlichkeitsunterschiede *nicht ignoriert werden dürfen* (wie es noch vielfach in der Sozialisationsforschung getan wird). Und drittens ist die Entwicklung des Bildes von der eigenen Persönlichkeit im sozialen und emotionalen Bereich stark von ganz *individuellen* Erlebnissen und Erfahrungen abhängig.

Diese Bilanz bisheriger psychologischer und verhaltensgenetischer Forschung wird in den Kapiteln V.8 und V.9 ergänzt durch den Versuch, zwei Aspekte der Person-Umwelt-Transaktion noch etwas deutlicher herauszuarbeiten: die Dialektik von Eigendynamik und Fremdbestimmung und von Zufall und Notwendigkeit. Dabei wird auf *Bilder* zurückgegriffen. Dem aus der Embryologie stammenden Bild von der »epigenetischen Landschaft«, das den Eindruck vermittelt, Personen seien ein Spielball ihrer Gene und ihrer Umwelt, wird das Bild vom »autopoietischen Dschungel« entgegengesetzt, das die aktive Rolle von Personen als Gestalter ihrer eigenen Entwicklung deutlich machen soll. Das Ineinandergreifen von Zufällen und Notwendigkeiten im Verlauf der Persönlichkeitsentwicklung schließlich wird mit dem Rollen eines Würfels verglichen: Die meiste Zeit über ist seine Bahn klar vorbestimmt, aber er kommt mehrfach an Punkte, wo sein weiteres Schicksal auf der Kippe steht; das macht das Resultat so zufällig.

Mit diesen Bildern sind die Grenzen der Erklärbarkeit der Persönlichkeitsentwicklung erreicht. Wie Kapitel V.10 zumindest andeutet, gibt es nicht nur Grenzen der Erklärbarkeit, die im speziellen Gegenstand des Erkenntnisinteresses begründet sind (z. B. die bedeutsame Rolle, die der schlichte Zufall in der Persönlichkeitsentwicklung spielt), sondern auch Grenzen der Erklärbarkeit, die in uns selbst liegen: Bedingungen der Möglichkeit von Erfahrung.

Nach diesem kurzen philosophischen Höhenflug wagen wir kurz vor Ende unserer Entdeckungsreise zum Kontinent der Persönlichkeitsentwicklung in Kapitel VI noch einen Blick in die Zukunft der Persönlichkeit: Wird Persönlichkeit ein gentechnologisches Produkt? Es wird die These erläutert, daß die rasanten Fortschritte der Gentechnologie, denen die biologischen, psychologischen und ethischen Risikoabschätzungen atemlos hinterherrennen, unser Verständnis von Persönlichkeit und Persönlichkeitsentwicklung verändern werden. Und zwar weniger durch die derzeit noch sehr unklaren Möglichkeiten, den Genotyp eines Embryos durch direkten Eingriff in sein Erbgut zu ändern. Das viel größere Problem dürfte die »leise Gentechnologie« werden: die medikamentöse Beeinflussung genetischer Wirkungen und die im großen Stil betreibbare Genomanalyse in Verbindung mit traditionellen Techniken der Selektion – Auswahl für Ausbildungsgänge und Arbeitsplätze und die Abtreibung ungeborenen Lebens.

Die Diskussion der möglichen Konsequenzen dieser technologischen Beeinflußbarkeit der Persönlichkeitsentwicklung kommt zu dem nicht überraschenden Ergebnis, daß sie grundsätzlich ambivalent sind. Sie hängen davon ab, wer diese neuen Möglichkeiten in welchem Umfang für welche Ziele nutzt. Die Gentechnologie legt ein weiteres Stück Natur in unsere Hände: unsere genetische Identität. Damit werden wir noch mehr als bisher für uns selbst verantwortlich.

III Unterschiede in der menschlichen Entwicklung

Was keine Variante mehr zuläßt, ist der Tod.
Max Frisch

In den letzten Jahrzehnten haben Psychologen und Kinderärzte viel Material über die *durchschnittliche* menschliche Entwicklung zusammengetragen. Schon lange waren altersgemäße Durchschnittswerte für die körperliche Entwicklung (z. B. Körpergröße, Gewicht) und für die motorische Entwicklung bekannt (z. B. Alter, in dem ein Kleinkind krabbeln oder laufen kann). Inzwischen gibt es solche Durchschnittswerte auch für die intellektuelle Entwicklung (z. B. Sprachentwicklung, Fähigkeit zu abstraktem Denken) und für die emotional-soziale Entwicklung (z. B. Alter, in dem Kinder Angst vor Fremden zeigen). Besonders unser Wissen über die ersten Monate der Entwicklung nach der Geburt hat durch immer raffiniertere Methoden der Beobachtung und der statistischen Analyse in den letzten fünfzehn Jahren rapide zugenommen. So lassen sich inzwischen für zahllose körperliche, motorische, intellektuelle und emotional-soziale Entwicklungsmerkmale Durchschnittswerte für alle Altersstufen angeben.

Viele populäre Bücher über »die Entwicklung des Kindes« sind so aufgebaut, daß sie anhand dieser altersgemäßen Durchschnittswerte die »typische«, »normale« Entwicklung beschreiben und dann Ratschläge geben, was man bei Abweichungen von der Norm tun kann. Das Wissen über die *durchschnittliche* Entwicklung wird also zum Maßstab für die *normale* Entwicklung erhoben. Formulierungen wie »*die* Entwicklung *des* Kindes«, »*die* Entwicklung *des* Laufens« unterstützen diese Sichtweise.

Wie gebannt starren inzwischen viele Eltern auf diese Entwicklungsnormen und werten sofort geringfügige Abweichungen. »Was, die Anna von nebenan kann schon laufen? Die ist doch acht Wochen jünger als unser Hans, und der macht noch gar keine Anstalten – Tatsächlich, hier steht's schwarz auf weiß: das

Kind beginnt mit 12–15 Monaten zu laufen. Hans ist jetzt sechzehn Monate – da sollten wir doch mal unseren Kinderarzt fragen.«

Die Angst, die sich hier äußert, die Angst, daß das eigene Kind »zurückbleibt«, weil es sich nicht normgerecht verhält, ist in fast allen Fällen unbegründet. Es gibt natürlich Abweichungen der Entwicklung vom Durchschnitt, die tatsächlich ein Problem signalisieren und fachliche Hilfe erfordern; oft ist es dann auch wichtig, daß die Hilfe rechtzeitig erfolgt. Daneben gibt es aber ein weites Feld von »untypischen«, »nicht normalen« Entwicklungsverläufen, die in Wirklichkeit durchaus typisch und durchaus normal sind: Die menschliche Entwicklung zeichnet sich gerade durch eine *sehr hohe Variabilität* der einzelnen Entwicklungsverläufe aus; daß große Abweichungen vom Durchschnitt bestehen, *ist normal*.

In diesem Kapitel wird diese große Variabilität der menschlichen Entwicklung deutlich gemacht und genauer untersucht. Hierzu müssen wir zunächst drei Sichtweisen der Entwicklung auseinanderhalten, die in der Alltagspsychologie oft miteinander vermengt werden: die *individuelle* Sichtweise, die jeden Menschen im Verlauf seiner Entwicklung nur mit sich selbst vergleicht, die *universelle* Sichtweise, die vom Einzelfall abstrahiert und sich nur für allgemeine Gesetzmäßigkeiten interessiert, und die *differentielle* Sichtweise, die gerade von diesen allgemeinen Gesetzmäßigkeiten absieht und die individuelle Entwicklung als Abweichung von der universellen Entwicklung betrachtet.

1 Drei Sichtweisen der Entwicklung

Was ist das Allgemeine? Der einzelne Fall.
Was ist das Besondere? Millionen Fälle.
J. W. v. Goethe, Betrachtungen im Sinne der Wanderer

Die individuelle Sichtweise

Bei der individuellen Sichtweise vergleichen wir eine Person im Verlauf ihrer Entwicklung nur mit sich selbst – so, als ob auf der ganzen Welt nur diese eine Person existieren würde. Dazu brauchen wir für jedes betrachtete Merkmal einen bestimmten *Maßstab*: Der aktuelle Entwicklungsstand und seine Veränderungen können ohne Bezugnahme auf entsprechende Entwicklungsverläufe anderer Menschen festgestellt werden. Zum Beispiel läßt sich die Körpergröße in Zentimetern, die Reaktionszeit in Sekunden und die Hörfähigkeit in Dezibel angeben. Die Veränderungen dieser drei Merkmale im Verlauf der Entwicklung lassen sich dann problemlos in einem Merkmal-Zeit-Diagramm beschreiben. Tafel 2 illustriert dies anhand der Körpergröße.

Tafel 2
Das individuelle Körpergrößenwachstum einer Person

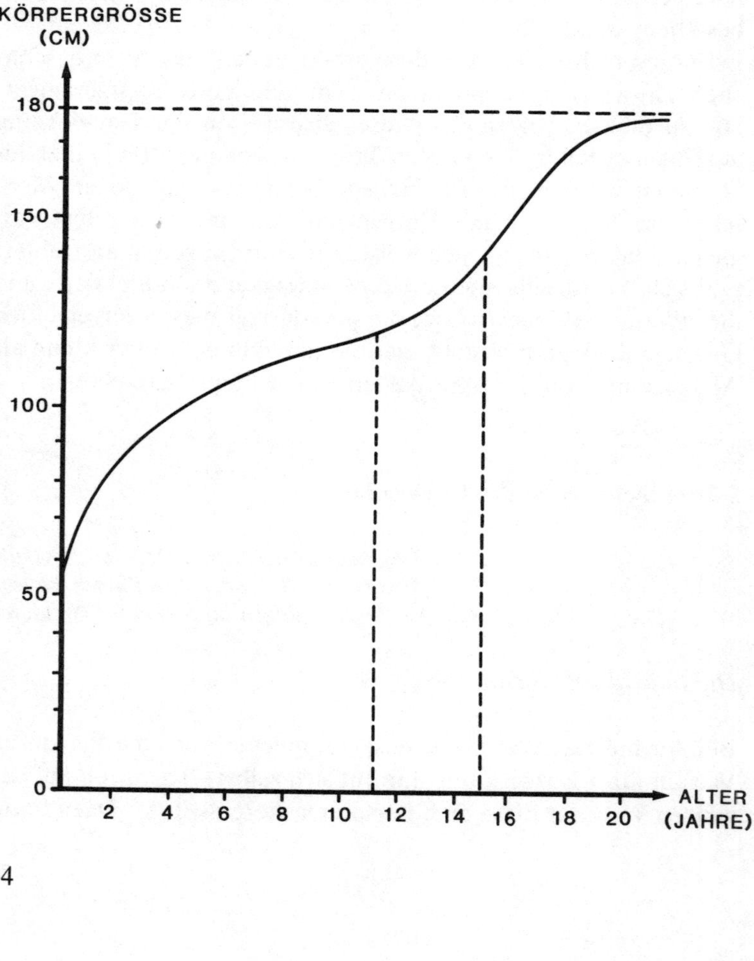

Die Abbildung zeigt, wie sich ein bestimmtes Entwicklungsmerkmal (die Körpergröße) bei einer bestimmten Person mit ihrem Alter änderte. Es handelt sich also um die Darstellung eines individuellen Entwicklungsverlaufs.

Bei individueller Betrachtungsweise des Größenwachstums der hier gezeigten Person lassen sich einige interessante Beobachtungen anstellen. So war die Geschwindigkeit des Wachstums, also die Veränderung der Körpergröße pro Zeit, nicht konstant, sondern nahm im großen und ganzen mit wachsendem Alter ab, bis die Körpergröße im Alter von 18 Jahren ein konstantes Niveau erreichte. Eine Ausnahme von dieser Regel bildete jedoch der Zeitpunkt der Pubertät: Dort zeigte sich eine Wachstumsbeschleunigung, also eine Zunahme der Wachstumsgeschwindigkeit pro Zeit. Weil die Körpergröße das ganze Erwachsenenalter hindurch praktisch konstant ist und gleichzeitig dort ihr Maximum erreicht, ist es auch sinnvoll, das Wachstum in Prozent der Erwachsenengröße zu beschreiben. So betrug die Körpergröße bei der Geburt 50 cm, d. h. 27,8% der Erwachsenengröße von 180 cm.

Derartige Aussagen über die Geschwindigkeit von Merkmalsänderungen und über prozentuale Verhältnisse von Merkmalsausprägungen stellen hohe Ansprüche an die Messung des betrachteten Merkmals. Erstens muß ein einheitlicher Maßstab vorhanden sein, mit dem wir das Merkmal zu verschiedenen Zeitpunkten der Entwicklung messen können. Zweitens müssen Merkmalsdifferenzen zwischen zwei Zeitpunkten dieselbe Bedeutung besitzen, unabhängig von den verglichenen Merkmalsausprägungen und Zeitpunkten; ein Unterschied von 10 cm Körpergröße muß also denselben Größenunterschied angeben, egal ob er zwischen 70 cm und 80 cm oder zwischen 170 cm und 180 cm besteht und egal ob er zwischen dem Alter von zwei und vier Jahren oder zwischen dem Alter von 15 und 18 Jahren gemessen wird.

Für die Bestimmung von prozentualen Anteilen muß zusätzlich ein Nullpunkt angegeben werden können, auf den sich der Anteil bezieht. Je nach Wahl dieses Nullpunkts kommt man nämlich zu verschiedenen Aussagen über die prozentualen Merkmalsveränderungen. Im Falle der in Tafel 2 gezeigten Entwicklung der Körpergröße etwa wird »die Hälfte« der Erwachsenengröße von 180 cm zu unterschiedlichen Zeitpunkten erreicht, je nachdem welchen Nullpunkt man ansetzt. Bezieht man »die Hälfte« auf den Zeitpunkt der Zeugung, an dem die Körpergröße praktisch Null war, wurde die Hälfte der Körpergröße (90 cm) nach etwa 5 Jahren erreicht (gut 4 Lebensjahre, vgl. Tafel 2, *plus* 9 Monate Schwangerschaft). Bezieht man »die Hälfte« auf den Zeitpunkt der Geburt, wurde die Hälfte der nachgeburtlichen Körpergrößenänderung von 130 cm im Alter von etwa 8 Jahren erreicht, weil die Person dort 115 = 50 + 65 cm groß war. Unsinnig ist hingegen das übliche Vorgehen, Merkmal und Alter auf unterschiedliche Nullpunkte zu beziehen, also etwa aus der Beobachtung, daß jemand an seinem 4. Geburtstag 90 cm groß ist, zu schließen, daß er »schon nach 4 Jahren 50% seiner Erwachsenengröße erreicht« habe.

Diese Überlegungen mögen hier etwas spitzfindig scheinen, aber wir werden bald sehen, daß die drei eben formulierten Anforderungen an die Messung von Entwicklungsverläufen – Einheitlichkeit, Äquivalenz der Differenzwerte, Existenz eines Nullpunktes – nur bei wenigen Merkmalen der psychischen Entwicklung gegeben sind, so daß Aussagen über Geschwindigkeit von Merkmalsänderungen oder über den prozentualen Anteil von Merkmalsausprägungen meist überhaupt nicht möglich sind.

Die universelle Sichtweise

Bei der universellen Sichtweise der Entwicklung interessieren wir uns nicht für die Entwicklung einer einzelnen Person, sondern für allgemeingültige Gesetzmäßigkeiten der Entwicklung. Zeigen zum Beispiel alle Heranwachsenden einen pubertären Wachstumsschub, spiegelt sich also in der Kurve von Tafel 2 ein allgemeines Prinzip des Körperwachstums wider, oder handelt es sich bei dieser Kurve um eine Ausnahme? Verfügen wir über einen absoluten Maßstab für die Messung des Entwicklungsverlaufs, können wir offensichtlich diese universelle Fragestellung auf viele individuelle Fragestellungen zurückführen: Wir bestimmen aus individueller Sichtweise den Entwicklungsverlauf vieler Menschen und prüfen dann, ob das untersuchte Phänomen für alle Einzelfälle gilt. Ist das der Fall, haben wir eine allgemeingültige Gesetzmäßigkeit gefunden.

Was heißt aber eigentlich »allgemeingültig«? Ist zum Beispiel die Wachstumsbeschleunigung während der Pubertät ein universelles Entwicklungsphänomen, wenn sie (a) für alle Heranwachsenden gilt, die derzeit leben, jemals gelebt haben und jemals leben werden, (b) für alle derzeit lebenden Heranwachsenden gilt, (c) für alle Heranwachsenden in »westlichen Zivilisationen« gilt, (d) für alle deutschen Heranwachsenden gilt? Diese erste Differenzierung betrifft also die Gruppe von Menschen, die *Population*, auf die sich die Allgemeingültigkeit bezieht. Auffassung (a) ist im strengen Sinne nicht überprüfbar, weil es keine Möglichkeit gibt, die pubertäre Wachstumsbeschleunigung für vergangene Zeiten oder gar für die ferne Zukunft zu untersuchen. Auffassung (b) ist theoretisch möglich, aber nicht praktikabel, da dies einen riesigen Forschungsaufwand bedeuten würde. Die Interpretationen (c) und (d) sind sinnvoll, sofern nur gefordert wird, daß die Universalität der Wachstumsbeschleunigung nur für eine *repräsentative Stichprobe* der untersuchten Population nachgewiesen werden muß. Tatsächliche Untersuchungen zur Universalität von Entwicklungsverläufen bewegen sich fast immer auf diesem Niveau. »Wirkliche« Universalität gibt es also nicht; »allgemeingültige Aussagen« der Psychologie beziehen sich immer auf eine bestimmte Population, auf die die Untersucher ihre Befunde verallgemeinern zu dürfen glauben.

Eine zweite Differenzierung der Allgemeingültigkeit bezieht sich auf das Wörtchen »alle«. Besitzt die Wachstumsbeschleunigung Allgemeingültigkeit für deutsche Heranwachsende wirklich nur, wenn sie (a) für *jeden einzelnen* deutschen Heranwachsenden gilt, oder auch wenn sie (b) nur für eine *verschwindende Minderheit* deutscher Heranwachsender *nicht* gilt oder (c) für ihre *Mehrheit* gilt? Kaum eine psychologische Aussage über eine größere Population hat eine absolute Allgemeingültigkeit im Sinne von (a); wer nachweisen kann, daß 95% einer repräsentativen Stichprobe der untersuchten Population ein Entwicklungsphänomen zeigen, darf mit sich selbst und dem untersuchten Phänomen hoch zufrieden sein. Irgendwo zwischen den Interpretationen (b) und (c) liegt ein realistischer Anspruch der Psychologie auf allgemeingültige Gesetzmäßigkeiten.

Die Allgemeingültigkeit wird dabei also einfach durch Auszählen der Personen geprüft, auf die die Gesetzmäßigkeit zutrifft. Merkwürdigerweise wird dieser Weg nur selten zur Beantwortung universeller Fragestellungen begangen. Weit häufiger wird versucht, allgemeingültige Entwicklungsverläufe zu untersuchen durch (d) den Verlauf der *Mittelwerte* der beobachteten Personen. Anstatt auszuzählen, wieviele der untersuchten Heranwachsenden einen Wachstumsschub in der Pubertät zeigen, wird der Verlauf der mittleren Körpergröße einer größeren Stichprobe von Heranwachsenden verfolgt. Tafel 2 zeigt in Wirklichkeit nicht das Wachstum einer bestimmten Person, sondern den Verlauf der mittleren Körpergröße einer großen Stichprobe von Heranwachsenden. Da dieser Verlauf eine Beschleunigung zum Zeitpunkt der Pubertät aufweist, wird daraus auf die Allgemeingültigkeit eines Wachstumsschubs zum Zeitpunkt der Pubertät in der untersuchten Population geschlossen.

Dieser Schluß scheint zunächst so abwegig nicht; handelt es sich um eine große Stichprobe, scheint ein solcher Effekt ja nur dadurch zustande kommen zu können, daß sehr viele Personen ihn zeigen. Das scheint zwar plausibel, ist aber falsch. Unabhängig von der Größe der Stichprobe kann eine Veränderung in dem Verlauf der Merkmalsmittelwerte dadurch zustande kommen, daß eine Minderheit von Personen eine sehr starke Veränderung zeigt, während die Mehrheit gar keine oder gar eine (nicht allzu starke) gegenläufige Veränderung aufweist. Tafel 3 illustriert dies.

Tafel 3

Durchschnittliche Veränderungen können durch Minderheiten bestimmt sein

Die folgenden fiktiven Daten der Entwicklung von 8 Personen machen deutlich, daß drastische Veränderungen einer Minderheit von Personen die durchschnittliche Veränderung der Population deutlich beeinflussen können, obwohl 80% der Population keine solche Veränderungen zeigen. Es handelt sich hier nicht um ein Problem zu kleiner Stichproben, denn dasselbe Muster zeigt sich, wenn 200 von 800 Personen drastische Änderungen aufweisen; entscheidend ist nicht die absolute Zahl »abweichender Personen«, sondern ihr proportionaler Anteil in der Population.

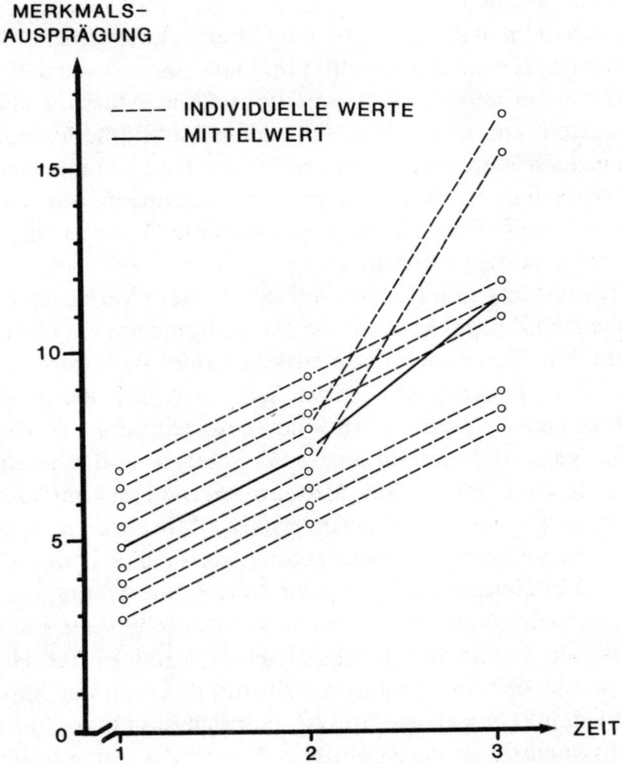

Definieren wir »normale Entwicklung« als durchschnittliche Entwicklung, so muß sich also nicht einmal die Mehrheit der untersuchten Population, auf die sich der Normalitätsbegriff bezieht, »normal« verhalten; Normalität im Sinne von Durchschnittsverhalten kann durch das Verhalten von Minderheiten weitgehend bestimmt werden. Natürlich muß das nicht häufig oder gar immer der Fall sein; oft spiegeln Mittelwertsänderungen entsprechende Änderungen bei einer großen Mehrheit der Stichprobe wider. Aber so selten sind minderheitsbestimmte Mittelwertsänderungen auch wieder nicht, daß man dieses Problem einfach übergehen könnte. Letztlich muß jeder Effekt auf Mittelwertsebene zusätzlich anhand der Einzelfälle auf seine Häufigkeit geprüft werden.

Daß trotzdem in psychologischen Untersuchungen sehr oft nur Mittelwertsunterschiede berichtet und interpretiert werden, liegt wohl vor allem an der enormen *Informationsreduktion*, die die Mittelwertbildung ermöglicht: Die vielen Einzelfälle werden auf einen einzigen Mittelwertverlauf reduziert. Hinzu kommt speziell bei entwicklungspsychologischen Fragestellungen ein zweiter Aspekt: Langfristige Entwicklungsverläufe können in viele *Querschnitte* zerlegt werden.

Interessiert uns zum Beispiel nur der mittlere Verlauf der Körpergröße zum Zeitpunkt der Pubertät, so brauchen wir eigentlich gar nicht 100 Heranwachsende zwischen dem Alter von 10 und 16 Jahren *längsschnittlich* zu verfolgen, also ihre Körpergröße jährlich zu messen, sondern wir können die Körpergröße von 100 Zehnjährigen, 100 Elfjährigen usw. messen und aus diesen Querschnittsmessungen den Mittelwertverlauf rekonstruieren. Daß dies möglich ist, liegt daran, daß der Mittelwert von Differenzen (längsschnittliche Betrachtungsweise) gleich der Differenz von Mittelwerten ist (querschnittliche Betrachtungsweise). Beim Querschnittverfahren müssen wir also insgesamt 700 Heranwachsende je einmal, beim Längsschnittverfahren 100 Heranwachsende je siebenmal messen. Obwohl die Zahl der Messungen in beiden Fällen gleich groß ist, läßt sich das Querschnittverfahren in kurzer Zeit durchführen, während die Längsschnittbeobachtung über sechs Jahre dauert – ein großer praktischer Vorteil der Querschnittuntersuchung. Deshalb beruhen die meisten vorliegenden Daten über die menschliche Entwicklung auf Querschnittuntersuchungen.

So praktisch die Rekonstruktion universeller Entwicklungsverläufe aus Querschnittstudien auch ist – sie beruht auf einer stillschweigenden Voraussetzung, die oft nicht gegeben ist: dem Fehlen *säkularer Trends*[1], langfristiger Veränderungen von

Merkmalsmittelwerten über Generationen hinweg. Während Längsschnittstudien für jede beobachtete Person die individuelle Sichtweise einnehmen, also jede Person mit sich selbst in einem anderen Alter vergleichen, vergleichen Querschnittstudien Personen gleichen Alters mit anderen Personen anderen Alters, also eines unterschiedlichen Jahrgangs. Unterliegt das untersuchte Merkmal einem säkularen Trend, führt dies zu Fehlschlüssen, weil dieser Trend irrtümlich als Alterseffekt interpretiert wird.

So gibt es zum Beispiel einen säkularen Trend zu einem immer früheren Beginn der Pubertät[2]. Vergleichen wir also Elfjährige mit fünf Jahre früher geborenen Sechzehnjährigen, so sind die Elfjährigen im Mittel etwas größer, als es die Sechzehnjährigen im Alter von 11 Jahren waren. Wir unterschätzen also das tatsächliche Wachstum zwischen 11 und 16 Jahren. Diese Unterschätzung wird zusätzlich verstärkt durch den weiteren säkularen Trend, daß die Körpergröße überhaupt von Generation zu Generation in den letzten Jahrhunderten zunahm.

Die Verfälschung der Querschnittdaten durch säkulare Trends ist in diesem Fall mehr von akademischem Interesse, weil sie in Größenordnungen von Millimetern liegt. Ein drastischeres Beispiel ist die alte Annahme, daß die Intelligenz schon ab dem jungen Erwachsenenalter abnimmt. Sie beruhte auf Querschnittstudien. Wie Tafel 4 zeigt, geht der in diesen Untersuchungen beobachtete angebliche »Intelligenzabbau« jedoch wesentlich auf Generationseffekte zurück: Ältere Jahrgänge hatten eine schlechtere Ausbildung und erreichten deshalb nicht die mittlere Leistung jüngerer Jahrgänge. Längsschnittstudien zeigen praktisch keine Veränderung der mittleren Intelligenz zwischen dem Alter von 30 Jahren und dem Rentenalter.

Tafel 4

Das Märchen vom Intelligenzabbau im frühen Alter

Die folgende Abbildung zeigt typische Ergebnisse eines Vergleichs von Längsschnitt- und Querschnittstudien der Intelligenz. Die durchgezogene Linie gibt die IQ-Mittelwerte von sieben 1956 mit demselben Test getesteten Jahrgängen an (die Jahrgänge 1931, 1924, 1917, 1910, 1903, 1896, 1889). Diese Kurve zeigt einen Ab-

fall des IQ bereits ab dem Alter von 32 Jahren. Dieser Abfall erweist sich jedoch weitgehend als ein säkularer Trend, ein Jahrgangseffekt, wie die gestrichelt eingetragenen Längsschnittdaten zeigen: Jeder der sieben Jahrgänge wurde nach sieben Jahren (1963) und nach vierzehn Jahren (1970) noch einmal mit demselben Test getestet. Betrachten wir diese sieben Längsschnittstudien, so zeigt sich ein Abfall des IQ erst ab etwa 60 Jahren. Die Stabilität des IQ-Werts gilt aber nicht für alle spezielleren Intelligenzfaktoren in gleicher Weise. So nimmt z. B. die Wortflüssigkeit im Verlauf des Erwachsenenalters ab, während das Sprachverstehen zunimmt.

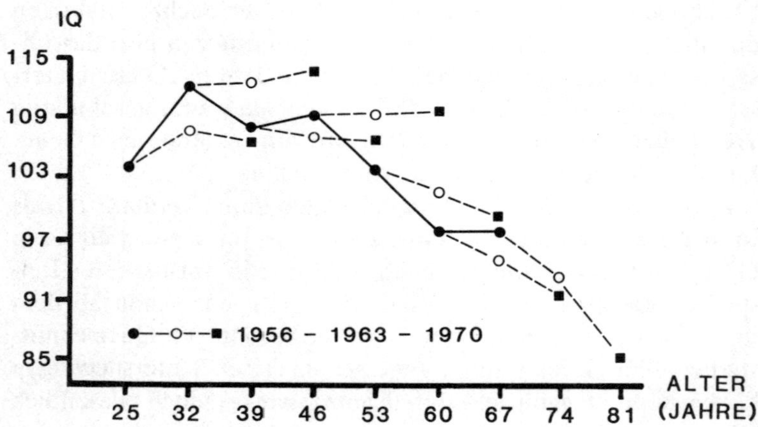

Quelle: Schaie, K. W., Labouvie, G. V. & Buech, B. U., Generational and cohort-specific differences in adult cognitive functioning: A fourteen-year study of independent samples, *Developmental Psychology*, Vol. 9, 1973, 151–166, Figure 6.

Aber auch wenn die universelle Entwicklung aus Längsschnittdaten bestimmt wird, kann der durchschnittliche Entwicklungsverlauf das tatsächliche Entwicklungsphänomen verfälschen – selbst wenn alle individuellen Entwicklungsverläufe dieselbe Tendenz zeigen. Tafel 5 macht dies deutlich.

Tafel 5

Der pubertäre Wachstumsschub

Die beiden folgenden Abbildungen zeigen die Veränderung der Wachstumsgeschwindigkeit (in cm/Jahr) bei fünf Mädchen. Abbildung 1 stellt die individuellen Entwicklungsverläufe und ihren gemittelten Verlauf (---) in Abhängigkeit vom Lebensalter dar. Abbildung 2 zeigt dieselben Kurven, diesmal aber bezogen auf den Zeitpunkt der individuell bestimmten größten Wachstumsgeschwindigkeit. Abbildung 1 demonstriert, daß die durchschnittliche Entwicklung den tatsächlichen Wachstumsschub deutlich unterschätzt, weil sie von einem gleichen Beginn, Maximum und Ende des Wachstumsspurts ausgeht. Nur wenn diese Unterschiede – wie in Abbildung 2 – berücksichtigt werden, gibt die durchschnittliche Entwicklung ein zutreffendes Bild vom universellen Entwicklungsverlauf.

Quelle: Oerter, R. & Montada, L., Entwicklungspsychologie, München: Urban & Schwarzenberg, 1982, S. 806–807, Abb. 15.7, 15.8.

Abbildung 1

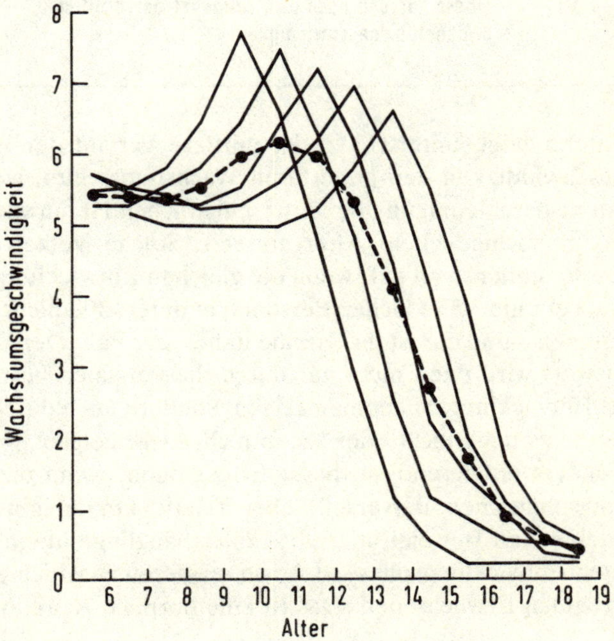

Abbildung 2

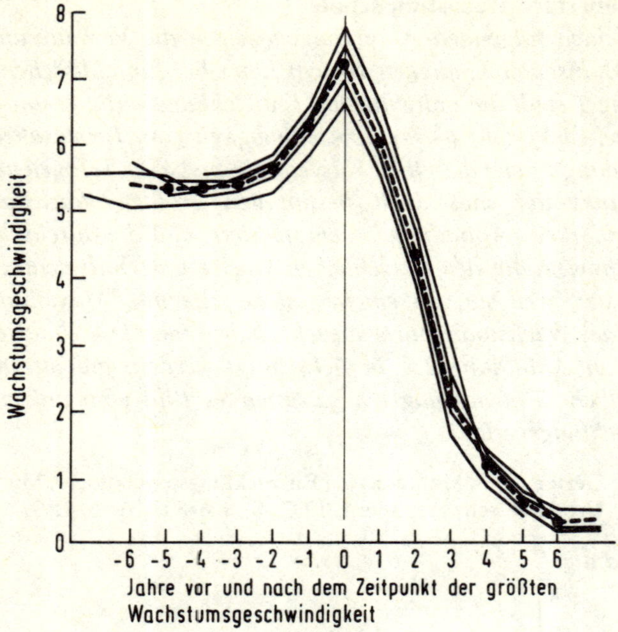

Wie Tafel 5 zeigt, unterschätzt der mittlere Verlauf der Wachstumsgeschwindigkeit den pubertären Wachstumsschub, weil die Wachstumsbeschleunigung bei unterschiedlichen Heranwachsenden in unterschiedlichem Alter einsetzt. Solche Verzerrungen treten also immer dann auf, wenn die gleichen Entwicklungsphänomene bei unterschiedlichen Personen in unterschiedlichem Alter beginnen – und das ist im Grunde immer der Fall. Der Durchschnittswert wird dann nicht nur durch die Personen bestimmt, die das Entwicklungsphänomen zeigen, sondern auch durch Personen, die es noch nicht oder schon nicht mehr zeigen.

Besonders gravierend ist dieser Effekt dann, wenn das Entwicklungsphänomen universell, aber relativ kurzlebig ist. So »fremdeln« zum Beispiel über 90% aller Säuglinge in einer bestimmten Entwicklungsphase, d. h. sie reagieren ängstlich gegenüber fremden Erwachsenen. Das ist eine normale Reaktion, die den Erwerb einer geistigen Leistung signalisiert: Die Säuglinge können jetzt zwischen bekannten und unbekannten Personen unterscheiden. Das Fremdeln tritt im Alter von 6–12 Monaten auf, dauert aber oft nur wenige Wochen. Beobachtet man nun Säuglinge alle zwei Monate im Alter zwischen 6 und 12 Monaten, so wird der Durchschnittswert des Fremdelns ein Maximum bei etwa 8 Monaten zeigen (deshalb auch die Bezeichnung »Achtmonatsangst«). Zu jedem Beobachtungszeitpunkt wird aber vermutlich nur eine *Minderheit* der Säuglinge fremdeln – die Mehrheit hat entweder noch nicht mit dem Fremdeln begonnen oder hat es schon hinter sich. Interpretiert man also nur die gefundenen Durchschnittswerte, so kommt man zu dem Fehlschluß, daß Fremdeln kein universelles Phänomen sei. Betrachtet man hingegen jeden einzelnen Säugling, so wird man feststellen, daß praktisch jeder irgendwann einmal während der sechsmonatigen Beobachtungszeit fremdelte[3]. Interessieren wir uns für universelle Entwicklungsverläufe, so sollten wir also sehr skeptisch gegenüber durchschnittlichen Entwicklungen sein; besser ist es, viele individuelle Entwicklungsverläufe längsschnittlich zu studieren.

Die differentielle Sichtweise

Thema dieses Buches sind nicht universelle Entwicklungen, sondern die Entwicklung von Persönlichkeits*unterschieden*. Die universelle Entwicklung wurde trotzdem relativ ausführlich behandelt, weil in diesem Buch – wie überhaupt in der Psychologie – der Standpunkt eingenommen wird, Persönlichkeitsunterschiede als *Abweichungen vom Durchschnitt* aufzufassen. Die Entwicklung von Persönlichkeitsunterschieden wird also betrachtet als die *Entwicklung von Abweichungen von der durchschnittlichen Entwicklung*.

Nicht jede solche Abweichung ist schon ein Persönlichkeitsunterschied; zum Beispiel wäre es offensichtlich Unsinn, kurzfristige Abweichungen von der universellen Entwicklung, wie sie in Tafel 5 gezeigt sind, als Persönlichkeitsunterschiede zu bezeichnen. In Kapitel IV werden Kriterien dafür aufgestellt, wann eine Abweichung von der durchschnittlichen Entwicklung ein Persönlichkeitsunterschied ist und wann nicht. Hier interessieren wir uns ganz allgemein für beliebige Abweichungen von der durchschnittlichen Entwicklung. Wir kontrastieren also individuelle Entwicklungsverläufe mit universellen Entwicklungsverläufen. Dies ist die *differentielle Sichtweise* der Entwicklung: Wie entwikkeln sich individuelle Abweichungen von der universellen Entwicklung?

Bei der differentiellen Sichtweise interessiert uns die universelle Entwicklung also nur als Bezugspunkt für die individuellen Abweichungen. Veränderungen der Bezugspunkte interessieren uns nicht; sie fallen sozusagen unter den Tisch. Tafel 6 macht dies deutlich. In Tafel 6 sind dieselben Kurven der Wachstumsgeschwindigkeit dargestellt wie in Tafel 5, nur jetzt aus differentieller Perspektive als Abweichungen vom Mittelwert des Verlaufs der Wachstumsgeschwindigkeit, als *differentielle Entwicklungsverläufe*.

Tafel 6

Der pubertäre Wachstumsschub aus differentieller Sicht

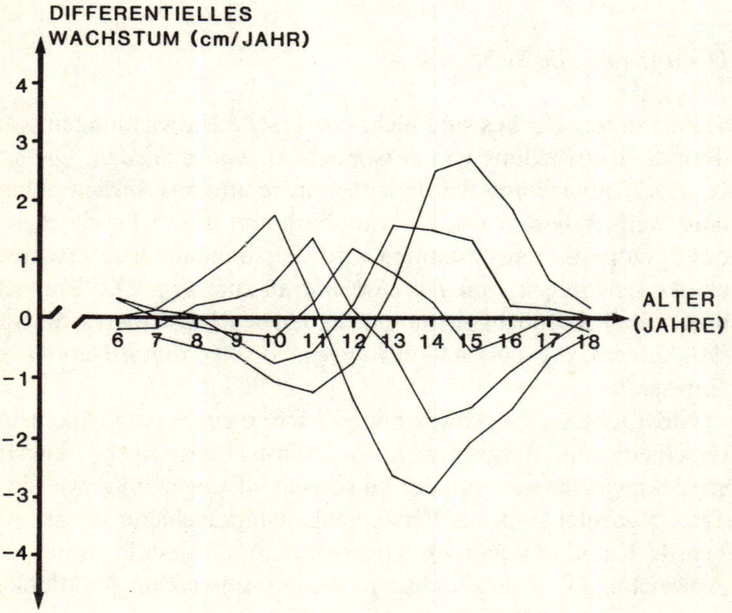

Die Abbildung zeigt die Wachstumsverläufe von Tafel 5, Abbildung 1, aus differentieller Sicht. Die individuellen Verläufe sind also angegeben als Abweichungen von der durchschnittlichen Entwicklung.

Die Unabhängigkeit der differentiellen Entwicklungsverläufe von der durchschnittlichen Entwicklung kommt darin zum Ausdruck, daß zu jedem Zeitpunkt der Mittelwert der differentiellen Entwicklungsverläufe Null ist. Die durchschnittliche differentielle Entwicklung ist also zeitlich konstant gleich Null. Dies hat zur Folge, daß Personen, die sich *individuell* gesehen nicht verändern, dennoch *differentiell gesehen* drastische Veränderungen im Verlauf ihrer Entwicklung zeigen können: dann nämlich, wenn *universell* gesehen deutliche Veränderungen vorliegen. Tafel 7 macht das deutlich. Natürlich kann auch das Umgekehrte eintreten: Folgt eine Person individuell gesehen exakt dem universellen Entwicklungsverlauf, zeigt sie differentiell keinerlei Veränderung. Sie sollten sich den Unterschied zwischen individueller, universeller und differentieller Sichtweise unbedingt anhand von Tafel 7 klar machen, denn der Rest dieses Buches beruht weitgehend auf der differentiellen Sichtweise.

Tafel 7

Individuelle, durchschnittliche und differentielle Entwicklungsverläufe

Die Abbildung zeigt, wie sich durch Kontrastierung eines individuellen Entwicklungsverlaufs mit dem Verlauf der durchschnittlichen Entwicklung ein differentieller Entwicklungsverlauf ergibt. Im hier betrachteten Fall zeigt eine Person keine Veränderung eines Entwicklungsmerkmals, obwohl das Merkmal im Durchschnitt mit dem Alter deutlich zunimmt. Deshalb zeigt sich differentiell ein Abfall der Person relativ zum Durchschnitt: Ihr anfänglicher »Vorsprung« geht verloren, und schließlich »bleibt sie zurück«.

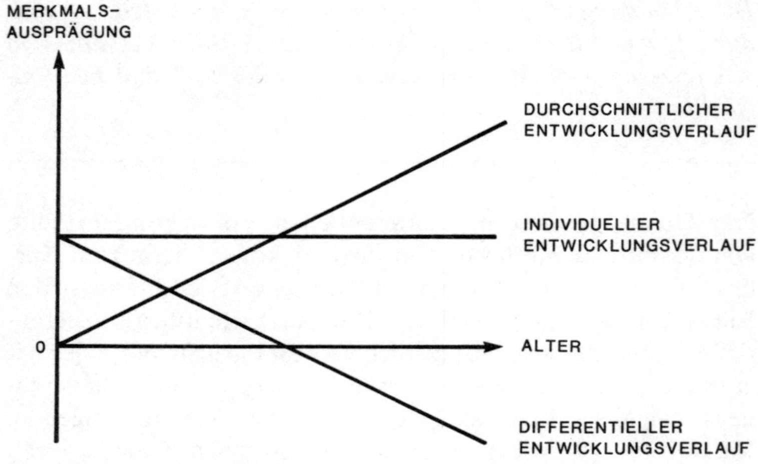

Da differentielle Entwicklungsverläufe relativ zu durchschnittlichen Verläufen bestimmt werden, übertragen sich einige Probleme der Durchschnittsbildung auf die differentielle Sichtweise. Beruht eine durchschnittliche Veränderung nur auf einer Minderheit von Personen, während die Mehrheit keine Veränderung zeigt, so schlägt sich dies differentiell in einer gegenläufigen Veränderung einer Mehrheit von Personen nieder. Tafel 8 macht das deutlich, indem sie die individuellen Entwicklungsverläufe aus Tafel 3 differentiell darstellt. In diesem Fall beruht der deutliche differentielle Effekt auf einer Diskrepanz zwischen universeller und durchschnittlicher Entwicklung. Differentielle Effekte spiegeln also nur dann Abweichungen von universellen Entwicklungen wider, wenn die durchschnittliche Entwicklung wirklich die universelle darstellt.

Tafel 8

Differentielle Veränderungen einer Mehrheit können durch gegenläufige Tendenzen einer Minderheit bestimmt sein.

Die folgende Abbildung zeigt die Entwicklungsverläufe von Tafel 3 auf S. 39 aus differentieller Perspektive. Obwohl 80 % der individuellen Verläufe einen gleichförmigen Entwicklungstrend aufwei-

sen, zeigen die entsprechenden differentiellen Verläufe eine relativ verlangsamte Entwicklung zwischen den Zeitpunkten 2 und 3. Diese relative Verlangsamung beruht auf der relativ stark beschleunigten Entwicklung einer Minderheit von Personen der untersuchten Population. Hier überträgt sich das in Tafel 3 illustrierte Problem der Durchschnittsbildung auf die differentielle Sichtweise.

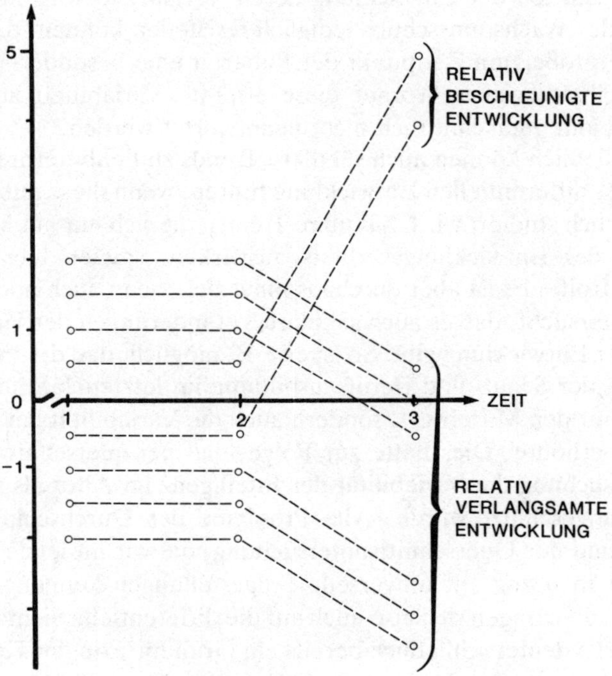

Ein zweites Problem ergibt sich aus dem unterschiedlichen Beginn des gleichen Entwicklungsphänomens bei verschiedenen Personen. Betrachten wir dazu noch einmal die Tafeln 5 und 6. Tafel 6 zeigt deutliche differentielle Effekte der Wachstumsgeschwindigkeit, die man leicht als besonders schnelles bzw. besonders langsames Wachstum interpretieren könnte. Dies ist jedoch eine Fehlinterpretation, wie Tafel 5 zeigt. Die scheinbar unterschiedliche Wachstumsbeschleunigung beruht auf dem unterschiedlichen Beginn des Wachstumsschubs. Ohne Betrachtung der individuellen Verläufe kann man dieser Interpretationsfalle nicht entgehen.

Die individuellen Verläufe werden aber nur bei längsschnittlicher Untersuchung der Entwicklung sichtbar. Beschränkt man sich auf Querschnittstudien und rekonstruiert aus den einzelnen Querschnitten der Entwicklung deren Verlauf, so wird man im Falle des Wachstumsschubs lediglich feststellen können, daß die Körpergröße zum Zeitpunkt der Pubertät eine besonders große Variabilität besitzt. Worauf diese erhöhte Variabilität zurückgeht, kann querschnittlich nicht beantwortet werden.

Schließlich können auch säkulare Trends zu Fehlinterpretationen der differentiellen Entwicklung führen, wenn diese nur querschnittlich studiert wird. Säkulare Trends, die sich nur auf Mittelwerte des Entwicklungsverlaufs auswirken, spielen hier zwar keine Rolle. Es ist aber durchaus plausibel, wenn auch noch wenig untersucht, daß es auch säkulare Veränderungen der *Variabilität* der Entwicklung gibt. So ist es z. B. möglich, daß die Verbesserung der Schul- und Berufsausbildung im letzten Jahrhundert nicht nur den Mittelwert, sondern auch die Variabilität der Intelligenz erhöhte. Dies hätte zur Folge, daß bei querschnittlicher Untersuchung die Variabilität der Intelligenz im Alter als zu gering eingeschätzt würde. Alle Probleme der Durchschnittsbildung und der Querschnittsuntersuchung, die wir im letzten Abschnitt in bezug auf universelle Fragestellungen kennengelernt haben, übertragen sich also auch auf die differentielle Sichtweise.

Tafel 5 deutet schließlich bereits ein Grundprinzip der *Variabilitätserzeugung* im Verlauf der Entwicklung an: Durch frühes oder spätes Einsetzen der gleichen Veränderung werden unterschiedliche differentielle Entwicklungsverläufe erzeugt. Das läßt sich verallgemeinern. Eine Veränderung kann nicht nur zu einem variablen Zeitpunkt einsetzen, sondern sie kann auch unterschiedlich schnell ablaufen. Tafel 9 demonstriert, wie durch Beschleunigung oder Verzögerung einer universellen Entwicklung unterschiedliche individuelle Entwicklungsverläufe erzeugt werden. Diese Unterschiede können, wie in Tafel 9 angenommen, nach einer Zeit wieder verschwinden, wenn sich alle individuellen Verläufe wieder einer gemeinsamen Asymptote nähern. Oder Unterschiede bleiben langfristig bestehen. In diesem Fall entstehen Persönlichkeitsunterschiede; hierauf werden wir in späteren Kapiteln noch zurückkommen.

Tafel 9

Variabilitätserzeugung durch Beschleunigung und Verzögerung

Die Abbildung macht dieses Prinzip deutlich: Die gestrichelten Linien stellen individuelle Entwicklungsverläufe dar, die aus einem universellen Entwicklungsverlauf (durchgezogene Linie) durch Beschleunigung, Verzögerung oder Kombination von Beschleunigung und Verzögerung entstehen. Die senkrechten Balken geben die hierdurch erzeugte Variabilität zu den Zeitpunkten t_1, t_2, t_3 an, die gepunktete Linie die Asymptote der Entwicklung.

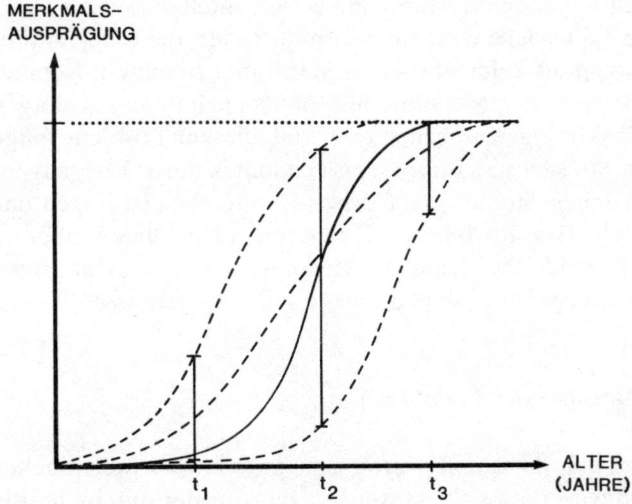

2 Meßprobleme

Vielleicht haben Sie sich gewundert, daß sich bisher alle Beispiele auf eine so »unpsychologische Variable« wie die Körpergröße bezogen. Wäre es nicht besser, die drei Sichtweisen der Entwicklung gleich anhand »psychologischerer Merkmale« wie Intelligenz oder Aggressivität zu illustrieren, anhand von Merkmalen also, die im Mittelpunkt dieses Buches über die Entwicklung der *Persönlichkeit* stehen? Daß bisher nur die Körpergröße vorkam, hat einen guten Grund: Sie läßt sich mit einem absoluten Maßstab messen, etwa in Zentimetern. Individuelle Veränderungen der Körpergröße lassen sich also unabhängig von universellen Veränderungen oder differentiellen Unterschieden bestimmen. Insofern läßt sich die universelle Sichtweise auf der individuellen aufbauen und die differentielle wiederum auf diesen beiden. Bei »psychologischeren Merkmalen« wie Intelligenz oder Aggressivität ist die Sache wesentlich komplizierter, denn es gibt für diese Variablen oft keine absoluten Maßstäbe. In diesem Kapitel wird am Beispiel der Messung des Intelligenzquotienten dargestellt, wie Psychologen üblicherweise mit diesem Problem umgehen. Wenn Sie sich mit Ihrem Vorverständnis des IQ begnügen wollen, können Sie den Rest dieses Kapitels überspringen und mit Kapitel III.3 fortfahren. Dabei entgehen Ihnen aber einige grundlegende Probleme der Messung von Entwicklungsveränderungen, gegenüber denen unsere Alltagspsychologie blind ist.

Die Messung der Variabilität

Im vorigen Abschnitt wurde gezeigt, wie sich individuelle Entwicklungsverläufe als Abweichungen von der durchschnittlichen Entwicklung darstellen lassen, also als Verläufe von Differenzwerten. Dieser Ansatz hat zur Folge, daß die Summe aller Abweichungswerte (und damit auch ihr Mittelwert) Null ist: Positive und negative Abweichungen heben sich gegenseitig auf (vgl. auch Tafel 6). Was uns noch fehlt, ist ein Maß, das die universelle Variabilität von Entwicklungsmerkmalen zu einem festen Zeitpunkt angibt: Wie groß sind die Unterschiede zwischen allen individuellen Entwicklungsverläufen zu diesem Zeitpunkt? Dies ist also eine Frage, die sich Zeitpunkt für Zeitpunkt durch eine *Querschnittstudie* beantworten läßt.

Offenbar ist es sinnvoll, das Maß der querschnittlichen Variabilität auf den einzelnen Abweichungswerten aufzubauen: Je größer die einzelnen Abweichungen sind, desto größer muß das Maß der Variabilität werden. Mitteln können wir die Abweichungswerte nicht, denn ihr Mittelwert ist ja Null. Aber wir können sie unabhängig von ihrem Vorzeichen mitteln, denn eine positive Abweichung sollte ja zur Gesamtvariabilität genausoviel beitragen wie eine gleichgroße negative Abweichung. Dieser Mittelwert der Absolutbeträge der einzelnen Abweichungswerte hat aber einige unangenehme mathematische Eigenschaften, weswegen heutzutage immer der Mittelwert der *quadrierten* Abweichungswerte als Maß der Variabilität genommen wird, die *Varianz*. Tafel 10 zeigt, wie die Varianz berechnet wird und daß sie prinzipiell unabhängig vom Mittelwert ist.

Tafel 10

Die Varianz von Merkmalen

Die Variabilität eines Entwicklungsmerkmals in einer bestimmten Population von Personen wird durch den statistischen Begriff der Varianz *beschrieben. Bezeichnen* $p_1, \ldots, p_n$ *die verschiedenen Personen der Population, wobei die Zahl n die Anzahl der Personen in der Population angibt, und sind* $M(p_1), \ldots M(p_n)$ *die Merkmalsausprägungen der Personen* $p_1, \ldots, p_n$ *(z. B. ihre Intelligenzwerte), so ist die Varianz des Merkmals M definiert als die mittleren quadrierten Abweichungswerte von M in der Population:*

$$\frac{(M(p_1) - \overline{M})^2 + (M(p_2) - \overline{M})^2 + \ldots + (M(p_n) - \overline{M})^2,}{n}$$

wobei $\overline{M}$ *der Mittelwert von M über* $p_1, \ldots, p_n$ *ist:*

$$\overline{M} = \frac{M(p_1) + \ldots + M(p_n).}{n}$$

Ist die Varianz von M Null, so haben alle Personen der Population den gleichen Wert; je mehr sich die Personen im Merkmal M unterscheiden, desto größer ist die Varianz. Die Varianz eines Merkmals ist abhängig vom Merkmal und *der Population, für die sie bestimmt ist; sie charakterisiert die Population ebensosehr wie das Merkmal.*

Die Varianz eines Merkmals wird im allgemeinen mit zunehmendem Mittelwert des Merkmals steigen. Das muß aber nicht der Fall sein. Die folgenden vier Abbildungen zeigen (a) unterschiedliche Varianzen bei gleichem Mittelwert und (b) gleiche Varianzen bei unterschiedlichem Mittelwert.

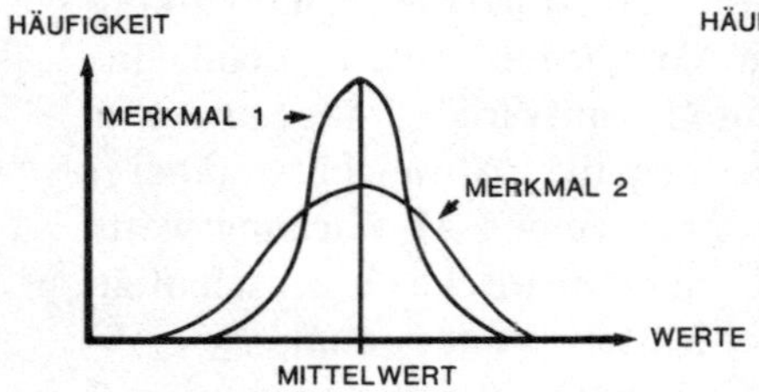

Unterschiedliche Varianzen bei gleichem Mittelwert

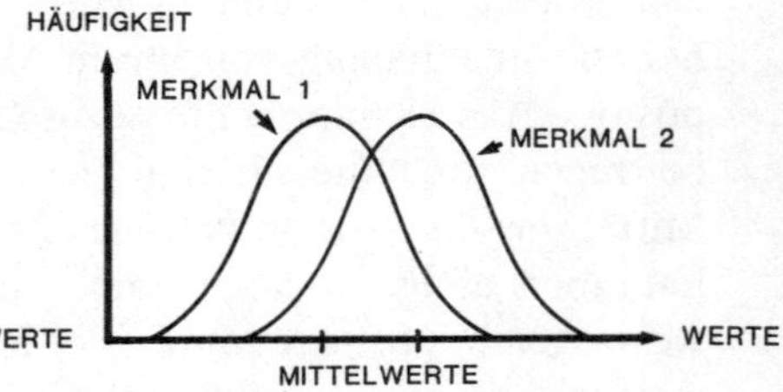

Gleiche Varianzen bei unterschiedlichem Mittelwert

In Tafel 10 wird auf eine wesentliche Eigenschaft hingewiesen, die die Varianz mit dem Mittelwert teilt: Sie ist *populationsabhängig*. Wollen wir z. B. die Varianz der Intelligenz untersuchen, werden wir zu falschen Schlußfolgerungen kommen, wenn wir nur Personen mit Realschulabschluß testen. Zwar wird der Mittelwert dieser Stichprobe in etwa dem Mittelwert der Intelligenz einer repräsentativen Stichprobe entsprechen, in der die Bevölkerung nach Geschlecht, Schulbildung und sozialer Schicht anteilsmäßig richtig vertreten ist. Aber da unter Personen mit Realschulabschluß solche mit sehr niedriger Intelligenz und solche mit sehr hoher Intelligenz unterrepräsentiert sind (erstere schaffen den Abschluß nicht, letztere gehen eher aufs Gymnasium), *unterschätzen* wir die tatsächliche Varianz der Intelligenz in der Gesamtbevölkerung, wenn wir nur Realschulabgänger testen. Die Varianz eines Merkmals beschreibt sowohl das Merkmal als auch die Population, in der es untersucht wird. Aussagen über *die* Variabilität der Intelligenz sind also nicht möglich; möglich sind nur Aussagen über die Variabilität der Intelligenz in bestimmten Populationen.

Das Problem einheitlicher Maßstäbe

Nachdem wir nun über ein Maß der querschnittlichen Variabilität verfügen, könnten wir uns daran machen, die Variabilität der menschlichen Entwicklung Merkmal für Merkmal und Zeitpunkt für Zeitpunkt in einer bestimmten Population, sagen wir: für alle Deutschen, zu untersuchen. Die pro Merkmal gewonnenen Ergebnisse über die querschnittliche Variabilität der Entwicklung wollen wir aber natürlich auch *längsschnittlich* interpretieren, etwa indem wir untersuchen, ob die querschnittliche Variabilität mit dem Alter zunimmt oder abnimmt.

Bei Merkmalen, für die ein absoluter Maßstab existiert, z. B. für die Körpergröße, geht das auch. Interessiert uns die Körpergröße, können wir Säuglinge und Erwachsene problemlos mit demselben Maßstab messen: in Zentimetern. Wie sieht es aber mit »psychologischeren Größen« wie Intelligenz oder Aggressivität aus? Wie sollen wir die Intelligenz oder die Aggressivität eines Säuglings mit der eines Erwachsenen vergleichen? Gibt es hierfür einen einheitlichen Maßstab? Betrachten wir dieses Problem genauer am Beispiel der Intelligenz.

Unter der Intelligenz eines Menschen wird in der Alltagspsychologie im wesentlichen die Fähigkeit verstanden, unbekannte Probleme erfolgreich und schnell zu bewältigen. Entscheidend ist dabei, daß die Problemlösungen erst erarbeitet werden müssen; erworbenes Wissen alleine darf nicht ausreichen. Zur Messung dieser Fähigkeit entwickelten Psychologen Intelligenztests, die aus einer Reihe von Aufgaben bestehen, die in vorgegebener Zeit gelöst werden müssen.

Diese Tests erfassen wichtige, nicht aber alle Bereiche dessen, was alltagspsychologisch – und auch in der Psychologie – unter Intelligenz verstanden wird. Die Tests erfassen besonders gut »analytische« Fähigkeiten zum zügigen, schrittweisen Lösen relativ einfach strukturierter Probleme. »Synthetische« Fähigkeiten wie die blitzschnelle Erfassung komplexer Situationen, die Fähigkeit zu »kreativen« Lösungen (vgl. Tafel 1), die Fähigkeit, bei sehr komplexen Problemen behutsam vorzugehen, ohne dabei die Übersicht zu verlieren, oder erworbenes Wissen über bestimmte Problembereiche, das bei der Lösung neuer Probleme in diesen Bereichen hilfreich sein kann, werden relativ wenig berücksichtigt. Trotz dieser Beschränktheit erfassen Intelligenztests zahlreiche Intelligenzaspekte, die hilfreich sind, Alltagsprobleme in heutigen westlichen Industrienationen gut und schnell zu lösen.

Die Tests messen einerseits spezifische »Intelligenzfaktoren« – z.B. die Fähigkeit, schnell sprachliche Analogien zu bilden, schlußfolgerndes Denken oder räumliches Vorstellungsvermögen – und andererseits den »Intelligenzquotienten« (IQ), der die durchschnittliche altersgemäße Leistung in allen diesen spezifischen Intelligenzbereichen erfaßt. Dies ist sinnvoll, da die verschiedenen Intelligenzfaktoren bei ein und derselben Person zwar unterschiedlich stark ausgeprägt sein können, beim Vergleich vieler Personen aber doch einen (mäßigen) Zusammenhang zeigen: Wer in einem Intelligenzfaktor gut (oder schlecht) ist, neigt dazu, auch in anderen Faktoren gut (oder schlecht) zu sein. In all den verschiedenen Intelligenzfaktoren steckt also ein gemeinsamer Kern, im folgenden einfach »die Intelligenz« genannt, der durch den IQ erfaßt wird und in bezug auf den sich Menschen einer bestimmten Altersgruppe vergleichen lassen. Gilt das auch für unterschiedliche Altersgruppen, d.h. gibt es einen einheitlichen Maßstab, mit dem sich die Intelligenz von Menschen unterschiedlichen Alters vergleichen läßt?

Da Säuglinge weder lesen noch schreiben können, kommen die üblichen Intelligenztests, in denen mit Papier und Bleistift gearbeitet wird, hierfür offensichtlich nicht in Betracht. Es wären höchstens listige Versuchsanordnungen denkbar, in denen die Testpersonen – gleich ob Säugling oder Greis – motiviert werden, bestimmte Probleme unterschiedlicher Schwierigkeit zu lösen. Für jede gelöste Aufgabe gibt es einen Punkt. Falls sich die Schwierigkeit der Aufgaben so variieren ließe, daß Säuglinge nur wenige und hochbegabte Erwachsene fast alle Aufgaben lösen könnten, scheint es zunächst plausibel zu sein, die Punktzahl in einem solchen Intelligenztest als Maßstab für die Intelligenzentwicklung zu betrachten. Bei individueller Betrachtungsweise ließe sich für jede beliebige Person ein Intelligenzpunkt-Zeit-Diagramm erstellen, in dem ihre Intelligenzentwicklung analog zur Graphik in Tafel 2 eingezeichnet werden kann. Aus solchen

Kurven könnten dann Aussagen über die universelle und die differentielle Intelligenzentwicklung gemacht werden; insbesondere ließe sich die Varianz der Kurven zu jedem Zeitpunkt der Entwicklung berechnen und dann zwischen verschiedenen Altersklassen vergleichen.

Die Sache hat aber einen großen Haken. Wer garantiert denn eigentlich, daß eine Abweichung von, sagen wir, 10 Punkten vom Mittelwert des Tests im Alter von zwei Jahren einer entsprechenden Abweichung im Alter von zwanzig oder sechzig Jahren *gleichwertig* ist? Nur diese Gleichwertigkeit der individuellen Abweichungswerte ermöglicht es, Abweichungswerte oder Varianzen zwischen verschiedenen Altersgruppen überhaupt sinnvoll vergleichen zu können. Im Falle von Körpergröße und Reaktionszeit können wir die Gleichwertigkeit von Abweichungswerten leicht überprüfen, weil sich Längen und Zeiten additiv aus einem einheitlichen Maßstab zusammensetzen (ein Zentimeter, eine Sekunde). Testpunkte lassen sich zwar auch addieren, aber *jeder Testpunkt ist sein eigener Maßstab*, weil jeder Testpunkt sich auf eine andere Aufgabe bezieht.

Dieses Meßproblem betrifft nicht nur den zeitlichen Vergleich von Abweichungswerten und Varianzen, sondern alle Größen, die auf zeitlichen Differenzen von Testpunkten beruhen. Aussagen über die Geschwindigkeit oder die Beschleunigung der Intelligenzentwicklung oder über den prozentualen Anteil der bis zu einem bestimmten Alter entwickelten Erwachsenenintelligenz beruhen ebenso auf der Differenz von Testpunkten zwischen verschiedenen Zeitpunkten und sind deshalb mit demselben Problem konfrontiert.

Um das Problem der Vergleichbarkeit von Testwertdifferenzen auf verschiedenen Altersstufen anzugehen, müssen wir versuchen, diese Testwertdifferenzen mit einem einheitlichen Maßstab zu messen. In der Psychologie sind vor allem zwei Wege eingeschlagen worden, dieses Problem zu lösen. Alfred Binet, der 1905 den ersten Intelligenztest entwickelte, ging von der *universellen Intelligenzentwicklung* als einheitlichem Maßstab aus. Er entwickelte für jede Altersstufe von 3–10 Jahren fünf unterschiedlich schwere Aufgaben, die von 50–75 % der Altersgruppe gelöst werden konnten. Um die Intelligenz eines bestimmten Kindes, etwa eines Siebenjährigen, zu bestimmen, legte man ihm so lange Aufgaben niedrigerer Altersstufen vor, bis es gerade noch alle Aufgaben lösen konnte, z. B. alle Aufgaben für Siebenjährige. Zu diesem »Intelligenzgrundalter«, bestimmt in Monaten, zählte man alle zusätzlich gelösten Aufgaben höherer Altersstufen hinzu und multiplizierte ihre Summe mit 12/5 (weil es fünf Aufgaben für jeweils 12 Monate Intelligenzzuwachs gab). Das Ergebnis wurde als *Intelligenzalter* bezeichnet. Löste also ein Siebenjähriger alle Aufgaben von Siebenjährigen und zusätzlich fünf weitere Aufgaben höherer Altersstufen, so betrug sein Intelligenzalter $7 \times 12 + 5 \times 12/5 = 96$ Monate: Er hatte das Intelligenzalter eines Achtjährigen.

Die Logik dieses Vorgehens bestand also darin, individuelle Merkmalswerte auf universelle Merkmalszuwächse zurückzuführen; dadurch wurden auch die Abweichungswerte vom Altersmittel zwischen verschiedenen Altersstufen vergleichbar: Sie ließen sich jeweils in Monaten Intelligenzalter ausdrücken. Bald wurde jedoch erkannt, daß dieser einheitliche Maßstab des Intelligenzalters höchst problematisch war, weil gleichgroße Abweichungen im Intelligenzalter auf unterschiedlichen Altersstufen eine ganz andere *psychologische Bedeutung* haben: Bei einem Zehnjährigen bewegt sich ein Rückstand von zwei Intelligenzjahren noch im Rahmen des Normalen, während derselbe Rückstand bei einem Vierjährigen hochgradigen Schwachsinn signalisiert. Der Hamburger Psychologe William Stern schlug deshalb 1911 vor, als Maß der individuellen Intelligenz die prozentuale Abweichung des Intelligenzalters vom Lebensalter zu betrachten, den *Intelligenzquotienten* IQ = 100 × Intelligenzalter/Lebensalter. Ein Rückstand von zwei Intelligenzjahren bei einem Zehnjährigen würde also einem IQ von 80 entsprechen, bei einem Vierjährigen aber einem IQ von nur 50. Der durchschnittliche IQ beträgt auf jeder Altersstufe 100.

Auch diese Verbesserung der Intelligenzmessung führte nicht allzuweit, vor allem weil sie von einer Annahme ausging, die sicherlich nicht gerechtfertigt ist. Wie schon bei Binet wird angenommen, daß individuelle Abweichungen vom Altersdurchschnitt Beschleunigungen bzw. Verzögerungen einer universellen Entwicklung darstellen, sich also qualitativ nicht von der typischen Intelligenz anderer Altersstufen unterscheiden (vgl. hierzu noch einmal Tafel 9). Ist aber die Intelligenz eines geistig behinderten Zehnjährigen, der einen IQ von 50 hat, wirklich mit der Intelligenz eines durchschnittlich entwickelten Fünfjährigen vergleichbar, wie es der Ansatz von Stern voraussetzt? Sicher nicht. Nicht alle Intelligenzunterschiede lassen sich auf eine Beschleunigung oder Verzögerung eines universellen Entwicklungsverlaufs zurückführen. Erst recht gilt dies nicht für andere Entwicklungsmerkmale, z. B. Temperamentsunterschiede. Wenn wir auch alltagspsychologisch manchmal sagen »er ist launisch wie ein kleines Kind«, unterstellen wir damit nur eine gewisse oberflächliche Ähnlichkeit zwischen Erwachsenenverhalten und kindlichem Verhalten, aber sicherlich keine Identität. Wenn aber individuelle Unterschiede nur begrenzt Beschleunigungen oder Verzögerungen eines einheitlichen Entwicklungsvorgangs darstellen, bricht der Ansatz zusammen, individuelle Unterschiede auf verschiedenen Altersstufen mit der gleichen Elle universeller Entwicklungen messen zu wollen.

Die Psychologie hat deshalb schon lange den von Binet eingeschlagenen Weg verlassen; nur die Bezeichnung »Intelligenzquotient« erinnert noch an den Sternschen Versuch, Binets Konzept des Intelligenzalters zu retten. Die heutige Vorgehensweise ist nämlich in gewisser Weise eine konsequente Weiterentwicklung des Sternschen Ansatzes. Der Intelligenzquotient ist ja nichts anderes als ein Abweichungswert vom Altersdurchschnitt, in dessen Definition indirekt die Abweichung von anderen Altersstufen eingeht (vermittelt durch das Intelligenzalter). Es handelt sich zwar um keinen Differenzwert, sondern um einen Quotienten, aber das ist eher ein technisches Problem. Jedenfalls entspringt der Intelligenzquotient der differentiellen Sichtweise. Und es ist nun ein naheliegender Schritt, das Problem der Gleichwertigkeit von Testwertdifferenzen auf verschiedenen Altersstufen rein differentiell anzugehen, indem man die Testwerte so *standardisiert*, daß sie auf jeder Altersstufe den gleichen Prozentsatz von Personen widerspiegeln, die den Testwert maximal erreichen. Der einheitliche Maßstab ist bei diesem Ansatz also die Leichtigkeit, mit der die betreffende Altersgruppe den Testwert erreicht.

Im Falle der Intelligenzmessung heißt das, daß die Punkte, die eine getestete Person für das Lösen der Aufgaben eines Intelligenztests bekommt, *altersgemäß* standardisiert werden. Die IQ-Werte heutiger Intelligenztests sind solche Standardwerte. Sie sind so definiert, daß sie den Mittelwert 100 und die Varianz 225 haben. Genausogut hätte man sich auf den Mittelwert 0 und die Varianz 1 festlegen können oder irgendwelche andere Zahlen. Daß es gerade 100 und 225 sind, hat rein historische Gründe: Die alten Sternschen IQ-Werte hatten ja per Definition einen Mittelwert von 100, und ihre Varianz lag etwa bei 225.

Die Standardisierung von Mittelwert und Varianz garantiert, daß die Standardwerte die altersgemäße Leichtigkeit eines Testwertes angeben[4]. So erreichen 9% aller Personen jeder Altersgruppe einen IQ von nur höchstens 80, 50% den Mittelwert von 100 und 99% einen IQ von höchstens 135. Oder andersherum ausgedrückt: Definieren wir »hochbegabt« durch das Erreichen eines IQ von über 135, so sind 1% aller Personen aller Altersgruppen *per Definition* hochbegabt.

Wie alle differentiellen Werte sind IQ-Werte *populationsabhängig* (wer nach einem deutschen IQ-Test hochbegabt ist, muß es nach einem japanischen IQ-Test nicht unbedingt sein und umgekehrt), und darüber hinaus sind sie auch *altersabhängig*: Jede Person wird mit der mittleren Intelligenz ihrer Altersgruppe verglichen. Da gleiche IQ-Werte gleichen Prozentanteilen der Altersgruppe entsprechen, sind die IQ-Werte zwischen verschiedenen Altersgruppen ohne Schwierigkeiten vergleichbar. Wir können mit Hilfe von IQ-Werten *differentielle Entwicklungsverläufe* messen. Aussagen wie »Fritz ist intelligenter als Peter«, »Frauke ist überdurchschnittlich intelligent«, »Petra begann als überdurchschnittlich intelligentes Kind, zeigte aber nach ihrer Hirnhautentzündung einen starken Abfall, der sie an den Rand der geistigen Behinderung brachte«, »Paul war mit fünf Jahren intelligenter als Paula, mit dreizehn war es dann umgekehrt«, sind mit Hilfe von IQ-Werten entscheidbar. Der Satz »Paula war mit dreizehn Jahren intelligenter als mit fünf Jahren« ist hingegen doppeldeutig; gemeint sein kann, daß Paula sich relativ zu ihrer Altersgruppe verbesserte, aber auch, daß sie »überhaupt« intelligenter geworden ist.

Die gute Vergleichbarkeit von IQ-Werten und IQ-Differenzen zwischen verschiedenen Altersstufen hat jedoch auch ihren Preis: Sie wurde erkauft auf Kosten einer *Standardisierung der Varianz* der IQ-Werte. Wir können also die Variabilität der IQ-Werte zwischen verschiedenen Altersstufen nicht mehr vergleichen, denn sie ist per Definition 225. Wenn wir uns – wie in diesem Buch – hauptsächlich dafür interessieren, wie sich Unterschiede zwischen Menschen entwickeln, wenn wir also die differentielle Sichtweise der Entwicklung einnehmen, macht das nichts. Wenn wir uns aber – wie in diesem Kapitel – für allgemeine Aussagen über die querschnittliche Variabilität der menschlichen Entwicklung und deren längsschnittliche Veränderung interessieren, hat das fatale Konsequenzen: Wir haben keinen Maßstab, mit dem wir die Variabilität eines Entwicklungsmerkmals längsschnittlich verfolgen können. Das gilt nicht nur für den IQ, sondern allgemein für alle altersstandardisierten differentiellen Maße. Wir können die Entwicklung eines Menschen mit der universellen Entwicklung oder der Entwicklung anderer Menschen innerhalb derselben Population kontrastieren, aber nichts mehr über Veränderungen in der querschnittlichen Variabilität der Entwicklung aussagen.

Die Relativität von Variabilitätsaussagen

Im Grunde sind wir damit wieder bei der alten Frage nach der längsschnittlichen Vergleichbarkeit von individuellen Abweichungswerten und der querschnittlichen Variabilität angelangt, ohne eine einfache Lösung gefunden zu haben. Der große Bogen, den wir dabei geschlagen haben, hat sich aber dennoch gelohnt. Zum einen haben wir die differentielle Sichtweise vertieft und quasi als Nebenprodukt des Gedankengangs eine konsequente Methode der Messung differentieller Entwicklungsverläufe dargestellt. Sie wird die Grundlage für die restlichen Kapitel dieses Buches bilden. Zum anderen wurde deutlich, daß Aussagen über die Variabilität der menschlichen Entwicklung in doppelter Weise relativ sind. Erstens sind sie populationsabhängig: Das Maß der Variabilität, die Varianz, beschreibt immer ein Entwicklungsmerkmal *relativ zu einer bestimmten Population von Menschen*. Und zweitens sind sie maßstabsabhängig: Die Varianz beschreibt immer ein Entwicklungsmerkmal *relativ zu einem bestimmten Maßstab*. Da es oft unmöglich ist, dasselbe Merkmal in gänzlich verschiedenem Alter mit demselben Maßstab zu messen, läßt sich die Variabilität der Entwicklung oft nur innerhalb eines eng begrenzten Altersbereichs untersuchen. Eine Aussage wie »die querschnittliche Variabilität der Intelligenz ist im Alter von vier Jahren höher als im Alter von 40 Jahren« ist nicht überprüfbar.

Daraus darf aber nicht der Schluß gezogen werden, daß Aussagen über die Variabilität der Entwicklung im Grunde nicht möglich seien. Denn unabhängig davon, welchen Maßstab wir an welches Entwicklungsmerkmal anlegen und welche Altersgruppe wir betrachten, erweist sich die menschliche Entwicklung als querschnittlich betrachtet hoch variabel. Dieses Phänomen kann nicht abgestritten werden, auch wenn ein längsschnittlicher Vergleich der Variabilitäten auf Schwierigkeiten stößt. Das nächste Kapitel macht dies deutlich.

3 Das Ausmaß der Unterschiede

Schon Neugeborene zeigen eine hohe Variabilität des Verhaltens. Das betrifft nicht nur den Anteil des Tages, den sie in verschiedenen Bewußtseinszuständen verbringen (tiefer Schlaf ohne Augenbewegungen – leichter Schlaf mit schnellen Augenbewegungen – dösen, d. h. verzögerte Reaktionen auf äußere Reize – wach, aber motorisch ruhig – wach und motorisch aktiv – schreien). Auch im Wachzustand unterscheiden sie sich enorm in ihrer Reaktivität gegenüber Berührungen, Tönen, dem Anblick eines menschlichen Gesichts, dem Hochnehmen, der Brust oder Flasche, dem Wickeln. Welche Verhaltensweisen wir auch betrachten – wer immer zum erstenmal die Gelegenheit bekommt, auf einer Geburtsstation viele verschiedene Neugeborene zu sehen, wird von ihrer Verschiedenheit im Verhalten tief beeindruckt sein.

Diese Unterschiede sind vom ersten Tag an vorhanden. Da einige Unterschiede von der Art des Geburtsverlaufs abhängen, ist die Variabilität in den ersten Tagen etwas höher als in den darauf folgenden Wochen, aber insgesamt bleibt eine hohe Verhaltensvariabilität bestehen. Das gilt auch dann, wenn man nur Neugeborene gesunder Mütter ohne Schwangerschafts- und Geburtskomplikationen vergleicht (vgl. Tafel 11).

Tafel 11

Verhaltensvariabilität bei Neugeborenen

Berry Brazelton und Mitarbeiter entwickelten ein Beurteilungsverfahren für das Verhalten von Neugeborenen, das inzwischen in vielen Ländern verwendet wird[5]. *Neben einer neurologischen Untersuchung werden auch 26 Verhaltensweisen im Wachzustand auf*

VERTEILUNG DER GESAMTWERTE VON 54 NORMALEN NEUGEBORENEN NACH BRAZELTON

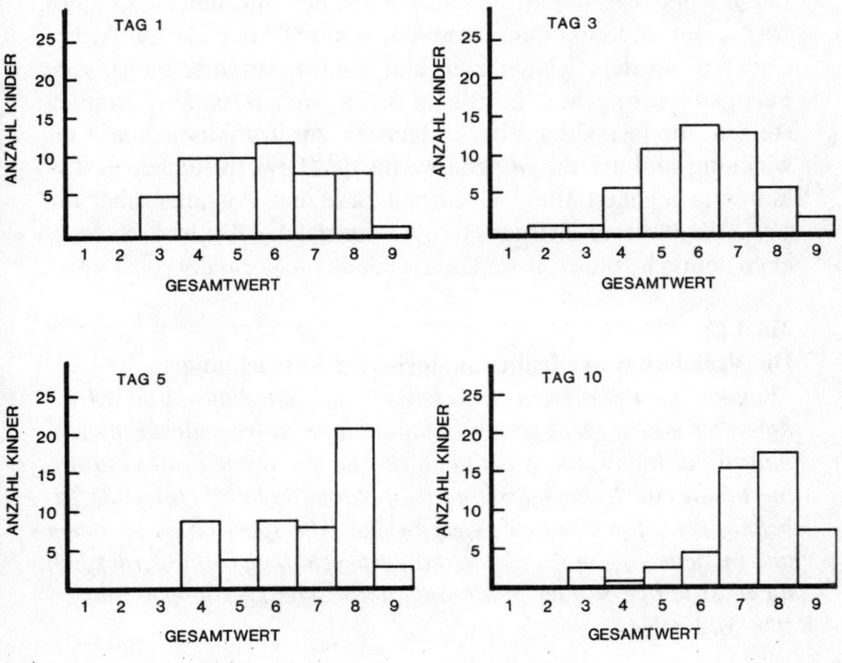

einer 9-Punkte-Skala bewertet, z. B. Orientierung auf ein bewegtes Objekt, ein Gesicht, eine Glocke, auf Stimmen oder die Reaktion beim Hochnehmen. Das Verhalten jedes Neugeborenen wird also durch ein Muster von 26 Skalenwerten beschrieben. Gruppiert man diese Muster wiederum in 9 Kategorien nach ihrer Auffälligkeit (problematisch – durchschnittlich – überdurchschnittlich), so kann man jedem Neugeborenen an jedem Tag in den ersten 2 Wochen nach der Geburt einen Gesamtwert zuordnen. Die vier Abbildungen zeigen die Gesamtwerte von 54 Neugeborenen, die sich in vielen Daten sehr ähnlich sind: Alles waren gesunde, zum normalen Zeitpunkt geborene, neurologisch reife, weiße Kinder derselben Geburtsklinik in Boston, deren Mütter ebenfalls bestimmte Kriterien erfüllen mußten, z. B. Alter zwischen 18 und 35 Jahren, keine chronischen Krankheiten. Dennoch zeigt diese sehr homogene Gruppe eine große Variabilität in ihren Gesamtwerten, die mit zunehmendem Alter nur leicht abnimmt.

Diese frühe Variabilität des Verhaltens bei »normalen« Kindern wird unter anderem dann deutlich, wenn wir den Zeitpunkt betrachten, an dem Kinder zum erstenmal bestimmte motorische Fertigkeiten zeigen, z. B. alleine sitzen, stehen, laufen, Treppen steigen. In fast allen Elternratgebern zur frühkindlichen Entwicklung sind nur die *Mittelwerte* für den Erwerb solcher Fertigkeiten angegeben. Tafel 12 enthält zusätzlich Angaben über die *Variabilität* dieser Zeitpunkte bei »normalen« Kindern. Sie machen deutlich, wie groß die Unterschiede im Normalbereich sind.

Tafel 12

Die Variabilität der frühen motorischen Entwicklung

Obwohl die motorische Entwicklung im Säuglings- und Kleinkindalter einem recht genau bestimmbaren universellen Entwicklungstrend folgt, gibt es dennoch für die einzelnen Entwicklungsmerkmale eine hohe querschnittliche Variabilität. Die folgende Tabelle macht dies deutlich[6]; sie gibt den Altersbereich in Monaten an, in dem »normale«, d. h. kinderpsychologisch/kinderärztlich nicht auffällige Kinder bestimmte motorische Leistungen zum ersten Mal zeigen.

Leistung	Altersbereich	Mittelwert
Hält Kopf aufrecht und waagerecht	0.7– 4	1.6
Sitzt mit Unterstützung	1– 5	2.3
Sitzt kurzzeitig alleine	4– 8	5.3
Sitzt längerfristig alleine	5– 9	6.6
Richtet sich zum Stehen auf	5–12	8.1
Richtet sich zum Sitzen auf	6–11	8.3
Steht mit Festhalten	6–12	8.6
Geht an der Hand	7–12	9.6
Steht alleine	9–16	11.0
Geht alleine	9–17	11.7
Geht rückwärts	11–20	14.6
Steht auf linkem Fuß alleine	15–über 30	22.7
Geht alleine eine Treppe hoch	18–über 30	25.1

Da die motorische Entwicklung einem recht genau vorgegebenen universellen Entwicklungstrend folgt, ergibt sich die Variabilität der motorischen Entwicklung vor allem aus einer relativ zum Durchschnitt beschleunigten oder verzögerten Entwicklung (vgl. auch III.1, Tafel 9). Das gilt nicht für alle Verhaltensbereiche. Betrachten wir zum Beispiel die emotionale Qualität des Verhaltens von Kleinkindern oder ihr soziales Verhalten, etwa wie intensiv sie mit ihrer Mutter in wechselseitigem Austausch stehen, so lassen sich die beobachtbaren Unterschiede nicht auf eine beschleunigte oder verzögerte universelle Entwicklung reduzieren: Es gibt klare *qualitative* Unterschiede im Verhalten. Tafel 13 zeigt die großen Unterschiede im sozial-emotionalen Verhalten von Kleinkindern und ihren Müttern.

Tafel 13
Verhaltensvariabilität im Kleinkindalter

Wie die folgende Abbildung zeigt, unterscheiden sich Kleinkinder sehr stark in der Dauer typischer Verhaltensweisen. Die Daten wurden durch Beobachtung von 36 Kindern und ihren Müttern im Alter von 9–13 Monaten gewonnen; jedes Kind wurde bei sieben verschiedenen Hausbesuchen jeweils dreimal für 30 min beobachtet[7]. Angegeben ist die kürzeste/mittlere/längste Dauer bestimmter Verhaltensweisen der Kinder und ihrer Mütter im gesamten Beob-

achtungszeitraum von 10.5 Stunden pro Mutter-Kind-Paar, ausgedrückt in Prozent der Zeit, die das Kind während der Beobachtung wach war. Z. B. zeigte ein Kind nur während 10% seiner Wachzeit positive, auf die Mutter gerichtete Aktivitäten, während ein anderes 39% seiner Wachzeit, also viermal soviel, der Mutter gegenüber positiv reagierte. Ein Vergleich mit der Variabilität des mütterlichen Verhaltens zeigt, daß diese sogar noch größer als die der Kinder zu sein scheint. Diese Daten sagen nichts über die Beziehungen zwischen der Variabilität des kindlichen und des mütterlichen Verhaltens aus: Beruht erstere auf letzterer oder umgekehrt, oder liegt eine wechselseitige Beeinflussung vor?

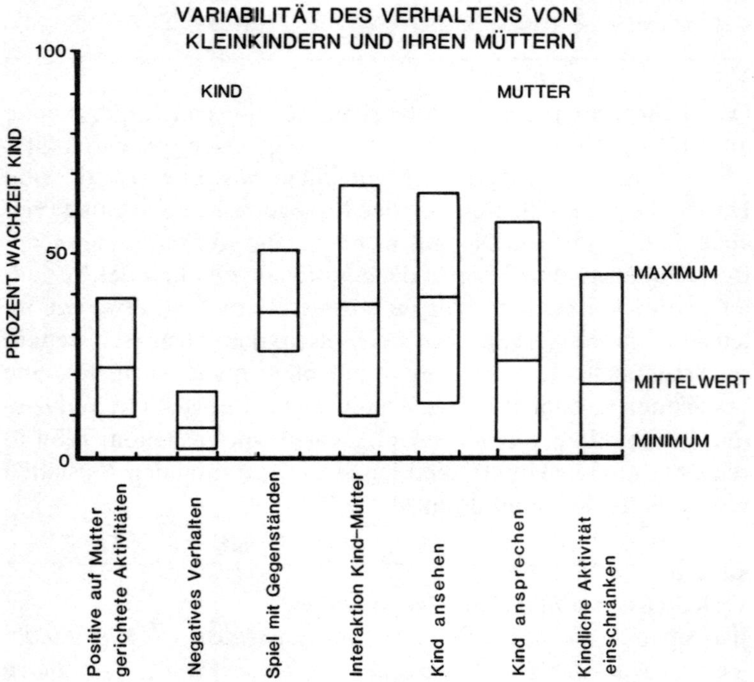

Solche qualitativen Unterschiede im sozialen und emotionalen Verhalten finden sich auf allen Altersstufen. Die Tafeln 14 und 15 veranschaulichen das an Beispielen aus dem sozialen Verhalten von Kindergartenkindern und Studenten. Diese Beispiele sind relativ willkürlich ausgewählt (eigene Daten waren zur Hand); welche Verhaltensweisen wir auch immer betrachten, gleich ob aus dem sozialen, dem emotionalen oder dem intellektuellen Bereich: Immer werden wir auf jeder Altersstufe eine hohe querschnittliche Variabilität des Verhaltens finden.

Tafel 14

Verhaltensvariabilität im Kindergartenalter

Die beiden folgenden Abbildungen zeigen Daten aus der Längsschnittstudie LOGIK des Max-Planck-Instituts für psychologische Forschung[8]. 102 Kinder im Alter von 4–5 Jahren wurden jeweils über einen Zeitraum von 2–3 Wochen elfmal 10 min lang im Freispiel in ihrem Kindergarten beobachtet. Unter anderem wurde von den Beobachtern festgehalten, wie oft sie während dieser Zeit Kontakt mit anderen Kindern oder den Erzieherinnen aufnahmen und

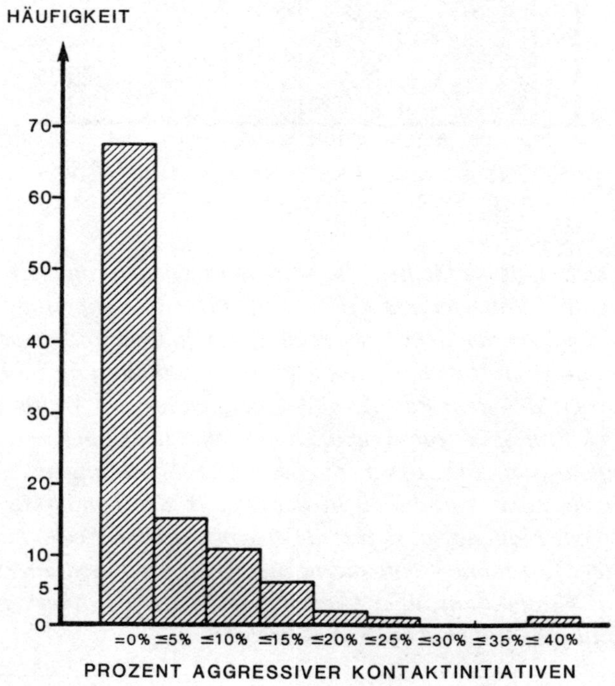

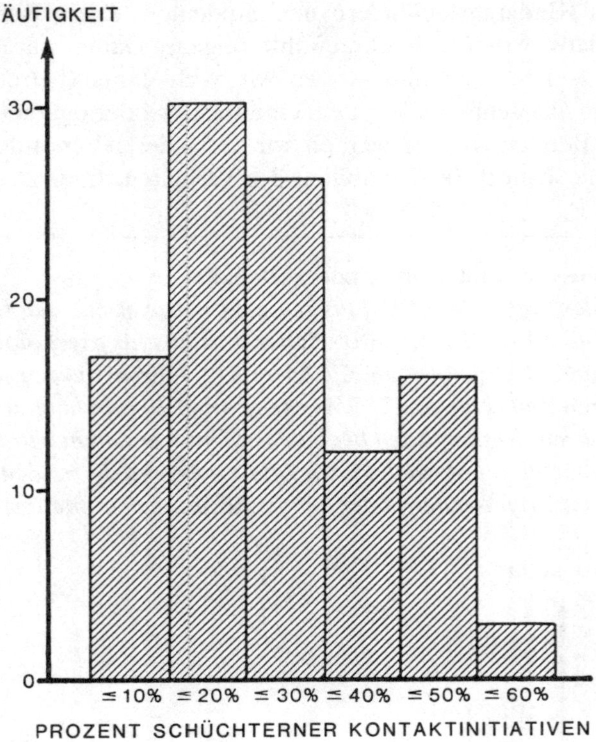

wie sie sich dabei verhielten. Insbesondere wurden folgende Kontaktaufnahmestrategien registriert: schüchterne Annäherung (d. h. das Kind nähert sich dem Partner an und sieht ihn mindestens 3 sec lang an, ohne zu sprechen) und aggressive Annäherung (d. h. das Kind nähert sich dem Partner in deutlich aggressiver Weise an mit dem Ziel, ihm Spielzeug wegzunehmen, ihn zu schlagen oder ihn von seinem Standort zu verdrängen). Die Abbildungen demonstrieren die hohe Variabilität in der Art, in der Kinder Kontakt aufnehmen: Manche tun es fast nie in schüchterner Weise, manche sind dabei fast immer schüchtern, nur wenige nehmen überhaupt aggressiv Kontakt auf, aber unter diesen wenigen Kindern gibt es einige mit sehr hoher Aggressivitätsrate.

Tafel 15
Verhaltensvariabilität im Erwachsenenalter
Die folgende Abbildung illustriert die Variabilität des Blickverhaltens von Studenten[9]. 70 Studenten (die Hälfte männlich) wurden in drei Gesprächssituationen mit zwei verschiedenen Partnern gefilmt; die Rahmenbedingungen der Gespräche waren identisch für alle Studenten (gleicher Raum, gleiche Sitzposition gegenüber dem Partner, gleiche Aufgabenstellung für die Gespräche, derselbe Partner für alle Studenten des gleichen Geschlechts). Dennoch variierte das Blickverhalten der Studenten enorm: Manche sahen ihren Partner nur selten an, einige sehr häufig.

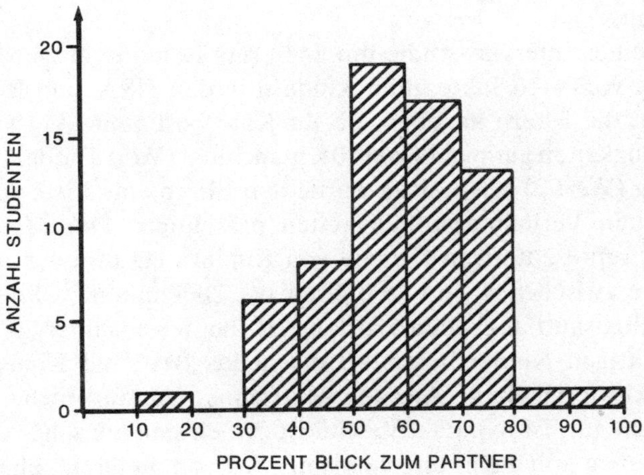

4 Die Normalität abweichender Entwicklungen

Wie wir gesehen haben, sind individuelle Entwicklungsverläufe querschnittlich betrachtet hoch variabel, unabhängig von dem betrachteten Merkmal und der untersuchten Altersgruppe. Abweichungen von der durchschnittlichen Entwicklung sind also normal im Sinne von »häufig«. Starke Abweichungen werden um so seltener sein, je größer sie sind; nur sehr starke Abweichungen rechtfertigen also die Bezeichnung »unnormal«. Aber selbst eine starke Abweichung der Entwicklung eines einzigen Merkmals vom durchschnittlichen Entwicklungsverlauf kann »normal« sein, wenn wir unseren Blick nicht nur wie bisher auf ein einziges Entwicklungsmerkmal richten, sondern viele verschiedene Merkmale der Entwicklung gleichzeitig betrachten.

Untersuchen wir die Entwicklung eines beliebigen Menschen nämlich genauer, werden wir über kurz oder lang *immer* auf ein Merkmal stoßen, in dem dieser Mensch eine starke Abweichung vom Durchschnitt zeigt. Der durch und durch durchschnittliche Mensch ist eine statistische Fiktion. Das gilt selbst für Merkmale, die gemeinhin als »Probleme« oder »Risikofaktoren« betrachtet werden.

In einer Interviewstudie mit 1442 repräsentativ ausgewählten Eltern von 4–16 Jahre alten Kindern in den USA zum Beispiel sollten die Eltern angeben, ob ihr Kind bestimmte Verhaltensauffälligkeiten gar nicht (Wert 0), manchmal (Wert 1) oder durchgängig (Wert 2) zeige; dazu wurde den Eltern eine Liste von 112 typischen Verhaltensauffälligkeiten präsentiert. Der *Mittelwert* dieser repräsentativen Gruppe von Kindern lag in jeder Altersgruppe zwischen 4 und 16 Jahren bei 20 Punkten[10]. Folgende Verhaltensauffälligkeiten wurden z. B. bei jeweils über 20 % der 4–6jährigen Kinder berichtet: macht ins Bett, hat Konzentrationsschwierigkeiten, Ängste, Alpträume, Wutausbrüche, lügt, ißt nicht gut, ist hyperaktiv, schüchtern, einsam, zu sehr von Erwachsenen abhängig, ungehorsam, wird von anderen gehänselt, hänselt oft andere.

Nun finden sich in jeder repräsentativen Stichprobe natürlich wirklich verhaltensgestörte Kinder; der Anteil liegt in westlichen Industrienationen nach vielen übereinstimmenden Untersuchungen bei 20 %[11]. Wurden diese Kinder, bei denen sich sehr viele der 112 Symptome häuften, von der Auswertung ausgeschlossen, so zeigte der Rest der nun wirklich als »normal« zu betrachtenden Kinder nach Angaben ihrer Eltern immer noch zwischen 8 und 28 Verhaltensauffälligkeiten. Nichts ist normaler als einige Unnormalitäten in der Entwicklung. Hier zeigt sich die Tücke des üblichen Normalitätsbegriffs, der auf Abweichungen eines einzelnen Merkmals vom Durchschnitt fußt.

Strenger formuliert: Mit wachsender Zahl untersuchter Entwicklungsmerkmale geht die Wahrscheinlichkeit dafür, daß jemand sich in allen untersuchten Merkmalen durchschnittlich entwickelt, gegen Null. Das liegt daran, daß sich unterschiedliche Merkmale relativ unabhängig voneinander entwickeln. Wer seiner Altersgruppe intelligenzmäßig weit voraus ist, kann sportlich zu den Letzten gehören. Problematisch werden individuelle Abweichungen also meistens erst dann, wenn sie sich häufen.

Aber auch eine Häufung vieler als problematisch angesehener Abweichungen muß noch nicht unbedingt ein wirkliches Problem signalisieren. Sind die Abweichungen nur von kurzer Dauer, handelt es sich um eine kurzlebige Entwicklungsstörung, die keine weiteren Konsequenzen zu haben braucht. Nur wenn die problematischen Abweichungen *chronisch* sind, über lange Zeit andauern oder langfristige Konsequenzen anderer Art haben, sind sie wirklich ein Problem. Die querschnittliche Sicht von Abweichungen muß also ergänzt werden durch eine längsschnittliche Perspektive, die die *Stabilität* der Abweichungen untersucht. Allgemeiner betrachtet handelt es sich bei solchen stabilen Abweichungen – ob problematisch oder nicht – um *Persönlichkeitsunterschiede*. Sie stehen im Mittelpunkt des nächsten Kapitels.

IV Die Stabilität der Unterschiede

Plus ça change, plus c'est la même chose.
Französisches Sprichwort

Welche Persönlichkeit hatte Ulrike Meinhof, welche hat Ulrike Meyfarth? Unterschieden sich Albert Schweitzer und Albert Einstein in ihrer Persönlichkeit, und wenn ja, in welcher Hinsicht? Glichen sich Albert Schweitzer und Ulrike Meinhof in bestimmten Charakterzügen, und wenn ja, in welchen? Alltagspsychologisch beantworten wir solche Fragen durch das Aufzählen von Eigenschaften, die die betreffenden Personen charakterisieren. Wir nehmen also an, daß Menschen nicht nur durch anatomische (Körpergröße) und physiologische (Blutgruppe), sondern auch durch psychische Merkmale charakterisiert werden können, die ebenso wie Körpergröße oder Blutgruppe zeitlich stabil sind.

So ließe sich ein Unterschied zwischen Albert Schweitzer und Albert Einstein in der »extrem hohen analytischen Intelligenz« von Einstein sehen und eine Gemeinsamkeit von Albert Schweitzer und Ulrike Meinhof in einem »extrem moralischen Handlungsimpuls«. Gerne wird kolportiert, daß Einstein ein schlechter Schüler gewesen sei (was nicht stimmt). Niemand würde daraus den Schluß ziehen, daß der Schüler Einstein dumm gewesen sei; denn das würde unserer Stabilitätsannahme für Intelligenz widersprechen. Die Tatsache, daß Ulrike Meinhofs Vater einer alten Theologenfamilie entstammte, daß die Schülerin Meinhof durch ein starkes Gerechtigkeitsempfinden auffiel, daß sie als junge Studentin sich für eine Einstellung aller Kernwaffenversuche engagierte (ebenso wie Albert Schweitzer) und daß sie als Schoßkind Hamburgs besserer Gesellschaft Fernsehberichte über Fließbandarbeit und Fürsorgezöglinge verfaßte, wird oft als Indiz eines ausgeprägten moralischen Rigorismus gewertet und ihre nachfolgende Karriere als Terroristin als Konsequenz dieses Rigorismus angesehen. Das scheint plausibler zu sein, als einen Bruch in der Moralverpflichtetheit ihres Handelns anzunehmen.

Das psychologische Konzept der Persönlichkeit teilt diese Konstanzannahme der Alltagspsychologie. Nur wenn ein Verhaltensmerkmal einer Person über viele Jahre stabil ist, wird es als *Persönlichkeitsmerkmal* betrachtet. Im Gegensatz zur Alltagspsychologie wird die zeitliche Stabilität für bestimmte Verhaltensmerkmale aber nicht einfach vorausgesetzt, sondern einer *empirischen Prüfung* unterworfen. Erweisen sich die Merkmale als zeitstabil, sind es Persönlichkeitsmerkmale, sonst nicht.

In diesem Kapitel wird der psychologische Begriff der Persönlichkeit näher erläutert und dann die Frage ausführlich diskutiert, ob es denn überhaupt langfristig stabile psychische Merkmale gibt: Widerspricht dies nicht der Dynamik von Entwicklungsvorgängen? Wie steht es insbesondere mit der Stabilität von Verhaltensunterschieden in Kindheit und Jugend? Dabei geht es ausschließlich um die *Beschreibung* der Unterschiede; die viel schwierigere Frage, *warum* sich der eine Mensch so und der andere anders entwickelt, also die Frage nach der *Erklärung* der Persönlichkeitsunterschiede, wird erst in Kapitel V behandelt.

1 Persönlichkeit und Entwicklung: Ein Widerspruch?

Das psychologische Persönlichkeitskonzept

In der Alltagspsychologie wird unter der Persönlichkeit eines Menschen seine *ausgeprägte Individualität* verstanden, seine Einzigartigkeit, in der er sich von anderen Menschen unterscheidet. Hebt sich jemand kaum vom Durchschnitt ab, hat »keine Kanten und Ecken« und wirkt »blaß und farblos«, sagen wir, daß er »keine Persönlichkeit« habe. Wer hingegen »beeindruckende Qualitäten« besitzt, die allgemein als wünschenswert angesehen werden und »von der Masse abstechen«, wird als »wirkliche Persönlichkeit« betrachtet. Handelt es sich um ungewöhnliche, aber harmlose Qualitäten, sprechen wir von einem »Original«. Fällt jemand durch unerwünschte Eigenschaften auf, führen wir dies auf einen »schlechten Charakter« zurück.

Wie fast alle Begriffe der Alltagspsychologie vereinigt der Begriff der Persönlichkeit also drei trennbare Aspekte: einen *be-*

schreibenden (jemand hebt sich in seiner Individualität vom Durchschnitt ab), einen *wertenden* (es handelt sich um eine mehr oder weniger wünschenswerte Abweichung vom Durchschnitt) und einen *erklärenden* (daß jemand so und nicht anders handelt, liegt an seiner Persönlichkeit). In der heutigen Psychologie hingegen wird der Begriff der Persönlichkeit *rein beschreibend* verwendet. »Person X hat die Persönlichkeit Y« bedeutet psychologisch so viel und nur so viel, daß Person X durch ein bestimmtes Muster Y von Persönlichkeitsmerkmalen gekennzeichnet ist. Ob das Merkmalsmuster positiv oder negativ zu werten ist, ist dabei völlig gleichgültig. Auch wird nicht vorausgesetzt, daß das Merkmalsmuster eine »ausgeprägte Individualität«, etwa im Sinne statistischer Seltenheit, besitzt.

Die Einzigartigkeit der Persönlichkeit wird vielmehr dadurch zu fassen versucht, daß viele verschiedene Merkmale gleichzeitig betrachtet werden. Denn mit der Zahl der zur Persönlichkeitsmessung herangezogenen Merkmale steigt die Zahl der möglichen Merkmalsmuster, also der möglichen unterschiedlichen Persönlichkeiten, dramatisch an. Lassen sich pro Merkmal jeweils nur 5 Ausprägungsstufen unterscheiden (z. B. sehr stark – stark – mittel – wenig – sehr wenig), sind bei 10 Merkmalen schon knapp 10 Millionen unterschiedliche Merkmalskombinationen denkbar, und bei 15 Merkmalen übersteigt die Zahl der unterscheidbaren Persönlichkeiten (ca. 30 Milliarden) bei weitem die Größe der gesamten derzeit lebenden Menschheit.

Die einzelnen Persönlichkeitsmerkmale werden dabei aus *differentieller Sichtweise* betrachtet (vgl. Kapitel III.1): Nicht die absolute, individuelle Merkmalsausprägung interessiert, sondern ob das Merkmal »auffällig« ist, vom Durchschnitt abweicht. Grundlage der Persönlichkeitsmessung sind also immer *Abweichungswerte*, die relativ zu einer bestimmten Population bestimmt werden. Damit ist klar, daß psychologische Aussagen über Persönlichkeit durch genau dieselbe doppelte Relativität gekennzeichnet sind, die wir schon in Kapitel III.2 bei der Diskussion der Variabilitätsmessung kennengelernt haben: Sie sind abhängig von der Messung der betrachteten Persönlichkeitsmerkmale und von der Population, auf die sich die Abweichungswerte beziehen.

Mit der Erklärung des Verhaltens einer Person durch ihre Persönlichkeit schließlich sind Psychologen viel vorsichtiger, als wir es als Alltagspsychologen sind. Nur zu leicht verfangen wir uns hierbei nämlich in Zirkelschlüssen, ohne es zu merken. Wir neigen dazu, aus wenigen Beobachtungen eines Menschen (oder gar nur aus einer einzigen) auf seine Persönlichkeit zu schließen und hiermit das beobachtete Verhalten zu erklären. »Warum schlägt Hans den Fritz?« – »Weil Hans aggressiv ist« – »Warum ist Hans aggressiv?« – »Weil er andere Kinder schlägt« – »Woher weißt du das?« – »Weil er den Fritz geschlagen hat.«

Einen wirklichen Wert für die Erklärung von Verhalten hat das Persönlichkeitskonzept aber nur dann, wenn es zwei Bedingungen erfüllt. Erstens muß sich die Feststellung, daß jemand ein bestimmtes Persönlichkeitsmerkmal hat, auf andere Beobachtungen stützen als auf das zu erklärende Ereignis. Das Urteil, daß Hans aggressiv ist, darf sich also nicht auf die Beobachtung berufen, daß Hans den Fritz geschlagen hat. Und zweitens sind zahlreiche Beobachtungen notwendig, um mit an Sicherheit grenzender Wahrscheinlichkeit die Aussage vertreten zu können, daß jemand durch ein bestimmtes Persönlichkeitsmerkmal charakterisierbar ist. Die Beobachtung einer Kindergarten-Praktikantin, daß Hans innerhalb einer Stunde vier Kinder geschlagen hat, reicht nicht aus, um Hans als aggressiv bezeichnen zu können, obwohl das beobachtete Verhalten ungewöhnlich für Kindergartenkinder ist. Die Gruppenleiterin, die Hans schon seit vielen Monaten kennt, mag da mit Recht ganz anderer Meinung sein: Sein Verhalten sei »heute untypisch gewesen«. Nur wenn Hans eine *stabile* Tendenz zeigt, öfter als andere Kinder aggressiv zu reagieren, ist der Schluß gerechtfertigt, daß er aggressiv ist.

Stabilität der Persönlichkeit

Persönlichkeitsmerkmale sind also stabile Verhaltenstendenzen von Menschen. Die Stabilität ist das entscheidende Kriterium, das Persönlichkeitsmerkmale von sonstigen Verhaltensunterschieden abgrenzt. In der heutigen Psychologie werden für diese Abgrenzung zwei Stabilitätskriterien benutzt: Die Verhaltenstendenz soll *zeitlich* und *situativ* stabil sein. Hans würde also nur dann als »aggressiv gegenüber anderen Kindern« bezeichnet, wenn er sich immer wieder besonders häufig mit anderen Kindern schlägt und seine Aggressivität sich nicht nur auf ein einziges Kind richtet oder nur in ganz bestimmter Umgebung auftritt (z. B. nur zu Hause), sondern gegenüber beliebigen Kindern in beliebiger Umgebung beobachtbar ist.

Die Forderung nach zeitlicher Stabilität schließt aus, daß kurzlebige Verhaltenstendenzen gleich für ein Persönlichkeitsmerkmal gehalten werden. Auch in der Alltagspsychologie unterstellen wir ja, daß Persönlichkeitsmerkmale zeitlich überdauernde Eigenschaften von Menschen sind, die über diese Menschen Auskunft geben, ohne von ihrer aktuellen Stimmung, der »Tagesform« oder anderen zeitlich fluktuierenden Bedingungen abhängig zu sein.

Die zeitliche Stabilität einer Verhaltenstendenz einer Person läßt sich überprüfen, indem diese Person mehrfach in »derselben Situation« beobachtet wird; zeigt sie bei allen Beobachtungen dieselbe Abweichung des Verhaltens vom Mittelwert der betrachteten Population, ist ihre Verhaltenstendenz perfekt zeitlich stabil. Natürlich wird eine perfekte zeitliche Stabilität praktisch nie beobachtbar sein; wie man unterschiedliche Grade zeitlicher Stabilität messen kann, werden wir bald sehen.

Strenggenommen setzt die zeitliche Stabilität einer Verhaltenstendenz bereits eine gewisse situative Stabilität der Verhaltenstendenz voraus. Denn niemand kann in »derselben Situation« mehrfach beobachtet werden – höchstens in einer sehr ähnlichen. Auch wenn die situativen Umstände der Beobachtung noch so ähnlich sind – in irgendwelchen Details müssen sie sich unterscheiden. Heraklit soll das in dem Gleichnis ausgedrückt haben, daß es unmöglich ist, zweimal in demselben Fluß zu baden[1].

Die Forderung nach einer situativen Stabilität von Persönlichkeitsmerkmalen geht über die Forderung nach zeitlicher Stabilität weit hinaus. Gefordert wird, daß die betreffende Verhaltenstendenz in einer »breiten Klasse von Situationen« beobachtbar ist. Um die Aggressivität von Hans als Persönlichkeitsmerkmal bezeichnen zu können, muß Hans also in allen möglichen sozialen Situationen aggressiver als der Durchschnitt seiner Altersgruppe reagieren. Gilt dies nicht für alle sozialen Situationen, sondern nur für solche, in denen Hans mit gleichaltrigen Kindern zusammen ist, dürften wir Hans nicht mehr als »aggressiv« bezeichnen, sondern nur noch als »aggressiv gegenüber Gleichaltrigen«. Reagiert Hans nur gegenüber gleichaltrigen Jungen überdurchschnittlich aggressiv, nicht aber gegenüber gleichaltrigen Mädchen, müßten wir seine Aggressivität entsprechend weiter einschränken.

Diese Einschränkung des situativen Geltungsbereichs eines Persönlichkeitsmerkmals ist in der Alltagspsychologie ungewöhnlich – so differenziert denken wir selten. Sie ist aber der Natur der Dinge angemessen, weil nur wenige Menschen sich in sehr vielen Situationen auf die gleiche Weise vom Durchschnitt abheben. Je nach betrachteter Person und Population und je nachdem, welches Merkmal wir untersuchen, werden wir zu unterschiedlichen Aussagen über die Breite der Situationsklasse kommen, in der das Merkmal bei der betreffenden Person situativ stabil ist.

Ob ein bestimmtes Verhalten einer Person als Ausdruck eines Persönlichkeitsmerkmals gewertet werden kann, ist also eine Frage, deren psychologische Beantwortung dreifach relativ ist: Sie hängt davon ab, wie die Eigenschaft gemessen wird und auf welche Population und auf welche Situationsklasse Bezug genommen wird. Die Aussage »Hans ist aggressiv« ist also streng genommen psychologisch nicht möglich. Möglich – und durch Beobachtung bestätigbar oder widerlegbar – ist nur die Aussage »Wenn wir Aggressivität so und so messen (Maßstab), ist Hans relativ zu anderen Kindern, die Kindergärten besuchen (Population) aggressiv gegenüber Gleichaltrigen (Situationsklasse)«. Persönlichkeitsmerkmale sind also keine Eigenschaften der betrachteten Person alleine, sondern Eigenschaften einer Konstellation von vier Faktoren: Person, Maßstab der Merkmalsmessung, Vergleichspopulation und Situationsklasse.

Diese relativierende Sichtweise durchzuhalten fällt uns nicht leicht, weil wir in unserer Alltagspsychologie viel »robuster« zu denken gewöhnt sind: »Jedermann weiß doch, wie sich Aggressivität äußert« – das ist der Maßstab; »alle eben, alle Leute« (oder etwas selbstkritischer: »alle Leute, die ich kenne«) – das ist die Vergleichspopulation; »überhaupt, generell« – das ist die Situationsklasse. Wenn wir diese Sichtweise auf die Psychologie der Persönlichkeit übertragen wollten, bliebe aber fast nichts mehr zu untersuchen übrig: Verhaltensunterschiede, die bei beliebigen Vergleichspopulationen und beliebigen Situationsklassen zeitlich und situativ stabil sind, sind sehr selten. »Ängstlichkeit« zum Beispiel ist bei fast allen Studenten kein situativ stabiles Persönlichkeitsmerkmal. Wer besondere Angst vor Autoritätspersonen hat, muß deshalb nicht unbedingt ängstlich beim Blutabnehmen sein und umgekehrt, wer sich besonders vor Einbrechern ängstigt, muß deshalb nicht unbedingt auch einen Atomkrieg fürchten und umgekehrt. Es gibt ganz unterschiedliche Klassen angstauslösender Situationen, und nur ganz wenige Menschen reagieren in allen diesen Situationen durchweg überdurchschnittlich oder durchweg unterdurchschnittlich ängstlich[2].

Wenn wir aber begrenztere Situationsklassen untersuchen, zeigen sich schon eher situationsstabile Unterschiede in der Ängstlichkeit. Grenzen wir z. B. Angst auf soziale Angst ein, also Angst, die in den Beziehungen zu anderen Menschen wurzelt und sich im Verhalten als schüchterne Gehemmtheit im Umgang mit anderen äußert, so finden sich bei Studenten und schon bei Kindern im Kindergartenalter Unterschiede in schüchterner Gehemmtheit, die eine deutliche Stabilität aufweisen zwischen so unterschiedlichen Situationen wie »Rendezvous mit jemand, in den man frisch verliebt ist« und »Bewerbung für eine Hilfskraftstelle bei einem Professor« (bei Studenten[3]) bzw. »Spielen mit Kindern in der vertrauten Kindergartengruppe« und »Gespräch mit einer fremden Erwachsenen in einem fremden Raum« (bei Kindern[4]). Es gibt also durchaus situativ stabile Verhaltensunterschiede, aber nur für eingegrenzte Situationsklassen.

Dynamik der Entwicklung

Es bleibt die Forderung nach zeitlicher Stabilität. Gibt es überhaupt zeitlich stabile Persönlichkeitsunterschiede? Und liegt nicht ein logischer Widerspruch vor, wenn die Begriffe »Entwicklung« und »Persönlichkeit« im Konzept der »Persönlichkeitsentwicklung« vereinigt werden? Wie verträgt sich die Forderung nach zeitlicher *Stabilität* von Persönlichkeitsmerkmalen mit der Dynamik von Entwicklungsvorgängen, die doch durch zeitliche *Veränderungen* von Verhalten charakterisiert sind?

Tatsächlich liegt hier überhaupt kein Widerspruch vor; er entsteht nur durch unpräzisen Gebrauch der Begriffe »Entwicklung« und »Persönlichkeit«. Bei »Entwicklung« denken wir nämlich an individuelle oder universelle Entwicklungsverläufe. Die Forderung nach zeitlicher Stabilität von Persönlichkeitsmerkmalen bezieht sich aber auf *differentielle* Entwicklungsverläufe: Gefordert wird, daß die individuellen *Abweichungen* vom durchschnittlichen Entwicklungsverlauf zeitlich konstant sind (wobei sich die individuellen Merkmalswerte beliebig ändern können). Tafel 16 macht dies deutlich.

Tafel 16
Zeitliche Stabilität von Persönlichkeitsunterschieden und Dynamik der Entwicklung

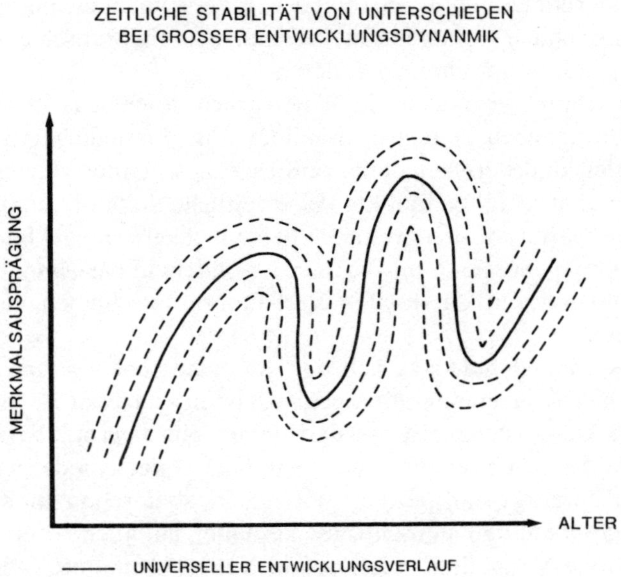

Die Abbildung macht deutlich, daß drastische universelle Merkmalsänderungen im Verlauf der Entwicklung durchaus mit einer perfekten zeitlichen Stabilität von Persönlichkeitsunterschieden vereinbar sind.

Die Stabilität von Persönlichkeitsunterschieden und die Dynamik der Entwicklung sind also *prinzipiell* durchaus vereinbar. Eine andere Frage ist, ob nicht trotzdem eine reziproke Beziehung zwischen ihnen *faktisch* beobachtbar ist. Es ist ja durchaus plausibel, daß eine Stabilität von Persönlichkeitsunterschieden desto unwahrscheinlicher ist, je rapider sich universelle Veränderungen im Verlauf der Entwicklung vollziehen. In Kapitel III haben wir schon am Beispiel des pubertären Wachstumsschubs gesehen, daß in Phasen schneller Veränderungen die individuellen Änderungen zeitlich versetzt ablaufen können; hierdurch werden die differentiellen Entwicklungsverläufe verändert und damit die zeitliche Stabilität von Persönlichkeitsunterschieden beeinträchtigt (vgl. Tafel 6 auf S. 46 f.). Ob ein solcher reziproker Zusammenhang zwischen der Schnelligkeit von Entwicklungsveränderungen und der Stabilität von Persönlichkeitsunterschieden tatsächlich vorhanden ist, läßt sich nicht theoretisch entscheiden, sondern nur *empirisch* klären.

Manchmal wird auch ein Widerspruch gesehen zwischen der Forderung nach zeitlicher Stabilität von Persönlichkeitsunterschieden und der Annahme, daß sich diese Unterschiede doch erst einmal entfalten müßten. Eine zeitliche Stabilität könne erst dann erwartet werden, wenn die Persönlichkeitsentwicklung zum Abschluß gekommen sei. Vorher, besonders in der Kindheit, sei deshalb mit zeitlich stabilen Verhaltensunterschieden nicht zu rechnen.

Auch hier handelt es sich nur um einen scheinbaren Widerspruch. Die Argumentation geht davon aus, daß zu Beginn der Entwicklung (der meist mit der Geburt gleichgesetzt wird) alle Menschen gleich seien und sich erst dann Unterschiede zwischen ihnen herauskristallisierten. Wir haben aber schon in Kapitel III.3 gesehen, daß menschliches Verhalten auf allen Altersstufen eine hohe Variabilität zeigt. Schon Neugeborene unterscheiden sich so stark voneinander, daß nichts *prinzipiell* gegen Persönlichkeitsunterschiede spricht, die von Geburt an zeitlich stabil sind. Auch die Annahme, daß die Persönlichkeitsentwicklung, verstanden als Entfaltung von Unterschieden, in irgendeinem bestimmten Alter abgeschlossen sei, ist bloße Spekulation, die sich nicht weiter logisch rechtfertigen läßt.

Auch hier ist es eine *empirische* Frage, ob bestimmte Merkmalsunterschiede überhaupt irgendwann einmal bei bestimmten Menschen zeitlich stabil sind, ob diese Phasen der Stabilität sehr kurz oder sehr lang sind und ob sie auf dem Wege einer zunehmenden Stabilisierung von Unterschieden erreicht werden oder ob sich verschiedene Phasen hoher Stabilität und hoher Instabilität abwechseln. Wir müssen damit rechnen, daß alles geschieht, was möglich ist. Welche zeitliche Stabilität Verhaltensunterschiede haben und ob und wie sie sich stabilisieren, läßt sich nicht am grünen Tisch entscheiden, sondern nur durch sorgfältige und sehr langfristige Beobachtungen der tatsächlichen Entwicklung großer Gruppen von Menschen. Denn um Aussagen über die Stabilität von Persönlichkeitsunterschieden machen zu können, müssen dieselben Personen ja mehrfach beobachtet werden: Sind die zum ersten Beobachtungszeitpunkt gefundenen Abweichungen vom Durchschnitt beim zweiten Beobachtungszeitpunkt immer noch dieselben? Wenn ja, sind die beobachteten Merkmalsunterschiede zeitlich stabil. Wenn nein, sind sie es nicht. Aussagen über die zeitliche Stabilität von Persönlichkeitsunterschieden erfordern also Längsschnittstudien.

Inzwischen liegen die Ergebnisse zahlreicher Längsschnittstudien zur Persönlichkeitsentwicklung vor. Da erst in den dreißiger Jahren dieses Jahrhunderts mit solchen Studien begonnen wurde, konnten die Ergebnisse über die wirklich langfristige Stabilität von Persönlichkeitsunterschieden erst vor wenigen Jahren der Fachöffentlichkeit vorgestellt werden; an eine breite Öffentlichkeit sind sie bisher noch nicht gedrungen. Es dauert eben mehr als vierzig Jahre, bis man Ergebnisse über die Stabilität von Persönlichkeitsunterschieden über einen Zeitraum von vierzig Jahren hinweg gewinnen kann. Diese Längsschnittstudien ergeben insgesamt ein recht klares Bild über die Stabilität der Persönlichkeit und deren Veränderungen im Verlauf des Lebens. Bevor dieses Bild nachgezeichnet wird, müssen wir aber noch etwas genauer klären, was unter der zeitlichen Stabilität von Persönlichkeitsunterschieden zu verstehen ist und wie sie sich messen läßt.

2 Drei Sichtweisen der Stabilität

Das Konzept der zeitlichen Stabilität von Persönlichkeitsunterschieden entspringt der differentiellen Sichtweise: Wie stabil ist die Abweichung einer Person vom Durchschnitt der betrachteten Population über längere Zeiträume hinweg? Dies ist die *individuelle* Sichtweise der Stabilität. Natürlich möchten wir aber auch allgemeinere Aussagen über die Stabilität von Persönlichkeitsunterschieden machen: Wie groß ist die *mittlere* Stabilität der Unterschiede zwischen allen Personen der betrachteten Population? Dies ist die *universelle* Sichtweise der Stabilität. Und schließlich können einzelne Personen oder Untergruppen der Population sich in der Stabilität eines Persönlichkeitsmerkmals unterscheiden; zum Beispiel könnte die Stabilität von Aggressivität bei hoch aggressiven Menschen höher sein als bei niedrig aggressiven oder bei Männern höher als bei Frauen. Dies ist die *differentielle* Sichtweise der Stabilität. Wir wenden damit also dieselben Unterscheidungen auf das Konzept der Stabilität an, die wir in Kapitel III.1 allgemeiner auf Entwicklungsprozesse bezogen haben. Es handelt sich jetzt aber sozusagen um Unterscheidungen zweiter Ordnung, denn es geht um die individuelle, universelle und differentielle Sichtweise des differentiellen Konzepts der Stabilität.

Im folgenden werden diese drei Sichtweisen der Stabilität näher erläutert und das heutige Wissen über die universelle Stabilität von Persönlichkeitsunterschieden dargestellt. Sie können diese mehr methodischen Abschnitte übergehen und bei Kapitel IV.4 weiterlesen, wenn Sie die Schlußfolgerung glauben wollen, daß Persönlichkeitsunterschiede sich erst relativ spät stabilisieren und dann im Erwachsenenalter (bei Intelligenz schon im Schulalter) eine recht hohe Stabilität erreichen, die aber im Einzelfall deutliche Persönlichkeitsänderungen nicht ausschließt. Sehen Sie sich aber auf jeden Fall Tafel 17 an, da der dort erläuterte Begriff der Korrelation in späteren Kapiteln dieses Buches noch häufig gebraucht wird.

Die individuelle Sichtweise

Aus individueller Perspektive ist die zeitliche Stabilität eines Verhaltensmerkmals einer Person um so höher, je konstanter ihr Abweichungswert in der betreffenden Population ist. Der Intelligenzquotient zum Beispiel ist dann individuell stabil, wenn die Person auf allen Altersstufen den gleichen IQ-Wert hat. Da jedem IQ-Wert ein bestimmter Rangplatz in der Population entspricht – der höchste IQ von 100 Personen nimmt Platz 1 ein, der niedrigste Platz 100, der Mittelwert ungefähr Platz 50 –, läßt sich das auch so ausdrücken, daß die Person ihren IQ-Rangplatz in der Bezugspopulation beibehält: Wer bei der ersten Testung Rang 20 hatte, muß bei jeder weiteren Testung wieder Rang 20 bekommen, damit seine Intelligenz zeitlich perfekt stabil bleibt.

Natürlich wird es eine solche perfekte Stabilität in der Praxis nur in Ausnahmefällen geben, weil jede Messung der Intelligenz mit einem Fehler behaftet ist, dem *Meßfehler*. Der ergibt sich aus der *Zuverlässigkeit* des Tests. Ist diese bekannt – und wir werden im nächsten Abschnitt sehen, wie man sie bestimmen kann –, kann man Wahrscheinlichkeitsaussagen darüber machen, wie sicher es ist, daß eine gefundene Instabilität von Meßwerten eine tatsächliche Instabilität des Merkmals signalisiert. Fordern wir z. B. eine 95 %ige Sicherheit hierfür, so ergibt sich bei typischen Intelligenztests eine kritische Differenz von etwa 13 IQ-Punkten[5]. War der erste IQ-Wert z. B. 100, und lag der zweite irgendwo zwischen 88 und 112, so kann diese Veränderung noch auf einem Meßfehler beruhen; erst wenn die zweite Messung sich von der ersten um mindestens 13 IQ-Punkte unterscheidet, können wir mit 95 %iger Sicherheit annehmen, daß eine tatsächliche Instabilität der Intelligenz bei der betreffenden Person vorliegt. Je unzuverlässiger der Test ist, und je höher wir unsere Sicherheitsforderung schrauben, desto größer ist die kritische Differenz. Mit absoluter Sicherheit läßt sich im Einzelfall keine beobachtete Änderung von IQ-Werten auf eine wirkliche Instabilität zurückführen[6].

Die universelle Sichtweise

Oft interessieren wir uns aber gar nicht für die zeitliche Stabilität eines Verhaltensmerkmals einer einzelnen Person, sondern für die *durchschnittliche* Stabilität des Merkmals in der betrachteten Population. Wie hoch ist z. B. die durchschnittliche Stabilität des IQ bei deutschen Erwachsenen über einen Zeitraum von 1 Jahr, 5 Jahren, 10 Jahren, 20 Jahren? Ist sie höher als die durchschnittliche Stabilität der Aggressivität bei deutschen Erwachsenen in vergleichbaren Zeiträumen? Um diese Fragen beantworten zu können, brauchen wir ein Maß der universellen Stabilität von Persönlichkeitsmerkmalen zwischen zwei Zeitpunkten, mit dem sich verschiedene Populationen und Merkmale vergleichen lassen. Dieses Maß muß unabhängig von den Merkmalsmittelwerten zu den zwei Zeitpunkten sein, denn Änderungen dieser Mittelwerte spiegeln ja universelle Entwicklungsvorgänge wider. Das Maß sollte auch unabhängig von den Merkmalsvarianzen zu den zwei Zeitpunkten sein, denn solche Varianzunterschiede ändern ja nichts an der Rangfolge der Personen in dem betrachteten Merkmal; außerdem läßt sich nur so die Stabilität von Merkmalen unterschiedlicher Varianz vergleichen. Ein solches Maß ist die *Korrelation* der beiden Messungen in der betreffenden Population. Tafel 17 zeigt, wie die Korrelation definiert ist und was sie bedeutet.

Tafel 17

Die Korrelation

Die Korrelation beschreibt den linearen Zusammenhang zwischen zwei Variablen X und Y in einer Population. Insbesondere können $X = X_1$ und $Y = X_2$ wiederholte Messungen desselben Merkmals an denselben Personen darstellen; in diesem Fall beschreibt die Korrelation zwischen X_1 und X_2 die zeitliche Stabilität der Merk-

malsunterschiede zwischen den beiden Meßzeitpunkten in der betreffenden Population. Die Korrelation ist definiert als

$$r = \sum_{i=1}^{n} \frac{(x_i - M_x) \cdot (y_i - My)}{n \cdot \sqrt{V_x \cdot V_y}},$$

wobei n die Anzahl der gemessenen Personen, x_i, y_i ihre Meßwerte in X, Y und M_x, M_y die Mittelwerte und V_x, V_y die Varianzen von X, Y sind. Die Korrelation ist also das mittlere Produkt der Abweichungswerte der Personen in den beiden Variablen, normiert auf die mittlere Varianz der beiden Variablen.

Korrelationen können Werte zwischen -1 und $+1$ annehmen. Die Korrelation ist $+1$, wenn die beiden Variablen positiv linear voneinander abhängen, d. h. wenn es Zahlen $a > 0$, b gibt mit $Y = aX + b$. Dann nehmen die Werte von Y proportional zu den Werten von X zu; insbesondere läßt sich aus dem X-Wert einer beliebigen Person ihr Y-Wert eindeutig bestimmen und umgekehrt: Ihr Zusammenhang ist umkehrbar eindeutig. Das gilt auch für den Fall, daß $a < 0$ ist; dann nehmen die Werte von Y umgekehrt proportional zu den Werten von X zu und die Korrelation ist -1.

Diese Zusammenhänge lassen sich graphisch in einem Diagramm darstellen, in dem X die Abszisse und Y die Ordinate ist. Die beiden Meßwerte jeder Person werden durch einen Punkt im X-Y-Koordinatensystem dargestellt. Im Diagramm gibt es also soviele Punkte wie wiederholt gemessene Personen. Ist $r = 1$, liegen alle Punkte auf einer nach rechts ansteigenden Geraden, ist $r = -1$, liegen sie auf einer nach rechts fallenden Geraden (vgl. Abb. 1, 2 unten). Je stärker r von diesen beiden Extremen nach O hin abweicht, desto stärker streuen die Punkte um die Gerade, d. h. desto schlechter ist X aus Y oder Y aus X vorhersagbar. Die Abbildungen 3–4 zeigen mittelhohe Korrelationen zwischen X und Y. Ist die Punktwolke völlig irregulär, d. h. nützt die Kenntnis des X-Wertes einer Person überhaupt nichts zur Vorhersage ihres Y-Wertes und umgekehrt, so ist die Korrelation zwischen X und Y Null (vgl. Abb. 5). Die Abbildung 6 schließlich macht deutlich, daß Korrelationen kurvilineare Beziehungen nicht erkennen, sondern durch lineare Zusammenhänge zu beschreiben suchen; obwohl in dem gezeigten Fall jedem X-Wert exakt ein Y-Wert ent-

spricht, ist die Korrelation nur etwa 0.8, weil der Zusammenhang von X und Y nicht umkehrbar eindeutig ist: Einigen Y-Werten entsprechen unterschiedliche X-Werte. Diese X-Y-Diagramme, die auch als Stabilitätsdiagramme bezeichnet werden, wenn X, Y Meßwiederholungen sind, liefern also genauere Informationen über den Zusammenhang von X und Y als die Korrelation.

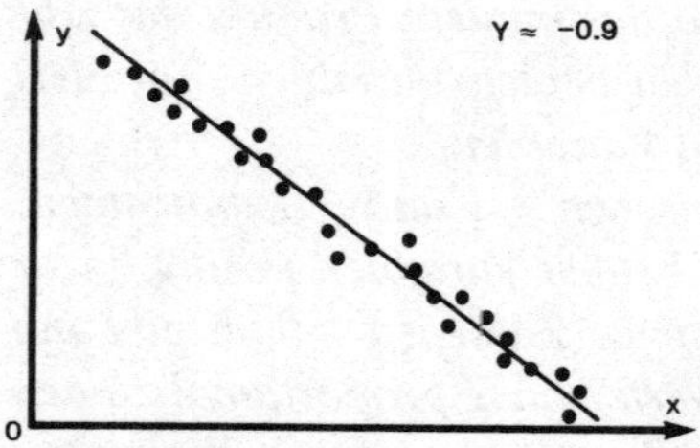

ABBILDUNG 1

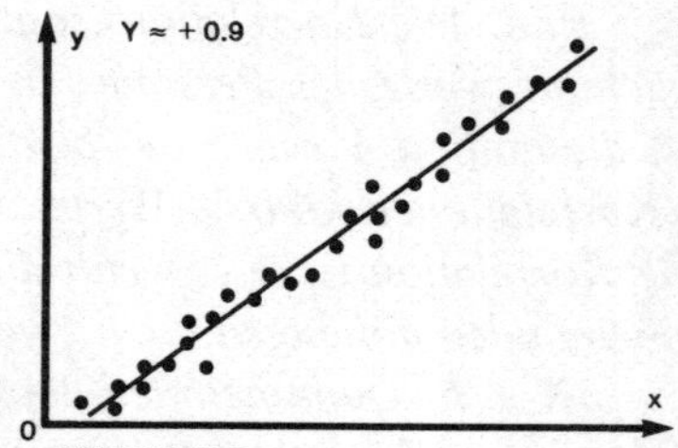

ABBILDUNG 2

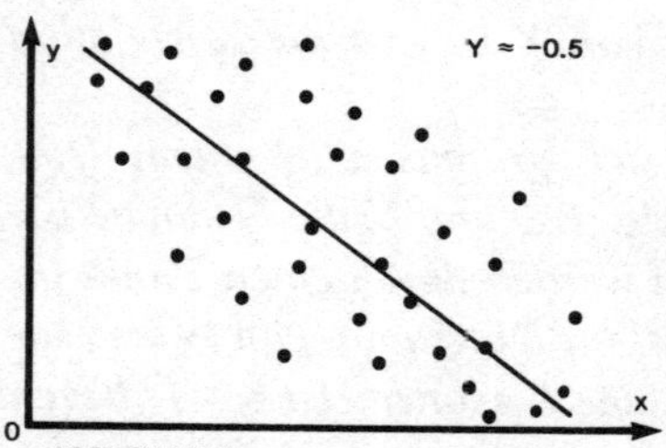

ABBILDUNG 3

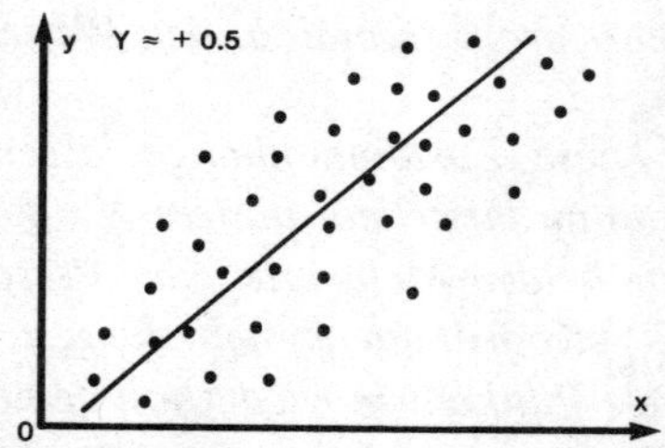

ABBILDUNG 4

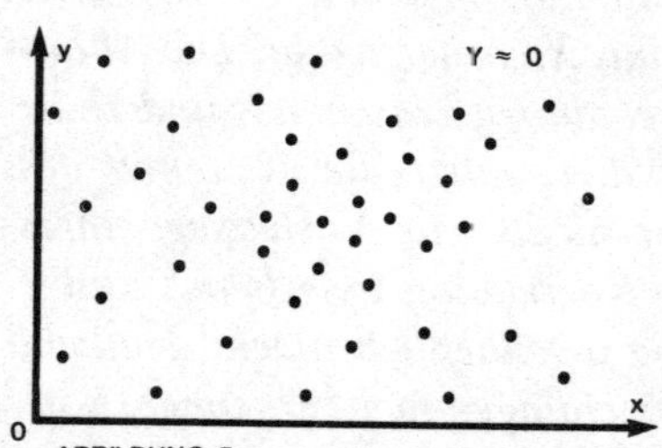

ABBILDUNG 5

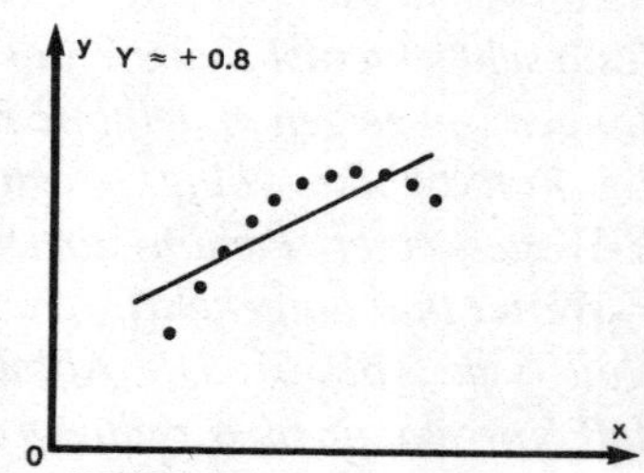

ABBILDUNG 6

Die Korrelation ist ein grundlegender Begriff, der nicht nur für die Beschreibung der zeitlichen Stabilität von Merkmalen, sondern auch für die Erklärung von Merkmalsunterschieden zentral ist. Der Rest dieses Buches ist nicht zu verstehen oder kann leicht falsch interpretiert werden, wenn Sie nicht verstanden haben, was eine Korrelation bedeutet. Bitte lesen Sie deshalb Tafel 17 sehr sorgfältig durch, und machen Sie sich anhand der Beispiele klar, was eine Korrelation besagt und was sie nicht besagt!

Je näher die tatsächlich gemessene universelle zeitliche Stabilität also den Wert + 1 erreicht, desto stabiler sind die Abweichungswerte zwischen zwei Zeitpunkten im Mittel über die gesamte Population[7]. Liegt die Korrelation zwischen + 1 und 0, hat also positive Werte, so besteht ein gewisses Maß an Stabilität, das desto geringer ist, je kleiner der Korrelationswert ist. Eine Korrelation von 0 besagt, daß keinerlei Stabilität vorhanden ist; dasselbe gilt für geringe Schwankungen um den Wert 0, die durch Meßfehler bedingt sein können.

Ähnlich wie bei der kritischen Testwertdifferenz läßt sich auch für eine Korrelation ein kritischer Wert angeben, oberhalb dessen die Wahrscheinlichkeit, daß die Korrelation auf Meßfehlern beruht, kleiner als 5% ist. Diese Grenze hängt von der Anzahl der Personen ab, deren Meßwerte die Korrelation bestimmen; bei 1000 Personen beträgt die kritische Korrelation z. B. 0.06, bei 100 Personen 0.19 und bei 20 Personen 0.44. Positive Korrelationen unterhalb dieser Grenze bedeuten also eine völlige Instabilität der Merkmalsunterschiede.

Sehr selten bei der Untersuchung zeitlicher Stabilitäten sind überzufällige negative Korrelationen. Eine Korrelation nahe – 1 besagt, daß sich die Rangfolgen der Personen zwischen den beiden Messungen *umkehren*: Je intelligenter die Testpersonen z. B. bei der ersten Messung waren, desto dümmer sind sie bei der zweiten. Einer der seltenen Fälle, in denen eine solche Umkehrung beobachtet wurde, ist die Stabilität des allgemeinen Aktivitätsniveaus zwischen den ersten Lebenswochen und dem dritten Lebensjahr. Einige Studien fanden hier klar überzufällige negative Korrelationen. Je aktiver Neugeborene relativ zu ihren Altersgenossen waren, z. B. gemessen an ihrer Atmungsrate und ihrer Reaktionsintensität auf Berührungen und Unterbrechungen des Stillens hin, desto geringer war ihre Neugier, ihre soziale Teilnahme, ihre Durchsetzungsfähigkeit und ihre Kommunikationsrate im Spiel mit Gleichaltrigen im Kindergarten drei Jahre später im Vergleich zu anderen Dreijährigen[8]. Diese »Inversionshypothese« ist aber nicht unumstritten; vermutlich läßt sie sich nicht in der ursprünglich formulierten Allgemeinheit (»Umkehrung des Aktivitätsniveaus«) aufrechterhalten, sondern gilt nur für den Vergleich bestimmter Aktivitätsmaße zwischen den beiden Altersgruppen. Fast immer haben wir es ansonsten bei der zeitlichen Stabilität von Persönlichkeitsunterschieden mit positiven Korrelationen zu tun, so daß hier die einfache Regel gilt: Je größer die Korrelation, desto höher die universelle Stabilität.

Die differentielle Sichtweise

Die Korrelation beschreibt ebenso wie der Mittelwert oder die Varianz ein durchschnittliches Merkmal einer Population: die mittlere individuelle Stabilität zwischen zwei Messungen. Damit teilt sie mit Mittelwert und Varianz das Problem, daß ein hoher durchschnittlicher Wert auf eine Minderheit von Personen zurückgehen kann. Eine recht hohe Korrelation zwischen zwei Messungen kann durch wenige Personen verursacht sein, die eine hohe Stabilität zeigen, obwohl die Mehrheit der Population überhaupt keine Stabilität aufweist. Dann liegt *differentielle Stabilität* vor: Zwei Teilpopulationen unterscheiden sich deutlich in ihrer jeweiligen mittleren Stabilität.

Zum Beispiel kann eine kleine Minderheit, die stabile, deutlich abweichende Werte von einer instabilen Mehrheit hat, eine relativ hohe Stabilität in der Gesamtpopulation vortäuschen. Typisch ist z. B. der in Tafel 18, Abbildung 1, gezeigte Fall, daß Personen mit Extremwerten in einem Merkmal zeitlich stabile Werte haben, während die Mehrheit im mittleren Bereich des Merkmals zeitlich stark fluktuiert. Dies führt zu einer mittelhohen Gesamtstabilität des Merkmals, die aber nur durch die Personen mit Extremwerten bedingt ist.

Tafel 18

Universelle Stabilität bei mehrheitlicher Instabilität

Die beiden folgenden Abbildungen zeigen, daß eine substantielle zeitliche Stabilität von Merkmalsunterschieden in der Gesamtpopulation durchaus vereinbar ist mit einer mehrheitlichen Instabilität dieser Merkmalsunterschiede. Abbildung 1 entstammt der schon in Tafel 14 vorgestellten Untersuchung zum Kontaktaufnahmeverhalten von Kindern[9]. 68 Kinder wurden im Alter von 3–4 und im Alter von 4–5 Jahren in ihrer Kindergartengruppe beobachtet. Abbildung 1 zeigt die Einjahresstabilität des beobachteten Anteils schüchterner Kontaktinitiativen. Die Korrelation von r=0.40 geht im wesentlichen auf die fünf Kinder zurück, die Werte von über 45 % bei der ersten Beobachtung hatten. Sie zeigen auch im zweiten Jahr ein deutlich überdurchschnittlich schüchternes Verhalten. Das Verhalten der restlichen 63 Kinder ist nicht stabil (die Korrelation zwischen den beiden Beobachtungen innerhalb dieser Gruppe ist nahezu Null).

Abbildung 2 demonstriert anhand fiktiver Daten, daß eine substantielle Stabilität in der Gesamtpopulation auch dadurch zu-

ZEITLICHE STABILITÄT (1 JAHR) SCHÜCHTERNER KONTAKTINITIATIVEN VON 68 KINDERGARTEN-KINDERN

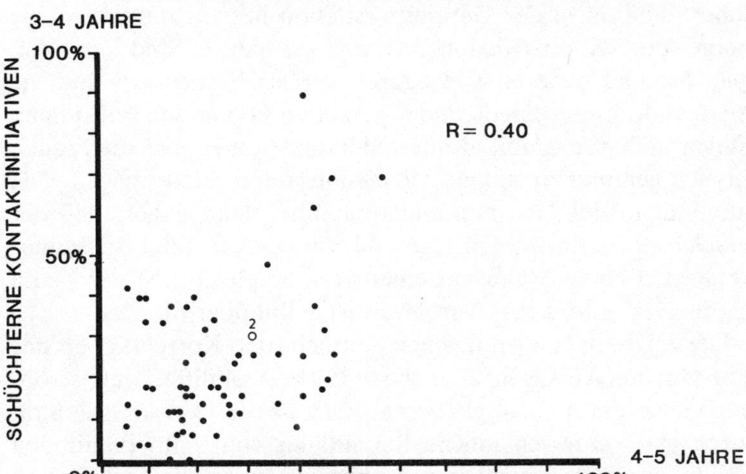

ABBILDUNG 1

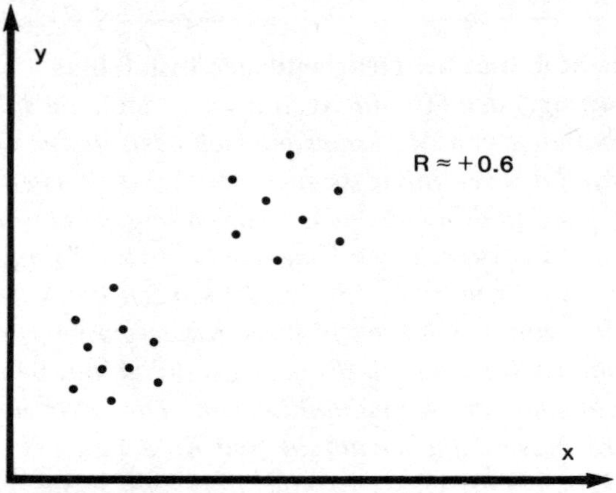

ABBILDUNG 2

stande kommen kann, daß zwei Teilpopulationen, die für sich betrachtet keinerlei Stabilitäten zeigen, sich deutlich in ihren Merkmalsmittelwerten unterscheiden.

Wie Tafel 18, Abbildung 2, demonstriert, können sogar zwei Teilpopulationen, die für sich genommen völlig instabil sind, eine hohe Stabilität in der Gesamtpopulation hervorrufen, wenn sie einen deutlich verschiedenen *Mittelwert* haben. Sind zum Beispiel Männer generell viel aggressiver als Frauen, so sind die Aggressionsunterschiede in der gesamten Population selbst dann einigermaßen zeitstabil, wenn weder die Männer noch die Frauen für sich genommen stabile Aggressionsunterschiede zeigen. Die Stabilität in der Gesamtpopulation rührt dann daher, daß der *Geschlechtsunterschied* in Aggressivität zeitlich stabil ist: Immer wenn man einen Mann mit einer Frau vergleicht, ist der Mann aggressiver, und dieses Verhältnis ist stabil über die Zeit.

Diese Überlegungen machen deutlich, daß Korrelationen nur sehr globale Aussagen über die zeitliche Stabilität von Persönlichkeitsunterschieden gestatten. Oft ist die Gesamtstabilität durch ganz unterschiedliche Stabilitäten von Teilpopulationen bedingt, und manchmal findet sich die universelle Stabilität in keiner einzigen Teilpopulation wieder. Genauere Auskünfte als der Korrelationskoeffizient gibt das Stabilitätsdiagramm (vgl. Tafel 17); in ihm lassen sich differentielle Stabilitäten von Teilpopulationen schnell erkennen.

3 Das Ausmaß der Stabilität

Nach diesen methodischen Überlegungen zur Messung von zeitlicher Stabilität können wir jetzt die grundlegende Frage zu beantworten suchen, wie hoch die universelle zeitliche Stabilität von Verhaltensunterschieden über längere Zeiträume in unserer Kultur (westlichen Industrienationen) tatsächlich ist. Nach den bisherigen Vorüberlegungen ist klar, daß wir keine einfache Antwort der Art »es gibt keine zeitlich stabilen Verhaltensunterschiede« oder »Verhaltensunterschiede weisen eine Stabilität von 0.80 per Jahr auf« erwarten können. Wir müssen vielmehr damit rechnen, daß die Antwort davon abhängt, welches Merkmal wir betrachten, mit welchem Maßstab es gemessen wurde und welche Altersgruppe wir betrachten. Denn es kann ja sein, daß dasselbe Merkmal, gemessen mit demselben Maßstab in derselben Population, eine *altersabhängige Stabilität* aufweist, etwa der Art, daß die Stabilität mit wachsendem Alter zunimmt: Dreijährige zeigen z. B. noch überhaupt keine Stabilität der Merkmalsunterschiede, Zehnjährige eine mittlere und Dreißigjährige eine hohe Stabilität. In diesem Fall könnten wir von einer zunehmenden *Stabilisierung* des Persönlichkeitsmerkmals reden.

Im folgenden wird eine Übersicht über die universelle zeitliche Stabilität von Persönlichkeitsunterschieden in westlichen Industrienationen gegeben. Grob lassen sich zwei Persönlichkeitsbereiche unterscheiden, die eine unterschiedliche Stabilität zeigen: intellektuelle und sozial-emotionale Merkmale. Die Übersicht beginnt aber mit den »unpsychologischeren« Merkmalen Körpergröße und Körpergewicht, weil wohl jeder eine gewisse Vorstellung von ihrer Stabilität hat (die Körpergröße ist »sehr stabil«, das Körpergewicht »weniger«) und diese Stabilitäten sich deshalb gut als Vergleichspunkte für die Stabilität der »psychologischeren« Merkmale eignen.

Größe und Gewicht

Tafel 19 zeigt die universelle Stabilität von Körpergröße und Körpergewicht bis zum Alter von 18 Jahren, beginnend mit dem Alter von 2 Jahren. Die Daten beruhen auf einer Längsschnittstudie, in der Körpergröße und -gewicht an (fast) derselben Stichprobe von Jungen und Mädchen 16 Jahre lang jährlich einmal gemessen wurden. Angegeben ist für jedes Jahr die Korrelation zwischen den Merkmalsunterschieden in dem betreffenden Jahr und den Unterschieden im Alter von 18 Jahren.

Tafel 19
Die Stabilisierung von Größe und Gewicht
Die Abbildung zeigt die zeitliche Stabilität von Unterschieden in Körpergröße und -gewicht zwischen verschiedenen Altersgruppen unter 18 und dem Alter von 18 Jahren, jeweils getrennt für Jungen und Mädchen. Zum Beispiel betrug die Korrelation zwischen der Körpergröße im Alter von 2 Jahren und der Größe im Alter von 18 Jahren bei Jungen 0.60 und bei Mädchen 0.66[10].

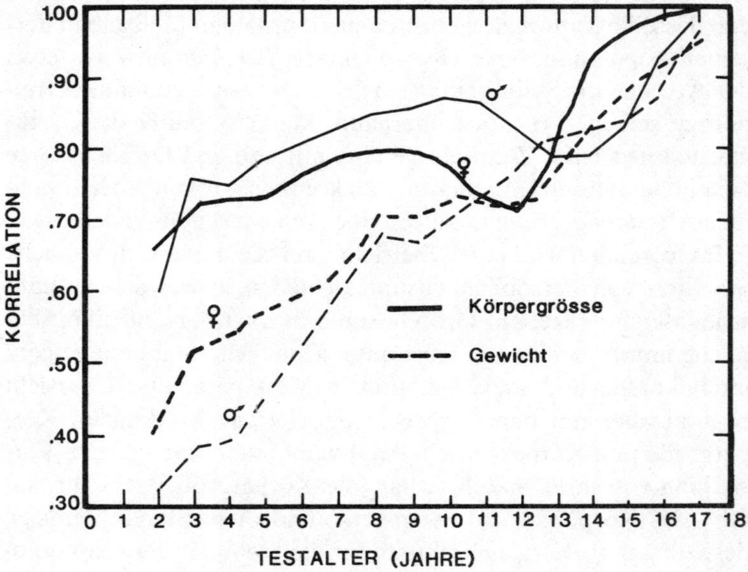

An den Daten von Tafel 19 lassen sich folgende Beobachtungen machen. Erstens nehmen die Korrelationen im großen und ganzen mit wachsender Nähe zum Kriteriumsalter von 18 Jahren zu. Das hat nichts damit zu tun, daß die Kinder mit zunehmendem Alter länger und schwerer wurden, sondern damit, daß die zeitliche Stabilität von Längen- und Gewichtsunterschieden mit abnehmendem Abstand der Messungen steigt.

Das ist nicht überraschend. Als Faustregel kann man davon ausgehen, daß sich die Stabilität über mehrere Jahre aus dem Produkt der einzelnen Einjahresstabilitäten ergibt. Sind diese auch noch gleich groß, so beträgt die Stabilität S(n) nach n Jahren ungefähr $S(1)^n$, wobei S(1) die Einjahresstabilität ist[11]. Die Stabilitätsdaten für das Körpergewicht lassen sich recht gut durch eine konstante Einjahresstabilität von 0.95 schätzen: Für das Alter von 13 Jahren ergibt sich eine geschätzte 5-Jahres-Korrelation von 0.77, für das Alter von 18 Jahren eine Schätzung der 10-Jahres-Korrelation von 0.60 und für das Alter von 3 Jahren eine geschätzte 15-Jahres-Korrelation von 0.46. Diese Schätzungen stimmen recht gut mit den tatsächlichen Daten überein.

Für die Körpergröße ergeben sich für die Einjahresstabilität von 0.98 folgende Schätzungen: 0.74 (15-Jahres-Korrelation im Alter von 3 Jahren), 0.82 (10-Jahres-Korrelation im Alter von 8 Jahren) und 0.90 (5-Jahres-Korrelation im Alter von 13 Jahren). Alle Schätzungen stimmen mit den tatsächlichen Werten gut überein bis auf die 5-Jahres-Korrelation im Alter von 13 Jahren: Sie ist deutlich niedriger als die Schätzung. Tatsächlich fällt auf, daß die Stabilitätskurven bei beiden Geschlechtern einen Abfall zum jeweils frühestmöglichen Zeitpunkt der Pubertät zeigen: bei Mädchen im Alter von 9, bei Jungen im Alter von 10 Jahren. Erst etwa vier Jahre später erreichen die Korrelationen wieder das geschätzte Niveau. Während der Pubertät zeigt sich also eine *vorübergehende Destabilisierung* der Unterschiede in der Körpergröße, die aber *an ihrer langfristigen Stabilität nichts ändert*: Vor der Pubertät ist der Zusammenhang mit der Körpergröße nach der Pubertät so hoch, wie man es bei gleichmäßiger Abnahme ihrer Stabilität mit wachsendem Testabstand erwarten würde.

Das führt zu dem zunächst paradox erscheinenden Ergebnis, daß die Körpergröße von Mädchen im Alter von 18 Jahren durch ihre Größe im Alter von 6 Jahren besser vorhersagbar ist als durch ihre Größe im Alter von 12 Jahren: Die 12-Jahres-Stabilität ist höher als die 6-Jahres-Stabilität. Der offensichtliche Zusammenhang der Destabilisierungsphase mit der Pubertät – Zeitpunkt von Beginn und Ende und Geschlechtsunterschied stimmen mit dieser Annahme überein – erlaubt eine einfache und schlüssige Erklärung dieses Phänomens. Der vorübergehende Abfall der Korrelationen ist Ausdruck des individuell unterschiedlichen Beginns des pubertären Wachstumsschubs (vgl. Tafel 5). Denn wie Tafel 6 demonstriert, führt die zeitliche Verschiebung des Wachstumsschubs zu einer zusätzlichen Variabilität der Körpergröße, die die Rangfolge der Personen bezüglich ihrer Größe durcheinanderbringt. Aber eben nur vorübergehend. Nach Abschluß der Pubertät werden die alten Größenunterschiede wieder soweit hergestellt, wie es ohne Asynchronie des Körperwachstums zu erwarten gewesen wäre: Die zusätzliche Variabilität ist spurlos verschwunden.

Das Körpergewicht zeigt keine solche vorübergehende Destabilisierung. Tatsächlich wird ja in der Pubertät der ansonsten während des Wachstums vorhandene Zusammenhang zwischen Größe und Gewicht gebrochen: Die Jugendlichen »schießen in die Höhe«, ohne proportional an Gewicht zuzunehmen; so kommt es zu den »dürren Bohnenstangen« unter den Vierzehnjährigen.

Insgesamt sind die Unterschiede in der Körpergröße stabiler als die Unterschiede im Körpergewicht: Im ersten Fall beträgt die Einjahreskorrelation etwa 0.98, im zweiten Fall etwa 0.95. Der Unterschied in der Stabilität scheint zahlenmäßig nicht groß zu sein, wirkt sich aber bei langfristigen Stabilitäten doch stark aus, weil er potenziert wird. So korreliert das Gewicht im Alter von 2 Jahren nur um 0.35 mit dem Gewicht im Alter von 18 Jahren, während die Größe eine beachtliche Stabilität von etwa 0.65 für diese Zeitspanne von 16 Jahren zeigt.

Wie in Kapitel IV.4 erläutert wird, erlaubt eine hohe Stabilität von Persönlichkeitsunterschieden eine gute *Vorhersagbarkeit* dieser Unterschiede. Unterschiede in der Körpergröße sind also über einen Zeitraum von vielen Jahren recht gut vorhersagbar, und sie sind besser vorhersagbar als Unterschiede im Körpergewicht: Die Kenntnis der Körpergröße eines Kindes im Alter von 2 Jahren reicht bereits aus, um seine Körpergröße im Alter von 18 Jahren ohne allzu große Fehler vorherzusagen.

Körpergröße und -gewicht haben ungeachtet ihrer unterschiedlichen Stabilität von Jahr zu Jahr gemeinsam, daß die Einjahresstabilitäten während der gesamten Kindheit bis zur Pubertät recht konstant sind. Nur in der sehr frühen Entwicklung bis zum Alter von etwa 4 Jahren deutet sich eine etwas geringere Einjahresstabilität an. Oder andersherum ausgedrückt: Unterschiede in Größe und Gewicht stabilisieren sich sehr schnell im Verlauf der frühen Kindheit; schon mit etwa 4 Jahren wird ein Stabilitätsniveau erreicht, das langfristig konstant bleibt und nur im Falle der Körpergröße durch einen zusätzlichen Variabilitätsfaktor in der Pubertät vorübergehend gestört wird.

Intelligenz

Die universelle zeitliche Stabilität von Intelligenzunterschieden läßt sich in vergleichbarer Weise untersuchen. Wir beschränken unsere Übersicht auf die Stabilität des Intelligenzquotienten, ohne auf die unterschiedliche Stabilität der verschiedenen Intelligenzfaktoren einzugehen, auf denen der IQ beruht (vgl. zum Intelligenzkonzept Kapitel III.2). Tafel 20 zeigt die Stabilität von Intelligenzunterschieden bis zum Alter von 18 Jahren, beginnend mit dem Alter von 2 Jahren. Die Daten können also direkt mit den Stabilitäten von Größe und Gewicht verglichen werden[12].

Tafel 20

Die Stabilisierung von Intelligenzunterschieden

Die Abbildung zeigt die zeitliche Stabilität des Intelligenzquotienten zwischen verschiedenen Altersgruppen unter 18 und dem Alter von 18 Jahren für zwei unterschiedliche Stichproben. Die Abbildung kann also direkt mit der Abbildung in Tafel 19 verglichen werden[10].

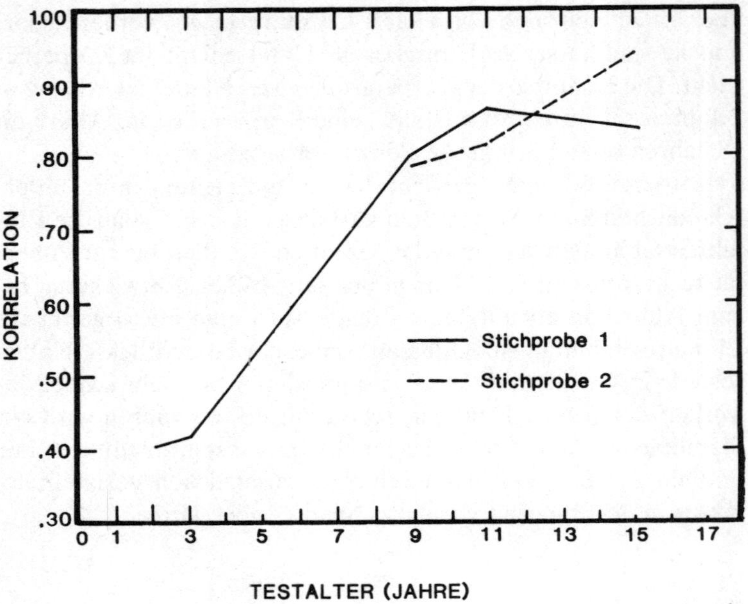

Die Stabilitäten zeigen eine überproportionale Zunahme bis zum Alter von etwa 8 Jahren. Dies wird besonders deutlich, wenn die Stabilitäten zwischen allen Meßzeitpunkten in Form einer Tabelle zusammengestellt werden: Die Einjahresstabilitäten nehmen mit wachsendem Alter zu (Diagonale der Tabelle)[13].

Alter bei erster Messung	Alter bei zweiter Messung (Jahre) 2	3	4	5	6	7	8	9
1 Jahr	0.48	0.40	0,31	0.38	0.36	0.32	0.32	0.33
2 Jahre		0.74	0.68	0.63	0.61	0.54	0.58	0.56
3 Jahre			0.76	0.72	0.73	0.68	0.67	0.65
4 Jahre				0.80	0.79	0.72	0.72	0.71
5 Jahre					0.87	0.81	0.79	0.79
6 Jahre						0.86	0.84	0.84
7 Jahre							0.87	0.87
8 Jahre								0.90

Insgesamt nehmen die Stabilitäten mit wachsendem Alter zu, ohne einen deutlichen Stabilitätsabfall in einem bestimmten Altersbereich zu zeigen. Insbesondere gilt das für die Einschulung: Sie hat keinen destabilisierenden Effekt auf Intelligenzunterschiede. Die Einjahresstabilitäten sind aber nicht wie im Falle des Körpergewichts konstant, sondern verändern sich deutlich mit dem Alter. Bis zum Alter von etwa 8 Jahren nimmt die Einjahresstabilität zu, und dann pendelt sie sich auf diesem hohen Niveau ein. Ab dem Alter von 8 Jahren sind Intelligenzunterschiede also genauso stabil wie Unterschiede in der Körpergröße (die 10-Jahres-Stabilität zwischen 8 und 18 Jahren beträgt in beiden Fällen etwa 0.80). Vorher aber nicht; so liegt die 16-Jahres-Stabilität zwischen 2 und 18 Jahren für die Körpergröße bei 0.65, für Intelligenz aber nur bei 0.40.

Ein Grund hierfür ist zwar auch die etwas geringere Zuverlässigkeit von Intelligenztests in jungen Jahren, doch kann sie alleine die niedrigen Korrelationen zwischen frühkindlicher Intelligenz und Erwachsenenintelligenz nicht erklären. Intelligenzunterschiede stabilisieren sich also später als Größenunterschiede. Die Tabelle in Tafel 20 macht das deutlich. Wer in der Vorschulzeit einen besonders hohen oder niedrigen IQ hat, verfügt zwar über eine überzufällige Chance, auch als Erwachsener noch eine ähnliche Abweichung vom Durchschnitt zu zeigen, aber die Korrelation um 0.50 zwischen vorschulischer und Erwachsenenintelligenz erlaubt noch viele Veränderungen. Andererseits pendeln sich ab dem Alter von etwa 8 Jahren die Stabilitäten auf einem Niveau ein, das der Stabilität der Körpergröße entspricht.

Diese hohe Stabilität bleibt über das gesamte Erwachsenenalter hin erhalten, wie Tafel 21 zeigt. Selbst über einen Zeitraum von 42 Jahren wurde noch eine Stabilität von 0.77 gefunden.

Tafel 21

Die Stabilität von Intelligenzunterschieden im Erwachsenenalter

Die Abbildung faßt die Ergebnisse von 11 Längsschnittstudien zur Stabilität des Intelligenzquotienten im Erwachsenenalter (erste Testung frühestens mit 11 Jahren) zusammen[11]. Angegeben sind die gefundenen zeitlichen Stabilitäten in Abhängigkeit vom Testabstand in Jahren. Durchgezogene Linien verbinden die Ergebnisse

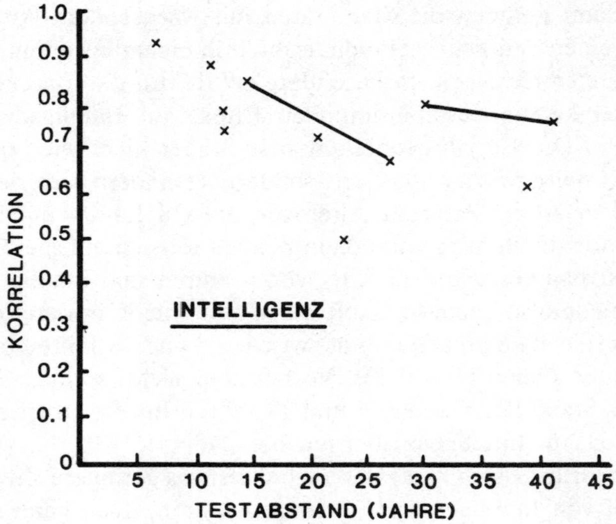

von Studien, in denen dieselben Personen dreimal getestet wurden, z. B. nach 31 und nach 42 Jahren. Nach 42 Jahren betrug die Korrelation zwischen dem ersten und letzten IQ-Test immer noch 0.77 (die Stichprobe umfaßte in diesem Fall 96 Männer).

Insgesamt läßt sich also die Entwicklung von Intelligenzunterschieden beschreiben als eine zunehmende Stabilisierung der Unterschiede, die im Alter von etwa 8 Jahren ein sehr hohes Niveau erreicht, das das gesamte Erwachsenenalter bis etwa zum Zeitpunkt der Berentung erhalten bleibt. In der frühen Kindheit dagegen sind Intelligenzunterschiede noch nicht sehr stabil; bis zum Alter von etwa zwei Jahren ist es deshalb fraglich, ob Intelligenz überhaupt als Persönlichkeitsmerkmal angesehen werden kann.

Sozial-emotionale Merkmale

Hierunter werden in der Psychologie alle Persönlichkeitsmerkmale verstanden, die soziales oder emotionales Verhalten betreffen. Hilfsbereitschaft, Dominanz, Ehrlichkeit, Aggressivität,

Pünktlichkeit, Schüchternheit, ein cholerisches Temperament, Neigung zu depressiven Verstimmungen – unsere Alltagspsychologie verfügt über ein reiches Repertoire an Begriffen zur Beschreibung solcher Merkmale. Obwohl es sich um Hunderte von Begriffen handelt, zeigen Untersuchungen zur Struktur des alltagspsychologischen Persönlichkeitskonzepts, daß diese Begriffe auf nur wenigen wirklich voneinander unabhängigen Dimensionen variieren. Wenn viele Personen sich selbst oder Bekannte auf zahlreichen Merkmalsdimensionen einschätzen, lassen sich die Urteile stets aus wenigen Grunddimensionen zusammensetzen, z. B. aus den Dimensionen Neurotizismus, Extraversion, Kreativität, Feindseligkeit und Gewissenhaftigkeit[14].

Diese einfache Struktur alltagspsychologischer Persönlichkeitsbeurteilungen darf aber nicht für die Struktur der tatsächlich vorhandenen sozial-emotionalen Persönlichkeitsunterschiede gehalten werden: Das wäre so, als wenn Chemiker die Natur von Stoffen dadurch aufklären wollten, daß sie vielen Nichtchemikern viele Stoffe zur Beurteilung auf Dimensionen wie »hart – weich«, »leicht – schwer«, »glänzend – stumpf« usw. vorgeben würden und dann aus der Struktur der naiven Stoffbeurteilungen auf die chemische Struktur von Stoffen schließen wollten. Das Periodensystem der Elemente wäre so nie entdeckt worden. Im Mittelalter ließ sich die Chemie tatsächlich weitgehend von den unmittelbar sinnlich zugänglichen Eigenschaften von Stoffen leiten – mit mäßigem Erfolg. Die Persönlichkeitspsychologie entspricht bisher weitgehend der mittelalterlichen Chemie, was sozial-emotionale Merkmale angeht. Anstatt tatsächliches Verhalten von Menschen in realen sozialen oder emotionalen Situationen zu studieren, beschränken sich die meisten persönlichkeitspsychologischen Untersuchungen auf die Entwicklung und Anwendung von Persönlichkeitsfragebögen[15].

Die Schüchternheit einer bestimmten Person wird zum Beispiel dadurch zu messen versucht, daß der Person ein Fragebogen vorgelegt wird mit Fragen wie »Ich bin schüchtern« (nie – sehr selten – selten – manchmal – oft – sehr oft – immer) oder »Wenn ich vor einer Gruppe reden soll, reagiere ich schüchtern« (nie – immer, entsprechend abgestuft). Diese schüchternheitsspezifischen Fragen werden mit Fragen gemischt, die sich auf andere

Persönlichkeitsbereiche beziehen, damit ihre Ähnlichkeit nicht zu sehr auffällt, und dann werden die Antworten auf die schüchternheitsspezifischen Fragen addiert (jede Frage wird natürlich auf derselben Skala beantwortet, z. B. auf der oben genannten siebenstufigen Skala nie – immer). Der Mittelwert der Antworten ist das Schüchternheits-*Selbsturteil* der Person. Beantwortet nicht die Person selbst den Fragebogen, sondern beurteilt ein Bekannter ihre Schüchternheit (bei entsprechend umformulierten Fragen), so erhält man ein Schüchternheits-*Fremdurteil*.

Selbst- und Fremdurteile von sozial-emotionalen Persönlichkeitsmerkmalen sind relativ zuverlässig im Sinne einer kurzfristigen Stabilität der Urteilsunterschiede: Beurteilen 100 Personen z. B. ihre Schüchternheit in einem derartigen Fragebogen und wiederholen diese Beurteilungen nach einigen Wochen, so wird die Korrelation zwischen erster und zweiter Beurteilung bei 0.80 liegen; dasselbe gilt für Fremdbeurteilungen. Selbst- und Fremdurteile werden aber bei den meisten Persönlichkeitsmerkmalen nur mäßig übereinstimmen: Die Korrelation wird selten 0.50 überschreiten. Doch auch unterschiedliche Bekannte derselben Person werden sich nicht allzu einig sein; die Korrelation zwischen zwei Fremdurteilen über dieselbe Stichprobe von Personen wird meist unter 0.60 bleiben.

Vergleichen wir schließlich Selbst- und Fremdurteile mit dem tatsächlich beobachteten Verhalten der Personen in realen Situationen – im Falle von Schüchternheit etwa mit ihrem Sprech- und Blickverhalten und ihrem Gesichtsausdruck –, so werden wir einen mittelhohen Zusammenhang zwischen Fremdurteilen und Verhalten finden – aber nur dann, wenn wir ihr Verhalten hinreichend lange beobachten. Typisch sind zum Beispiel folgende Zusammenhänge, die in einer Studie zur Dominanz von Vorschulkindern in ihrer Kindergartengruppe gefunden wurden[16]: Nach einer Woche Beobachtung betrug die Korrelation zwischen Verhaltensbeobachtung und dem mittleren Fremdurteil zweier Erzieher, die die Kinder gut kannten, 0.36, nach vier Wochen Beobachtung 0.51, nach 8 Wochen 0.56. Die Korrelationen zwischen Selbsturteil und Verhalten werden aber deutlich geringer ausfallen; Korrelationen um nur 0.30 sind hier die Regel, die in Ausnahmefällen auf 0.50 steigen können.

Warum das Selbstkonzept von der eigenen Persönlichkeit nur mäßig mit Fremdbeurteilungen durch Bekannte und dem wirklichen Verhalten korreliert, ist eine schwierige Frage, deren ausführliche Behandlung ein eigenes Kapitel erfordern würde. Die Tendenz mancher Menschen, sich in Persönlichkeitsfragebögen besonders positiv oder besonders negativ zu schildern, spielt hier ebenso eine Rolle wie die unterschiedliche Fähigkeit oder die unterschiedliche Motivation, »problematische« Persönlichkeitsmerkmale zu überspielen, so daß sie für andere schlecht wahrnehmbar sind. Im ersten Fall geben Fremdbeurteilung und Verhaltensbeobachtung ein zutreffenderes Bild von der Persönlichkeit als die Selbstbeurteilung, im zweiten Fall beschreibt höchstens das Selbsturteil, unter Umständen aber auch *keine* der drei Methoden das »tatsächliche Persönlichkeitsmerkmal«; in diesem letzten Fall bleibt das »wahre Merkmal« also ein gut gehütetes Geheimnis, das psychologisch nicht zugänglich ist[17].

Interessieren wir uns für die Entwicklung von Persönlichkeitsunterschieden in Kindheit und Jugend, so kommt als weiteres Problem hinzu, daß Selbst- und Fremdbeurteilung auf verschiedene Altersgruppen unterschiedlich gut anwendbar sind. Selbsturteile kommen überhaupt erst ab etwa der zweiten Klasse in Frage, da die Selbsturteile jüngerer Kinder stark verzerrt sind: Die meisten halten sich für stark, schlau, schnell usw.; ein realistischeres Selbstkonzept entwickelt sich erst nach Eintritt in die Schule. Je älter die Kinder werden, desto weniger ist es umgekehrt möglich, von Erwachsenen zutreffende Beschreibungen sozial-emotionaler Merkmale zu bekommen. Lehrer achten im allgemeinen weniger auf diesen Persönlichkeitsbereich als Erzieher im Kindergarten, und die Eltern des Kindes haben zunehmend weniger Möglichkeiten, ihr Kind im Umgang mit Gleichaltrigen zu beobachten. Das Urteil der Gleichaltrigen wiederum ist anfangs bei manchen Merkmalen dadurch in seiner Aussagekraft begrenzt, daß diese Merkmale für die Wahrnehmung der Kinder untereinander keine wesentliche Rolle spielen. So können zum Beispiel schon Kindergartenkinder die Aggressivität ihrer Spielkameraden gut einschätzen, während sie erst etwa ab der 2. Klasse einen Blick für soziale Isolation und Gehemmtheit bekommen[18].

Insgesamt haben also Selbst- und Fremdurteile je nach betrachteter Art des Persönlichkeitsmerkmals, Altersgruppe und Person Vor- und Nachteile. Am ehesten wären noch hinreichend ausführliche Verhaltensbeobachtungen geeignet, sozial-emotionale Merkmale einer Messung zugänglich zu machen. Aber solche Untersuchungen sind so aufwendig, daß es erst wenige einschlägige Studien gibt. Für die Frage nach der universellen zeitlichen Stabilität von Unterschieden im sozialen und emotionalen Verhalten heißt das, daß wir uns auf Untersuchungen der Stabilität von Persönlichkeits*beurteilungen* (Selbst- und Fremdurteile) stützen müssen. Für die Stabilität bis zum Erwachsenenalter liegen vor allem Daten über Fremdbeurteilungen vor (vor Schuleintritt sind Selbstbeurteilungen sehr unzuverlässig). Obwohl die Befundlage sehr unübersichtlich ist, bedingt durch die Methodenvielfalt (wer beurteilt welches Merkmal für welche Altersgruppe?), lassen sich doch einige grundsätzliche Feststellungen treffen.

Die zeitliche Stabilität aller fremdbeurteilten sozial-emotionalen Merkmale ist bis zum Erwachsenenalter geringer als die vergleichbare Stabilität von Intelligenzunterschieden. Oft findet sich überhaupt keine Stabilität über Zeiträume von mehr als 5 Jahren; am stabilsten scheinen noch die Unterschiede in Aggressivität und schüchterner Gehemmtheit zu sein. Tafel 22 zeigt die Ergebnisse von Untersuchungen zur Stabilität von fremdbeurteilter Schüchternheit[19].

Tafel 22

Die Stabilisierung von Schüchternheitsunterschieden

Die Abbildung zeigt die zunehmende Stabilität fremdbeurteilter Schüchternheitsunterschiede im Verlauf der Kindheit und Jugend. Angegeben sind die Stabilitäten über 5 Jahre in Abhängigkeit vom Alter bei der ersten Erhebung, wie sie in insgesamt 16 Längsschnittstudien gefunden wurden[19]. Die 5-Jahres-Stabilitäten zeigen einen Trend zu großer Stabilität mit zunehmendem Alter, der grob geschätzt der durchgezogenen Linie entspricht. Während die 5-Jahres-Stabilität im Alter von einem halben Jahr etwa 0.3 beträgt, wächst sie auf etwa 0.5 im Alter von 16 Jahren. Im Alter von 6–8 und 12–14 Jahren findet sich in einigen Studien eine deut-

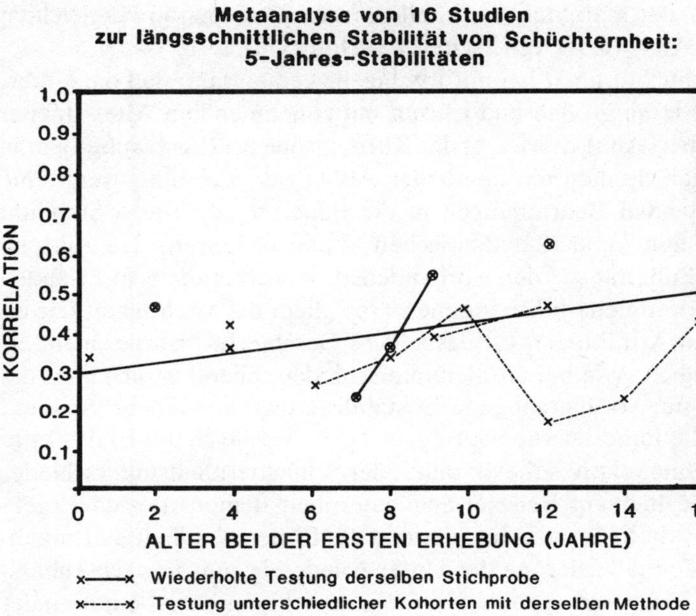

lich niedrigere Stabilität; Grund hierfür könnte sein, daß für diese Altersgruppen einer der beiden Meßzeitpunkte in die Pubertät fällt.

Angegeben sind nicht die Korrelationen zwischen verschiedenen Altersstufen und dem Schüchternheitsurteil im Alter von 18 Jahren (wie bei Größe, Gewicht und Intelligenz), sondern die *5-Jahres-Stabilitäten* für verschiedene Altersgruppen, wie sie in verschiedenen Studien gefunden wurden. Trotz der Heterogenität der Ergebnisse zeigt sich eine Tendenz zu einer größeren Stabilität der Unterschiede mit zunehmendem Alter. Während Schüchternheit zwischen früher Kindheit und Vorschulzeit fast ganz instabil ist (die Stabilität zwischen dem ersten und dem sechsten Lebensjahr liegt bei mageren 0.30), erreicht sie nach der Pubertät eine mittlere Stabilität von etwa 0.50 über 5 Jahre; dies entspricht bei einer Zuverlässigkeit des Fremdurteils von 0.80 einer Einjahresstabilität von 0.91 und liegt damit deutlich unter der Stabilität von Intelligenzunterschieden in vergleichbarem Alter (0.98; vgl. letzten Abschnitt).

Schüchternheit hat mit Intelligenz gemeinsam, daß die Unterschiede im großen und ganzen mit zunehmendem Alter stabiler werden. Ähnlich wie bei der Körpergröße zeigt sich außerdem in einigen Studien ein deutlicher Abfall der Stabilität, wenn eine der beiden Beurteilungen in die Pubertät fällt (etwa Stabilität zwischen 7 und 12 und zwischen 12 und 17 Jahren). Da während der Pubertät zu den vorhandenen schüchternheitsauslösenden Faktoren neue hinzukommen (vor allem die Wichtigkeit der eigenen Attraktivität für das andere Geschlecht), ist dies nicht erstaunlich. Wie bei Größenunterschieden scheint es sich aber um eine nur vorübergehende Destabilisierung zu handeln: Studien, die die Pubertät »überspringen« (z. B. Vergleich 9–14 Jahre) finden eine relativ hohe Stabilität der Schüchternheitsunterschiede.

Die hier am Beispiel Schüchternheit demonstrierten Ergebnisse – hohe Instabilität während der frühen Kindheit und zunehmende Stabilisierung der Unterschiede bis zum Erwachsenenalter – scheinen typisch für die Entwicklung sozial-emotionaler Persönlichkeitsunterschiede zu sein. Oft bewegen sich allerdings die gefundenen Stabilitäten auf so niedrigem Niveau, daß von einer substantiellen Stabilität überhaupt erst in der späten Kindheit gesprochen werden kann[20].

Wenn auch die nur sehr begrenzte zeitliche Stabilität sozial-emotionaler Persönlichkeitsmerkmale in Kindheit und Jugend teilweise auf Schwierigkeiten bei der Merkmalsmessung zurückzuführen ist, kann doch kein Zweifel daran bestehen, daß sozial-emotionale Persönlichkeitsunterschiede die ganze Kindheit und Jugend hindurch noch stark im Fluß sind. Nichts spricht dafür, daß soziale und emotionale Verhaltensunterschiede, soweit sie sich für andere erkennbar äußern, schon in der frühen Kindheit festgelegt würden.

Im Erwachsenenalter dagegen zeigen die meisten Merkmalsunterschiede eine deutliche zeitliche Stabilität auch über Jahrzehnte hinweg, besonders wenn es sich um *Selbstbeurteilungen* der eigenen Persönlichkeit handelt. Tafel 23 zeigt die Stabilitäten von zwei Grunddimensionen der selbstbeurteilten sozial-emotionalen Persönlichkeit: Extraversion und Neurotizismus.

Tafel 23

Die Stabilität von Persönlichkeitsunterschieden im Erwachsenenalter

Die Abbildung faßt 23 verschiedene Längsschnittstudien zur zeitlichen Stabilität von Unterschieden in selbstbeurteilter Extraversion und selbstbeurteiltem Neurotizismus im Erwachsenenalter zusammen (erste Testung frühestens mit 16 Jahren). Angegeben sind die gefundenen zeitlichen Stabilitäten in Abhängigkeit vom Testabstand in Jahren[11]. Durchgezogene Linien verbinden die Ergebnisse von Studien, in denen dieselben Personen drei- oder viermal getestet wurden. Nach 45 Jahren betrug die Korrelation zwischen dem ersten und dem letzten Testwert für Extraversion und für Neurotizismus noch etwa 0.30 (die Stichprobe umfaßte in diesem Fall 383 Personen beiderlei Geschlechts). Die Abbildung kann direkt mit der Abbildung aus Tafel 21 verglichen werden.

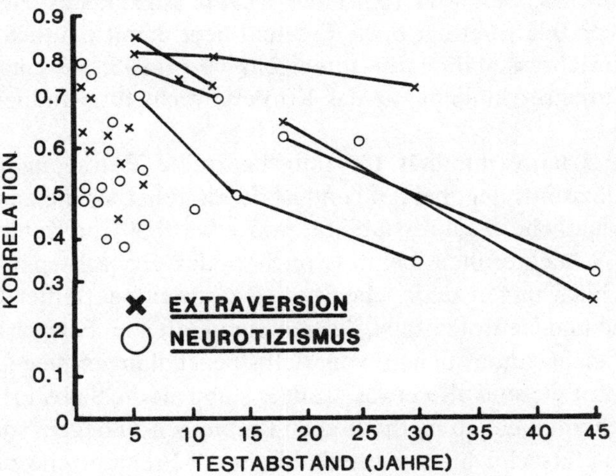

Die Dimension Extraversion-Introversion beschreibt die *soziale Orientiertheit* von Menschen; eine typische Frage ist z. B. »Ich spreche so gern mit anderen Menschen, daß ich keine Gelegenheit auslasse, mich mit einem Fremden zu unterhalten«. Stark extravertierte Menschen haben ein starkes Bedürfnis nach sozialen Kontakten und pflegen sie auch entsprechend; stark introvertierte Menschen hingegen interessieren sich mehr für Dinge als für Menschen und leben entsprechend sozial zurückgezogen. Die Dimension Neurotizismus beschreibt die *Besorgtheit* von Menschen; typische Fragen sind z. B. »Ich neige dazu, Dinge schwer zu nehmen« oder »Ich habe fast immer Angst um irgend etwas oder irgend jemanden«. Menschen mit hohen Neurotizismus-Werten geben an, sich intensiv mit problematischen Aspekten ihres Erlebens auseinanderzusetzen, besonders mit solchen, die die eigene Person betreffen. Menschen mit niedrigen Neurotizismus-Werten scheinen weniger Probleme zu haben, entweder weil dies tatsächlich der Fall ist oder weil sie sie mehr oder weniger bewußt abwehren[21].

Tafel 23 kann direkt mit den Stabilitätsdaten für Intelligenzunterschiede in Tafel 21 verglichen werden. Der Vergleich zeigt, daß Extraversion und Neurotizismus etwa gleich stark stabil sind; die jährliche Stabilität (bei einer Zuverlässigkeit des Fragebogens von 0.80) beträgt etwa 0.95 und liegt damit deutlich unter der Einjahresstabilität für Intelligenz von 0.995; sie entspricht der Einjahresstabilität für das Körpergewicht für Kindheit und Jugend.

Die 5-Jahresstabilität für selbstbeurteilte Extraversion und Neurotizismus liegt bei 0.60 und ist damit höher als die aus Tafel 22 ersichtliche 5-Jahresstabilität von etwa 0.50 für fremdbeurteilte Schüchternheit beim Erreichen des Erwachsenenalters. Tatsächlich zeigen zahlreiche Studien zu fremdbeurteilter Extraversion und Neurotizismus, daß die Stabilitäten im Erwachsenenalter leicht unter denen von Selbstbeurteilungen liegen; die Fremdurteile sind also etwas weniger stabil als die Selbsturteile[11]. Das scheint nicht an methodischen Problemen zu liegen, sondern auf eine tatsächlich geringere Stabilität der Fremdurteile zurückzugehen. Ursache hierfür dürfte sein, daß das Selbstkonzept der eigenen Persönlichkeit im Erwachsenenalter relativ starr ist und tatsächliche Verhaltensänderungen nicht mehr so leicht mitmacht (vgl. genauer hierzu Kapitel V.6). Wer erst einmal von sich den Eindruck gewonnen hat, er sei extravertiert, mag diesen Eindruck aufrechterhalten, auch wenn er immer mehr introvertierte Züge annimmt (und umgekehrt). Diese Hypothese ließe sich im Prinzip durch Untersuchung der langfristigen Stabilität des tatsächlichen Verhaltens überprüfen; hierzu gibt es aber bisher keine Untersuchungen, da dies extrem aufwendig wäre.

Für andere selbst- und fremdbeurteilte sozial-emotionale Persönlichkeitsmerkmale ergeben sich im Erwachsenenalter Stabilitäten, die denen bei Extraversion und Neurotizismus entsprechen oder darunter liegen[22]. Insgesamt erweisen sich also sozial-emotionale Merkmalsunterschiede im Erwachsenenalter als nur begrenzt stabil: Die Stabilität liegt auch bei Zeiträumen von 40 Jahren über dem Zufallsniveau, erreicht aber nicht die Höhe der Stabilität von Größen- oder Intelligenzunterschieden. Auch im Erwachsenenalter gibt es noch substantielle Änderungen sozial-emotionaler Persönlichkeitsmerkmale, wenn man ausreichend lange Zeiträume berücksichtigt. Erst recht gilt dies für Kindheit und Jugend (vgl. Tafel 22).

Alle vorliegenden Längsschnittstudien zur Stabilität von Persönlichkeitsunterschieden stimmen in einem Punkt überein: In keiner einzigen Untersuchung wurde eine hohe Stabilität der Unterschiede von der frühen Kindheit an für auch nur ein einziges Verhaltensmerkmal gefunden. Wenn sich hohe Stabilitäten zeigten, dann bei Merkmalen im intellektuellen Bereich, und auch da erst ab dem Alter von etwa 8 Jahren. Die oft geäußerte Annahme, daß die frühe Kindheit und die Vorschulzeit prägend für die spätere Persönlichkeit sei, gilt also höchstens für den intellektuellen, nicht aber für den sozial-emotionalen Bereich.

Die Annahme läßt sich für den sozial-emotionalen Bereich nur unter einer Zusatzannahme aufrechterhalten: Die Kindheit (und gemeint sind damit meist Umweltbedingungen in der Kindheit wie der Erziehungsstil der Eltern oder die Geschwisterposition) präge nicht die *beobachtbare* kindliche Persönlichkeit, sondern lege das »Fundament« für die spätere Persönlichkeit. Dieses Fundament werde im Erwachsenenalter sichtbar: Bis dahin schlummerten die angelegten Unterschiede unbeobachtbar vor sich hin oder wirkten im stillen.

So problematisch solche Zusatzannahmen nicht beobachtbarer, »verborgener Parameter« auch sind: In diesem Fall lassen sie sich überprüfen. Allerdings nicht durch Stabilitätsdaten, sondern durch Zusammenhänge zwischen (früh)kindlichen Einflußgrößen und der Erwachsenenpersönlichkeit. Diese Zusammenhänge sind aber mehr erklärender als beschreibender Natur und werden deshalb erst in Kapitel V diskutiert.

4 Stabilität und Vorhersagbarkeit

Eine hohe universelle Stabilität von Merkmalsunterschieden über einen bestimmten Zeitraum hinweg bedeutet, daß die Unterschiede nach diesem Zeitraum gut aus den Unterschieden vor diesem Zeitraum *vorhersagbar* sind und umgekehrt. Kennen wir z. B. die IQ-Werte von 100 Achtjährigen, so können wir mit ziemlicher Genauigkeit vorhersagen, welchen IQ-Wert die Kinder als Achtzehnjährige haben werden: nämlich denselben. Im Einzelfall mögen wir uns dabei gründlich irren, aber der Fehler der Vorhersage ist im Mittel über alle Kinder angesichts der Korrelation von etwa 0.80 recht gering. Umgekehrt können wir ebenso aus der Kenntnis der IQ-Werte von 100 Achtzehnjährigen mit derselben Genauigkeit vorhersagen, welchen Wert sie als Achtjährige gehabt haben: denselben.

Je höher also die universelle Stabilität eines Persönlichkeitsmerkmals ist, desto besser können wir Merkmalsunterschiede vorhersagen. Das Umgekehrte gilt nicht unbedingt. Ein Beispiel hierfür liefert eine Studie zur Aggressivität, in der die Aggressivität von 409 Kindern über einen Zeitraum von 22 Jahren hinweg verfolgt und zusätzlich die Aggressivität ihrer Eltern und ihrer eigenen Kinder mit untersucht wurde[23]. Die Aggressivität der beobachteten Achtjährigen, eingeschätzt durch ihre Klassenkameraden, korrelierte zu 0.46 mit ihrer Aggressivität im Alter von 30 Jahren, die aus einem Indexwert bestand, in den verschiedene selbstbeurteilte aggressive Tendenzen eingingen.

Noch höher korrelierte dieser Aggressivitätsindex im Alter von 30 Jahren aber mit der Aggressivität der *eigenen Eltern*, die 22 Jahre vorher auf ähnliche Weise gemessen worden war: 0.58. Und die Aggressivität im Alter von 8 Jahren korrelierte 22 Jahre später höher mit der Aggressivität der eigenen Kinder (diesmal bestimmt durch Selbstbeurteilungen) als mit der eigenen Aggressivität: 0.65. Die Aggressivitätsunterschiede waren also beim

Vergleich von verschiedenen Generationen im gleichen Alter stabiler als beim Vergleich derselben Personen in unterschiedlichem Alter.

Dieses Ergebnis mag auf den ersten Blick überraschend erscheinen. Warum sagt bei gleichem Vorhersagezeitraum die Aggressivität anderer Menschen die eigene Aggressivität besser vorher als die eigene Aggressivität? Auf den zweiten Blick fällt die Antwort leicht: weil die Aggressivität beim Vergleich verschiedener Generationen vielleicht mit ähnlicheren Maßstäben gemessen wurde als beim Vergleich derselben Person. Es handelt sich also um ein Meßproblem. Hätte man die Aggressivität der Erwachsenen in der Studie anders erfaßt, wäre die Korrelation mit der eigenen Aggressivität im Alter von 8 Jahren vielleicht noch höher gewesen *und* höher als die Korrelation der Aggressivitätsunterschiede zwischen den Generationen.

Das mag richtig sein. Vielleicht aber auch nicht. Auf den dritten Blick wird die Sache wieder komplizierter. Wer bestimmt eigentlich, was als Maß der Aggressivität im Alter von 8 oder 30 Jahren zulässig ist? Wer entscheidet, welches von zwei Aggressivitätsmaßen für das Alter von 30 Jahren das bessere ist? Ist es das, welches die höhere Korrelation mit dem gewählten Maß für die Aggressivität im Alter von 8 Jahren zeigt? Und wenn wir ein anderes, ebenso plausibles Maß für die Achtjährigen wählen und jetzt das andere Maß für die Dreißigjährigen die höhere Stabilität aufweist: Welches ist dann das geeignetere?

Offenbar gibt es auf dieser Ebene der Argumentation kein sicheres Entscheidungskriterium für die Angemessenheit von Persönlichkeitsmaßen. Auch die Überlegung, bei etwa gleich guter zeitlicher Stabilität seien die »formähnlicheren« Maße vorzuziehen, hilft nicht weiter. Dasselbe Verhalten mag auf unterschiedlichen Altersstufen eine ganz andere Bedeutung haben. Häufiges Weinen im Alter von 2 Jahren und häufiges Weinen im Alter von 20 Jahren beruhen zwar zum Teil auf gleichen physiologischen Prozessen, aber geben sie deshalb über dieselben Persönlichkeitsmerkmale Auskunft? Ist nicht eher zu erwarten, daß dasselbe Merkmal sich auf unterschiedlichen Altersstufen auf verschiedene Art und Weise äußert?

Wird die Stabilität von Merkmalsunterschieden mit den gleichen Maßen auf unterschiedlichen Altersstufen gemessen, spricht Jerome Kagan von *homotyper Stabilität*; werden verschiedene Maße als Indikatoren desselben Merkmals verwendet, spricht Kagan von *heterotyper Stabilität*[24]. Die Übergänge zwischen homotyper und heterotyper Stabilität sind offenbar fließend. Um noch einmal auf die Aggressivität von Acht- und Dreißigjährigen zurückzukommen: Handelt es sich um homotype Stabilität, wenn die Aggressivität der Achtjährigen von ihren Klassenkameraden, die der Dreißigjährigen aber von Arbeitskollegen eingeschätzt würde? Und wenn es die Ehepartner sind?

Bei genauerem Hinsehen verschwimmen also die Grenzen zwischen homotyper und heterotyper Stabilität. Da heterotype Stabilität nichts anderes bedeutet als die Vorhersagbarkeit von Verhaltensunterschieden durch irgendwelche anderen Verhaltensunterschiede derselben Personen in einem anderen Alter, ist zudem der Schritt nicht weit von der (heterotypen) Stabilität zu dem umfassenderen Konzept der *Vorhersagbarkeit* von Verhaltensunterschieden durch irgendwelche Merkmale der Personen, zum Beispiel durch ihre genetische Ausstattung oder ihre Umweltbedingungen in der Kindheit.

Solche Zusammenhänge werden meist als *Erklärung* der Verhaltensunterschiede gewertet, wenn die entsprechende Korrelation hoch ist, während die homotype Stabilität der *Beschreibung* der Verhaltensunterschiede zugerechnet wird. Auch dieses Buch folgt dieser traditionellen Aufteilung. Das Konzept der heterotypen Stabilität, das eine Art Zwitterstellung zwischen Beschreibung und Erklärung einnimmt, macht aber deutlich, daß die Grenze zwischen dem beschreibenden Begriff der Stabilität von Persönlichkeitsunterschieden und dem erklärenden Begriff der »Ursache« von Persönlichkeitsunterschieden fließend ist. Diese »Ursachen« stehen im Mittelpunkt von Kapitel V.

V Die Erklärbarkeit der Unterschiede

Jede Ursache ist die Wirkung ihrer eignen Wirkung.
Ibn' al-'Arabi

In den beiden letzten Kapiteln wurden zwei grundlegende Prinzipien der menschlichen Entwicklung beschrieben. Im querschnittlichen Vergleich besteht eine erhebliche Variabilität des Verhaltens auf allen Altersstufen; im längsschnittlichen Vergleich zeigt sich eine zunehmende Verfestigung von Verhaltensunterschieden zwischen Menschen, die es erlaubt, bei vielen Verhaltensmerkmalen von Persönlichkeitseigenschaften zu sprechen; wann diese begrenzte Stabilität von Verhaltensmerkmalen erreicht wird, ist abhängig von der Art des beobachteten Verhaltens. Beide Prinzipien, die hohe querschnittliche Variabilität des Verhaltens und die zunehmende Stabilität von Verhaltensunterschieden, sind erklärungsbedürftig. Warum sind nicht alle Menschen gleich? Warum entwickelt sich der eine Mensch ganz anders als der andere? Warum gibt es überhaupt einigermaßen stabile Persönlichkeitseigenschaften, warum sind sie nur begrenzt stabil, und warum ist ihre begrenzte Stabilität nicht von Anfang an vorhanden?

Schnelle Antworten sind zunächst leicht zur Hand; wie wir sehen werden, führen sie ebenso leicht zu scheinbar unlösbaren Widersprüchen. Diese erweisen sich aber als auflösbar, wenn wir von einigen vertrauten Denkgewohnheiten Abschied nehmen. Das erfordert einige Anstrengungen, die aber, hoffe ich, durch neue Einsichten reichlich belohnt werden. Beginnen wir also mit den Trugschlüssen und Denk-Sackgassen, wie sie in der Alltagspsychologie, aber auch immer noch in der Psychologie verbreitet sind.

1 Trugschlüsse und Sackgassen

It is not our ignorance as such, which is harmful but rather our »knowing« so many things that are not true.

Michael Rutter

Werden wir gefragt, warum jemand wohl diesen oder jenen Charakterzug hat, greifen wir meist auf eines von fünf Erklärungsmustern zurück, das unsere Alltagspsychologie für diesen Fall parat hält: Die Eigenschaft ist *vererbt* (»ihre Mutter ist genauso«), sie ist *erziehungsbedingt* (»er hatte liebevolle Eltern«), sie ist *angeboren* (»schon als Säugling war sie ein schwieriges Kind, sie war ja auch eine Frühgeburt«), sie beruht auf der *Geschwisterposition* (»schon früh mußte er Verantwortung übernehmen, denn er war das älteste von sechs Kindern«), oder sie ist eine Konsequenz *frühkindlicher Entbehrungen* (»kein Wunder, daß sie so eifersüchtig ist: sie wuchs in einem Waisenhaus auf, und seitdem hat sie ein unstillbares Liebesbedürfnis«).

Mit diesem Instrumentarium von fünf Erklärungsprinzipien können wir fast immer ohne große Schwierigkeiten jede beliebige Eigenschaft eines Menschen aus seinem familiären Hintergrund oder seinen Lebensumständen in der Kindheit erklären. Und natürlich auch die *entgegengesetzte* Eigenschaft, wenn sie begründet werden müßte. Machen Sie doch einmal selber den Test. Vergegenwärtigen Sie sich die Persönlichkeit eines guten Freundes. Sicher hat er eine bestimmte Eigenschaft, die ihn vom Durchschnitt abhebt. Sie werden sich auch längst eine Erklärung dafür gesucht haben, warum er diesen Charakterzug hat. Nun stellen Sie sich vor, er hätte genau die entgegengesetzte Eigenschaft; statt durchsetzungsfähig zum Beispiel selbstunsicher. Versuchen Sie nun, diese Eigenschaft mit den oben genannten fünf Prinzipien zu erklären. Sie werden erstaunt sein, wie leicht das geht: Unsere Alltagspsychologie liefert für alles und auch dessen Gegenteil stets eine höchst plausible Erklärung.

Das sollte uns vorsichtig machen: Nicht alles, was von der überwältigenden Mehrheit geglaubt wird, muß richtig sein, z. B. daß das Erziehungsverhalten der Eltern einen wesentlichen Einfluß auf die Entwicklung von Persönlichkeitsunterschieden hat.

Betrachten wir mit dieser skeptischen Haltung nun vier der fünf genannten Erklärungsprinzipien: den Einfluß des Erziehungsstils der Eltern, angeborener Merkmale des Kindes, der Geschwisterposition und frühkindlicher Entbehrungen auf die Persönlichkeitsentwicklung (die Vererbungs-Hypothese stellen wir zunächst zurück; sie wird später ausführlich behandelt). Läßt sich ein solcher Einfluß tatsächlich nachweisen? Oder handelt es sich um ebenso tiefsitzende wie falsche Überzeugungen? Wir nehmen dabei immer die *differentielle Sichtweise* ein (vgl. III.1), d. h. wir wollen die Frage untersuchen, ob sich Persönlichkeits*unterschiede* auf die genannten Einflußfaktoren zumindest teilweise zurückführen lassen.

Gute und schlechte Mütter

Die derzeit am weitesten verbreitete und am tiefsten in unseren Überzeugungssystemen verankerte Annahme ist wohl die, daß Unterschiede im Erziehungsverhalten der Eltern, besonders der Mütter, die Entwicklung von Persönlichkeitsunterschieden im sozialen und emotionalen Bereich beeinflussen, wenn nicht sogar wesentlich steuern. Eine solche Überzeugung ist beispielsweise, daß Kinder autoritärer Eltern eine andere Persönlichkeit entwikkeln als Kinder von Eltern, die ihr Kind im wesentlichen gewähren lassen und nur auf das Einhalten weit gesteckter Grenzen achten, und daß Kinder, denen praktisch alles erlaubt wird, sich wiederum von den beiden ersten Gruppen unterscheiden.

Bis in die siebziger Jahre hinein haben auch Psychologen versucht, solche Beziehungen zwischen dem Erziehungsverhalten der Eltern und der Persönlichkeit ihrer Kinder aufzudecken mit dem erklärten Ziel, auf diese Weise »Ursachen« für Persönlichkeitsunterschiede in unterschiedlichen *Erziehungsstilen* zu finden. Hierunter werden Unterschiede im Erziehungsverhalten der Eltern verstanden, die ihren Umgang mit den eigenen Kindern beschreiben und für viele Erziehungssituationen gelten.

Ob es solche Erziehungsstile überhaupt gibt, insbesondere ob sich Eltern gegenüber *unterschiedlichen* eigenen Kindern überhaupt in ähnlicher Weise verhalten, wurde selten überprüft, denn dies erfordert ja längerfristige Beobachtungen des tatsächlichen Erziehungsverhaltens. Solche Untersuchungen sind aber sehr aufwendig und stoßen immer auf die zusätzliche Schwierigkeit, daß viele Familien Beobachtungen ihres alltäglichen Lebens zu Hause nicht zulassen würden. Untersuchungen des tatsächlichen Erziehungsverhaltens sind deshalb bis heute spärlich gesät.

Der weitaus größte Teil der »Erziehungsstilforschung« beruht deshalb auf Einschätzungen des Erziehungsverhaltens durch die Eltern selbst, seltener auch auf der Einschätzung des elterlichen Erziehungsverhaltens durch die Kinder (einigermaßen verläßliche Angaben erhält man hier erst ab dem Alter von etwa 8 Jahren). Tafel 24 zeigt typische Ergebnisse zum Zusammenhang von Erziehungsstil und kindlicher Persönlichkeit.

Tafel 24

Zusammenhänge zwischen Erziehungsstilen und kindlicher Persönlichkeit

Frühe Untersuchungen zum Zusammenhang von Erziehungsstilen und kindlicher Persönlichkeit arbeiteten meist mit Fragebögen, in denen Eltern (fast immer: Mütter) ihren eigenen Erziehungsstil und die Persönlichkeit ihres Kindes einschätzten. Aus den Antworten wurden Dimensionen des berichteten Erziehungsverhaltens herausgefiltert. Typische Dimensionen sind warm – feindselig, restriktiv – permissiv oder kontrollierend – Autonomie lassend. Unterschiede im berichteten Erziehungsstil auf diesen Dimensionen wurden dann in Beziehung zu den Persönlichkeitseinschätzungen der eigenen Kinder gesetzt. Dies ergab Zusammenhänge der Art, wie sie in der folgenden Tabelle exemplarisch dargestellt sind[1];

Erziehungsstil	Persönlichkeitsmerkmal restriktiv	permissiv
warm	unterwürfig, abhängig, höflich, nett, gehorsam, wenig aggressiv, nicht kreativ	aktiv, sozial aufgeschlossen, kreativ, durchsetzungsfähig, unabhängig, freundlich
feindselig	neurotische Probleme, schüchtern, sozial zurückgezogen, selbst-aggressiv	ungehorsam, aggressiv, delinquent

diese Zusammenhänge wurden fast immer so interpretiert, als lieferten sie Erklärungen für die aufgeführten kindlichen Persönlichkeitsmerkmale.

Die aus Tafel 24 ersichtlichen Zusammenhänge sind zwar vereinbar mit der Annahme, daß die berichteten Persönlichkeitsunterschiede auf die berichteten Erziehungsstile zurückgehen, daß also zum Beispiel ein feindseliger, permissiver Erziehungsstil aggressive Tendenzen bei den eigenen Kindern *verursacht*. Zwingend ist diese Interpretation der gefundenen Zusammenhänge aber keineswegs. *Mindestens vier andere Interpretationen* sind ebensogut möglich und letztlich genauso plausibel. Machen wir uns das einmal am Beispiel des Zusammenhangs von feindselig-permissivem Erziehungsstil und Aggressivität der Kinder klar.

Es handelt sich hierbei um einen Zusammenhang zwischen zwei Einschätzungen *derselben Person*: der Mutter des Kindes. Vieles spricht dafür, daß Mütter bei so heiklen, wertbefrachteten Themen wie ihrem Erziehungsverhalten oder der Aggressivität ihrer Kinder in unterschiedlich starkem Maße einer Tendenz unterliegen, beides eher realistisch und ungeschminkt einzuschätzen oder beides eher durch eine rosa Brille zu sehen. Hier treffen wir wieder auf das schon in Kapitel IV.3 geschilderte Problem der Tendenz zu sozial erwünschten Antworten: Die Angaben vieler Mütter in Fragebogenuntersuchungen zu ihrem Erziehungsverhalten und der Persönlichkeit ihrer Kinder geben eher Auskunft darüber, welches Erziehungsverhalten und welche kindliche Persönlichkeit ihrer Meinung nach *wünschenswert* sind, als wie sie wirklich beschaffen sind. Schon dadurch, daß manche Mütter eigene Aggressionen und solche ihrer Kinder zugeben, während andere beide herunterspielen, kann ein Zusammenhang wie in Tafel 24 entstehen.

Diese Interpretation läßt sich ausschließen, wenn Erziehungsstil und Persönlichkeit des Kindes von unterschiedlichen Personen im Rahmen von Beobachtungen im Elternhaus eingeschätzt werden. Tatsächlich lassen sich auch in solchen Untersuchungen Zusammenhänge zwischen beobachtetem Erziehungsverhalten und aggressivem kindlichen Verhalten finden: Ein *autoritärer Er-*

ziehungsstil, gekennzeichnet durch hohe Ansprüche an das Kind *und* seltenes Eingehen auf die kindlichen Wünsche und Bedürfnisse, geht überzufällig oft mit aggressivem kindlichem Verhalten einher[2]. Aber auch dieser Zusammenhang zwingt nicht zu der Schlußfolgerung, daß das autoritäre Verhalten der Eltern die Aggressionen des Kindes fördert oder gar verursacht. Drei andere Interpretationen sind ebenso gut möglich.

Zunächst können wir die Kausalrichtung der Interpretation umdrehen: Es könnte ja auch die Aggressivität der Kinder sein, die Eltern zu autoritärem Erziehungsverhalten zwingt! In Abschnitt III.3 wurde deutlich gemacht, daß schon Neugeborene sich sehr stark in ihrem Verhalten unterscheiden. Hat eine Mutter ein »schwieriges« Kind, das von Anfang an nur schwer zu beruhigen war, später zu einem Zappelphilipp wird, der zu häufigen Wutausbrüchen neigt und nur schwer zu bändigen ist, so wird die Mutter, besitzt sie nicht gerade eine Engelsgeduld, immer mehr in eine autoritäre Haltung getrieben. So entsteht ein Zusammenhang zwischen autoritärem Erziehungsstil und kindlicher Aggressivität, der im Extremfall ausschließlich durch die Persönlichkeit des Kindes bedingt ist, also nichts mehr zur Erklärung dieser Persönlichkeit beiträgt.

Daß die Persönlichkeit des Kindes wesentlichen Anteil an dem Erziehungsstil seiner Eltern hat, wurde erst Ende der sechziger Jahre durch die Arbeiten von Richard Bell und Mitarbeitern klar, die in detaillierten, langfristigen Beobachtungen des Mutter-Kind-Verhaltens im ersten Lebensjahr deutliche Effekte der frühkindlichen Persönlichkeit auf das Verhalten der Mutter nachweisen konnten[3]. Natürlich heißt das nicht, daß wir uns zwischen der »klassischen« Interpretation »Erziehungsstil beeinflußt kindliche Persönlichkeit« und ihrer Umkehrung »kindliche Persönlichkeit beeinflußt Erziehungsstil« entscheiden müßten: Beides kann ja eine Rolle spielen. Hat etwa eine eher autoritäre Mutter ein »schwieriges« Kind, so mögen sich beide gegenseitig in einem spiralförmigen Aufschaukelungsprozeß immer mehr zu einem autoritär-aggressiven Paar entwickeln, während ein gleich schwieriges Kind einer toleranteren Mutter sich *nicht* aggressiv entwickelt oder eine gleich autoritäre Mutter ein »einfaches« Kind *nicht* aggressiv macht. In diesem Fall wird der ganze Ansatz, Erziehungsstil oder kindliche Persönlichkeit als Ursache und den jeweils anderen Faktor als Wirkung aufzufassen, hinfällig: Es geht nicht mehr um Ursache und Wirkung, sondern um *Wechselwirkung*.

Ein Zusammenhang zwischen Erziehungsstil und kindlicher Persönlichkeit kann aber auch dann entstehen, wenn *weder* das eine das andere beeinflußt, *noch* eine Wechselwirkung zwischen beiden Faktoren vorliegt: Der Zusammenhang kann ausschließlich durch einen *dritten gemeinsamen Faktor* bedingt sein. Denn wenn unterschiedliche Mütter in ihrem Erziehungsstil und ihre Kinder in ihrer Persönlichkeit verglichen werden, gehen in diesen Vergleich unerkannt alle die Einflußgrößen mit ein, die gleichsinnig auf Mütter und ihre Kinder wirken. Das sind insbesondere die *soziale Schicht* einschließlich aller sozio-ökonomischen Einflüsse auf das Familienleben und die von Mutter und Kind geteilten *Gene* (Mutter und Kind sind nämlich im Durchschnitt zu etwa 50 % genetisch identisch; darauf wird später noch genauer eingegangen).

So könnte ein Zusammenhang zwischen autoritärem Erziehungsstil und kindlicher Aggressivität beispielsweise dadurch entstehen, daß mit sinkender sozialer Schicht die Wohnbedingungen immer beengter werden. Räumliche Enge mag kindliche Aggressivität und autoritäres Eingreifen der Mutter zugleich fördern. Es würde so ein statistischer Zusammenhang zwischen beiden Faktoren entstehen, ohne daß sie sich überhaupt direkt beeinflussen müssen. Die soziale Schicht einer Familie hängt mit so vielen Variablen zusammen, daß der Phantasie der Interpretation kaum Grenzen gesetzt sind.

Schließlich könnte ein Zusammenhang zwischen autoritärem Erziehungsstil und kindlicher Aggressivität *rein genetisch* verursacht sein insofern, als Mutter und Kind genetische Faktoren teilen, die einerseits zu einem autoritären Erziehungsstil, andererseits zu aggressivem Verhalten prädisponieren. Eine rein genetische Interpretation etwa der in Tafel 24 dargestellten Zusammenhänge kann nicht von vornherein ausgeschlossen werden.

Denkbar und durchaus plausibel ist natürlich auch jede beliebige Kombination der fünf möglichen Interpretationen dieser Zusammenhänge – und damit haben wir bereits 5 (Einzelinterpretationen) + 10 (Zweierkombinationen) + 10 (Dreierkombinationen) + 5 (Viererkombinationen) + 1 (alle fünf Faktoren) = 31 plausible Interpretationsmöglichkeiten für Zusammenhänge zwischen Erziehungsstil und kindlicher Persönlichkeit.

Da jede plausbile Interpretation meist ein Körnchen Wahrheit enthält, können wir zwar mit einiger Berechtigung davon ausgehen, daß letztlich wohl alle fünf Faktoren die Persönlichkeitsentwicklung beeinflussen. Die 31 Interpretationsmöglichkeiten reduzieren sich dann wieder auf nur eine. Aber damit wird die Sache keineswegs einfacher, denn wir müssen damit rechnen, daß alle fünf Faktoren in komplizierte Wechselwirkungen treten: Einflüsse können sich gegenseitig aufheben oder verstärken. Alle diese Wechselwirkungen beschreiben zu wollen mutet utopisch an.

Kehren wir deshalb noch einmal zu unserer Ausgangsfrage zurück: Lassen sich Persönlichkeits*unterschiede* durch *Unterschiede* im Erziehungsverhalten der Eltern zumindest teilweise erklären? Trotz aller Wechselwirkungen des Erziehungsverhaltens mit anderen Faktoren könnten Unterschiede im Erziehungsverhalten eine »durchschlagende Wirkung« haben: Auch wenn viele andere Faktoren frei variieren, könnte »unter dem Strich« dennoch ein Effekt des Erziehungsverhaltens nachweisbar sein.

Tatsächlich gibt es eine Möglichkeit, die Bedeutung des Erziehungsstils in diesem Sinne zumindest grob abzuschätzen. Wenn der Erziehungsstil nicht völlig in der Wechselwirkung mit der frühkindlichen Persönlichkeit untergeht, sondern tatsächlich einen durchschlagenden Effekt auf die kindliche Persönlichkeitsentwicklung hat, müßten Kinder, die im Säuglingsalter von einer Familie mit einem Kind in ähnlichem Alter adoptiert werden, diesem Adoptivgeschwister mit zunehmendem Alter immer ähnlicher werden. Denn beide Adoptivgeschwister sind ja demselben Erziehungsstil der Eltern ausgesetzt.

Diese Hypothese läßt sich testen, indem für jeweils ein bestimmtes Persönlichkeitsmerkmal, z. B. Aggressivität, die Korrelation zwischen den Merkmalsausprägungen von Adoptivgeschwistern für viele verschiedene Familien bestimmt wird. Die Korrelation beschreibt also die Ähnlichkeit der Adoptivgeschwister in der untersuchten Population von Familien. Hat der Erziehungsstil der Eltern einen durchschlagenden Einfluß, muß die Korrelation positiv sein; je stärker der Einfluß ist, desto höher muß die Korrelation sein. Wäre das untersuchte Persönlichkeitsmerkmal ausschließlich vom Erziehungsstil der Eltern abhängig, müßten sich die Adoptivgeschwister in dem Merkmal exakt gleich sein; die Korrelation wäre dann Eins (diese Begründung des Vorgehens mag hier genügen; in Kapitel V.7 wird ihre Logik genauer dargelegt). Tafel 25 zeigt die Korrelationen für Adoptivgeschwister aus neueren Adoptionsstudien.

Tafel 25

Die Ähnlichkeit von Adoptivgeschwistern

Die folgende Tabelle zeigt Ergebnisse zur Persönlichkeitsähnlichkeit von Adoptivgeschwistern. Berücksichtigt sind nur Studien, in denen das adoptierte Kind schon im ersten Lebensjahr (im Mittel im 6. Monat) in die Adoptivfamilie aufgenommen wurde und die Testung so spät erfolgte, daß Einflüsse der Adoptivfamilie wirklich wirksam werden konnten[4].

Merkmal	Anzahl Paare	Alter (Jahre) bei Adoption	Alter (Jahre) bei Testung	Korrelation
Intelligenz (IQ)	236	unter 1	8	0.26
Intelligenz (IQ)	84	unter 1	16–22	–0.03
Extraversion	115	unter 1	16–22	0.07
Neurotizismus	115	unter 1	16–22	0.05
Autoritärer Charakter	115	unter 1	16–22	–0.03
13 Persönlichkeitsmerkmale	109	unter 1	8	0.04*

* Mittlere Korrelation (Median) für die 13 Merkmale

Die Korrelationen sind praktisch durchgehend Null mit Ausnahme der Intelligenz in jüngerem Alter; auch andere Studien fanden hier Korrelationen um 0.25. Die ungewöhnlich niedrige Korrelation von −0.03 für die Intelligenz von Adoptivgeschwistern nach der Pubertät kann erklärt werden (a) durch den wachsenden Einfluß genetischer Faktoren mit zunehmendem Alter (genauer hierzu V.7) und/oder (b) die Tatsache, daß in dieser einen Studie nur schwarze oder Mischlingskinder berücksichtigt wurden, die in weißen Elternhäusern aufwuchsen.

Das Ergebnis ist niederschmetternd für die klassische Erziehungsstilforschung: Die Korrelationen sind nahezu Null! Adoptivgeschwister ähneln sich kaum mehr als beliebig zusammengestellte Kinder-Paare aus unterschiedlichen Familien; die einzige Ausnahme scheint die Intelligenz vor der Pubertät zu sein. Unter dem Strich bleibt praktisch kein Einfluß des Erziehungsstils der Eltern erkennbar[5].

Daraus darf nicht der Schluß gezogen werden, daß extreme Erziehungsstile, z. B. völlige Vernachlässigung oder Kindesmißhandlung, keinen Einfluß auf die Persönlichkeitsentwicklung hätten. Diese Extremvarianten sind – gerade in Familien mit Adoptivkindern – so selten, daß sie nicht genügend ins Gewicht fallen, um die *mittlere* Ähnlichkeit der Adoptivgeschwister nachhaltig zu beeinflussen.

Auch wäre der Schluß falsch, daß »normale« Erziehungsstilvarianten *im Einzelfall* keinen Einfluß haben. Das läßt sich natürlich nicht ausschließen. Bei bestimmten Konstellationen von Erziehungsstil, frühkindlicher Persönlichkeit, genetischen Faktoren und sozioökonomischen Rahmenbedingungen mag ein deutlicher Einfluß des Erziehungsstils nachweisbar sein. Diese Konstellationen sind aber offensichtlich so selten, daß derartige Effekte in der Vielfalt aller Konstellationsmöglichkeiten untergehen.

Eines aber ist sicher: Die alltagspsychologische Vermutung, daß ein bestimmter Erziehungsstil quasi automatisch und unabhängig von anderen Einflüssen die Persönlichkeit des Kindes forme, *ist falsch*. Zusammenhänge zwischen Erziehungsstil und kindlicher Persönlichkeit, wie sie in Tafel 24 gezeigt werden, als »Nachweis« eines solchen formenden Einflusses von Erziehungsstilen zu interpretieren ist ein *Trugschluß*; Persönlichkeitsunterschiede monokausal durch Erziehungsstile der Eltern erklären zu wollen ist eine *Erklärungs-Sackgasse*.

Einfache und schwierige Kinder

Ein Grund für das Fehlen einfacher Beziehungen zwischen Erziehungsstil und kindlicher Persönlichkeit besteht darin, daß das Erziehungsverhalten der Eltern schon von der Geburt ihres Kindes an durch dessen Eigenarten beeinflußt wird. Ein typischer Ausspruch von Eltern nach Geburt ihres zweiten Kindes ist: »Das hätte ich nie gedacht, daß Kinder so unterschiedlich sein können.« Erziehungshaltung und kindliche Persönlichkeit stehen in ständiger Wechselwirkung; dadurch ändert sich mit der Zeit auch das Erziehungsverhalten. Dieselbe Erziehungshaltung, z. B. der Wunsch, dem Kind möglichst viel Freiheit zu lassen, wird sich bei einem Kind leicht, bei einem anderen schwerer, bei einem dritten überhaupt nicht verwirklichen lassen. Es kommt dann zu einer Diskrepanz zwischen Erziehungsverhalten und Erziehungshaltung, die allmählich das Verhalten und die Einstellung zur Erziehung ändert.

Ist der Einfluß des Kindes auf das Erziehungsverhalten seiner Eltern vielleicht so stark, daß nicht ihr Erziehungsstil, sondern eine schon früh vorhandene Persönlichkeit des Kindes einen durchschlagenden Effekt auf seine weitere Persönlichkeitsentwicklung hat? In III.3 haben wir gesehen, daß sich schon Neugeborene sehr stark in ihrem Verhalten unterscheiden. Erlauben diese Verhaltensunterschiede, spätere Persönlichkeitsunterschiede vorherzusagen? Gestalten Kinder ihre eigene Entwicklung selbst?

Bei den frühkindlichen Verhaltensunterschieden handelt es sich vor allem um Unterschiede im *emotionalen Verhalten*: die Empfänglichkeit gegenüber emotionalen Reizen, die Stärke und Schnelligkeit der Reaktionen, die dominierende Qualität der Stimmungslagen und ihre Labilität. Solche Unterschiede werden in der Psychologie als *Temperamentsunterschiede* bezeichnet. Hat das frühkindliche Temperament einen nachweisbaren Effekt auf spätere Persönlichkeitsmerkmale?

Die bisher größte und längste Untersuchung frühkindlicher Temperamentsunterschiede wurde von Alexander Thomas und Stella Chess 1956 in New York begonnen[6]. Sie versuchten zunächst, durch sehr ausführliche Interviews mit Eltern von Säuglingen, grundlegende Dimensionen des frühkindlichen Temperaments zu bestimmen. Diese sollten nicht wie die Brazelton-Skalen auf Neugeborene zugeschnitten sein (vgl. III.3), sondern für das gesamte erste Lebensjahr und darüber hinaus Gültigkeit besitzen. Tafel 26 zeigt die neun gefundenen Dimensionen und ihre Bedeutung in verschiedenem Lebensalter.

Tafel 26

Die neun Temperamentsdimensionen von Thomas und Chess

Aus ausführlichen Eltern-Interviews wurden neun Temperamentsdimensionen herausgefiltert, auf denen sich das Verhalten ab dem 2. Monat bis zum Alter von 5 Jahren einschätzen läßt. Für jede Dimension sind Verhaltensbeispiele für drei Altersstufen angegeben, die hohe Werte auf der Dimension charakterisieren[7].

Dimension	2 Monate	1 Jahr	5 Jahre
Aktivität	Bewegt sich oft im Schlaf	Läuft schnell, ißt schnell	Verläßt schnell Tisch nach dem Essen
Tagesrhythmus	4-Stunden-Trinkrhythmus	Hält täglich Mittagsschlaf	Schläft nach dem Zubettgehen schnell ein
Ablenkbarkeit	Hört auf, nach Essen zu schreien, wenn es gewiegt wird	Schreit beim Gesichtwaschen, aber nicht, wenn das als Spiel gestaltet wird	Läßt sich leicht von verbotener Tätigkeit abbringen
Annäherung – Rückzug	Hat immer die Flasche gemocht	Geht auf Fremde schnell zu	Betritt Kindergarten ohne Zögern
Anpassungsfähigkeit	War beim ersten Bad passiv; badet jetzt gerne	Hatte zuerst Angst vor Spielzeugtier; spielt jetzt gerne damit	Schläft gut im Urlaub
Aufmerksamkeitsdauer	Wenn die Windeln voll sind, schreit es bis zum Wechseln	Hört Liedern lange zu	Verbrachte über eine Stunde mit Bilderbuchanschauen
Reaktionsintensität	Lehnt Essen vehement ab, wenn satt	Lacht laut, wenn der Vater mit ihm wild spielt	Bekommt Schluckauf vor lauter Lachen
Sensorische Reizschwelle	Hört auf zu trinken, wenn sich jemand nähert	Spuckt Essen aus, das es nicht mag	Merkt immer, wenn Mutter neue Kleider anhat
Stimmungslage	Lächelt Eltern an	Mag das Fläschchen; greift danach	Lächelt jeden an

Ähnlich wie bei den Brazelton-Skalen läßt sich das Temperament eines Kindes also durch eine Konstellation von Skalenwerten beschreiben, und ähnlich wie Brazelton versuchten auch Thomas und Chess, die möglichen Skalenwert-Konstellationen nach dem übergeordneten Gesichtspunkt »einfaches Kind – schwieriges Kind« zu ordnen. Sie kamen dabei zu vier »Typen« von Kindern: *einfache Kinder* (40%), charakterisiert durch einen regelmäßigen Tagesrhythmus, positives Herangehen an neue Reize, hohe Anpassungsfähigkeit bei Veränderungen und heitere oder mäßig intensiv positive Stimmungslage; *schwierige Kinder* (10%), gekennzeichnet durch ein genau entgegengesetztes Temperament, *langsam auftauende Kinder* (15%), die sich durch anfänglichen Rückzug vor neuen Reizen und nur langsame Anpassung an Veränderungen bei insgesamt weder stark positiver noch stark negativer Stimmungslage auszeichnen, und *nicht klassifizierbare Kinder* (35%), die in keine der drei ersten Kategorien fallen[6].

Lassen sich mit Hilfe dieser Temperamentsdimensionen oder der Temperamentstypologie spätere Persönlichkeitsunterschiede vorhersagen? Die einfachste Hypothese ist, daß die Dimensionen bzw. die Kategorien *zeitlich stabil* sind. Tafel 27 zeigt ihre Stabilität zwischen dem Alter von einem Jahr und fünf Jahren (Vierjahresstabilität) und die langfristige Stabilität der Unterscheidung »einfache – schwierige Kinder«.

Tafel 27

Stabilität von Temperamentsunterschieden

Die folgende Tabelle zeigt die Stabilität der 9 Temperamentsdimensionen aus Tafel 26, wie sie für eine Gruppe von 100–110 Kindern (je nach Altersvergleich) gefunden wurden[6].

Dimension	1.–2. Jahr	1.–5. Jahr
Aktivität	.30*	.16
Tagesrhythmus	.44*	.15
Ablenkbarkeit	–.05	.12
Annäherung – Rückzug	.07	–.03
Anpassungsfähigkeit	.38*	.07
Aufmerksamkeitsdauer/Durchhaltevermögen	.11	.09
Reaktionsintensität	.47*	.10

Dimension	1.–2. Jahr	1.–5. Jahr
Reizschwelle	.39*	.21*
Stimmungslage	.45*	.08

* bezeichnet Korrelationen, die höher sind, als per Zufall zu erwarten wäre.

Daß langfristige Vorhersagen von Persönlichkeitsunterschieden aus Temperamentsunterschieden frühestens ab dem 3. Lebensjahr möglich sind, illustriert die folgende Tabelle[8]. Der Mittelwert der Dimensionen Tagesrhythmus, Annäherung-Rückzug, Anpassungsfähigkeit, Reaktionsintensität und Stimmungslage wurde als Indikator einer Dimension »einfaches-schwieriges Temperament« betrachtet und mit einer Einschätzung »gute-schlechte Anpassung« und einer psychiatrischen Diagnose aufgrund eines Interviews im Alter von 18–22 Jahren korreliert. Es ergaben sich erst für Temperamentsunterschiede ab dem 3. Lebensjahr überzufällige Zusammenhänge mit der Erwachsenen-Persönlichkeit, und dann nur von mäßiger Höhe.

Einfaches-schwieriges Temperament, beurteilt im Alter von:	Korrelation mit Einschätzung im Alter von 18–22 Jahren	
	»gute-schlechte Anpassung«*	psychiatrische Diagnose*
0–12 Monaten	–0.08	0.03
12–24 Monaten	0.09	–0.03
24–36 Monaten	0.21 (s)	0.05
36–48 Monaten	0.32 (s)	0.24 (s)
48–60 Monaten	0.23 (s)	0.19 (s)

* Positive Korrelationen besagen, daß schwieriges kindliches Temperament und schlechte Anpassung/psychiatrische Symptome zusammenhängen.
(s) überzufällige Korrelation

Die Ergebnisse sind ausgesprochen mäßig. Zwar zeigen 6 der 9 Dimensionen eine überzufällige Stabilität über ein Jahr hinweg, doch schon nach vier Jahren findet sich gerade noch für eine der 9 Dimensionen eine überzufällige Stabilität, und die ist von so geringer Höhe, daß sie ohne praktische Bedeutung ist. Die geringe Stabilität der Temperamentsdimensionen in der frühen Kindheit sollte uns nicht überraschen; in Kapitel IV.3 haben wir ja schon gesehen, daß Verhaltensunterschiede in der frühen Kindheit ganz allgemein nur wenig zeitlich stabil sind. Die Temperamentsdimensionen von Thomas und Chess bilden da keine Ausnahme. Auch der Versuch, mit Hilfe einzelner frühkindlicher Temperamentsdimensionen *andere* Persönlichkeitsunterschiede in späteren Jahren vorhersagen zu wollen, kann inzwischen als gescheitert angesehen werden. Kaum anders sieht es bei der Temperamentstypologie aus. Die Unterscheidung einfacher und schwieriger Kinder sagt nur dann besser als der Zufall Persönlichkeitsunterschiede langfristig vorher, wenn sie ab dem 3. Lebensjahr getroffen wird (vgl. Tafel 27).

Insgesamt unterstreichen die Untersuchungen des frühkindlichen Temperaments die große Flexibilität der Persönlichkeitsentwicklung in den ersten Lebensjahren. Selbst so »biologienahe« Persönlichkeitsdimensionen wie die sensorische Reizschwelle sind bis in die mittlere Kindheit hinein nur äußerst mäßig stabil; sie unterscheiden sich hierin also nicht wesentlich von »sozialeren« Persönlichkeitsdimensionen wie z. B. Aggressivität. Das widerspricht der weitverbreiteten Annahme, daß »biologienähere« Persönlichkeitsmerkmale eher als »sozialere« Merkmale zeitlich stabil seien, besonders wenn sie einem starken genetischen Einfluß unterliegen. Wir werden in späteren Abschnitten sehen, daß diese Annahme falsch ist: Die Biologienähe eines Persönlichkeitsmerkmals hat nichts mit der zeitlichen Stabilität von Unterschieden in diesem Merkmal zu tun.

Keine der beiden bisher betrachteten »Anfangsbedingungen« der Persönlichkeitsentwicklung, weder der Erziehungsstil der Eltern noch die frühkindliche Persönlichkeit, hat also einen langfristigen Effekt auf die Entwicklung von Persönlichkeitsunterschieden. Beide Anfangsbedingungen scheinen in ihrer ständigen Wechselwirkung im Verlauf der kindlichen Entwicklung unterzugehen. Der Prozeß der Entwicklung »vergißt« seine Anfangsbedingungen. Spätere Persönlichkeitsunterschiede durch frühkindliche Temperamentsunterschiede erklären zu wollen ist eine *Erklärungs-Sackgasse*.

»Er ist furchtbar ehrgeizig – typisch Einzelkind«, »sie ist wirklich hart im Nehmen – kein Wunder bei drei größeren Brüdern«, »er wirkt so unscheinbar – na ja, als Mittlerer von Fünf . . .«. Unsere Alltagspsychologie wimmelt von Annahmen über mögliche Auswirkungen der Geschwisterposition (wieviele jüngere und wieviele ältere Geschwister jemand hat) auf die Persönlichkeitsentwicklung. Da die Geschwisterposition einfach und zuverlässig zu erfragen ist und Rückwirkungen der Persönlichkeitsentwicklung auf die Geschwisterposition nur schwer vorstellbar sind[9], scheint die Erforschung dieser Auswirkungen eine einfache Sache zu sein, zumal sich jedes beliebige Resultat immer gut interpretieren läßt. Wenn Letztgeborene sich als besonders ängstlich schildern, liegt es daran, daß sie jahrelang unter ihren rauflustigen Geschwistern zu leiden hatten. Klar. Stellen sich Erstgeborene als die Ängstlichen heraus, liegt es an der unsicheren Behandlung durch ihre unerfahrene Mutter. Natürlich. Sind es aber die Mittleren, so liegt es selbstverständlich an der Vernachlässigung durch ihre Eltern.

Die scheinbare Einfachheit des Untersuchungsansatzes und die unbegrenzten Interpretationsmöglichkeiten beliebiger Ergebnisse gingen eine unheilvolle Allianz ein und führten zu Hunderten von Untersuchungen, deren einziger Wert inzwischen darin besteht, Studenten demonstrieren zu können, wie leicht man bei der Interpretation empirischer Ergebnisse in eine Falle tappen kann, ohne es zu merken. Tafel 28 führt an das Kernproblem heran.

Tafel 28

Intelligenz, Geschwisterzahl und Geschwisterposition

Für den Intelligenzquotienten gibt es Untersuchungen an sehr großen, repräsentativen Stichproben, die Aufschluß über seine Abhängigkeit von Geschwisterzahl und -position für bestimmte Altersgruppen und soziale Schichten in verschiedenen Ländern geben. Die Abbildung zeigt die IQ-Werte für drei Länder (z. B. für über 360 000 neunzehnjährige Niederländer), aufgeschlüsselt nach der Geschwisterposition in Familien mit 1–9 Kindern[10]. Der Punkt gibt den IQ-Mittelwert der getesteten Einzelkinder und jede der 8 Kurven die IQ-Mittelwerte der Geschwister einer bestimmten Familiengröße an. Die Zuordnung der 8 Kurven zur Familiengröße ergibt sich aus ihrem rechten Ende; so zeigt z. B. die durchgezogene Linie die IQ-Mittelwerte der Erstgeborenen, Zweitgeborenen, ..., Neuntgeborenen = Letztgeborenen in Familien mit 9 Kindern. Während in allen drei Ländern eine klare Abnahme des IQ mit der Familiengröße erkennbar ist, ist der Einfluß der Geschwisterposition uneinheitlich: In der niederländischen Untersuchung fiel der IQ leicht mit der Geschwisterposition, in der französischen nahm er im wesentlichen leicht zu, und in der schottischen zeigte er einen V-förmigen Verlauf. Relativ zum Einfluß der Geschwisterzahl ist der Einfluß der Geschwisterposition uneinheitlich und gering. Einzelkinder schneiden zwar in allen drei Untersuchungen leicht überdurchschnittlich ab, jedoch variiert ihr relativer IQ-Vorsprung zu anderen Kindern stark mit der sozialen Schicht, so daß sich generelle Aussagen verbieten[12].

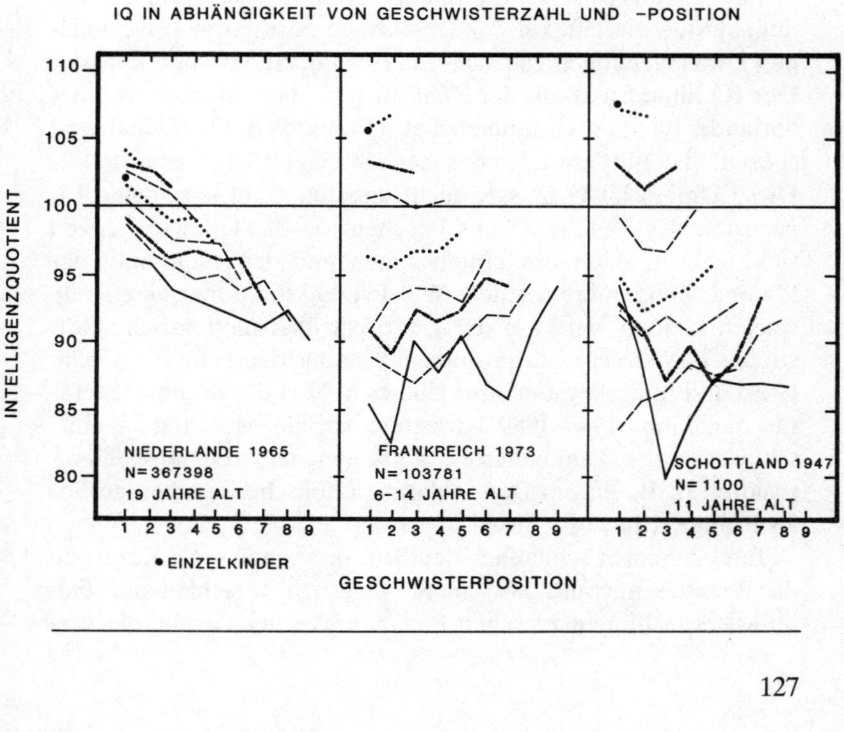

Die Tafel demonstriert, daß die Geschwisterposition dann untrennbar mit der Familiengröße verknüpft ist, wenn man schlicht Einzelkinder, Erstgeborene, Mittlere und Letztgeborene miteinander vergleicht: Die Chance, ein mittleres oder letztes Kind zu sein, ist ja überhaupt erst in größeren Familien gegeben. Da die Familiengröße in westlichen Industrienationen mit höherer sozialer Schicht abnimmt, sind Erstgeborene in der Mittelschicht über- und mittlere und letztgeborene Kinder unterrepräsentiert[11]. In Vergleiche zwischen Erst- und Spätergeborenen aus verschiedenen Familien gehen also meist auch Schichtunterschiede ein. Einzelkinder wiederum wachsen unter deutlich anderen Familienumständen auf als alle anderen Kinder: Nach der Volksbefragung in den USA 1970 waren 17% der Mütter von Einzelkindern geschieden oder verwitwet, aber nur 10% der Mütter mit mindestens zwei Kindern. In Vergleiche zwischen Einzelkindern und Kindern mit Geschwistern gehen also immer auch Faktoren wie Scheidung der Eltern oder Tod des Vaters mit ein[12].

Tafel 28 illustriert weiterhin, daß bei Berücksichtigung der Familiengröße die Effekte der Geschwisterposition in verschiedenen Untersuchungen gänzlich unterschiedlich ausfallen können: Der IQ nimmt mal mit der Zahl jüngerer Geschwister ab (Niederlande 1965), mal nimmt er zu (Frankreich 1973), mal sind speziell die mittleren Kinder benachteiligt (Schottland 1947). Diese Unterschiede müssen nicht unbedingt auf nationalen Eigenarten des Familienlebens beruhen, da die Untersuchungen sich auch im Alter der Untersuchten und dem Zeitpunkt der Untersuchung unterschieden. Wieviele Faktoren hier eine Rolle spielen können, wird aus der Übersicht über methodische Fallstricke der Geschwisterpositionsforschung deutlich, die Cécile Ernst und Jules Angst in ihrer Übersicht über die gesamte Literatur der Jahre 1946–1980 vorlegten: soziale Mobilität, Unterschiede in der Familiengröße verschiedener Religionsgemeinschaften (z. B. sind in Deutschland katholische Familien größer als evangelische) usw. usw.[13].

Tafel 28 macht schließlich deutlich, daß schon nach Kontrolle der Geschwisterzahl, also beim Vergleich verschiedener Geschwisterpositionen zwischen Familien gleicher Größe, die verbleibenden Unterschiede im IQ minimal sind: Es handelt sich im Mittel um Unterschiede von 2–3 IQ-Punkten zwischen den Extremen. Nach Kontrolle von Geschwisterzahl und sozialer Schicht verbleibt in sämtlichen vorliegenden Untersuchungen zum IQ ein minimaler Effekt der Geschwisterposition von 0-1.5% der IQ-Varianz[14], der für die Erklärung von IQ-Unterschieden bedeutungslos ist (schon der Fehler des IQ-Tests selber beträgt ca. 10% der beobachteten IQ-Varianz!).

Dies gilt auch für alle anderen Persönlichkeitsmerkmale, egal ob es sich um Abschlußnoten oder Leistungstests oder um selbsteingeschätzte oder von neutralen Beobachtern beurteilte sozial-emotionale Merkmale handelt[10]: Werden Erstgeborene mit Spätergeborenen verglichen, zeigen sich zwar oft Unterschiede, die aber immer auf den Einfluß von Familiengröße und sozialer Schicht zurückgehen; schon wenn einer der beiden Faktoren kontrolliert wird, bleiben höchstens minimale Unterschiede bestehen, die zudem in unterschiedlichen Studien sich in ihrer Richtung widersprechen.

Typisch sind z. B. die Ergebnisse zum Selbstwertgefühl[15]. In insgesamt 24 bis 1980 hierzu vorliegenden Studien wurde in 15 überhaupt kein überzufälliger Unterschied gefunden; in 7 Studien hatten Erstgeborene ein höheres Selbstwertgefühl, in einer war es umgekehrt. In diesen 8 Studien war aber weder die Geschwisterzahl noch die soziale Schicht kontrolliert worden. Eine einzige Studie fand nach Kontrolle beider Faktoren einen überzufälligen Unterschied: Hier waren es ausgerechnet die Zweitgeborenen, die ein höheres Selbstwertgefühl zu haben schienen. Da die Stichprobe in dieser Untersuchung sehr klein war (nur 104 männliche Getestete) und alle 7 anderen Studien, in denen Geschwisterzahl oder Schicht kontrolliert wurde, keine Unterschiede fanden, bleibt unter dem Strich: nichts.

Ein einziger Unterschied zwischen Erstgeborenen und Spätergeborenen scheint stabil zu sein: Erstgeborene wurden in mehreren Untersuchungen, u. a. auch nach Kontrolle von Geschwisterzahl und sozialer Schicht, von *ihren Eltern* als ernster, ruhiger, introvertierter, empfindsamer, angepaßter, verantwortlicher beschrieben, kurz als »erwachsener, unkindlicher«[16]. Dies gilt aber nur für Eltern-Urteile; Selbstbeurteilungen und Einschätzungen

Dritter fanden *keine* Unterschiede zwischen Erst- und Spätergeborenen.

Die Diskrepanz könnte u. a. darauf beruhen, daß Eltern die Geschwisterposition ihrer Kinder bewußter ist als diesen selbst oder Außenstehenden, so daß das Elternurteil anfälliger gegenüber dem gängigen Stereotyp des Einzelkindes oder Erstgeborenen ist, das sich ja mit dem gefundenen Unterschied deckt. In diesem Fall würde der Unterschied also überhaupt nicht auf Persönlichkeitsunterschieden der Beurteilten beruhen, sondern auf einer Verzerrung des Urteils der Beurteiler. Eine andere mögliche Interpretation ist, daß Erstgeborene sich nur gegenüber den Eltern, nicht aber Kindern oder anderen Erwachsenen gegenüber so verhalten. In diesem Fall wäre der Unterschied situationsspezifisch. Beobachtungen des Verhaltens von Erst- und Spätergeborenen zu Hause und in anderen sozialen Kontexten könnten diese offene Frage klären (vielleicht stimmen auch beide Interpretationen).

Insgesamt läßt sich das Ergebnis der Forschung zu Geschwisterpositionen in dem Satz zusammenfassen: viel Rauch ohne Feuer. Nach Kontrolle von Geschwisterzahl und sozialer Schicht bleiben keine substantiellen Persönlichkeitsunterschiede zwischen Kindern oder Erwachsenen mit unterschiedlicher Position in der Geschwisterreihe bestehen. Die ohne Kontrolle der sozialen Hintergrundfaktoren gefundenen Unterschiede als Effekt der Geschwisterposition zu interpretieren ist ein *Trugschluß*; Persönlichkeitsunterschiede durch die Stellung in der Geschwisterreihe erklären zu wollen ist eine *Erklärungs-Sackgasse*.

Frühkindliche Entbehrungen

Aus den freien Assoziationen seiner neurotischen Wiener Patienten entwickelte Sigmund Freud die Auffassung, daß die Verarbeitung von Konflikten in der frühen Kindheit die spätere Persönlichkeitsentwicklung präge. Entwicklungspsychologisch gesehen besteht Freuds Verdienst vor allem darin, auf das reiche emotionale Leben in der frühen Kindheit aufmerksam gemacht zu haben; da er sich vor allem für Themen wie die frühkindliche

Sexualität oder die Sauberkeitserziehung interessierte, die für das damalige Wiener Bürgertum ausgesprochene Tabuthemen darstellten, erhielten seine Ideen eine große gesellschaftliche Brisanz: Sie ließen sich gut als Waffe im Kampf gegen die vorherrschende viktorianische Moral verwenden. Dies förderte ihre Erstarrung in einer orthodoxen Lehre und, da der Kampf erfolgreich war, ihr tiefes Eindringen in unsere Alltagspsychologie.

Diese historische Bemerkung ist notwendig, weil nur so überhaupt verständlich wird, warum Freuds entwicklungspsychologische Auffassungen einen so nachhaltigen Eindruck nicht nur in der Alltagspsychologie, sondern auch in der Entwicklungspsychologie und der Kinder- und Jugendpsychiatrie hinterlassen konnten. Denn wissenschaftlich betrachtet handelt es sich um interessante Spekulationen über die Entwicklung, die auf einer völlig inadäquaten Datenbasis beruhen (den freien Assoziationen neurotischer erwachsener Patienten). Der Einfluß frühkindlicher Entwicklungsumstände auf die spätere Persönlichkeitsentwicklung läßt sich aber nun einmal nicht aus Erinnerungen von Erwachsenen (und noch dazu einer so speziellen Stichprobe von Erwachsenen) rekonstruieren; die adäquate Methode ist die (viel mühsamere) längsschnittliche Beobachtung der Entwicklung von der frühen Kindheit an.

Die Freudschen Spekulationen über den entscheidenden Einfluß der frühen Kindheit auf die spätere Entwicklung hatten wesentlichen Einfluß auf das Entstehen der »Lehre von der frühkindlichen Mutterentbehrung«. Kurz zusammengefaßt besagt sie, daß Säuglinge sehr früh eine besondere Bindung an ihre Mutter entwickeln, die den Prototyp aller späteren Liebesbeziehungen darstelle. Werde diese frühkindliche Mutterbindung gestört, etwa durch den Tod der Mutter, Aufwachsen in einem Heim oder eine feindselige Haltung der Mutter, führe dies zu irreversiblen, also nicht mehr kompensierbaren, emotionalen (z. T. auch intellektuellen) Schäden (Väter spielen in dieser Lehre praktisch keine Rolle). Die emotionalen Schäden bestünden vor allem in einem unstillbaren Liebesbedürfnis, der Unfähigkeit, als Erwachsener dauerhafte Beziehungen aufzubauen, und in erhöhter Aggressivität bis hin zu Gefühlsarmut, Psychopathie, Delinquenz und Auffälligkeit nach der gesamten Palette psychiatrischer Syndrome (Schizophrenie, Depressivität, chronische Ängstlichkeit usw.).

Besonders in Deutschland prägte diese Lehre bis vor kurzem die Kinder- und Jugendpsychiatrie, weite Teile der Entwicklungspsychologie und auch die Vorstellungen mancher mehr biologisch argumentierender Autoren[17]. Genährt von psychoanalytischen Ideen ruhte diese Lehre vor allem auf zwei Säulen: den Untersuchungen von Heimkindern und den frühen Experimenten von Harry Harlow und Mitarbeitern an Rhesusaffen.

In den dreißiger Jahren wurden einige Psychologen auf die oft katastrophalen Umstände aufmerksam, unter denen Waisenkinder in Heimen aufwuchsen. Die Kinder zeigten schwere emotionale und intellektuelle, teilweise auch physische Schäden (»Marasmus«), auch wenn sie eine ausreichende Ernährung und Körperpflege erhielten. Die Unterschiede zwischen Heimkindern und normal aufwachsenden Kindern können nun durch eine Vielzahl von Faktoren (und deren Kombination) zustande kommen: ungünstige Voraussetzungen der Heimkinder, *bevor* sie ins Heim kamen (besondere Belastungen durch genetische Faktoren, ungünstige Schwangerschafts- und Geburtsumstände), mangelhafte intellektuelle Anregungsbedingungen im Heim, wenig emotionaler Kontakt zu Erwachsenen allgemein, intensiver, aber wenig dauerhafter Kontakt zu Erwachsenen durch starken Wechsel des Pflegepersonals, »Vaterentbehrung«, »Mutterentbehrung«. Letztlich verantwortlich gemacht wurde für die gefundenen Unterschiede aber nur die Mutterentbehrung. Die meistzitierten Autoren, die diese Interpretationsvariante bevorzugten, waren René Spitz und John Bowlby[18].

Die zweite Säule, auf der die Lehre von der frühkindlichen Mutterentbehrung ruhte, waren die – nach heutiger Auffassung ethisch höchst problematischen – frühen Experimente von Harlow und Mitarbeitern[19]. Sie zogen Rhesus-Affenkinder unter extremer sozialer Isolation auf: entweder in einem kahlen Käfig oder mit einem Drahtgestell, an dem eine Flasche zum Trinken befestigt werden konnte. Teilweise stand neben dieser »Flaschenmutter« auch noch eine »Fellmutter«: dasselbe Drahtgestell, ausgestattet mit einem weichen Fell und einem schematisierten Gesicht. Entgegen Freuds Vorstellung von der Wichtigkeit der »oralen Beziehung« zur Mutter hielten sich die Äffchen, hatten sie die Wahl zwischen Flaschen- und Fellmutter, viel öfter bei der Fellmutter auf, besonders wenn sie durch ein unheimliches Stofftier erschreckt wurden. Egal aber, ob und welche »Drahtmütter« vorhanden waren, entwickelten die Affen schwere Verhaltensstörungen, die sie unfähig zu einer späteren Integration in eine soziale Gruppe machten. Sie waren entweder extrem aggressiv oder extrem gehemmt; männliche Tiere waren unfähig sich fortzupflanzen, und die wenigen weiblichen Tiere, die schwanger wurden, ignorierten oder attackierten ihre eigenen Kinder. Dies wurde meist als »experimenteller Nachweis« der Schädigung durch frühkindliche Mutterentbehrung interpretiert, obwohl die Störungen ebensosehr auf das Fehlen von Beziehungen zu *Gleichaltrigen* zurückgeführt werden könnten, Beziehungen, die bei Rhesusaffen in freier Wildbahn sehr intensiv sind.

Inzwischen gibt es genügend Untersuchungen, um beide Säulen der Lehre von der frühkindlichen Mutterentbehrung zum Einsturz zu bringen. Nimmt man die frühen Untersuchungen von Heimkindern genauer unter die Lupe, so zeigt sich, daß sie nach heutigen methodischen Standards völlig unzureichend sind. Das gilt besonders für die schlecht dokumentierten und auch noch widersprüchlich geschilderten Ergebnisse von Spitz, aber auch für die dürftigen Daten von Bowlby, die in eigentümlichem Gegensatz zu seinen umfangreichen Theorien stehen. Inzwischen liegt eine fundierte, verständlich verfaßte deutschsprachige Kritik dieser vielzitierten, aber offensichtlich nur selten im Original gelesenen klassischen Arbeiten vor[20], so daß dies hier nicht wiederholt werden muß. Die Schlußfolgerungen aus Harlows frühen Experimenten wurden von ihm selbst später widerlegt (s. u.).

Halten wir uns deshalb nicht mit der Kritik an den klassischen Arbeiten auf, sondern gehen wir lieber gleich zu der entscheidenden Frage über: Gibt es nach dem derzeitigen Stand der Forschung nachweisbare negative Konsequenzen einer frühkindlichen Mutterentbehrung auf die Persönlichkeitsentwicklung? Und gibt es andere frühkindliche Entbehrungen, durch die sich spätere Persönlichkeitsunterschiede erklären lassen?

Wird unter »frühkindlicher Mutterentbehrung« der *Tod* der leiblichen Mutter verstanden, so heißt die Antwort auf die erste

Frage: nein. Besonders gut untersucht sind die Auswirkungen des Todes eines Elternteils während der Kindheit auf die Anfälligkeit für Depressionen im Erwachsenenalter. Vergleicht man Gruppen erwachsener depressiver Patienten mit einer Kontrollgruppe anderer Patienten, etwa einer chirurgischen Abteilung, die gleiches Alter und die gleiche Schichtzugehörigkeit haben, gibt es zwischen den beiden Gruppen keine Unterschiede in der Häufigkeit des Todes der Mutter oder des Vaters, weder für die gesamte Kindheit (bis 14 Jahre) noch für bestimmte Phasen (z. B. die frühe Kindheit)[21]. Auch für andere Persönlichkeitsmerkmale konnte bisher kein einziger Effekt des Todes eines Elternteils schlüssig nachgewiesen werden[22]. Wesentlich für die weitere Entwicklung des Kindes scheint nicht der Tod der Mutter zu sein, sondern was nach ihrem Tod geschieht: Findet der Vater bald eine neue Partnerin, kommt das Kind in eine Pflegefamilie oder in ein Heim?

Wird unter »frühkindlicher Mutterentbehrung« das Fehlen einer konstanten erwachsenen Bezugsperson in der frühen Kindheit verstanden, ist die Antwort wesentlich schwieriger. Alles scheint davon abzuhängen, was unter »konstant« und »Bezugsperson« genau verstanden werden soll. Die Frage nach der Konstanz läßt sich nicht einfach klären durch einen Vergleich von Kindern, die mehrfach die Adoptivfamilie wechseln, mit Kindern, die in derselben Adoptivfamilie aufwachsen. Denn der häufige Wechsel mag auch durch eine »schwierige Persönlichkeit« verursacht sein, die die häufigen Wechsler bereits in die erste Adoptivfamilie mitbrachten.

Noch schwieriger ist es, die Qualität der Beziehung zu Erwachsenen abzuschätzen. Sie läßt sich ja nicht einfach als »Betreuungszeit« oder ähnlich definieren. So wäre es ein Irrtum anzunehmen, daß Kinder, deren Eltern beide voll berufstätig sind, deswegen eine weniger intensive Beziehung zu ihnen haben müßten, als wenn eines der beiden Elternteile zu Hause ist. Untersuchungen zu Auswirkungen der Berufstätigkeit der Eltern auf die Persönlichkeit ihrer Kinder haben keinen durchschlagenden Effekt der Berufstätigkeit ergeben[23]. Nicht ob z. B. die Mutter arbeitet oder nicht, scheint wesentlich zu sein, sondern ob sie gerne arbeitet oder ob sie es wegen des Geldes tun muß; ob sie gerne zu

Hause ist oder gegen ihren Willen wegen Arbeitslosigkeit; wie ihre Beziehung zum Kind ist, wenn sie zu Hause ist, und welche Möglichkeiten das Kind hat, wenn sie nicht zu Hause ist.

Beide Faktoren, eine geringe Konstanz der Bezugspersonen und eine geringe Chance zu tiefergehenden Beziehungen zu Erwachsenen, sind in vielen Heimen gegeben (keinesfalls aber für jedes Kind in jedem Heim!). Eine langfristige Untersuchung von Kindern, die ihre frühe Kindheit in einem Heim verbrachten, gibt also einigen Aufschluß über die Wirksamkeit des Zusammentreffens beider Faktoren. Allerdings wurde schon weiter oben deutlich, daß Heimkinder »von Haus aus« eine nicht repräsentative Gruppe von Kindern darstellen, so daß ihre Entwicklung sinnvoll nur mit der Entwicklung ähnlich belasteter Kinder verglichen werden kann, die zu Hause aufwachsen. Außerdem muß berücksichtigt werden, was *nach* dem frühkindlichen Heimaufenthalt geschieht: Kommen sie durch Adoption in ein konstantes Familienmilieu, wechseln sie häufig ihre Pflegefamilien, oder machen sie eine ausschließliche »Heimkarriere« mit, gar mit häufig wechselnden Heimen? Tafel 29 zeigt die Ergebnisse einer neueren langfristigen Untersuchung zur Persönlichkeitsentwicklung von Heimkindern.

Tafel 29

Konsequenzen eines Heimaufenthalts

Auch heute noch stehen Menschen, die einige Jahre ihrer Kindheit in einem Heim verbracht haben, in dem Ruf, emotional gestört und bindungsunfähig zu sein und zur Delinquenz zu neigen. Es gibt bisher nur wenige Langzeitstudien zur Entwicklung von Heimkindern. Eine methodischen Ansprüchen einigermaßen genügende deutschsprachige Studie wurde von Cécile Ernst und Nikolaus von Luckner 1985 vorgelegt[20]. Von allen 354 1958–1961 in Heimen des Kantons Zürich untergebrachten körperlich gesunden Kindern im Alter von 30 bis 33 Monaten, die vor dem 7. Monat ins Heim kamen und deren Heimaufenthalt nicht länger als 3 Monate unterbrochen war, wurden 137 10 Jahre später nachuntersucht. Der große Schwund der Stichprobe beruhte u. a. auf einer recht hohen Quote von Verweigerern: 36 % der Erziehungsberechtigten, deren Adresse noch bekannt war, ließen ihr Kind nicht an der

Nachuntersuchung teilnehmen. Es handelte sich vor allem um Adoptiv- und Pflegeeltern, die wohl vermeiden wollten, das Kind nochmals mit seiner Vergangenheit zu konfrontieren.

Die folgende Tabelle vergleicht einerseits die bei der Nachuntersuchung festgestellten Daten der Heimkinder mit vergleichbaren Daten einer repräsentativen Stichprobe Schweizer Kinder in ähnlichem Alter und andererseits die Gruppe von 25 % der Heimkinder mit bis zu 3 von 20 ausgewählten Symptomen mit den 27 % der Heimkinder mit 8–19 Symptomen.

Vergleich mit repräsentativer Stichprobe von 14jährigen

Keine überzufälligen Unterschiede:
IQ*, Eßstörungen, Kopfschmerzen, Einnässen, Einkoten, motorische Verlangsamung, Nägelbeißen, Zerstören von Gegenständen, Schuleschwänzen, Lügen, Stehlen, Beliebtheit bei Mitschülern*

Heimkinder, überzufällig mehr:
sozial zurückgezogen, überempfindlich

Vergleich zwischen Heimkindern mit wenigen und vielen Symptomen

---

Keine überzufälligen Unterschiede u. a.:
Einstellung der Mutter zum Kind, Stilldauer, Alter bei der Trennung von der Mutter, IQ bei Erstuntersuchung, IQ bei Nachuntersuchung, Kinderzahl pro Pflegerin im Heim

Heimkinder mit 8–19 Symptomen überzufällig mehr, u. a.:
Zahl unterschiedlicher Heime, Zahl Milieuwechsel, häufiger Scheidung erlebt, häufiger Lebensgemeinschaft mit Stiefgeschwistern abgebrochen, langandauernde Eltern-Kind-Konflikte, beliebter bei Mitschülern

* im Vergleich zu anderen repräsentativen Stichproben

Insgesamt unterscheiden sich die Heimkinder im Mittel vom Durchschnitt der Bevölkerung zwar in einer emotionalen Störung (größere Gehemmtheit), nicht *aber in größerer Aggressivität, Delinquenz, geringerer Intelligenz oder sozialer Unbeliebtheit. Der Vergleich ist insofern problematisch, als die Eltern der Heimkinder nicht repräsentativ für die Schweizer Bevölkerung sind (mehr ungelernte Berufe, ca. doppelt so hohe Rate psychosozialer Störungen).*

Drei Ergebnisse dieser Studie sind besonders aufschlußreich und stimmen auch mit anderen vorliegenden Untersuchungen überein[20]. Erstens sind die Auswirkungen eines Heimaufenthalts hoch variabel; Heimkinder entwickeln sich sehr unterschiedlich. Zweitens ist es praktisch unmöglich, bei den stärker gestörten Kindern die einzelnen belastenden Faktoren zu trennen: Sie sind fast immer durch mehrere ungünstige Bedingungen *gleichzeitig* belastet. Kinder mit familiärer Vorbelastung verbleiben länger im Heim, und wenn sie von Pflegefamilien aufgenommen werden, so bieten diese wiederum ungünstigere Bedingungen, und es kommt eher zu einem erneuten Wechsel der Pflegefamilie. Und drittens sind es vor allem die Bedingungen *nach* dem frühkindlichen Heimaufenthalt, die sich negativ auf die spätere Persönlichkeit auswirken: Spannungen in den Pflegefamilien (oder in der eigenen Familie bei den Kindern, die dorthin zurückgeholt werden) und häufiger Wechsel des familiären Milieus. Nicht die frühkindliche Mutterentbehrung ist entscheidend, sondern wie es weitergeht.

Das machen auch die beiden in den Tafeln 30 und 31 geschilderten Fallbeispiele extremer Belastung im frühen Kindesalter deutlich: Selbst brutalste Kindesmißhandlung und ein elternloses Aufwachsen in einem KZ kann unter glücklichen Umständen kompensierbar sein.

Tafel 30

Die Kompensierbarkeit extremer Mißhandlung und Vernachlässigung

Die beiden eineiigen Zwillinge P. M. und J. M. wurden am 4. 9. 1960 in der Tschechoslowakei geboren. Ihre Mutter starb kurz nach ihrer Geburt, der Vater gab sie in ein Waisenhaus. Als sie 18 Monate alt waren (bis dahin schienen sie normal entwickelt gewesen zu sein), heiratete der Vater der beiden Jungen erneut und zog mit ihnen, ihren beiden älteren Schwestern, ihrer Stiefmutter und deren zwei Kinder zusammen – insgesamt 6 Kinder, das älteste 9 Jahre alt[24].

Sie zogen in eine Vorstadt, wo niemand sie kannte. Viele Nachbarn wußten nicht von der Existenz der Zwillinge, weil sie in fast völliger Isolation gehalten wurden. Sie wuchsen bis zu ihrer Ent-

deckung 1967 in einem kleinen ungeheizten Raum auf, dessen einzige Möblierung in einem Tisch, zwei Stühlen und einigen Bausteinen bestand, schliefen auf einer Plastikdecke auf dem Boden, wurden mangelhaft ernährt, für lange Zeit im Keller eingesperrt und oft vom Vater brutal mißhandelt. Nachbarn hörten die Schreie, wagten aber wegen der Stiefmutter nicht einzugreifen, die als aggressive Frau bekannt war und niemand in die Wohnung ließ.

Im späteren Gerichtsverfahren wurde klar, daß dies vor allem auf die Initiative der Stiefmutter zurückging. Sie verbot den anderen Kindern, mit den Zwillingen zu sprechen oder zu spielen; die Zwillinge durften weder ins Freie noch den Rest des Hauses betreten. Sie wuchsen also über fünf Jahre lang ohne emotionalen Kontakt mit anderen auf. Als ihr Vater einen der beiden Jungen zu einem Kinderarzt brachte, um eine Bescheinigung für mangelnde Schulreife zu bekommen, kam die Sache ans Licht.

Zum Zeitpunkt ihrer Entdeckung waren die siebenjährigen Zwillinge motorisch wie Dreijährige entwickelt und wirkten geistig behindert; ihr IQ wurde auf 40 geschätzt. Sie kamen in ein Heim für Vorschulkinder, wo sie fast zwei Jahre blieben und einen stetigen Fortschritt auf motorischem, sprachlichem und intellektuellem Gebiet machten; sie begannen, eine Schule für geistig Behinderte zu besuchen. 1969 wurden sie von einer Familie mit zwei anderen Kindern aufgenommen und integrierten sich dort gut. Ende 1970 wechselten sie in die 2. Klasse einer normalen Grundschule über: Obwohl sie in ihren Schulleistungen immer noch 3 Jahre hinter ihren Altersgenossen zurück waren, war ihr IQ bereits altersgemäß. Innerhalb von 4 Jahren hatten sie also einen Entwicklungsrückstand von 4 Jahren aufgeholt. Ende 1974 besuchten sie die 7. Klasse, nachdem sie wegen überdurchschnittlicher Leistungen eine Klasse übersprungen hatten; ihr sprachliches Ausdrucksvermögen, ihr IQ und ihre motorischen Fertigkeiten waren altersgemäß (IQ im Alter von 14 Jahren: 100 bzw. 101). Emotional wirkten sie insgesamt unauffällig; eine viele Jahre noch vorhandene Angst vor Dunkelheit war verschwunden. Gelegentlich lösten jedoch Assoziationen mit früheren Lebensumständen starke Ängste aus; so reagierten sie einmal mit starken Angstgefühlen, als sie in einen Keller kamen, der ihrem Gefängnis ähnlich sah. Sie hatten herzliche Beziehungen zu ihren Adoptivgeschwistern und normale

Freundschaftsbeziehungen in der Schule. Obwohl niemand wissen kann, wie sie sich unter normalen Bedingungen in der Kindheit entwickelt hätten, konnten sie ihre schreckliche Vergangenheit abschütteln; besonders hilfreich mag gewesen sein, daß sie zu zweit aufwuchsen und sich gegenseitig emotional stützen konnten.

Tafel 31

KZ-Kinder: Wie sie sich selber helfen konnten

Im Frühjahr 1945 wurden unter den Tausenden von Kindern und Erwachsenen des KZ Theresienstadt sechs dreijährige Waisen befreit. Die Eltern der drei Jungen und drei Mädchen, deutsche Juden, waren schon bald nach der Geburt der Kinder vergast worden. Die sechs kamen im Alter von 6–12 Monaten nach Theresienstadt in eine Umgebung, die man sich grauenhafter nicht vorstellen kann. Es handelte sich um ein Durchgangslager, in dem die meisten nur für Tage, Wochen oder einige Monate blieben auf dem Weg zur »Endlösung«. Tag und Nacht gab es Ankünfte, Abfahrten, Familientrennungen, Vergasungen. Der Kontakt der sechs Kinder zu Erwachsenen war minimal; kein Erwachsener kümmerte sich um sie mehr als ein paar Wochen lang; keines der Kinder konnte eine längerfristige Beziehung zu Erwachsenen aufbauen.

Im August 1945 kamen die sechs Waisen in ein kleines privates Waisenhaus nach England, wo sie von Anna Freud (der Tochter Sigmund Freuds) und Sophie Dann entdeckt und ein Jahr lang in ihrer Entwicklung begleitet wurden[25]. Zunächst waren die Kinder wild und unkontrolliert, zerstörten Spielsachen und Mobiliar. Gegenüber Erwachsenen schwankten sie zwischen kalter Beziehungslosigkeit und intensiver Feindschaft. Untereinander jedoch zeigten sie ein extremes Zusammengehörigkeitsgefühl, ungewöhnliche Hilfsbereitschaft, großes Einfühlungsvermögen und auffällig wenig Konkurrenz und Rivalität.

Nach und nach freundeten sie sich mit den Betreuern an und entwickelten zu ihnen persönliche Beziehungen, die jedoch nie so tief gingen wie ihre Beziehungen untereinander. Sie lernten die neue Sprache ohne besondere Mühe, waren intellektuell und motorisch normal entwickelt. Keines war delinquent oder zeigte psychiatrische Symptome. Ihre Ängste beschränkten sich auf die alterstypischen und einige isolierte, wohl auf das Lagerleben zurückzuführende Ängste (Angst vor Hunden, vor graugrünen Lastwagen [Transportwagen?]). 35 Jahre später berichtete Dann, die bis dahin mit ihnen Kontakt gehalten hatte, daß alle sechs ein normales Leben als Erwachsene führten, in keiner Beziehung besonders auffällig waren[26]*. Offenbar waren sie fähig gewesen, ohne jegliche tiefe Beziehungen zu Erwachsenen sich in den drei KZ-Jahren gegenseitig so zu unterstützen, daß sie sich später ohne große Probleme in die Gesellschaft integrieren konnten. Wenn auch dieses Beispiel insofern problematisch ist, als die genauen Bedingungen, unter denen die Kinder im KZ aufwuchsen, erst nachträglich aus Berichten anderer Lagerinsassen rekonstruiert wurden, illustriert es in eindrucksvoller Weise die Annahme, daß fehlende Bindungsmöglichkeiten zu Erwachsenen durch enge Beziehungen von Kindern untereinander kompensiert werden können.*

Bemerkenswert ist in beiden Fällen die wichtige Rolle, die *andere Kinder* spielten. Vielleicht war es die Tatsache, daß es Zwillinge bzw. sechs anscheinend zusammen aufwachsende Kinder ähnlichen Alters waren, die eine irreversible emotionale Schädigung verhinderten. Die große, von der älteren Deprivationsforschung völlig übersehene Bedeutung der Beziehung zu anderen Kindern wird auch aus den späteren Experimenten von Harlow und Mitarbeitern deutlich. Wurden nämlich Rhesusaffen ohne Mutter, aber zusammen mit gleichaltrigen Artgenossen aufgezogen, waren sie später in ihrem emotionalen und sozialen Verhalten *völlig normal*[27]. Noch mehr: Selbst Affen, die das erste Jahr in völliger Isolation aufgezogen und dann mit *jüngeren* Artgenossen zusammengebracht wurden, konnten dadurch »rehabilitiert« werden[28]. Harlow selbst änderte unter dem Eindruck dieser Ergebnisse seine ursprüngliche Meinung über die Bedeutung seiner frühen Experimente: Was für eine normale emotionale und soziale Entwicklung bei Rhesusaffen notwendig scheint, ist nur die Möglichkeit des sozialen Austauschs mit *irgendeinem Artgenossen*, sei es Mutter, Vater, irgendein anderer Erwachsener oder ein Kind.

Die Fallbeispiele aus den Tafeln 30 und 31 legen nahe, daß es auch beim Menschen so sein könnte.

Da das Thema der frühkindlichen Mutterentbehrung leicht zu vorschnellen Emotionen Anlaß gibt, scheinen mir hier noch vier Klarstellungen angebracht. Zum einen bestreitet wohl niemand, und ich schon gar nicht, daß die Lehre von der frühkindlichen Mutterentbehrung durchaus äußerst begrüßenswerte soziale Konsequenzen hatte: Angeregt durch die frühen Untersuchungen zur Situation von Heimkindern wurden die Heime nicht nur menschlicher gestaltet, sondern durch den Versuch, Heimkinder so schnell wie möglich in Pflegefamilien zu vermitteln, auch soweit wie möglich überflüssig gemacht. Dieser zweifellose Fortschritt beruhte auf einer eigentümlichen Mischung aus falschen Theorien, methodisch unzulänglichen Untersuchungen und einer falschen Interpretation ethisch m. E. nicht verantwortbarer Tierexperimente. Das alles wirft *keinen* Schatten auf den erreichten Fortschritt. Eine richtige Praxis kann ja durchaus auf einer falschen Theorie beruhen (wer weiß schon *wirklich*, wie ein Auto funktioniert, trotzdem kommen wir alle ganz gut damit zurecht).

Das Problem liegt zweitens eher darin, daß die falsche Theorie von der frühkindlichen Mutterentbehrung auch einigen sozialen Schaden angerichtet hat. Sie hat zu Vorurteilen geführt (»Was, der ist ein Heimkind? Da kann er ja nichts werden«), die sich leider nur zu oft in selbsterfüllende Prophezeiungen verwandelten; sie hat bei vielen Müttern, die aus den unterschiedlichsten Gründen ihren Kindern kein normales familiäres Zuhause bieten konnten, Schuldgefühle geweckt, sie hat das Selbstbewußtsein ehemaliger Heimkinder unnötig beeinträchtigt, und sie ermöglichte es denen, die ohne Mutter aufwachsen mußten, alle persönlichen Schwächen auf diesen wunden Punkt in ihrer Biographie zurückzuführen und so bequem zu rationalisieren; an das Mitleid anderer zu appellieren ist ja allemal einfacher, als sich zu ändern.

Die Einsicht, daß die menschliche Entwicklung flexibler ist als weithin angenommen, daß viele, auch extreme Belastungen *manchmal* kompensierbar sind, hat, drittens, nichts mit einer Verharmlosung menschenunwürdiger Lebensumstände zu tun. Es wäre ein totales Mißverständnis, sie als Freibrief für Kindesmißhandlung oder gar die Grauen der Nazizeit aufzufassen. Die in den Tafeln 30 und 31 geschilderten Beispiele zeigen nur, daß unter glücklichen Umständen eine anscheinend fast völlige Kompensation der erlittenen Grausamkeiten möglich ist. Sie zeigen nicht – und das wäre auch ein völlig falsches Bild der Wirklichkeit[29] –, daß die Kompensation typisch für Opfer derartiger Verbrechen ist. Sie beweisen auch nicht, daß die Kompensation in den dargestellten Fällen *vollständig* ist. Im übrigen reicht bei jeder Art von Mißhandlung die aktuell erlittene Grausamkeit vollständig aus, um sie zu verurteilen, selbst wenn sie bei allen Betroffenen langfristig vollständig kompensierbar wäre.

Ein weiteres Mißverständnis wäre es, viertens, die großen beobachtbaren Unterschiede in der Verarbeitung der gleichen Belastungen sofort zu individualisieren und so bloß die »Schuldzuweisung« von der Mutter auf das Kind zu verlagern: Wer die Belastungen nicht kompensieren kann, ist selber schuld, denn siehe, es gibt »unverwundbare Kinder«, die das fertigbringen. Tatsächlich ist es inzwischen geradezu Mode geworden, »unverwundbare Kinder« aufzuspüren, die unter den denkbar schlechtesten Bedingungen sich zu stabilen Persönlichkeiten entwickeln konnten. Diese Fixierung auf die »Elite der Belasteten« könnte zwar helfen, die Faktoren ausfindig zu machen, die gegen die Belastungen immun machen, birgt aber gleichzeitig die Gefahr in sich, den Blick auf die soziale Realität zu verstellen, in der die »Unverwundbaren« die große Ausnahme darstellen.

Mit der Erkenntnis alleine, daß eine frühkindliche Mutterentbehrung als isolierter Faktor keine vorhersagbaren Konsequenzen hat und auch andere frühkindliche Belastungen individuell ganz unterschiedlich verarbeitet und kompensiert werden können, ist einiges, aber noch nicht allzuviel gewonnen. Die Frage ist nun nicht mehr, welche Belastungen kritisch sind, sondern wer unter welchen Bedingungen mit welchen Belastungen wie fertig wird. Diese zugleich realistischere und schwierigere Fragestellung sollte uns aber nicht davon abhalten, dazu beizutragen, soweit wie möglich kindlichen Belastungen generell entgegenzuwirken. So ist dem Resümee von Cécile Ernst und Nikolaus von Luckner in ihrem Buch über die Wirkungen frühkindlicher Entbehrungen nichts hinzuzufügen:

»Die moderne Forschung befreit uns vom mythischen Glauben, daß ein früher Segen oder Fluch, den Fee oder Hexe über der Wiege flüstern, unser späteres Schicksal bestimmt. Das gibt uns Grund zur Hoffnung, Versäumtes lasse sich durch eigene Aktivität und fremde Hilfe nachholen; aber es nimmt uns auch die Möglichkeit der Ausrede, daß Bemühungen um sich selbst und Hilfeleistung am andern sich nicht lohnen, weil gegen die Macht der geschehenen Prägung *jetzt* nicht mehr aufzukommen sei . . . Das heißt natürlich keineswegs, daß immer *alles* nachzuholen oder zu korrigieren sei. Keine Forschung bestreitet, daß eine angstvolle und freudlose Kindheit einen Schatten über das ganze Leben werfen kann. Sie bestätigt sogar, daß Vernachlässigung dazu tendiert, neue Vernachlässigung nach sich zu ziehen. Dies allein schon begründet die *Forderung nach einem liebevollen Empfang von Anfang an.*«[30]

Erste Zwischenbilanz

Wir haben jetzt vier klassische Erklärungsprinzipien für Persönlichkeitsunterschiede unter die Lupe genommen: den Erziehungsstil der Eltern, das frühkindliche Temperament, die Geschwisterposition und massive Störungen der frühkindlichen Mutter-Bindung. In jedem der vier Fälle ergab die kritische Prüfung das Gleiche: Wurde der für Persönlichkeitsunterschiede verantwortlich gemachte Faktor soweit wie möglich von anderen Faktoren getrennt, die oft, nicht aber notwendigerweise mit ihm zusammenhängen, so erwies sich seine langfristige Wirkung auf Persönlichkeitsunterschiede als vernachlässigbar gering. Unter dem Strich kam praktisch nichts heraus.

Das liegt nicht etwa an einer einseitigen Auswahl der vier Erklärungsprinzipien. Als Faustregel läßt sich ganz allgemein behaupten, daß es *überhaupt keine monokausalen Erklärungen für Persönlichkeitsunterschiede gibt.* Welchen Einflußfaktor wir auch als mögliche Ursache für Persönlichkeitsunterschiede im Normalbereich untersuchen: Isoliert betrachtet wird sich seine langfristige Wirkung mit ziemlicher Sicherheit als minimal herausstellen. Das gilt auch für *einzelne* genetische Faktoren, auf die später ausführlich eingegangen wird.

Es ist klar, daß Behauptungen wie diese nicht bewiesen werden können. Aber sie sind durch Gegenbeispiele widerlegbar, und da die gesamte empirische psychologische Forschung der letzten Jahrzehnte kein solches Gegenbeispiel zustande gebracht hat, läßt sich die These von den fehlenden monokausalen Erklärungsmöglichkeiten für Persönlichkeitsunterschiede mit einiger Berechtigung vertreten.

Eine einfache Erklärung des Scheiterns monokausaler Erklärungen besteht in dem Hinweis auf die *große Zahl wirksamer Ursachen*. Nicht das Ursache-Wirkungs-Denken selbst wird angegriffen, sondern die Vorstellung, einige wenige Ursachen, die jeweils substantielle Wirkungen hervorbrächten, reichten zur Erklärung aus. In Wirklichkeit gibt es aber so viele Einflüsse auf dieselbe Wirkung, daß der Beitrag jeder Einzelursache minimal ist.

Wäre das schon das ganze Problem, wäre der Weg des Erklärungsfortschritts klar vorgezeichnet: Man müßte schrittweise nur immer mehr Einflußfaktoren in die Erklärung einbeziehen; bei jedem Schritt würde der interessierende Persönlichkeitsunterschied etwas besser erklärbar, bis schließlich bei der Berücksichtigung sehr vieler Faktoren die Persönlichkeitsentwicklung gut vorhersagbar und erklärbar würde.

Was die Vorhersagbarkeit angeht, stimmt das auch in Grenzen. Die spätere Entwicklung von Heimkindern zum Beispiel läßt sich dann relativ gut vorhersagen, wenn wir neben der Tatsache des Heimaufenthalts berücksichtigen, wie lange der Heimaufenthalt war, wie das Heim personell ausgestattet war, ob das Kind familiär vorbelastet ist und was mit ihm nach dem Heimaufenthalt geschieht (einige »unverwundbare Kinder« werden aber immer noch einen Strich durch die Rechnung machen). In der Medizin sind solche additiven »Risikofaktor-Modelle« weit verbreitet.

Das simple Addieren einzelner Einflußfaktoren stößt aber im Falle der Persönlichkeitsentwicklung auf zwei grundlegende Probleme, die diesen Ansatz nur begrenzt tauglich machen. Zum einen ergibt sich das Dilemma, daß eine bessere Vorhersagbarkeit durch eine immer schlechtere Erklärbarkeit erkauft wird:

Die Einflußfaktoren verblassen bei immer weiterer Summation, weil die Rolle der einzelnen Faktoren in der Gesamtheit aller untergeht.

Ein drastisches Beispiel aus der Psychiatrie mag das illustrieren. Ein großes Problem stellt dort die hohe Rückfallquote der Patienten dar: Sie werden stationär behandelt, scheinbar geheilt entlassen, stehen aber oft schon nach wenigen Monaten wieder vor der Tür. Man spricht deshalb auch von der »Drehtürpsychiatrie«. Kann man das Rückfallrisiko psychiatrischer Patienten vorhersagen? Eine Untersuchung verschiedener Vorhersagemöglichkeiten (u. a. Diagnose des behandelnden Psychiaters, Urteile des Pflegepersonals und der Mitpatienten) kam zu dem Ergebnis, daß sich das Rückfallrisiko am besten durch die *Aktendicke* des Patienten (in Zentimetern) vorhersagen ließ[31]. Wo viele Probleme sich häufen oder die gleichen Probleme sich ständig wiederholen, wachsen die Aktendicke und das Rückfallrisiko.

Das ist zwar auch eine Erkenntnis, aber sie bringt uns in der *Erklärung* der Rückfallrate kaum weiter. Entsprechendes gilt für die Erklärung von Persönlichkeitsunterschieden: Wenn wir wissen, daß Kinder, deren Mütter Prostituierte, deren Väter Trinker und deren Geschwister aggressiv sind, selbst überdurchschnittlich aggressiv sind, bringt uns das einer Erklärung der Entwicklung der Aggressivität nicht viel näher.

Das zweite Problem beim Addieren einzelner Einflußfaktoren besteht darin, daß die Vorhersagbarkeit »normaler«, nicht pathologischer Persönlichkeitsunterschiede meist sehr schnell an eine Grenze stößt, die auch durch Hinzunahme von noch so vielen Einflußfaktoren nicht überwunden werden kann. Das gilt selbst dann, wenn die einzelnen Faktoren unterschiedlich gewichtet werden dürfen: Nicht nur einzelne Ursache-Wirkungs-Beziehungen, sondern auch ihre lineare Verknüpfung führt nicht allzu weit.

Das liegt daran, daß die einzelnen Einflüsse auf die Persönlichkeitsentwicklung sich nicht addieren, sondern in ständige und *komplizierte Wechselwirkungen* treten, so daß im Verlauf der Entwicklung die Ausgangs-Ursachen oft völlig in der Dynamik der Wechselwirkungen untergehen. Das Gesamtsystem kann nicht nur seine Anfangsbedingungen »vergessen«, sondern auch später auf das System einwirkende Einflüsse, jedenfalls nach hinreichend langer Zeit. Lineare Ursache-Wirkungs-Modelle sind also aus zwei Gründen wenig geeignet, den Prozeß der Persönlichkeitsentwicklung zu beschreiben: weil sie einmalige Wechselwirkungen zwischen den Ursachen nicht berücksichtigen und weil sie die ständige Wiederholung dieser Wechselwirkungen nicht einbeziehen.

Wir stoßen hier auf ein fundamentales Problem. Nicht nur in der Alltagspsychologie, sondern ganz allgemein sind wir es gewohnt, Erklärungen in Form linearer Ursache-Wirkungs-Beziehungen zu suchen. Das funktioniert im praktischen Leben auch sehr gut. Einfache Faustregeln wie »wenn man die Dosis erhöht, erhöht sich auch die Wirkung« oder »wenn man zwei wirksame Mittel anwendet, erhöht sich die Wirkung gegenüber einem« gelten für viele Bereiche des alltäglichen Lebens. Sie versagen aber immer dann, wenn nichtlineare Wechselwirkungen ins Spiel kommen. Die doppelte Dosis eines hilfreichen Medikaments kann tödlich sein. Zwei Beruhigungsmittel, in Kombination eingenommen, können Herzrasen verursachen. Überdüngen von Feldern kann den Ertrag senken. Übertriebene Fürsorge kann Unselbständigkeit ebenso fördern wie Vernachlässigung. In der Chemie, der Biologie, der Medizin, der Psychologie versagen diese einfachen Faustregeln allzu oft.

Derartige Überlegungen finden sich üblicherweise in Schlußbemerkungen und Nachworten, in denen – ähnlich wie in diesem Kapitel – das lineare Ursache-Wirkungs-Denken ausgereizt und am Ende, nach magerem Ergebnis, mit großer Geste auf die »Komplexität«, die »multifaktorielle Bedingtheit«, die »Vielfalt der Wechselwirkungen« hingewiesen wird. Oder die Erkenntnis, daß lineares Denken ab einem bestimmten Punkt versagt, wird zum Anlaß genommen, die »Große Vernetzung« zu beschwören, die »Ganzheitlichkeit der Natur«, die »sich dem analytischen Zugriff versperre« und nur mehr »mit der rechten Hirnhälfte erfühlt« werden könne. Dieses New-Age-Geschwätz stellt keinen Erkenntnisfortschritt dar. Die vielerorts angetretene Flucht in Harmonie-Beschwörung, Mystik und Aberglauben signalisiert Denkfaulheit, aber keine Grenze der Erkenntnis. Anstatt sich neugierig mit einer neuen Unübersichtlichkeit auseinanderzusetzen, wird das Denken ganz aufgegeben.

Wir müßten derzeit nur dann resignieren, wollten wir versuchen, die Wechselwirkungen der vielen Einflußfaktoren auf die Persönlichkeitsentwicklung nach wie vor *auf der Ebene einzelner Einflußfaktoren* analytisch aufzudröseln. Betrachten wir beispielsweise die Wechselwirkung zwischen Erziehungsstil der Mutter und frühkindlichem Temperament ihres Kindes. Selbst wenn wir alle anderen Einflüsse außer acht lassen, ist diese Wechselwirkung wegen ihrer ständigen Wiederholung so unübersichtlich, daß sie nur noch auf einem Computer simuliert werden kann. Wir können ihn mit den Anfangsbedingungen – Erziehungshaltung der Mutter vor der Geburt und Temperament des Neugeborenen – füttern, einige plausible Annahmen über die Art einmaliger Wechselwirkungen eingeben und dann sehen, was bei gegebenen Anfangsbedingungen nach Simulation von 10, 100 oder 1000 Stunden Mutter-Kind-Interaktion herauskommt.

Typisches Ergebnis solcher Simulationsstudien – nicht nur in der Psychologie – ist, daß leicht variierte Anfangsbedingungen höchst unterschiedliche Ergebnisse produzieren. Im Falle der Persönlichkeitsentwicklung wäre es z. B. ein Leichtes, ein Simulationsprogramm zu entwickeln, dessen Annahmen über einmalige Wechselwirkungen höchst plausibel sind, das aber für fast alle Anfangsbedingungen zu keinem zeitlich einigermaßen stabilen Erziehungsverhalten der Mutter und zu keinem zeitlich einigermaßen stabilen Verhalten des Kindes führt – was offensichtlich der beobachtbaren zunehmenden Stabilisierung von Persönlichkeitsunterschieden widerspricht (vgl. Kapitel IV). Es müßten also – wiederum plausible – Restriktionen des Mutter-Kind-Systems eingeführt werden, etwa durch Hinzunahme weiterer Faktoren, die die Persönlichkeitsentwicklung des Kindes stabilisierend beeinflussen, so daß der Einfluß der Mutter gedämpft wird. Solche Simulationsprogramme werden dann sehr schnell so unübersichtlich, daß nur noch der Programmautor selbst die Programmstruktur einigermaßen durchschaut. Die Programme sind auch an Fachkollegen nicht mehr mit vernünftigem Aufwand kommunizierbar. Und sie leiden an dem Grundübel unserer Alltagspsychologie: Alles und auch sein Gegenteil wird höchst plausibel simulierbar. Nur Technikgläubige können das für einen Erkenntnisfortschritt gegenüber der Alltagspsychologie halten.

Um nicht mißverstanden zu werden: Computersimulation kann unter bestimmten Bedingungen durchaus sehr nützlich sein. Wenn die Struktur eines Systems im wesentlichen feststeht und es darum geht zu prüfen, wie sich ein oder zwei noch nicht geklärte Alternativen der Parameterfestlegung auf die Funktion des Gesamtsystems auswirken, kann Computersimulation die einzig brauchbare Methode sein, die Alternativen zu entscheiden. Aber dieser Stand ist im Falle der Persönlichkeitsentwicklung noch lange nicht erreicht.

Es gibt nun einen Weg, der an den Sackgassen der Denk-Resignation und der Computersimulation vorbeiführt und uns einer Erklärung der Persönlichkeitsentwicklung näherbringt. Dieser Weg fordert einige Anstrengung, weil er den Rahmen der Psychologie sprengt und bedingt, daß wir uns auch mit einigen Nachbardisziplinen der Psychologie, insbesondere der Evolutionsbiologie und der Genetik, auseinandersetzen müssen. Ich denke aber, die Mühe lohnt sich, weil so – und vielleicht nur so – ein tieferes Verständnis von Persönlichkeitsunterschieden und ihrer Entwicklung erreicht werden kann. Das Scheitern des linearen Ursache-Wirkungs-Denkens und die Einsicht in die Komplexität der Zusammenhänge sollen für uns nicht ein Ende der Erklärungsbemühungen bedeuten, sondern eine erste Zwischenbilanz, die den Ausgangspunkt eines neuen Erklärungsansatzes darstellt. Wir fangen jetzt erst richtig an.

2 Ein Panorama der Persönlichkeitsentwicklung

Der Ausweg aus den Sackgassen des letzten Kapitels setzt voraus, daß wir die Niederungen einzelner Einflußfaktoren und des Gewirrs ihrer Wechselwirkungen verlassen und versuchen, einen übergeordneten Standort einzunehmen, von dem aus wir die menschliche Persönlichkeitsentwicklung in ihrer Gesamtheit im Auge behalten können, ohne uns in ihren Details zu verstricken.

Versuchen wir also, eine Gesamtschau, ein *Panorama* der Entwicklung von Persönlichkeitsunterschieden zu entwerfen.

Das Panorama, eine große Mode im Paris der zwanziger Jahre des 19. Jahrhunderts, bestand aus mehreren zentralperspektivisch, häufig mit Hilfe einer Camera Obscura gezeichneten Tafelbildern, die so auf die Innenfläche eines großen Zylinders übertragen wurden, daß die einzelnen Bilder zu einem einzigen verschmolzen, wenn sie von einer Plattform in der Mitte des Zylinders betrachtet wurden, die bis zu 150 Personen Platz bot. Jeder Besucher des Panoramas konnte das Gesamtbild perspektivisch unverzerrt von seinem Standort betrachten. Während seit der Renaissance alle Dinge der Welt auf einen gemeinsamen Augenpunkt hin ausgerichtet waren, führte das Panorama eine »Demokratisierung des Blicks« ein[32].

In den meisten Panoramen jener Zeit heben sich Vordergrund und Hintergrund deutlich voneinander ab. Auch wir wollen den Vordergrund, die Entwicklung der Persönlichkeit, vor einem breiteren Hintergrund betrachten. Und wie die Panoramen jener Zeit bietet sich das Gesamtbild aus verschiedenen Perspektiven jeweils unverzerrt dar, aber mit unterschiedlicher Zentrierung von Einzelheiten. Ziel des Panoramas soll es sein, einige »vordergründige« Prinzipien der Persönlichkeitsentwicklung dadurch besser zu verstehen, daß sie im Kontext des gesamten Panoramas betrachtet werden.

Der Hintergrund der Persönlichkeitsentwicklung

Der alltagspsychologische Blick auf die Persönlichkeitsentwicklung entspricht der Sichtweise eines Beobachters, der im Vordergrund des Bildes gefangen ist. Er kann sehr viele Details um ihn herum erkennen, doch mangels Übersicht geht ihm ihre Beziehung zum Hintergrund verloren. Oft aber wird erst aus dieser Beziehung zum Hintergrund die Bedeutung des Vordergrundes klar. Der Vordergrund der Persönlichkeitsentwicklung besteht aus der Entwicklung von Lebewesen, insbesondere aus der Entwicklung situativer und zeitlicher Invarianzen ihres Verhaltens. Psychologische Prinzipien der Persönlichkeitsentwicklung erhalten ihre volle Bedeutung erst dann, wenn sie vor dem Hintergrund biologischer Prinzipien der Entwicklung von Lebewesen und ihres Verhaltens betrachtet werden. Das ist an dieser Stelle bloße Behauptung, aber ich hoffe, in den nächsten Abschnitten deutlich machen zu können, daß diese Behauptung zutrifft.

Unabhängig davon, wie fruchtbar im Einzelfall die Berücksichtigung der biologischen Grundlagen psychischer Phänomene ist, gibt es aber auch einen *systematischen Grund* dafür, bei *jeder* Untersuchung psychischer Phänomene erst einmal zu prüfen, wie es um ihre biologische Basis bestellt ist. Das hat etwas mit dem hierarchischen Aufbau der Wissenschaften von der belebten Natur zu tun. Sie lassen sich nämlich als Pyramide aus fünf Schichten auffassen.

Die unterste Schicht bildet die Physik als die Wissenschaft von der unbelebten Natur. Darauf baut als Teil der Chemie die Biochemie auf, die Wissenschaft von den Stoffen, die am Stoffwechsel von Lebewesen beteiligt sind. Auf der Biochemie gründet wiederum die Biologie, die Wissenschaft von den Lebewesen und ihren Wechselwirkungen in Ökosystemen. Auf der Biologie fußt die Psychologie als die Wissenschaft vom beobachtbaren Erleben und Verhalten einzelner Menschen und menschlicher Kleingruppen. Und auf der Psychologie bauen wiederum die Sozialwissenschaften auf, die sich mit menschlichen Organisationen und Gesellschaften beschäftigen[33].

Diese etwas vereinfachende Sichtweise[34] hat sich in den klassischen Naturwissenschaften (Physik bis Biologie) als sehr produktiv erwiesen. »Baut auf«, »gründet auf« usw. ist nämlich in einem durchaus präzisen Sinn zu verstehen. Erstens: Alle Gesetzmäßigkeiten einer Wissenschaft müssen mit den Gesetzmäßigkeiten der grundlegenderen Wissenschaft vereinbar sein; kein Gesetz der Chemie darf einem physikalischen Gesetz widersprechen. Und zweitens: In jeder Wissenschaft gibt es *emergente Phänomene*, d. h. Phänomene, die sich durch die Gesetzmäßigkeiten der grundlegenderen Wissenschaften nicht hinreichend beschreiben lassen; zu ihrer Beschreibung sind deshalb eigene Gesetze erforderlich. Insofern läßt sich Chemie nicht auf Physik und Biologie nicht auf Chemie *reduzieren*. Aber alle drei müssen miteinander *kompatibel* sein.

Diese Forderung nach einer Kompatibilität der Naturwissenschaften erzwingt eine äußerst fruchtbare Auseinandersetzung an ihren »Grenzflächen«. So haben scheinbare Widersprüche zwischen gewissen irreversiblen chemischen Prozessen und der klassischen Thermodynamik von Gasen zu der Begründung der nichtlinearen Thermodynamik geführt, die klassische Thermodynamik als Spezialfall übergeordneter Gesetzmäßigkeiten reformuliert und gleichzeitig wichtige Grundlagen für die Molekularbiologie gelegt[35]; vgl. auch Kapitel V.8. Oder: Nachdem gezeigt werden konnte, daß der Ursprung des Lebens auf bestimmte chemische Gesetzmäßigkeiten zurückgeführt werden kann[36], entwickelte sich eine tiefgehende Diskussion um die Frage, wie weit sich biologische Prinzipien, z. B. die Evolutionstheorie, auf biochemische Gesetzmäßigkeiten zurückführen lassen und was als »emergenter Rest« der Biologie verbleibt[37]. Wenn solche Diskussionen entstanden sind, haben sie bisher letztendlich das Prinzip der Kompatibilität glänzend bestätigt; die zu dieser Bestätigung notwendigen Anstrengungen haben sich stets ausgezahlt in Form neuer Erkenntnisse.

Schließlich verhindert das Prinzip der Kompatibilität, wenn es ernst genommen wird, überflüssige Doppelarbeit. Für einen Chemiker zum Beispiel ist es völlig klar, daß er zur Interpretation eines Versuchsergebnisses erst einmal vorhandene physikalische und chemische Gesetzmäßigkeiten heranzieht. Erst wenn dieser Versuch erfolglos ist, wird er die Hypothese aufstellen, daß es sich um ein wirklich neuartiges Phänomen handelt, das die Formulierung einer neuen Gesetzmäßigkeit erfordert.

Es besteht kein ernsthafter Grund, warum die Psychologie (und die Sozialwissenschaften) sich nicht in diesen Schichtenaufbau der Naturwissenschaften eingliedern lassen sollten. Daß die Psychologie *historisch* betrachtet größere Affinitäten zur Philosophie und zur Physik hat, spricht nicht dagegen; *logisch* baut sie auf der Biologie und nur sehr indirekt auf der Physik auf. Dieser Standpunkt wird allerdings heutzutage (noch) nicht von der Mehrheit der Psychologen geteilt. Es gibt viele Berührungsängste zwischen Psychologie und den klassischen Naturwissenschaften, die viel mit einem unzulänglichen Verständnis der Naturwissenschaften seitens der Psychologen und wenig mit der Natur der

Sache zu tun haben. Was speziell das Verhältnis der Psychologie zur Biologie in Deutschland angeht, so scheint es immer noch zusätzlich durch den Rassenwahn des Nationalsozialismus belastet zu sein.

Würden Psychologen das Prinzip der Kompatibilität der Naturwissenschaften ernst nehmen, würde eine wesentlich tiefer gehende Diskussion der Vereinbarkeit psychologischer und biologischer Prinzipien entfacht werden als heute, wo sich dieses Problem meist in einer Behandlung der recht oberflächlichen Frage erschöpft, wie weit sich Ergebnisse von Tierexperimenten auf den Menschen übertragen lassen. Zweitens müßte viel ernsthafter als bisher die Frage *untersucht* (und nicht nur diskutiert) werden, welches eigentlich die gegenüber der Biologie emergenten psychologischen Phänomene sind und welche psychologischen Prinzipien für ihre Beschreibung nötig sind. Die Beweislast würde natürlich – wie in den klassischen Naturwissenschaften – darin liegen *nachzuweisen*, daß ein bestimmtes psychologisches Phänomen emergent ist; derzeit wird dies meist ungeprüft einfach *vorausgesetzt*. Ein solches Forschungsprogramm würde wohl schon deshalb eine ganze Menge ungeahnter Übereinstimmungen zwischen biologischen und psychologischen Phänomenen und Gesetzmäßigkeiten zu Tage fördern.

Dieser Exkurs scheint mir notwendig zu sein, um die *systematischen Gründe* verständlich zu machen, die dafür sprechen, Persönlichkeitsentwicklung nicht im biologisch luftleeren Raum, sondern vor dem Hintergrund der Entwicklung des Verhaltens beliebiger Lebewesen zu betrachten. Unser Panorama soll eine »räumliche Tiefe« besitzen: Im Vordergrund spielt sich die menschliche Persönlichkeitsentwicklung ab, aber es besteht eine starke Kontinuität zu den dahinterliegenden Entwicklungsprozessen anderer Arten von Lebewesen.

Die phylogenetische Perspektive

Diese räumliche Tiefe des Panoramas läßt sich auf zweierlei Weise deuten. Einmal beschreibt die Tiefendimension die »Ähnlichkeit«: Direkt hinter der menschlichen Persönlichkeitsentwicklung ist die Entwicklung der dem Menschen ähnlichsten Tiere, der Menschenaffen, sichtbar, dahinter die Entwicklung anderer Affenarten; die Entwicklung von Ratten verschwimmt schon ziemlich in der Ferne, und die Entwicklung von Einzellern spielt sich irgendwo am Horizont ab.

Diese Ähnlichkeit ist ein Ausdruck der *Verwandtschaft* der betrachteten Arten. Denn seit Charles Darwin[38] wissen wir, daß die Arten nicht seit undenklichen Zeiten nebeneinander existiert haben, sondern durch einen Entwicklungsprozeß auseinander hervorgingen, *evolvierten*. Der Mensch stammt zwar nicht vom Affen ab, aber Menschen und Affen haben einen direkten gemeinsamen Vorfahren; sie sind »Geschwister«. Die Tiefendimension unseres Panoramas beschreibt also auch eine *zeitliche* Dimension, in der sich die Entwicklung der Arten, ihre Stammesgeschichte, abspielt. Wenn wir in die Tiefe unseres Panoramas schauen, »sehen« wir also die in Jahrmillionen ablaufende evolutionäre Zeit vor uns; der Horizont ist ca. 4 Milliarden Jahre entfernt. Wir haben also *zwei Entwicklungsprozesse* vor uns: die *Individualentwicklung* einzelner Lebewesen von ihrer Zeugung bis zu ihrem Tod, die sich »horizontal« vollzieht, und die *Evolution* der Lebewesen bis hin zum Menschen, die sich vom Horizont bis in den Vordergrund hinein vollzieht. Die Individualentwicklung wird auch als *Ontogenese*, die Evolution als *Phylogenese* (Stammesentwicklung) bezeichnet.

Die ontogenetische Perspektive

Von unserem Standpunkt in der Mitte des Panoramas aus ist es nur natürlich, daß wir die menschliche Ontogenese in der Tradition unserer stammesgeschichtlichen Vorfahren sehen. Die im Verlauf der Phylogenese eingetretenen Änderungen der Arten müssen sich, da sich alle höheren Lebewesen ja individuell entwickeln, in *Veränderungen ihrer Ontogenese* niedergeschlagen haben. Die evolutionären Änderungen bestehen also aus phylogenetischen Änderungen ontogenetischer Prozesse. Die Stammesentwicklung beruht auf Änderungen der Individualentwicklung.

Diese Sichtweise ergibt sich zwar direkt aus unserem Panorama (und ist auch in der Evolutionsbiologie höchst aktuell), ist aber in populären Darstellungen der Evolutionsbiologie eher selten. Dort wird die ontogenetische Perspektive, die Breite unseres Panoramas, meist vernachlässigt. Wie durch einen Sehschlitz schaut man nur an einer Stelle unseres Panoramas in die Tiefe: in seiner Mitte, dem Erwachsenenalter. Verglichen werden nur die ausgewachsenen Formen der verschiedenen Arten (die dann in dem üblichen Stammbaum dargestellt werden). Uns geht es aber um ein evolutionäres Verständnis der Persönlichkeits*entwicklung*, also eines ontogenetischen *Prozesses*. Deshalb brauchen wir nicht nur die ganze Tiefe, sondern auch die ganze Breite unseres Panoramas.

Aus ontogenetischer Perspektive ist auch klar, daß jede Erklärung von Persönlichkeitsunterschieden sofort die Frage provoziert: Und für welche Altersgruppe gilt das? Für alle Altersbereiche, und wenn nicht, wo setzt die Gültigkeit der Erklärung ein, und wo hört sie auf? Die in Kapitel V.1 dargestellten klassischen Erklärungsprinzipien waren altersunspezifisch formuliert. Wir müssen uns aber daran gewöhnen, Erklärungen immer relativ zum Alter zu sehen. Denn wir wollen nicht ein Endprodukt eines Prozesses erklären, sondern den Prozeß der Persönlichkeitsentwicklung selbst.

Die transaktionale und die interaktionale Perspektive

Der Prozeß der Persönlichkeitsentwicklung stellt sich aus individueller Sichtweise (vgl. III.1) dar als kontinuierliche Wechselwirkung zwischen der sich entwickelnden Person und ihrer Umwelt. Die Umwelt wirkt auf die Person ein, aber gleichzeitig hat auch die Person bestimmte Möglichkeiten, ihre Umwelt auszuwählen und zu gestalten. Diese Wechselwirkung, die einfache lineare Ursache-Wirkungs-Beziehungen zwischen Person und Umwelt auf äußerst kurze Zeiträume beschränkt, ist uns zuerst bei der Diskussion der Wechselwirkung zwischen frühkindlichem Temperament und Erziehungsstil der Eltern begegnet (vgl. V.1). Zur Beschreibung solcher ständigen Wechselwirkungen aus individueller Sichtweise hat sich in der Psychologie inzwischen der Begriff der *Transaktion* eingebürgert[39].

Oft wird das Konzept der Transaktion dem *statistischen Begriff* der Interaktion gegenübergestellt. Der statistische Begriff der Interaktion bezieht sich auf die Aufklärung von Unterschieden, von Varianzen. Er entspringt der differentiellen Sichtweise. Das wird in Kapitel V.7 ausführlich dargelegt. Hier soll der Hinweis genügen, daß Transaktion und statistische Interaktion zwei Konzepte sind, die dieselben Wechselwirkungen auf zwei verschiedenen Ebenen zu fassen suchen: Die Transaktion beschreibt aus individueller Sicht den zeitlichen *Prozeß* der Wechselwirkung einer Person mit ihrer Umwelt, während die statistische Interaktion aus differentieller Sicht das *Ergebnis* aller derartigen Transaktionen auf Persönlichkeits*unterschiede* in einer Population von Personen beschreibt.

Zum Beispiel könnte eine Untersuchung von 100 Mutter-Kind-Paaren zu dem Ergebnis kommen, daß »schwierige Neugeborene« sich bei »einfühlsamen Müttern« zu durchschnittlichen Kindern, bei »wenig einfühlsamen Müttern« jedoch zu »schwierigen Kindern« entwickeln, während die Einfühlsamkeit der Mutter auf die Entwicklung von »einfachen Kindern« keinen Einfluß hat. In diesem Fall liegt eine statistische Interaktion vor zwischen kindlichen Temperamentsunterschieden und Unterschieden in der mütterlichen Einfühlsamkeit zum Zeitpunkt der Geburt in bezug auf die einige Jahre später beobachteten Temperamentsunterschiede derselben Kinder. Diese Interaktion beruht auf den 100 Transaktionen von Mutter-Kind-Paaren über mehrere Jahre.

Transaktionen müssen nicht unbedingt zu statistischen Interaktionen führen. Ist der Ausgang der Transaktion von frühkindlichem Temperament und mütterlicher Einfühlsamkeit rein zufällig (etwa weil er von vielen anderen Variablen beeinflußt wird und weil minimale Unterschiede in einer der beiden Einflußgrößen im Verlauf der Transaktion potenziert werden können), so ergibt sich statistisch keine Interaktion zwischen Temperament und Einfühlsamkeit.

Transaktion und statistische Interaktion sind also Konzepte auf ganz unterschiedlichen Ebenen. Es ist deshalb unsinnig, sie gegeneinander ausspielen zu wollen. Die transaktionale Perspektive ist kein »Fortschritt« gegenüber der interaktionalen; sie beschreibt nur einen anderen Aspekt der Persönlichkeitsentwicklung.

Die probabilistische Perspektive

Die interaktionale Perspektive hat unser Panorama um eine dritte Dimension bereichert. Neben seiner Breite (Ontogenese) und seiner Tiefe (Phylogenese) besitzt es auch eine Höhe: Zu einem bestimmten Zeitpunkt der Evolution vollziehen sich ja viele Individualentwicklungen gleichzeitig. Wir können uns also die unterschiedlichen Persönlichkeitsentwicklungen verschiedener Menschen zum gleichen evolutionären Zeitpunkt übereinandergeordnet vorstellen.

Die Höhendimension gibt uns die Möglichkeit, die Rolle des Zufalls in der Persönlichkeitsentwicklung genauer abzuschätzen. Betrachten wir die Entwicklung einer bestimmten Person, so könnten wir angesichts der Komplexität der Transaktionen dieser Person mit ihrer Umwelt leicht verzweifeln: Das ganze wirkt völlig zufällig. Dieses Gefühl überkommt viele, wenn sie ihren eigenen Lebenslauf an sich vorbeiziehen lassen. Das ist aber ein Irrtum: Was zufällt, ist nur ganz selten völlig zufällig; meist ist es nur unwahrscheinlich (dies wird genauer in Kapitel V.8 erläutert).

Der Unterschied zwischen völliger Beliebigkeit und (abschätzbarer) Unwahrscheinlichkeit wird dann deutlich, wenn wir die Höhendimension unseres Panoramas einbeziehen: Wenn wir sehr viele Persönlichkeitsentwicklungen gleichzeitig betrachten, werden feinste Unterschiede zwischen der Unwahrscheinlichkeit bestimmter Entwicklungsverläufe deutlich; sie wachsen sich zu handfesten Wahrscheinlichkeitsdifferenzen aus. Diese handfesten Differenzen ermöglichen in einem gewissen Rahmen eine Vorhersagbarkeit und eine Erklärbarkeit der Persönlichkeitsentwicklung *jenseits* des linearen Ursache-Wirkungs-Denkens. Dieser Rahmen ist die *probabilistische Perspektive* (probabilistisch ist ein Ereignis, das nicht mit Sicherheit, aber mit einer *bestimm-*

baren Wahrscheinlichkeit eintritt). Deterministische (mit Sicherheit zu erwartende) Gesetzmäßigkeiten dürfen wir also nicht erwarten, aber beim blinden Zufall wird es auch nicht bleiben.

Verzweifeln Sie nicht, wenn Ihnen der Unterschied zwischen transaktionaler und interaktionistischer Perspektive und der zwischen probabilistischen und deterministischen Gesetzmäßigkeiten noch nicht so recht klar ist. Ich hoffe, das wird sich in den nächsten Abschnitten ändern. Diese einleitenden Bemerkungen sollen nur eine gewisse Ahnung von dem vermitteln, was jetzt kommt.

3 Der Ursprung genetischer Unterschiede

Dem Leben schaudert vor der genauen Richtigkeit.
Thomas Mann, Der Zauberberg

Warum sind nicht alle Menschen gleich? Gibt es Gründe hierfür, die letztlich auf die Evolution des Menschen, auf seine Phylogenese, zurückzuführen sind? Wenn wir so fragen, müssen wir etwas eingeschränkter fragen: Warum sind nicht alle Menschen *genetisch* identisch? Denn die Identität eines Lebewesens besteht, evolutionsbiologisch gesehen, in seinem *Genotyp*, seiner genetischen Information[40]. Der Genotyp ist es, der sich im Verlauf der Stammesgeschichte von den einfachen Bauplänen anaerober Bakterien bis hin zu den unvorstellbar komplexen Bauplänen von Menschen mit ca. 3,5 Milliarden Code-Stellen entwikkelt. Der Genotyp ist es, der sich mehr oder weniger schnell vermehrt, auf seine Vermehrungsrate nehmen die Selektionskräfte der Umwelt Einfluß, und ihn, den Genotyp, passen sie seiner Umwelt an. Lebewesen sind nur Vehikel für den Genotyp, um sich fortzupflanzen. Oder etwas salopp ausgedrückt: Das Huhn ist nur die Methode des Eies zur Selbstvermehrung – evolutionsbiologisch gesehen.

Diese Reduktion von Persönlichkeitsunterschieden auf genetische Unterschiede macht dann Sinn, wenn wir annehmen, daß Persönlichkeitsunterschiede *auch* genetischen Einflüssen unterliegen. Da dies der Fall ist (vgl. Abschnitte V.4, V.7), können wir hoffen, daß Antworten auf die Frage, warum nicht alle Menschen genetisch identisch sind, auch unser Verständnis von Persönlichkeitsunterschieden fördern.

Genetische Unterschiede

Warum also sind nicht alle Menschen genetisch identisch? Um dies zu verstehen, ist es nützlich, sich 4 Milliarden Jahre zurückzuversetzen an den Zeitpunkt, an dem das erste Leben auf der Erde entstand. Denn genetische Variabilität charakterisierte das Lebende von Anfang an. Zeichnen wir also in einer *tour de force* die Evolution des Menschen nach, immer unter dem Aspekt der Variabilität[41].

Nach dem derzeitigen Stand der Wissenschaft entstand das Leben, als vor etwa 4 Milliarden Jahren sich die Oberflächentemperatur der Erde auf unter 100°C abkühlte. Die damalige Atmosphäre enthielt noch praktisch keinen Sauerstoff, dafür aber um so mehr Methan, Ammoniak und Wasserstoff. Ständige Gewitter gingen aus dieser Atmosphäre auf das Urmeer nieder, eine heiße Brühe, die in einem fortwährenden Austausch Dämpfe entließ und kompliziertere, schwere Moleküle anreicherte. Im Labor läßt sich nachvollziehen, daß unter diesen nicht gerade menschenfreundlichen Bedingungen alle Bausteine des Lebens entstehen, insbesondere Aminosäuren und die Bausteine der Desoxyribonucleinsäure (DNS), die »Buchstaben« des genetischen Codes von Lebewesen.

Mit diesen Bausteinen für das Leben war aber noch kein Leben vorhanden. Leben setzt die Fähigkeit zur *Reproduktion* voraus, also die Fähigkeit eines Systems, z. B. eines Moleküls, ein (fast) identisches Exemplar seiner selbst herzustellen. Bestimmte Moleküle besitzen diese Fähigkeit, unter anderem die DNS. Tafel 32 zeigt Aufbau, Funktion und Reproduktionsweise der DNS.

Tafel 32

Der genetische Code

Die genetische Information von Lebewesen ist in allen ihren Zellen in Form langer Molekülketten gespeichert, die chemisch als Desoxyribonucleinsäure (DNS) *bezeichnet werden. Die Länge dieser Ketten beträgt beim Menschen pro Zelle etwa 2 m. James Watson und Francis Crick entdeckten 1953 die Struktur der DNS. Räumlich betrachtet besteht sie aus zwei miteinander verwundenen Zukker-Phosphat-Ketten (»Doppelhelix«), die durch Brücken aus jeweils einem Basen-Paar in einem festen Abstand gehalten werden (vgl. Abb.).*

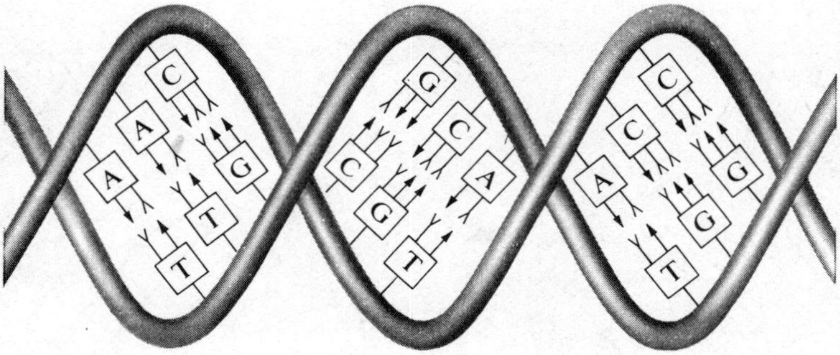

Die Basen-Paare sind entweder Adenin(A)-Thymin(T) oder Guanin(G)-Cytosin(C). Informationstheoretisch betrachtet besteht die DNS also aus einem gespiegelten langen »Text« von »Buchstaben« (Basen), wobei die Information des Textes wegen des symmetrischen Aufbaus der DNS doppelt gespeichert ist. Jeweils drei Buchstaben dieses Textes, ein Basen-Triplett, bilden ein »Wort«, das entweder eine Aminosäure oder ein »Satzende« kodiert; z. B. kodiert A-A-A die Aminosäure Phenylalanin. Die $4 \times 4 \times 4 =$ *64 möglichen Worte kodieren 20 verschiedene Aminosäuren oder das »Satzende«; verschiedene Worte können also die gleiche Bedeutung haben. Ketten von Worten, abgeschlossen durch das Satzende, kodieren Ketten von Aminosäuren, die wiederum Proteine kodieren, z. B. Enzyme.*

Jede Zelle eines Menschen enthält den vollständigen genetischen Code dieses Menschen. Der Code besteht aus ca. 50000 Sätzen (Strukturgene), die Proteine kodieren, und zusätzlichen Genen, die für die Regulation der Aktivität der Strukturgene sorgen (vgl. Tafel 33): Sie schalten Strukturgene an oder ab. Ist ein Strukturgen angeschaltet, wird seine Information von »Boten-Molekülen« (mRNS) abgelesen, die sich spiegelbildlich an den DNS-Strang *anlagern, sich dann lösen und zu den »Proteinfabriken« (Ribosomen) der Zelle wandern, wo ihre Information in Proteine umgesetzt wird. In jeder Zelle ist zu einem bestimmten Zeitpunkt nur ein Bruchteil aller Gene aktiv; beim Menschen im Mittel ca. 20 000. Da ein ausgewachsener Mensch aber über ca. 10 Billionen Zellen verfügt, sind zu jedem Zeitpunkt dennoch unvorstellbar viele Gene aktiv (ca. 2×10^{17} = 200 Billiarden).*

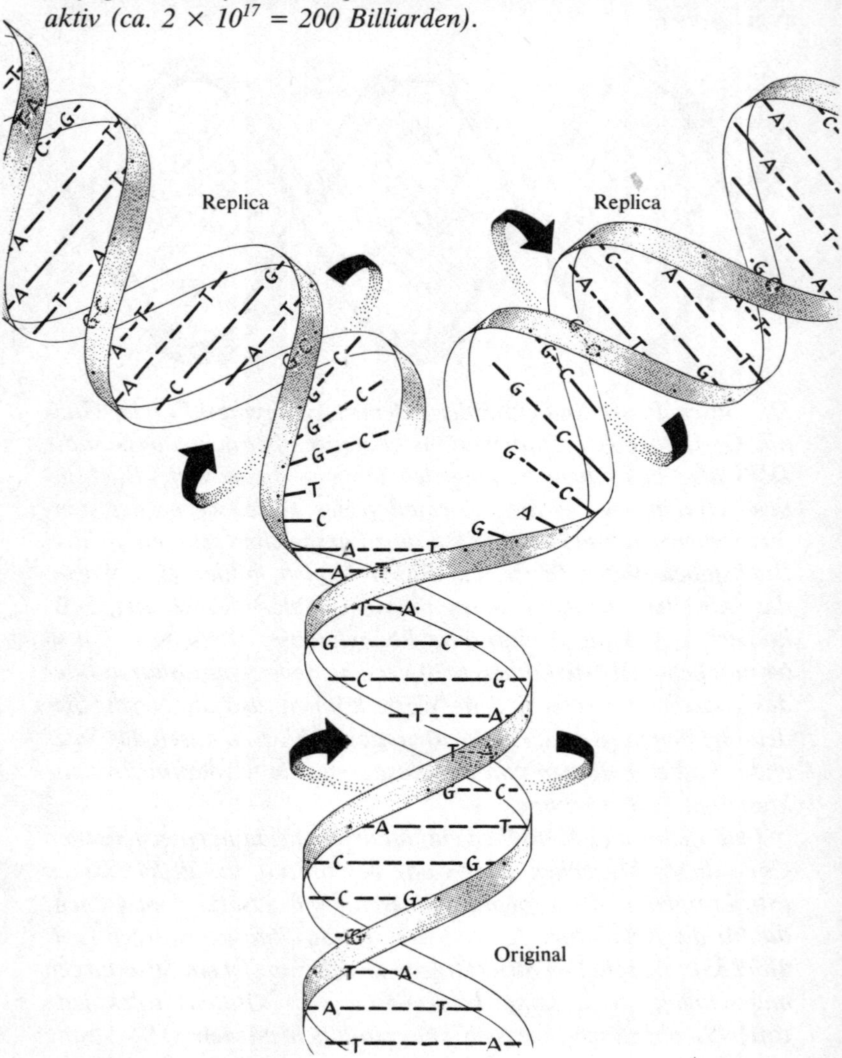

Der spiegelbildliche Aufbau der DNS-Doppelhelix ermöglicht eine einfache Reproduktion: Die beiden symmetrischen Hälften entwinden sich, die symmetrischen Basen-Paare teilen sich und werden jeweils symmetrisch zu einer wieder kompletten Doppelhelix ergänzt.

Reproduktionsfähige Systeme wie die DNS ermöglichen also eine Vervielfältigung des Systems: *Selbstvermehrung*. Wie diese Selbstvermehrung genau geschieht, braucht uns hier nicht weiter zu beschäftigen. Für einfache Lebewesen reicht die Vorstellung, daß sie ihr *Genom*, also ihren molekularen Bauplan, der viele Gene als funktionelle Einheiten enthält, verdoppeln und sich dann *teilen*. Dabei entsteht aus jeder Hälfte ein neues Exemplar, das mit dem ursprünglichen Exemplar (fast) identisch ist. Das geht natürlich nur, wenn hierfür der Umwelt Baustoffe (Moleküle) und Energie entnommen werden können. Die frühen Formen des Lebens, die anaerob (ohne Sauerstoff) lebten, deckten z. B. ihren Energiebedarf dadurch, daß sie die sie umgebende »Ursuppe« vergärten.

Neuschöpfung. Da verschiedene Varianten sehr einfacher, auf DNS-Molekülen basierender reproduktionsfähiger Systeme möglich sind und da ein riesiger Urozean und Jahrmillionen annähernd gleicher Umweltbedingungen für die Neuschöpfung von Leben zur Verfügung standen, dürften die ersten Lebensformen immer wieder und in den verschiedensten Varianten entstanden sein. Dies ist die *erste Quelle genetischer Unterschiede*. Sie spielt aber für den weiteren Verlauf der Evolution keine wesentliche Rolle, da sie nur die Startlöcher für das evolutionäre Rennen verteilte. Alle weitere Variabilität entstand beim Rennen selbst.

Spontanmutation. Diese weitere Variabilität geht letztlich auf das unscheinbare Wörtchen »(fast)« zurück, das oben in der Beschreibung von Reproduktion und Teilung vorkam: Bei der Reproduktion stellt ein System ein *fast* identisches Exemplar seiner selbst her; bei der Teilung entsteht aus jeder Hälfte eine *fast* identische Kopie des alten Systems. Es ist nämlich schon physikalisch unmöglich, daß Lebewesen sich perfekt identisch vermehren. Dies liegt letztlich an der Heisenbergschen Unschärferelation, der fundamentalen Entdeckung dieses Jahrhunderts, daß sich Ort *und* Impuls eines Atomteilchens nie gleichzeitig exakt bestimmen lassen. Daraus folgt die Unmöglichkeit des Laplaceschen Dämons: Es ist prinzipiell unmöglich, die Anfangsbedingungen eines physikalischen Systems exakt zu kennen. Also kann man auch niemals vollkommen exakte Vorhersagen machen. Diese in der Mikrophysik enthaltene prinzipielle Unschärfe kann sich durch die Aufschaukelung von Fehlern bis in die Makrophysik und die Chemie durchsetzen.

Die Bedeutung dieses unausweichlichen Fehlers von wissenschaftlichen Vorhersagen macht vielleicht folgendes Beispiel klar: Bei einem Billardspiel mit exakt gleichen und exakt runden Kugeln auf einem exakt gearbeiteten Billardtisch ist es aufgrund der Heisenbergschen Unschärferelation nicht mehr immer möglich, acht Kugeln hintereinander zu treffen, auch wenn man die erste Kugel beliebig genau treffen könnte[42]. Wegen der Heisenbergschen Unschärfe kommt es auf der Ebene der Chemie immer wieder zu Fehlern beim Kopiervorgang. Schon deshalb ist eine längere Folge identischer Teilungen eines Lebewesens bei seiner riesigen Zahl von Gen-Bausteinen (50 000–3,5 Milliarden) physikalisch nicht möglich.

Hinzu kommt das unaufhörliche Bombardement der DNS durch die natürliche Strahlung aus Kosmos und Erde, die immer wieder die molekulare Struktur der DNS beschädigt. Und besonders bei den frühen, einfachen Lebensformen, bei denen die DNS den bindungsgierigen Molekülen der Ursuppe relativ ungeschützt ausgeliefert war, wird es oft zu unerwünschten chemischen Reaktionen gekommen sein, die eine Veränderung des genetischen Bauplans bewirkten. Alle diese, auf *blindem Zufall* beruhenden Veränderungen der genetischen Identität von Lebewesen werden *Spontanmutationen* genannt. Sie bilden die *zweite Quelle genetischer Unterschiede*. Je länger das evolutionäre Rennen lief, um so wichtiger wurde diese Variabilitätsursache gegenüber der Variabilität durch Neuschöpfung, bis sie lange Zeit die einzige Quelle der Variabilität darstellte.

Die starke, auf Zufall beruhende Variabilität der frühen Lebensformen ist nun keineswegs als Betriebsunfall der Natur anzusehen, als eine unliebsame Begleiterscheinung auf dem Weg der Evolution. Ohne sie hätte es nämlich diesen Weg zu immer komplexeren Lebensformen gar nicht gegeben. Nur die vielen Spielarten des Lebens boten überhaupt die Chance, daß das Spiel weiterging. Es brauchte ein vielseitiges Experimentierfeld, um *langfristig* überlebensfähige Lebewesen zu schaffen. Und zwar keineswegs nur deshalb, weil es viele Fehlschläge und damit viele Möglichkeiten braucht, um per Zufall ein seiner Umwelt gut angepaßtes (= langfristig überlebensfähiges) System zu erhalten. Variabilität ist vor allem deshalb nötig, weil die Umwelt von Lebewesen sich ständig ändert. Wer vor einer solchen Umweltänderung optimal angepaßt war, braucht es nachher keineswegs mehr zu sein: Jede Umweltänderung ändert die Anpassungsbedingungen. Gut, wenn in dieser Situation immer ein Vorrat *nicht* optimal angepaßter Lebewesen vorhanden ist; je größer der Vorrat (d. h. je größer die Variabilität), desto größer ist die Chance, daß eine in der neuen Umwelt überlebensfähige Variante dabei ist.

Einige Umweltänderungen sind vom Leben selbst unabhängig, z. B. Klimaschwankungen aufgrund der Sonnenaktivität. Aber Leben kann auch seine eigene Umwelt verändern und damit seine Anpassungsleistung selbst untergraben. Dieses uns heute höchst aktuell erscheinende Prinzip galt von Beginn der Evolution an. Insbesondere besteht ein grundlegendes Dilemma des Lebens darin, daß eine starke Vermehrungsrate einerseits notwendig ist, um langfristiges Überleben zu sichern, andererseits aber sich längerfristig selbst behindert: Leben schafft sich selbst Konkurrenz.

Ein Gedankenexperiment macht das klar. Nehmen wir an, es gäbe keine Variabilität von Lebewesen durch Neuschöpfung oder Spontanmutation, und sehen wir zunächst davon ab, daß Reproduktion Materie/Energie verbraucht. Dann würde in dem Moment, an dem das erste reproduktionsfähige Lebewesen in der Ursuppe entstand, ein explosionsartiges Wachstum in Gang gesetzt. Nach einer Generation hätte es 2, nach zwei Generationen 4, nach drei Generationen 8 identische Nachfahren. Nach 300 Generationen, d. h. bei der Teilungsrate eines Bakteriums nach knapp einer Woche, gäbe es bereits 2^{300} identische Lebewesen, eine Zahl mit 80 Nullen, mehr als die geschätzte Zahl aller Kernteilchen im gesamten Universum. Da natürlich die zur Vermehrung nötigen Moleküle und die Energie in der Ursuppe begrenzt waren, wäre es schon nach wenigen Stunden zu einer scharfen Konkurrenz der (identischen) Lebewesen untereinander gekommen, und bald hätten sie sich gegenseitig alle Lebensgrundlagen entzogen. Das Leben wäre, kaum entstanden, schon wieder erloschen. Ohne Variabilität wäre es nur zu einem immer wieder vergeblich wiederholten, kurzen Aufglühen des Lebens gekommen, zu einem irrlichternden Randphänomen der Natur.

Erst die Variabilität des Lebens ermöglichte ein längerfristiges Überleben. Denn Variabilität befähigt, dem Dilemma zwischen Vermehrung und Anpassung und anderen Formen selbstbedrohlicher, selbstproduzierter Umweltänderungen zu entgehen, indem Varianten der Schadensverursacher den angerichteten Schaden zum eigenen Vorteil wenden. Es scheint keine vom Menschen geschaffene organische Substanz zu geben, die nicht über kurz oder lang von einem Lebewesen als Nahrungsquelle genutzt wird – das gilt selbst für Gifte wie DDT, Lindan oder Dioxine. Das Gift des einen wird schnell zur ökologischen Nische des anderen. So ist Variabilität die Voraussetzung für Symbiose und ökologische Kreisläufe, die wiederum Voraussetzung sind für ein langfristiges Überleben des Lebens in einer variablen Umwelt.

Reproduktionsfähigkeit, die auf blindem Zufall beruhende genetische Variabilität und die Selektion der Lebensformen nach Maßgabe ihrer Überlebensfähigkeit bildeten also von Anbeginn eine untrennbare Einheit, ohne die die Evolution des Lebens nicht möglich gewesen wäre. Die genetische Variabilität der Lebensformen beruht damit auf *notwendigem Zufall.*

Evolution komplexer Lebewesen. Die Variabilität der Lebensformen, hervorgerufen durch Spontanmutation, sicherte also deren langfristiges Überleben – wenn auch in veränderter Gestalt. Sie garantierte aber keineswegs die Evolution immer komplexerer Lebewesen. Denn Komplexität bedeutet zwar einerseits *Differenzierung* in verschiedene Teile, andererseits aber auch *Integrierung* verschiedener Teile in ein organisiertes Ganzes, wechselseitige Abhängigkeit von Teilen. Das Schrotschußverfahren der Spontanmutation leistet fast nur Differenzierung; daß durch blinden Zufall eine Integrationsleistung zustande kommt, ist extrem unwahrscheinlich. Dennoch verlief die Evolution gerichtet in Richtung immer höherer Komplexität. Wie ist das zu verstehen?

Die einfachste mögliche Integrationsleistung ist die Passung zweier zunächst unabhängiger Merkmale. Kopf und Pfanne eines Gelenkes beispielsweise müssen aufeinander abgestimmt sein, wenn das Gelenk anpassungsbedingt kräftiger werden soll. Jede Mutation, die die Kräftigkeit nur eines Gelenkteils erhöht, würde die Anpassungsleistung des Gelenkes insgesamt schmälern, obwohl sie »auf dem richtigen Weg« ist. Bei einer Mutationsrate von 1/10 000 pro Gen und Generation, die beim Menschen schon die größtmögliche unter natürlichen Umweltbedingungen ist, wäre *die Trefferquote einer Spontanmutation für jedes Gelenkteil* 1/100 000, wenn wir nur 10 mögliche Ausprägungen der Gelenkform annehmen. Die Wahrscheinlichkeit, daß ein kräftigeres Gelenk per Spontanmutation entsteht, ist also nur 10^{-10}, ein Zehnmilliardstel. Es wären damit zehn Milliarden Menschen notwendig, um auch nur *ein* kräftigeres Gelenk innerhalb einer Generation zu erzeugen (in dieser Rechnung wird von dem Vorteil der sexuellen Fortpflanzung abgesehen; vgl. aber weiter unten).

Es ist klar, daß es ein enormer evolutionärer Vorteil wäre, wenn die beiden Gene für die beiden Gelenkteile *genetisch gekoppelt* würden. Würde die Kräftigkeit von Kopf und Pfanne durch ein übergeordnetes Gen bestimmt, wäre die Wahrscheinlichkeit ja einhunderttausendfach größer, durch Spontanmutation ein kräftigeres Gelenk zu erhalten. Bei vier gekoppelten Merkmalen ist der Vorteil bereits 10^{20}, ein hunderttrillionenfacher. Wegen dieses Vorteils ist es nicht erstaunlich, daß sich im Verlauf der Evolution genau diese Koppelung von Genen entwickelte, wie sie im Operon-Modell der Gen-Regulation beschrieben ist (vgl. Tafel 33).

Tafel 33

Das Operon-Modell der Gen-Regulation

Nach dem Operon-Modell der Gen-Regulation von François Jacob und Jacques Monod 1961 wird die Aktivität von Struktur-

genen durch Operator- *und* Regulatorgene *gesteuert. Jedem Strukturgen ist ein Operatorgen vorgeschaltet, dessen Aktivität überhaupt erst die Aktivität des Strukturgens und damit die Synthese des von diesem Gen kodierten Moleküls ermöglicht. Ein Operatorgen kann auch für mehrere Strukturgene gleichzeitig zuständig sein. Die Aktivität des Operatorgens kann nun von* Repressor-Molekülen *gehemmt werden, die von* Regulatorgenen *produziert werden. Dadurch können Regulatorgene die Aktivität von Strukturgenen unterdrücken. Das Repressor-Molekül kann sich aber auch mit einem* Regulator-Metaboliten *binden, der von anderen Genen produziert wird, z. T. sogar von Genen anderer Zellen stammt. Dadurch kann die Repressorwirkung von Regulatorgenen aufgehoben und die Aktivität von Strukturgenen angeschaltet werden (vgl. Abb.).*

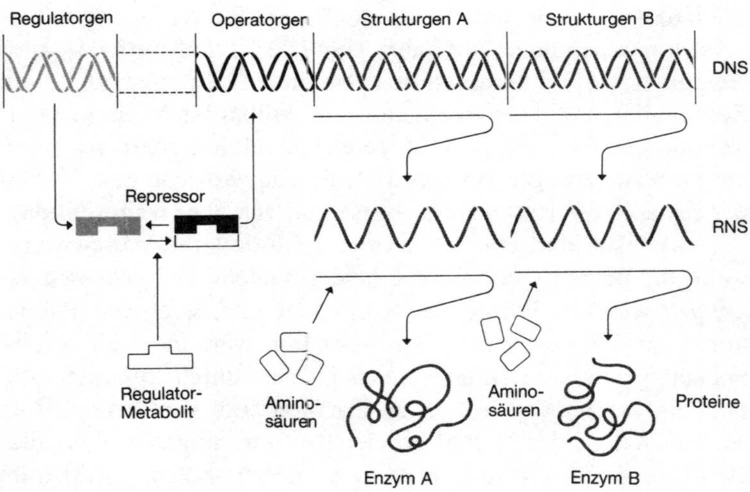

Durch Rückkoppelungen und Vernetzungen der Gen-Aktivitäten können schon mit diesen elementaren Regulationsmechanismen beliebig komplizierte, zeitlich sich erstreckende Regulationsvorgänge für die Aktivität von Strukturgenen realisiert werden. Sie stellen die Basis aller Stoffwechsel- und Entwicklungsprozesse von Lebewesen dar.

Tatsächlich entwickelten sich nicht nur einfache Koppelungen von Genen durch übergeordnete Regulatorgene, sondern durch mehrfache Anwendung des Prinzips der Koppelung komplexe *epigenetische Systeme*, die aus mehreren hierarchisch geordneten Kontrollebenen bestehen, wobei Regulatorgene einer übergeordneten Ebene viele Regulator- und Operatorgene mehrerer untergeordneter Ebenen kontrollieren.

Diese Organisation der genetischen Information erklärt, daß im Verlauf der Evolution ganze Merkmalskomplexe in harmonischer Weise verändert werden konnten. Gleichzeitig werden die Homologien von funktional gänzlich unterschiedlichen körperlichen Merkmalen zwischen weit entfernten Artverwandten verständlich. So läßt sich der evolutionäre Ursprung unserer winzigen drei Ohrknöchelchen in der Stammesgeschichte 400 Millionen Jahre zurückverfolgen bis hin zu den drei riesigen Knorpeln des Kiefergelenks der Haie. Diese Kontinuität der Form trotz völlig geänderter Funktion, dieser *Konservativismus* in der Evolution, läßt sich nur vor dem Hintergrund starker, genetisch bedingter Koppelungen verstehen.

Sexualität. Durch konsequente Befolgung des Prinzips der genetischen Koppelung entwickelten sich im Verlauf der Evolution immer komplexere Gebilde aus vorhandenem Baumaterial. Die Komplexität entstand also vor allem durch die Integration verschiedener, bereits entwickelter Systeme. Das erste Plateau der Entwicklung wurde erreicht mit der Bildung von kompletten *Einzellern*. Ihre Zellwände gewährleisten einen Austausch mit der Umgebung durch Diffusion, schützen aber gleichzeitig das Zellinnere vor vielen Umwelteinflüssen. So können komplizierte chemische Reaktionsketten ablaufen, ohne durch schwankende Umweltbedingungen gestört zu werden: Einzeller sind der Prototyp *selbsterhaltender* Systeme. Auch die Erhaltung der genetischen Identität der Zelle ließ sich durch stabilisierende Mechanismen fördern; wir wissen heute, daß Zellen über Gen-Reparaturmechanismen verfügen, die Störungen der genetischen Molekularstruktur teilweise wieder beheben können.

Ein weiterer Entwicklungsschub fand statt, als es gelang, mehrere Zellen zu organisierten Zellverbänden zu integrieren. So wurde auf der Grundlage bereits vorhandener selbsterhaltender Systeme ein Ausmaß an Differenzierung, Integrationsleistung und Stabilität erreicht, das auf Zellniveau nie möglich gewesen wäre. Da eine einfache Reproduktion durch Teilung immer schwerer wurde, mußte gewährleistet sein, daß sich der ganze Zellverband aus beliebigen, später nur noch aus spezialisierten Zellen neu entwickeln konnte. Dies also war die Geburt der Ontogenese, der individuellen Entwicklung von Lebewesen. Aus den Zellverbänden entwickelten sich im weiteren Verlauf der Phylogenese noch komplexere Systeme, indem verschiedene Zellverbände zu Organen differenziert und gemeinsam integriert wurden. Das Prinzip blieb auch hier dasselbe: Durch Übereinandertürmen von immer neuen Schichten des epigenetischen Systems konnten schon entwickelte genetische Code-Sequenzen spezialisiert und gekoppelt werden.

Bei dieser ungeheuren Zunahme an Komplexität entstand aber ein immer drängenderes Problem: Je komplexer die Lebewesen wurden, um so weniger konnten Spontanmutationen zu sinnvollen Änderungen führen. Denn entweder betreffen die Mutationen Gene auf der untersten Ebene des epigenetischen Systems. Dann verändern sie nur eine verschwindend kleine Zahl von Teilsystemen und bleiben entsprechend uneffektiv. Je höher mutierte Gene in den Hierarchien des epigenetischen Systems angesiedelt sind, desto stärker sind ihre möglichen Effekte; andererseits ist es aber auch immer unwahrscheinlicher, daß die eingetretenen Veränderungen überhaupt noch mit dem Gesamtsystem verträglich sind. Die Integration vieler Teilsysteme wirkt sich also hemmend auf die Veränderung des Gesamtsystems aus. Zunehmende Komplexität setzt den Selektionskräften der Umwelt eine wachsende Trägheit entgegen. Einmal eingeschlagene Wege der Evolution sind praktisch nicht mehr umkehrbar.

Heutige Schätzungen gehen davon aus, daß bei höher entwickelten Tieren ca. 95 % aller Spontanmutationen zum frühzeitigen Absterben führen, also nur etwa 5 % der mutierten Keimzellen entwicklungsfähig bleiben. Davon wiederum sind die allermeisten ihrer Umwelt so schlecht angepaßt, daß sie bald der Selektion anheimfallen. Höhere Komplexität wird also durch eine Einschränkung an Variabilität erkauft. Ist das kein Widerspruch?

Müßten nicht alle Lebewesen ab einer bestimmten Stufe der Komplexität zu Fachidioten der Evolution werden, zu unflexiblen Spezialisten, die wie die Dinosaurier über kurz oder lang aussterben müßten? Der (bisherige) Verlauf der Evolution zeigt aber *keine* solche kritische Grenze der Komplexität.

Die Lösung dieses Dilemmas zwischen Komplexität und Variabilität heißt *sexuelle Fortpflanzung*. Dieser neue Mechanismus der Reproduktion erhöht die Variabilität in einer Weise, die verträglich mit einer hohen Komplexität ist. Jede Zelle enthält nicht nur einen, sondern zwei konkurrierende Baupläne. Einer ist jeweils vom Vater, einer von der Mutter übernommen. Die Baupläne enthalten Gen für Gen meist unterschiedliche Beschreibungen für denselben Funktionstyp, zum Beispiel für die Augenfarbe. Meist dominiert eines der beiden Gene das andere; die Beschreibung »Kraushaar« dominiert z. B. die Beschreibung »glattes Haar«. Bei der sexuellen Fortpflanzung vereinigen sich die beiden Keimzellen von Vater und Mutter und tauschen abschnittsweise so Gen-Sequenzen aus, daß das Kind immer eine der beiden väterlichen Sequenzen und eine der beiden mütterlichen Sequenzen erhält. Welche von beiden, ist jeweils rein zufällig. Tafel 34 zeigt, daß auf diese Weise ein einziges menschliches Elternpaar prinzipiell mehr als 70 Billionen genetisch verschiedene Kinder zeugen könnte.

Tafel 34
Genetische Unterschiede von Geschwistern

Der gesamte genetische Code des Menschen ist im Normalfall auf 23 Chromosomenpaare verteilt (paarweise einander zugeordnete Chromosomen enthalten DNS-Texte für dieselben Funktionen, wobei – genweise betrachtet – meist eines der beiden zugeordneten Gene das andere dominiert). Lediglich Ei- und Samenzellen enthalten nur einen Chromosomensatz. Dieser entsteht bei der Reifeteilung, bei der die Chromosomenpaare einer Zelle chromosomenweise zufällig auf zwei Zellen verteilt werden. Enthielte jede Zelle nur ein Chromosomenpaar, gäbe es also 2 verschiedene Sperma- und Eizellen und damit $2^2 = 4$ genetisch verschiedene befruchtete Eizellen. Bei 3 Chromosomenpaaren pro Zelle gäbe es 2×3 verschiedene Sperma- und Eizellen und damit $2^{2 \times 3} = 64$ gene-

tisch verschiedene befruchtete Eizellen. Beim Menschen mit seinen 23 Chromosomenpaaren kann also ein Elternpaar im Prinzip $2^{2 \times 23}$ *genetisch verschiedene Kinder zeugen, das sind ca. 70 Billionen. Dabei ist die Rekombination von Chromosomenabschnitten während der Reifeteilung noch nicht berücksichtigt, die zusätzliche Unterschiede innerhalb von Chromosomen ins Spiel bringt.*

Diese enorme Variabilität der möglichen genetischen Identität von Geschwistern führt dazu, daß es extrem unwahrscheinlich – wenn auch nicht ausgeschlossen – ist, daß zwei Geschwister und überhaupt zwei Menschen genetisch völlig identisch sind. Es gibt jedoch eine gar nicht so seltene Ausnahme von dieser Regel: eineiige Zwillinge. *Sie entstehen dadurch, daß aus einer einzigen befruchteten Eizelle durch Teilung und anschließende Trennung der beiden Teile zwei genetisch völlig identische Kinder entstehen. Etwa die Hälfte aller gleichgeschlechtlichen Zwillinge ist eineiig. Durch Blutuntersuchungen kann man heute mit hoher Sicherheit feststellen, ob Zwillinge ein- oder zweieiig sind. Aber schon die Frage an die Mutter, ob »es schwierig für Fremde ist, die Zwillinge zu unterscheiden«, führt zu einer sehr zuverlässigen Unterscheidung (in einer Studie, in der die Antwort auf diese Frage mit der medizinischen Eineiigkeitsdiagnose verglichen wurde, wurden alle eineiigen und 92 % der zweieiigen Zwillinge übereinstimmend klassifiziert*[43]*).*

Abgesehen von eineiigen Zwillingen, die dadurch entstehen, daß nach der ersten Teilung einer befruchteten Keimzelle beide Teile wie befruchtete Keimzellen fungieren, beide also ein Kind hervorbringen, ist die Wahrscheinlichkeit dafür, daß zwei Geschwister genetisch identisch sind, angesichts der über 70 Billionen Möglichkeiten für Nicht-Identität verschwindend gering. Entsprechendes gilt auch für Menschen allgemein: Abgesehen von eineiigen Zwillingen sind Menschen *genetisch einzigartig*. Sexuelle Fortpflanzung erhöht also nicht nur die Variabilität innerhalb der untereinander fruchtbar fortpflanzungsfähigen Lebewesen, der *Art*, sondern führt innerhalb der Arten zu einer annähernden genetischen Einzigartigkeit der Individuen.

Diese hohe Variabilität ist dennoch mit hoher Komplexität

vereinbar, weil bei der Befruchtung nicht beliebige Gene wahllos ausgetauscht werden, sondern der (durchaus zufällige) Austausch meist auf *sinnvolle* Gen-Sequenzen beschränkt ist, die jeweils schon mit der Unbedenklichkeitsbescheinigung der Evolution versehen wurden (es können auch weniger gut angepaßte Gen-Sequenzen vererbt werden, die aber meist nichtdominant sind und so wenig Schaden anrichten; für Details der Erbgänge vgl. z. B.[44]).

Es ist wichtig, sich klarzumachen, daß der insgesamt doch recht komplizierte und in seinen Anfangsformen sicherlich auch sehr anfällige Mechanismus der sexuellen Fortpflanzung nur deshalb entstehen konnte, weil die erreichte Variabilitätserhöhung so große Vorteile bot. Lange Zeit konkurrierten eingeschlechtliche und zweigeschlechtliche Fortpflanzung miteinander, aber je komplexer die Lebewesen wurden, desto größere Vorteile scheint die Variabilitätserhöhung durch Sexualität gehabt zu haben; bei Hühnern lassen sich noch gelegentlich »Jungfrauengeburten« durch spontane Teilung von Eizellen beobachten, beim Menschen nicht (obwohl dies physiologisch nicht unmöglich wäre). Mit der sexuellen Fortpflanzung entstand also im Verlauf der Evolution der Lebewesen neben Neuschöpfung und Spontanmutation eine *dritte Quelle genetischer Unterschiede*. Sie beruht ebenso wie die beiden älteren Variabilitätsquellen auf gezähmtem Zufall: Der genetische Code wird in sinnvolle Abschnitte zerlegt und dann zufällig neu zusammengesetzt. Im Gegensatz zu den beiden älteren Variabilitätsquellen wird der Zufall also nicht nur durch anschließende Selektion kanalisiert, sondern zusätzlich von vorneherein dadurch in vielversprechende Bahnen gelenkt, daß bereits »evolutionsgetestete« Gen-Sequenzen kombiniert werden. So beruhen die genetischen Unterschiede zwischen Menschen auf notwendigem Zufall, der jedoch durch die Notwendigkeiten der Umweltanpassung in Schranken gewiesen wird. Diese Notwendigkeiten beruhen letztlich auf den, im kosmischen Maßstab gesehen, zufälligen Anfangsbedingungen des Lebens vor 4 Milliarden Jahren.

Diese Dialektik von notwendigem Zufall und zufälligen Notwendigkeiten verleiht der Evolution des Lebens jene Mischung aus Flexibilität und Konservativismus, die der Evolution eine klare *Richtung* gibt: Neues baut auf Altem auf und variiert es gleichzeitig. Vorhandenes wird dabei sowohl in seiner Struktur und Funktion differenziert, als auch in übergeordnete Strukturen und Funktionen integriert. Dieser Entwicklungsprozeß folgt nur *scheinbar* einem vorgezeichneten Plan. Was uns als planhafte Systematik der Stammesentwicklung beeindruckt, ist Ergebnis des gezähmten blinden Zufalls.

In diesem Prozeß stellt die genetische Variabilität keineswegs nur einen Betriebsunfall der Natur dar, wie man meinen könnte, wenn man bei ihren Ursachen nur an Spontanmutationen denkt. Vielmehr erwies sich eine hohe genetische Variabilität als so förderlich für das langfristige Überleben, daß so komplizierte Reproduktionsformen wie die sexuelle Fortpflanzung entstanden, um trotz hoher Komplexität immer noch eine hohe Variabilität zu gewährleisten. Genetische Variabilität ist also ein fundamentales Prinzip alles Lebendigen.

Evolutionsstabile Persönlichkeitsunterschiede. Bisher haben wir genetische Variabilität vor allem als Experimentierfeld der Natur kennengelernt. Unterschiede zwischen Lebewesen erwiesen sich als notwendig, damit das Leben auch unter wechselnden Umweltbedingungen überleben konnte. Dasselbe gilt für genetische Unterschiede zwischen Lebewesen derselben *Art* (derselben Fortpflanzungsgemeinschaft), z. B. zwischen Menschen. Variabilität stellt sich unter diesem Aspekt als ein gewaltiges Sicherheitsreservoir dar, aus dem das Leben schöpfen kann, wenn sich die Umwelt ändert.

Obwohl dieses Sicherheitsreservoir immer wieder durch die eher systematischen Selektionskräfte der Umwelt vermindert und durch die eher zufälligen Mechanismen der Spontanmutation und Gen-Rekombination bei der sexuellen Fortpflanzung wieder aufgefüllt wird, darf man sich dieses Reservoir keineswegs als ein heilloses Durcheinander von mehr oder weniger angepaßten alten und zufällig kreierten neuen Varianten der Art vorstellen. Denn die neuen Varianten kommen sehr schnell unter den Einfluß der Selektion und werden in ihrer Häufigkeit entsprechend ihrem relativen Vorteil gegenüber den vorhandenen Varianten eingeregelt. Das Sicherheitsreservoir ist also zu jedem

Zeitpunkt ein hochkomplexes System, das vielfältige Wechselwirkungen zwischen koexistierenden Varianten enthält.

Diese Vernetzung der relativen Selektionsvorteile verschiedener Varianten derselben Art setzt dem Eindringen von Neulingen einen ziemlichen Widerstand entgegen, federt besondere Selektionsvorteile dieser Neulinge ab und integriert sie allmählich in das System der Wechselwirkungen. So regeln sich wie von selbst stabile Proportionen koexistierender Varianten ein, die über viele Generationen konstant bleiben: *evolutionsstabile genetische Unterschiede.*

Das gilt auch für genetisch mitbedingte Verhaltenstendenzen, also für Persönlichkeitsunterschiede. Der noch recht junge Zweig der Evolutionsbiologie, der sich mit der Evolution sozialen Verhaltens beschäftigt, die *Soziobiologie*, hat hierfür Modellvorstellungen entwickelt[45]. Tafel 35 demonstriert eine solche Modellvorstellung: das Falken-Tauben-Spiel.

Tafel 35

Das Falken-Tauben-Spiel

Das folgende Beispiel soll das von Maynard Smith stammende Konzept der evolutionsstabilen Strategie illustrieren. In einer Population relativ friedfertiger »Tauben« gibt es nur dann Gerangel, wenn zwei Tauben dieselben Körner picken möchten. Bei dem Gerangel habe jede Taube dieselbe Chance zu gewinnen: 50%. Ein Fünftel der gefressenen Körner werde von jeder Taube für das Gerangel selbst verbraucht. Finden zwei Tauben 10 Körner, so erhält der Gewinner $10 - 2 = 8$ *Körner, und der Verlierer verliert Energie im Wert von zwei Körnern; die mittlere Ausbeute pro Taube und Rangelei um 10 Körner beträgt also* $0.5 \cdot 8 - 0.5 \cdot 2 = 3$. *Davon können die Tauben gut leben.*

Nun entstehe durch Spontanmutation inmitten der Taubenpopulation ein aggressiver »Falke«, der alle Futterkonkurrenten in die Flucht schlägt. Nach kurzer Zeit flüchten alle Tauben schon bei seinem Anblick, so daß es gar nicht erst zu Rangeleien kommt. Die Flucht und das aggressive Gehabe mögen je ein Zehntel der Körner, um die es geht, an Energie verbrauchen. Der Falke gewinnt also bei Futterkämpfen um 10 Körner 9 Körner, die Taube verliert Energie im Wert von einem Korn.

Eingeschlechtliche Vermehrung und einen begrenzten Futtervorrat vorausgesetzt, scheinen Falken also eine viel größere Vermehrungschance zu haben, denn sie haben ja einen viel leichteren Zugang als die Tauben zu dem vorhandenen Futter. Müßten nicht deshalb bald alle Tauben verhungert sein? Nein! Denn je stärker sich die Falken vermehren, desto schärfer wird ihre Konkurrenz untereinander.

Wie bei den Tauben nehmen wir an, daß ein Kampf zwischen Falken entsteht, wenn sie dieselben Körner picken möchten, daß der Sieger alle erhält und daß die Chance zu gewinnen für jeden Falken 50% beträgt. Es ist aber nur realistisch, daß die Verluste bei dem Kampf zweier Falken größer sind: Der Sieger trifft auf härteren Widerstand, verbraucht deshalb bei 10 Körnern eine Energie im Wert von 4 Körnern, während der Verlierer Verletzungen im Wert von 20 Körnern davonträgt. Im Mittel verliert also jeder Falke 8 Körner. Die mittleren Gewinne/Verluste beim Aufeinandertreffen der Falken/Tauben sind in der Tabelle zusammengefaßt.

	Falke	Taube
Falke	−8	9
Taube	−1	3

Nehmen wir nun noch an, daß die Vermehrungsrate von Falken und Tauben proportional zu ihren mittleren Gewinnen in Futterkämpfen ist, so werden die Falken die Tauben nicht ausmerzen können. Die Mischpopulation aus Falken und Tauben ist nämlich dann im Gleichgewicht, wenn die Vermehrungsraten beider gleich groß sind, also dann, wenn ihr mittlerer Gewinn in Futterkämpfen gleich groß ist. Dies ist dann gegeben, wenn die Gleichung

$$-8p + 9(1-p) = -p + 3(1-p)$$

erfüllt ist, wobei p der Anteil der Falken und 1−p der Anteil der Tauben in der Mischpopulation ist. Eine einfache Rechnung zeigt, daß dies dann gilt, wenn p = 6/13 ist. Es pegelt sich also ein stabiles Verhältnis von Falken : Tauben von 6 : 7 ein: die Falken bleiben den Tauben an Zahl unterlegen.

In einer Population friedfertiger Tauben, die in ritualisierter Form um Futter rangeln, hat ein durch Spontanmutation entstandener Falke, der rücksichtslos alle Mit-Esser verdrängt, zunächst einen großen Selektionsvorteil. Entsprechend schnell wird er sich vermehren. Wie die Tafel zeigt, schafft er sich dadurch aber auch selber harte Konkurrenz; langfristig pendelt sich ein stabiles Verhältnis von Falken und Tauben in der Population ein: Ein *evolutionsstabiler* »Persönlichkeitsunterschied« ist entstanden. Soziobiologen pflegen von einer evolutionsstabilen Strategie zu sprechen.

Derartige Modellvorstellungen sind natürlich extreme Abstraktionen sozialer Wirklichkeiten. Man kann mit ihnen keinesfalls rechtfertigen, daß ein bestimmtes Mischungsverhältnis von Persönlichkeitsunterschieden »natürlich« sei, etwa daß Tauben Falken (an Zahl) überlegen seien. Denn durch entsprechende Änderungen der Modellannahmen (der Gewinne und Verluste in dem Beispiel) können *beliebige* Proportionen zwischen Persönlichkeitstypen erzeugt werden. Welche Modellannahmen »realistischer« als andere etwa die menschliche soziale Wirklichkeit beschreiben, muß umstritten bleiben.

Auch wenn sich durch entsprechend zurechtgeschneiderte Modellannahmen »realistische« soziale Welten erzeugen lassen, ist dies kein Beleg dafür, daß soziales Verhalten tatsächlich genetisch beeinflußt ist (das Modell nimmt ja sogar eine völlige genetische Determiniertheit von Persönlichkeitsunterschieden an!). Wir kommen zu rein durch *Nachahmungslernen* bedingten identischen Proportionen zwischen Falken und Tauben, wenn wir annehmen, daß die Zahl der Nachkommen völlig unabhängig von den Gewinnchancen ist und statt dessen die Wahrscheinlichkeit, als Kind eines Falken die Falkenrolle und als Kind einer Taube die Taubenrolle zu erlernen, proportional zu dem Gewinn der eigenen Eltern in Futterkämpfen ist (eine durchaus plausible Annahme, wenn sich Kinder nur immer in der Nähe ihrer Eltern aufhalten).

Soziobiologische Modelle lassen sich oft durch Umformulierung plausibler Voraussetzungen in ebenso plausible andere Voraussetzungen zu »genetisch freien« Modellen sozialen Verhaltens umformulieren. Das berührt aber nicht den Wert von Gleichgewichtsmodellen, wie sie für soziales Verhalten durch die Soziobiologie populär wurden. Ob durch Einflußnahme auf die Fortpflanzungsrate oder auf die Tendenz, Verhalten der eigenen Eltern zu imitieren – die Modelle zeigen, wie neue Persönlichkeitsvarianten in einer Population das delikate Gleichgewicht von Vorteil und Nachteil, von Nutzen und Schaden so lange verändern, bis sich ein neues Gleichgewicht eingependelt hat. In einem solchen Gleichgewichtszustand ist jeder Persönlichkeitstyp gleich »gut«, gemessen an der Summe seiner Vorzüge und Schwächen. Unterschiede in der Persönlichkeit schließen Chancengleichheit der Personen und, deshalb, Stabilität der Unterschiede nicht aus. Dies ist ein wesentlicher *variabilitätserhaltender* Faktor. Evolution heißt also nicht nur ständige Erzeugung, sondern auch längerfristige Erhaltung von Variabilität.

Umweltvariabilität

Die zentrale Bedeutung genetischer Unterschiede für die Evolution des Lebens beruht, wie wir gesehen haben, auf der Notwendigkeit, sich einer variablen Umwelt anpassen zu können. Wäre die Umwelt von Lebewesen langfristig konstant, wäre eine hohe genetische Variabilität nicht nötig. Wie wir inzwischen wissen, haben sich die Lebensbedingungen auf der Erde aber seit der Entstehung des Lebens vor 4 Milliarden Jahren ständig geändert. Zwei Quellen von Umweltänderungen lassen sich unterscheiden.

Zum einen finden Änderungen statt, die unabhängig von der Evolution des Lebens sind, z. B. die allmähliche Abkühlung der Erdmasse oder langfristige Temperaturschwankungen, die von Veränderungen der Sonnenaktivität oder von Staubbelastungen der Atmosphäre durch Vulkanausbrüche oder Meteoriteneinschläge abhängen.

Zum anderen haben wir aber schon im vorigen Abschnitt gesehen, daß Leben auch seine Umwelt und damit seine Anpassungsbedingungen selbst verändern kann. Eine fundamentale Umwälzung der Lebensbedingungen begann zum Beispiel vor 3 Milliarden Jahren, als es Einzellern gelang, mit Hilfe der *Photosynthese* Sonnenenergie zu nutzen, um aus dem Abfall des bisher anaeroben Lebens – Kohlendioxyd und Wasser – komplexe organische Substanzen herzustellen. Die Photosynthese nutzte zwar raffiniert eine ökologische Nische, indem sie wieder aufbaute, was die anaeroben Lebewesen durch Gärung zerstörten, veränderte aber langfristig radikal die gesamte Umwelt, weil sie als Abfall *Sauerstoff* produzierte, ein für anaerobe Lebensformen extremes Umweltgift. Dies bedeutete den Untergang fast des gesamten anaeroben Lebens, schuf jedoch gleichzeitig die Voraussetzung für die Evolution atmender Lebewesen.

Neben solchen globalen Umweltveränderungen fanden aber auch vielfältige lokal begrenzte Umweltänderungen statt, die für das Überleben bestimmter Lebewesen ebenso bedeutsam waren. Ein Typ solcher Umweltänderungen beruht auf dem Prinzip, daß sich Leben von Leben nährt. Große Fische fressen kleine; je eher sie dazu in der Lage sind, je besser also ihre kurzfristigen Überlebenschancen sind, desto mehr untergraben sie ihre Lebensgrundlage und damit ihre langfristigen Überlebenschancen: Mit der Ausrottung seiner Beute stirbt auch der Jäger. Hier haben wir den Prototyp einer rückgekoppelten Organismus-Umwelt-Beziehung vor uns: Lebewesen (Jäger) verändern ihre Umwelt (Beute); diese Umweltänderung wirkt durch den geänderten Selektionsdruck auf die Lebenschancen der Akteure zurück. Wie Tafel 36 zeigt, muß die Rückkoppelung keineswegs zu einem stabilen Jäger-Beute-System führen, in dem die Jäger gerade so gut sind, daß sie bequem von ihrer Beute leben können, diese jedoch nicht übermäßig dezimieren. Das Studium tatsächlicher Ökosysteme zeigt vielmehr, daß sich »gesunde«, »widerstandsfähige« Systeme oft durch ein Verhalten *fern* von einem solchen Gleichgewicht auszeichnen, z. B. durch »Grenzzyklus-Verhalten«, bei dem es zu stabilen Schwingungen in der Größe der Jäger- und Beutepopulationen kommt.

Tafel 36

Verschiedene Formen der Stabilität

Rückgekoppelte Systeme wie die Jäger-Beute-Beziehung lassen sich u. a. durch Gleichungssysteme beschreiben. Schon in den zwanziger Jahren dieses Jahrhunderts stellten A. Lotka und V. Volterra ein einfaches solches Gleichungssystem auf[46]*:*

$$X + A \rightarrow 2\,X$$
$$Y + X \rightarrow 2\,Y$$
$$Y \rightarrow E$$

Man kann sich dieses Gleichungssystem etwa so veranschaulichen: X stellt eine Population von Pflanzenfressern dar, die sich von Pflanzen A ernähren; Y eine Population von Fleischfressern, die sich von den Pflanzenfressern X ernähren und nach ihrem Tod wieder in Pflanzen E umgewandelt werden. Wie Abb. 1 zeigt, ergibt sich aus diesem Gleichungssystem eine unendliche Vielfalt geschlossener Bahnen um einen Punkt, die die Häufigkeit von Jägern Y und Beute X in Abhängigkeit von der Zeit unter den Randbedingungen A, E darstellen. Das System »springt« zwischen diesen Bahnen hin und her je nach Randbedingung.

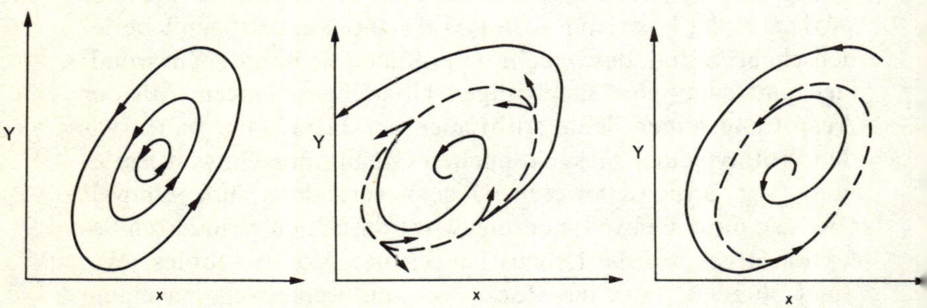

Abb. 1 *Abb. 2* *Abb. 3*

Werden als zusätzliche Bedingungen Zeitverzögerungen, koordinierte Angriffe der Jäger und eine Mindestdichte der Beutepopulation eingeführt, unterhalb der keine Vermehrung mehr stattfindet, so ergibt sich als allgemeiner Fall ein Attraktionsbereich *(Abb. 2). Innerhalb dieses Bereichs streben alle Bahnen zu einem Gleichgewichtszustand, außerhalb spiralen sie weg und führen langfristig zu einem Aussterben einer der beiden Populationen. Beobachtungen an realen Ökosystemen zeigen, daß sich »gesunde«, »widerstandsfähige« Systeme meist* an der Grenze *des Attraktionsbereichs befinden, also* fern *von einem Gleichgewichtszustand: Sie zeigen ein* Grenzzyklus-Verhalten *(Abb. 3), weisen also eine stabile Fluktuation des Jäger-Beute-Verhältnisses auf.*

Es ist ein weitverbreitetes Mißverständnis, daß eine langfristige Stabilität in rückgekoppelten Systemen nur oder jedenfalls am besten durch sofortige Korrektur von Sollwert-Abweichungen erreicht wird, die zu nur minimalen Abweichungen von einem idealen Gleichgewichtszustand führen, wie es etwa bei einer Thermostat-gesteuerten Ölheizung der Fall ist. Lebende Systeme arbeiten aber oft auf der Grundlage ausgeprägter stabiler *Schwingungen*; unsere Gehirnaktivität z. B. wird durch rhythmisches Feuern von Nervenzellverbänden stabilisiert, das sich im Enzephalogramm in den bekannten Hirnwellen äußert. Solange die Größe der Schwingungen, ihre Amplitude, nicht überhand nimmt, kann das System durchaus langfristig überlebensfähig sein. Globale Stabilität kann also auf kontinuierlicher lokaler Instabilität beruhen; Ruhe im großen stützt sich oft auf ständige Bewegung im kleinen.

Genotyp-Umwelt-Koevolution

Die bisherige Schilderung der Jäger-Beute-Dynamik könnte leicht zu der Schlußfolgerung verleiten, daß das Wechselspiel von Umwelteinfluß und Umweltgestaltung entweder zu einem stabilen Gleichgewichtszustand oder zu stabilen Schwingungen fern von einem solchen Gleichgewicht führen müsse; Bilder wie eine ruhig brennende Kerzenflamme oder der ewige Tanz der Mücken ums Licht drängen sich hier auf. Nichts liegt der Evolution ferner. Wir haben bisher nämlich die Variabilitätsquellen Spontanmutation und sexuelle Gen-Rekombination nicht berücksichtigt.

Selbst wenn die vom Leben unabhängigen Quellen der Umweltvariabilität versiegten, würden schon die Quellen der genetischen Variabilität alleine genügend Bewegung ins evolutionäre Spiel bringen, um statische oder pulsierende Gleichgewichte gründlich zu stören. Da die genetischen Veränderungen sowohl Jäger als auch Beute betreffen, ermöglichen sie den Jägern neue, effektivere Jagdvarianten, aber gleichzeitig der Beute auch überraschende Möglichkeiten, den Jägern zu entwischen. Konsequenz dieser ständigen genetischen Innovation ist eine fließende Veränderung von Gleichgewichten oder Grenzzyklen: Jäger und

Beute *koevolvieren*. Von einer solchen Koevolution können beide, Jäger und Beute, profitieren und in ihrer Komplexität und Anzahl wachsen.

Das Konzept der Jäger-Beute-Koevolution läßt sich auf Veränderungen der Genotyp-Umwelt-Passung im Verlauf der Evolution verallgemeinern. Quellen von genetischer und von Umwelt-Variabilität bringen statische oder pulsierende Gleichgewichte der Genotyp-Umwelt-Passung ins Fließen und verursachen so zwei voneinander abhängige evolutionäre Prozesse: die Evolution der Genotypen *und* die Evolution ihrer Umwelt. Tatsächlich läßt sich der etwas ungewöhnliche Standpunkt einnehmen, daß auch nicht-lebendige Umwelten einem Evolutionsprozeß unterliegen, wobei die Richtung ihrer Veränderung auch durch die formenden Kräfte der Genotypen bedingt wird.

Dieses Verständnis von Evolution als einem wechselseitigen Aufschaukeln von Genotypen und ihren Umwelten überwindet die klassische darwinistische Sichtweise, daß sich Lebewesen einer vorgegebenen Umwelt passiv anpassen müssen. Diese Sichtweise stimmt eben nur zum Teil. Das Konzept der Koevolution von Genotypen und Umwelten unterstreicht die aktive, auswählende und gestaltende Rolle, die Lebewesen in ihrer Umwelt spielen.

Gleichzeitig überwindet das Konzept der Genotyp-Umwelt-Koevolution die klassisch-sozialwissenschaftliche Sichtweise, daß die Entwicklung der menschlichen *Kultur* unabhängig von der Evolution der Genotypen verlaufe. Denn Kultur, die Gesamtheit menschlicher Produkte (Verhaltensmuster, geistige Leistungen, hergestellte Gegenstände, Institutionen), stellt einen Teil der menschlichen Umwelt dar und unterliegt deshalb prinzipiell der Genotyp-Umwelt-Koevolution, die sich in diesem Fall auf das Konzept der *Genotyp-Koevolution* spezialisieren läßt. Die prinzipielle Möglichkeit einer wechselseitigen Beeinflussung von Genotypen und Kulturen schließt natürlich nicht aus, daß die Größe der einen oder der anderen Beeinflussungsrichtung vernachlässigbar gering ist. Um zu entscheiden, ob das Konzept der Genotyp-Kultur-Koevolution tatsächlich sinnvoll ist, müssen wir also die Bedeutsamkeit der Genotyp-Kultur- und der Kultur-Genotyp-Beeinflussung abschätzen: Wie schlagen sich Unterschiede in

Genotypen kulturell nieder, und was sind die genetischen Auswirkungen kultureller Änderungen?

Zunächst ist es wichtig, sich klarzumachen, daß die menschliche Kultur natürlich eine genetische Basis hat. Selbst unsere stammesgeschichtlich ähnlichsten Verwandten, die Menschenaffen (z. B. Schimpansen), sind nicht in der Lage, viele menschliche Kulturleistungen hervorzubringen, z. B. die menschliche Sprache verstehen oder sprechen zu lernen oder gegenständlich zu zeichnen. Das zeigen Versuche, Schimpansenbabys zusammen mit menschlichen »Geschwistern« in einer normalen Familie aufzuziehen; ab etwa einem Entwicklungsalter von 2 Jahren bleiben die Schimpansenbabys in der geistigen Entwicklung hoffnungslos zurück[47]. Dabei haben wir mit Schimpansen nur etwa 300 von insgesamt etwa 50 000 Strukturgenen *nicht* gemeinsam, d. h. wir stimmen mit ihnen von der Zahl der Strukturgene her gesehen zu über 99 % überein.

Wenn schon nur so wenige Gene so große kulturelle Auswirkungen haben, liegt es nahe anzunehmen, daß die menschliche Kultur letztlich auf ganz wenige oder gar nur eine einzige Spontanmutation zurückgeht: Träger dieses Gens wären z. B. in die Lage gekommen, Sprache zu entwickeln, und Sprachfähigkeit sei die Ursache aller menschlichen Kultur. Diese Annahme wird von Charles Lumsden und Edward O. Wilson in ihrer ausgezeichneten, aber nicht einfach verfaßten Darstellung der Genotyp-Kultur-Koevolution als Hypothese von einem »prometheischen Gen« bezeichnet[48]: Dieses Gen hätte den Startschuß für die menschliche Kulturentwicklung gegeben, so wie nach der Fassung der griechischen Sage von Aischylos der Titanensohn Prometheus den Menschen das Feuer und die Kultur brachte. Das Auftauchen des prometheischen Gens hätte dann, zweitens, eine Eigendynamik der Kulturentwicklung in Gang gesetzt, in deren Verlauf der Mensch sich immer mehr von den Fesseln der Gene befreite, so daß heutige kulturelle Änderungen gänzlich unabhängig von genetischen Änderungen seien.

Wie Lumsden und Wilson durch Modellrechnungen demonstrieren, ist die Hypothese von einem »prometheischen Gen« und die Annahme einer vollständigen Eigendynamik der menschlichen Kultur mit ziemlicher Sicherheit falsch. Wahrscheinlich sind es mehrere, zunächst unabhängige, genetische Veränderungen, die für sich genommen wohl keine langfristige Überlebenschance gehabt hätten, deren *Wechselwirkung* jedoch einen hohen adaptiven Vorteil hatte: der aufrechte Gang, der die Vorderfüße für den Werkzeuggebrauch befreite, die Veränderungen der Stimmwerkzeuge, die artikuliertes Sprechen und damit differenzierte Kommunikation ermöglichten, und eine allgemeine *Verzögerung* der körperlichen Entwicklung, die eine größere Plastizität der Gehirnentwicklung in Abhängigkeit von Umwelteinflüssen und damit die Tradierung kultureller Leistungen durch Lernen ermöglichte und gleichzeitig eine intensive Sorge für die Jungen erzwang, die wiederum differenzierte Sozialstrukturen förderte[49].

Auch die Annahme, daß die kulturelle Entwicklung ab einem bestimmten Punkt »genetisch frei« verlaufe, muß stark bezweifelt werden. Kulturelle Tradierung setzt voraus, daß Kulturtechniken erlernt werden können. Diese Lernfähigkeit hat aber eine genetische Basis; wer überlebenswichtige Kulturtechniken erwerben kann, hat damit einen evolutionären Vorteil gegenüber Artgenossen, die dazu nicht oder jedenfalls schlechter in der Lage sind. Kulturelle Erfindungen üben so einen Selektionsdruck auf Genotypen aus; insofern wirkt Kultur auf die Gene ihrer Schöpfer zurück und kanalisiert so ihre eigene Weiterentwicklung.

Die zunächst nur langsame, sich über Hunderttausende von Jahren vollziehende frühe Kulturentwicklung (Werkzeuggebrauch, Spracherwerb, Nutzung des Feuers, Übergang vom Jäger-Sammler-Dasein zur seßhaften bäuerlichen Lebensweise) hatte zweifellos solche genetischen Rückwirkungen. Die immer schneller werdende kulturelle Entwicklung in den letzten wenigen Generationen allerdings scheint den relativ langsamen genetischen Veränderungen davonzulaufen. Aber auch diese Feststellung ist nur zum Teil richtig. Manche Kulturleistungen gerade der jüngsten Zeit haben massive Auswirkungen auf die genetische Evolution des Menschen, weil sie kurzfristig viele Selektionskräfte außer Kraft setzen.

Die Fortschritte der Medizin zum Beispiel haben die Lebenserwartung vor allem durch Senkung der Kindersterblichkeit gesteigert und damit viele Selektionsfaktoren neutralisiert, die auf die frühe kindliche Entwicklung wirkten. So wurde innerhalb weniger Generationen die Überlebensfähigkeit derjenigen Genotypen enorm gesteigert, die vorher weitgehend der Kindersterblichkeit anheimgefallen wären. Medizinische Kulturleistungen, die allen Mitgliedern einer Gesellschaft zur Verfügung stehen, erhöhen also durch den Abbau von Selektionskräften die genetische Variabilität.

Die jüngste Entwicklung hin zu Genomanalyse und Gentechnologie, die in Kapitel VI ausführlicher besprochen wird, erlaubt eine noch schnellere und noch gezieltere Veränderung des genetischen Potentials, etwa durch die gezielte Abtreibung bestimmter Genotypen. Sie kann langfristig je nach Art ihrer Nutzung sowohl variabilitätserhöhend als auch variabilitätssenkend wirken.

Rückwirkungen dieser kulturell bedingten genetischen Veränderungen auf die weitere Entwicklung der menschlichen Kultur werden nicht ausbleiben, obwohl sie wie alle evolutionären Vorgänge viel Zeit brauchen und deshalb heute noch nicht sichtbar sind. Die kulturelle Entwicklung besitzt zwar eine starke Eigendynamik, ist deshalb aber, im evolutionären Maßstab betrachtet, keineswegs »genetisch frei«.

Hat die menschliche Genotyp-Kultur-Koevolution denn nun die Bedeutung der genetischen Variabilität für das Überleben der Menschheit verändert? Wie wir im ersten Abschnitt dieses Kapitels gesehen haben, beruht das Überleben des Lebens ganz wesentlich auf der genetischen Variabilität, da auch bei drastischen (zum Teil selbst produzierten) Umweltänderungen immer noch genügend überlebensfähige Varianten vorhanden sind. Wie wir jetzt gesehen haben, kam im Verlauf der Evolution ein zweiter, das Überleben fördernder Faktor hinzu: Je komplexer Lebewesen wurden, desto eher konnten sie ihre Umwelt selbst auswählen und gestalten, also ihre ökologischen Nischen selbst aufsuchen und ausbauen. Dieser zweite Faktor nahm beim Menschen in den letzten zwei oder drei Generationen, also nach evolutionären Maßstäben seit extrem kurzer Zeit, so rapide an Bedeutung zu, daß er die überlebenswichtige Bedeutung der genetischen Variabilität zu schmälern *scheint*, obgleich er die Variabilität erhöht. Denn die Variabilitätsquellen Spontanmutation und sexuelle Fortpflanzung blieben zwar weiterhin bestehen, aber die verschiedenen genetischen Varianten des Menschen wurden im Verlauf von Schwangerschaft, Geburt und früher Kindheit weniger stark ausgelesen.

Erst die Zukunft wird zeigen, ob dies eine generelle evolutionäre Tendenz ist oder ob es sich nur um eine vorübergehende Erscheinung handelt. Einiges spricht für das letztere. Je eher Menschen lernen, Umweltprobleme zu meistern, die von ihrer Kultur unabhängig sind, desto eher scheinen sie durch Umweltprobleme belastet zu werden, die sie selbst geschaffen haben. Diese Umweltprobleme (z. B. Abbau des Ozongürtels der Erde, radioaktive und chemische Vergiftung) könnten so überwältigend werden, daß nur noch bestimmte Genotypen in der Lage sind, sie zu überleben (sind z. B. bestimmte Genotypen eher als andere in der Lage, Strahlenschäden in ihren Zellen zu reparieren?). Die »guten alten Selektionskräfte der Natur« könnten eher wirksam werden, als uns lieb ist. Zum anderen eröffnen Genomanalyse und Gentechnologie die Möglichkeit, die Variabilität des menschlichen genetischen Potentials systematisch einzuschränken, indem unliebsame Genotypen abgetrieben oder gar gentechnisch in erwünschter Weise umgestaltet werden (vgl. Kapitel VI).

In beiden Fällen würden vom Menschen geschaffene Kulturleistungen neue Selektionsprozesse in Gang bringen, die die derzeitige Tendenz zu einer größeren genetischen Variabilität umkehren könnten. Und in beiden Fällen wäre die genetische Variabilität für die Erhaltung des Menschengeschlechts dann doch wichtiger, als es uns heute manchmal scheint: Im ersten Fall, weil vielleicht nur sie ein Überleben zumindest einiger Menschen in einer von Menschen verseuchten Umwelt ermöglicht, im zweiten Fall, weil vielleicht nur sie eine zu einseitige, selbstbestimmte Auslese von Genotypen verhindern kann. Die genetische Variabilität könnte also die zentrale Rolle, die sie bisher in der Evolution des Lebens gespielt hat, auch für die weitere evolutionäre Entwicklung des Menschen behalten.

4 Der Ursprung von Verhaltensunterschieden

Im letzten Kapitel haben wir gesehen, daß die Evolution des Lebens eine hohe genetische Variabilität der Lebewesen hervorbrachte; diese Variabilität ist so groß, daß z. B. Menschen genetisch einzigartig sind, wenn wir einmal vom Sonderfall eineiiger Geschwister absehen. Damit haben wir eine erste Möglichkeit erworben, die großen Unterschiede in der menschlichen Entwicklung zu erklären: Wenn Menschen genetisch so unterschiedlich ausgestattet sind, könnten Verhaltensunterschiede und Persönlichkeitsunterschiede auf diesen genetischen Unterschieden beruhen. Dazu müssen wir aber nachweisen, daß Unterschiede im menschlichen Verhalten durch genetische Unterschiede verursacht sein *können*. Dieses Kapitel beginnt deshalb mit dieser Frage.

Verhaltenswirksame Gene

Das Verhalten von Lebewesen beruht immer auf der Funktion von materiellen Strukturen; *Verhalten ist Struktur in Aktion.* Menschliches Verhalten beruht auf der Funktion von drei anatomischen Strukturen: dem Zentralnervensystem, dem autonomen Nervensystem und dem hormonellen System. Gene wirken auf Verhalten immer nur *indirekt* über diese funktionellen Strukturen. Weder produzieren Gene anatomische Strukturen noch produzieren sie Verhalten. Gene produzieren chemische Moleküle, nichts sonst (vgl. Tafel 32). Über diese Moleküle steuern sie die Entwicklung derjenigen anatomischen Strukturen, auf deren Funktion Verhalten beruht. Sowohl die Entwicklung dieser Strukturen als auch ihre Funktion wird durch *Umwelteinflüsse* mitbestimmt. Vom Gen zum Verhalten führt also ein langer Weg; er ist in Tafel 37 schematisch nachgezeichnet.

Tafel 37
Vom Gen zum Verhalten
Gene wirken nicht direkt auf Verhalten, sondern indirekt über ein vielmaschiges Wirkungsnetz:

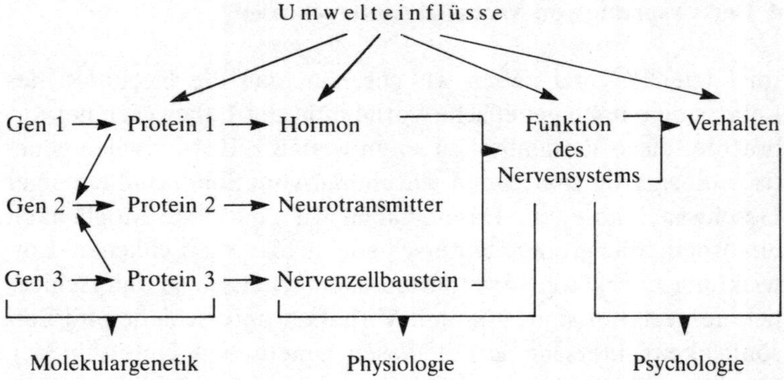

Gene produzieren Proteine, u. a. zur Regulation der Gen-Aktivität. Proteine werden zum Aufbau von Nervenzellen benötigt oder stellen Botenstoffe für die Informationsübertragung zwischen Zellen dar (z. B. Hormone, Neurotransmitter). So beeinflussen Gene indirekt den Aufbau und die Funktion des Nervensystems, das wiederum die physiologische Grundlage des Verhaltens darstellt. Umwelteinflüsse können auf alle Zwischenschritte zwischen Gen und Verhalten Einfluß nehmen.

Wegen dieser indirekten Wirkung der Gene auf das Verhalten ist es nicht erstaunlich, daß bestimmte Gene fast immer viele verschiedene Verhaltensweisen beeinflussen (wenn sie überhaupt verhaltenswirksam sind) und umgekehrt bestimmte Verhaltensweisen fast immer von mehreren Genen beeinflußt werden (wenn sie überhaupt genetisch mitbedingt sind). Es gibt aber Beispiele aus dem Tierreich, die zeigen, daß Unterschiede in selbst so komplexen Verhaltensweisen wie der Bevorzugung bestimmter Geschlechtspartner auf einem einzigen Gen beruhen können. So entscheidet bei weiblichen Marienkäfern der Art *Adalia bipunctata* ein einziges Gen, ob sie einen schwarzen Käfer mit roten Punkten oder einen roten Käfer mit schwarzen Punkten als Geschlechtspartner bevorzugen[50]. In komplizierten Kreuzungsversuchen konnte gezeigt werden, daß Trägerinnen dieses Gens schwarze Käfer bevorzugen, während Marienkäferweibchen ohne dieses Gen auf Männchen beider Arten ansprechen.

Beim Menschen sind bisher derartige einfache Zusammenhänge zwischen bestimmten Verhaltensweisen mit klar angebbarer Funktion und einem einzigen Gen nicht bekannt. In den letzten Jahren wurden aber immer mehr »pathologische Gene« entdeckt, deren Träger unter anderem charakteristische Verhaltensstörungen zeigen. Zwei dieser genetischen Störungen werden hier beispielhaft dargestellt, da sie in mehrerer Hinsicht Aufschluß über die Verhaltenswirksamkeit von Genen liefern; *Phenylketonurie* (vgl. Tafel 38) und *Chorea Huntington* (vgl. Tafel 39).

Tafel 38
Phenylketonurie

1934 bemerkte ein norwegischer Zahnarzt einen eigentümlichen Geruch an seinen beiden geistig behinderten Kindern, der sein Asthma verstärkte. Urinuntersuchungen der Kinder deckten als Ursache einen Überschuß an Phenylpyruvinsäure auf, der wiederum auf einem Defizit an dem Enzym Phenylalanin-Hydroxylase beruht. Dieses Enzym wandelt die Aminosäure Phenylalanin (vgl. Tafel 32) in Tyrosin um. Geschieht dies nicht, führt das zu einem Phenylalanin-Überschuß, der einerseits im Urin als Phenylpyruvinsäure-Überschuß nachweisbar ist, andererseits den Blutspiegel anderer wichtiger Aminosäuren senkt und damit die Entwicklung des Zentralnervensystems behindert, was sich in einem verringerten Intelligenzquotienten niederschlägt. Familienstudien legten eine Vererbung des Enzym-Defekts nahe, und inzwischen ist das verantwortliche Gen auf dem ersten Chromosom eingekreist.

1953 wurde eine spezielle Phenylalanin-arme Diät eingeführt, die einen durchschlagenden Erfolg bei jungen Kindern zeigte, bei älteren jedoch keine Wirkung mehr hatte. Der genetische Defekt kann also durch eine entsprechende Umweltänderung (Ernährung) beseitigt werden, wenn damit rechtzeitig begonnen wird. Deshalb werden seit einiger Zeit alle Neugeborenen auf Phenylketonurie untersucht, um mit einer Diät so früh wie möglich beginnen zu können. Phenylketonurie ist ein Beispiel dafür, wie genetische Defekte durch entsprechende Umweltänderungen kompensiert werden können.

Tafel 39
Chorea Huntington

Chorea Huntington, auch als Veitstanz *bekannt, ist eine degenerative Hirnerkrankung, die zunächst das* Corpus striatum *und die Frontalhirnrinde, dann aber auch andere Abschnitte des Gehirns befällt. Konsequenz ist eine ständige Bewegungsunruhe mit grotesk ausfahrenden Bewegungen der Extremitäten, die blitzartig einsetzen und arrhythmisch verlaufen. Die Sprache wird unartikuliert und schließlich unverständlich. Die Krankheit schreitet unaufhaltsam voran, die Betroffenen werden zu hilflosen Pflegefällen und sterben nach wenigen Jahren. Das Krankheitsbild wird durch die Aktivität eines dominanten Gens hervorgerufen, das inzwischen auf dem vierten Chromosom eingekreist werden konnte. Da das Gen dominant ist, wird es an 50 % aller Nachkommen eines Huntington-Trägers weitergegeben. Pathologische dominante Gene fallen meist der Selektion anheim und können sich deshalb nicht lange in einer Population halten. Beim Huntington-Gen liegt aber der seltene Fall vor, daß das Gen meist erst in fortgeschrittenem Alter (im Mittel mit 43 Jahren) aktiv wird. Deshalb führen Huntington-Träger (berühmtes Beispiel der Sänger Woody Guthrie) lange ein völlig normales Leben und sind fortpflanzungsfähig wie jeder andere. Chorea Huntington ist ein Beispiel für die Altersabhängigkeit der Gen-Aktivität.*

In beiden Fällen führt das pathologische Gen nicht sofort, sondern erst nach einiger Zeit zu Verhaltensstörungen: Bei Phenylketonurie setzt die intelligenzmindernde Wirkung erst nach der Geburt ein; bei der Chorea Huntington führen die Betroffenen bis zu 60 Jahre lang ein völlig normales Leben, und erst dann treten die massiven motorischen Störungen auf. Diese Beobachtung führt uns zu der ersten wichtigen Erkenntnis über die Verhaltenswirksamkeit von Genen: *Der genetische Einfluß auf das Verhalten ist nicht zeitlich konstant, sondern zeitlich variabel*, weil Gene im Verlauf des Lebens an- oder abgeschaltet werden können.

Das ist ein ganz wichtiger Aspekt des genetischen Einflusses auf das Verhalten, der bisher nur selten zur Kenntnis genommen wurde. Nicht, ob jemand ein bestimmtes Gen hat oder nicht hat, ist entscheidend für das Verhalten, sondern ob dieses Gen *aktiv* ist oder nicht. Die überwiegende Zahl der Gene des Menschen sind zu einem bestimmten Zeitpunkt *nicht* aktiv, und es scheint so zu sein, als ob ein wesentlicher Anteil der genetischen Information des Menschen *nie* genutzt wird. Wenn wir uns also für genetische Wirkungen auf das Verhalten interessieren, sollten wir nicht Gene im Sinne statischer Einheiten mit Verhalten in Beziehung setzen, sondern Gen-Aktivitäten im Sinne zeitlich sich erstreckender Prozesse[51].

Bei Phenylketonurie und bei Chorea Huntington basieren die bewirkten Verhaltensänderungen auf Beeinträchtigungen von Hirnfunktionen: bei der Phenylketonurie auf einer Störung der normalen Reifungsprozesse, bei der Chorea Huntington auf einem degenerativen Zerfall. Beide Hirnfunktionsstörungen beruhen wiederum auf einer genetisch bedingten Stoffwechselstörung. Im Falle der Phenylketonurie ist diese bekannt und kann durch eine frühzeitige Diätmaßnahme verhindert werden. Im Falle der Chorea Huntington ist die kritische Stoffwechselstörung noch nicht bekannt. Nachdem der verantwortliche Gen-Abschnitt nun aber entdeckt ist (vgl. Kapitel VI), ist es wohl nur eine Frage der Zeit, bis auch die zugehörige Stoffwechselstörung verstanden wird. Dann dürfte eine Therapie der bisher unheilbaren Erkrankung möglich sein.

Dies führt uns zur zweiten wichtigen Erkenntnis über die Verhaltenswirksamkeit von Genen: *Genetische Auswirkungen auf das menschliche Verhalten können auch ohne Eingriff in das Erbgut veränderbar sein*; der Nachweis, daß ein bestimmtes Verhalten genetisch mitbedingt ist, bedeutet nicht, daß das Verhalten nicht veränderbar wäre. *Genetische Wirkungen auf das Verhalten können durch entsprechende Umweltmaßnahmen beeinflußt werden* (das Einführen einer Phenylalanin-armen Kost für Phenylketonuretiker ist ja nichts anderes als das Erfinden einer neuen Umwelt, die den kritischen genetischen Einfluß neutralisiert). Die weitverbreitete Meinung, genetisch bedingtes Verhalten sei unveränderbar, außer durch einen direkten Eingriff ins Erbgut, ist also falsch.

Phenylketonurie und Chorea Huntington illustrieren darüber hinaus ein drittes wesentliches Prinzip der Verhaltenswirksamkeit von Genen: *Die Verhaltenswirkung von Genen ist ausgesprochen variabel.* Tafel 40 macht das deutlich.

Tafel 40
Variabilität der Gen-Wirkung

Die Wirkung ein und desselben Gens kann sehr unterschiedlich ausfallen. Abbildung 1 demonstriert dies anhand einer Studie zur Intelligenz unbehandelter Phenylketonuretiker (vgl. Tafel 38), Abbildung 2 anhand der Altersverteilung des Auftretens von Chorea Huntington (vgl. Tafel 39).

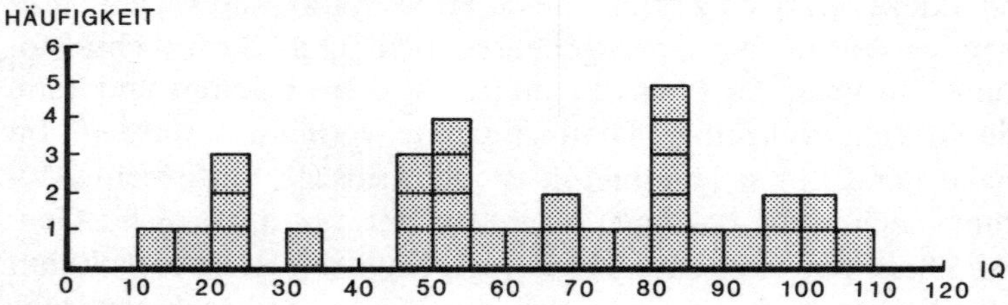

Abbildung 1

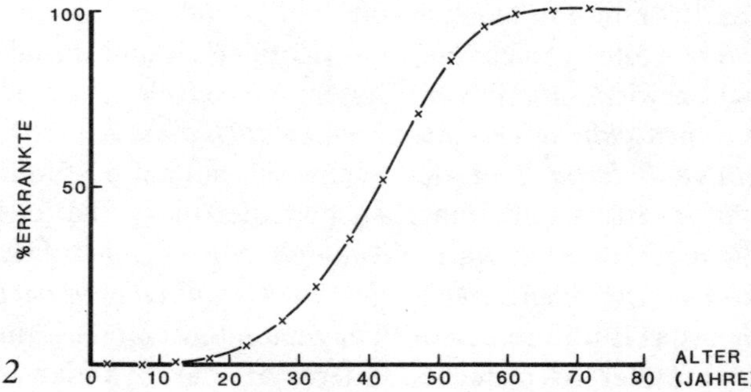

Abbildung 2

Unbehandelte oder zu spät behandelte Phenylketonuretiker wiesen eine hohe Variabilität des Intelligenzquotienten auf. Obwohl ihre Intelligenz *im Mittel* deutlich unter dem Durchschnittswert von 100 lag, gab es einige wenige unbehandelte Phenylketonuretiker mit sogar *überdurchschnittlicher* Intelligenz. Obwohl die Chorea Huntington in der Mehrzahl der Fälle zwischen 30 und 50 Jahren auftritt, kann sie sich schon vor der Pubertät oder erst im Rentenalter manifestieren. Die Intensität und das zeitliche Auftreten genetischer Wirkungen können also hoch variabel sein.

Phenylketonurie und Chorea Huntington sind in dieser Beziehung keine Ausnahmen. Tierversuche zeigen, daß »Gen-Penetranz« (das Ausmaß, in dem ein Gen überhaupt Wirkungen zeitigt) oder »Gen-Expressivität« (die Stärke der Gen-Wirkung) je nach Art des Gens stark schwanken kann. Viele Gene manifestieren sich im beobachtbaren Verhalten nur bei wenigen Gen-Trägern oder in nur geringem Ausmaß, und selbst bei Genen wie dem Huntington-Gen, das eine Penetranz und eine Expressivität von praktisch 100% aufweist, kann die Gen-Wirkung zeitlich hoch variabel sein.

Worauf beruht diese hohe Variabilität der Gen-Wirkung? Zwei Ursachen spielen eine Rolle. Zum einen entfaltet sich die Wirkung eines einzelnen Gens ja immer nur im Zusammenspiel mit der Wirkung *anderer* Gene; außer im Fall von eineiigen Zwillingen unterscheiden sich diese anderen Gene bei verschiedenen Trägern des gleichen Gens und können so die Wirkung dieses Gens variieren. Letztlich entscheidet also nie das einzelne Gen, sondern immer der Genotyp, die Gesamtheit aller genetischen Information, über dessen Wirkung.

Aber wie Tafel 41 zeigt, unterscheiden sich selbst genetisch völlig identische Lebewesen (geklonte Bakterien, getrennt aufgewachsene eineiige Zwillinge) manchmal deutlich voneinander.

Tafel 41

Unterschiede zwischen genetisch identischen Lebewesen

Die Variabilität der Gen-Wirkung läßt sich im Tierversuch besonders klar durch Vergleich von Klons *demonstrieren, durch Teilung entstandener genetisch identischer Lebewesen. Abbildung 1 zeigt die Körperlängen von 300 genetisch identischen Einzellern (*Paramecium*); sie streut erheblich um den Mittelwert von 169 µm mit einer Variationsbreite von ±30 µm.*

Abbildung 1

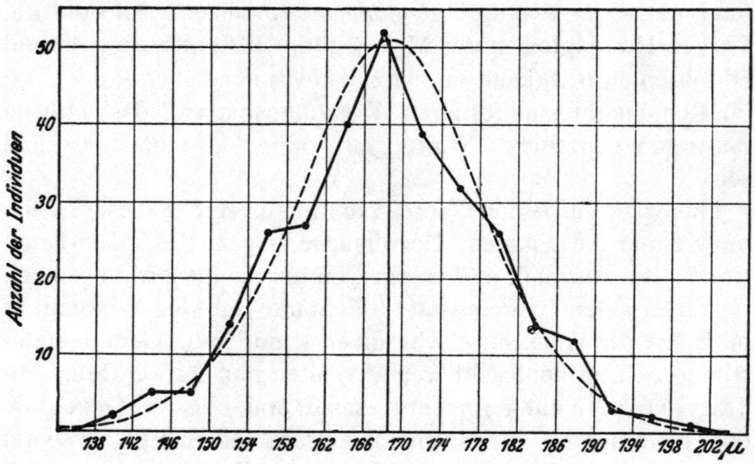

Abbildung 2

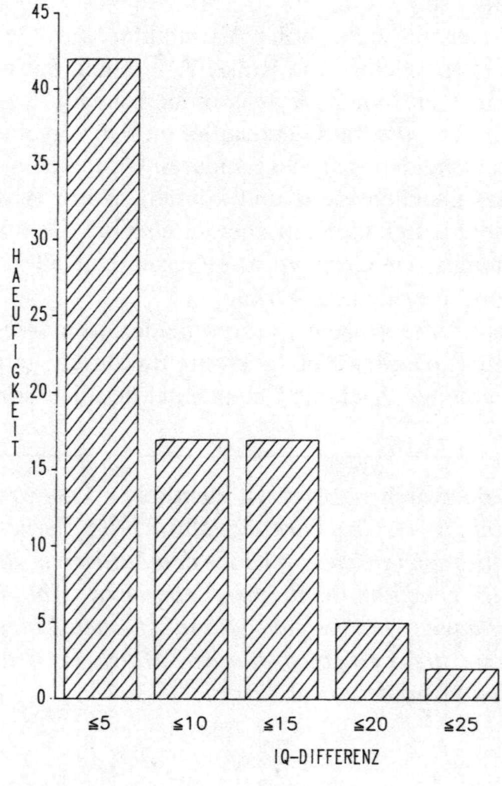

Abbildung 2 zeigt die Differenzen der Intelligenzquotienten von 83 getrennt aufgewachsenen eineiigen Zwillingen (Daten nach Farber, S. L., Identical twins reared apart: A reanalysis, New York: Basic Books, 1981).

Diese Unterschiede müssen auf *Umweltunterschieden* beruhen. Um auf das Beispiel Phenylketonurie zurückzukommen: Würden wir einen eineiigen Zwilling, der Phenylketonuretiker ist, mit Phenylalanin-armer Kost therapieren, seinen Zwilling aber nicht, so dürfte der unbehandelte Zwilling nach einigen Jahren eine deutlich niedrigere Intelligenz aufweisen als der behandelte. In Tierexperimenten läßt sich der Einfluß unterschiedlicher Umweltbedingungen auf die Gen-Wirkung bei genetisch identischen Tieren klar nachweisen, auch für das Verhalten[52].

Beide Variabilitätsquellen, der Einfluß anderer Gene und der Einfluß von Umweltbedingungen, führen also zu einer Spannbreite der Gen-Wirkung, die als *Reaktionsnorm* des Gens bezeichnet wird. Diese Reaktionsnormen sind im allgemeinen sehr groß; die Reaktionsnormen unterschiedlicher Gene, die dasselbe Verhalten beeinflussen, *überschneiden* sich im allgemeinen sehr stark; Tafel 42 illustriert dies. Sie macht außerdem deutlich, daß die Reaktionsnormen von Genen *zeitlich variieren* können, da genetische Wirkungen ja zeitabhängig sind, wie wir schon gesehen haben.

Tafel 42
Die Reaktionsnorm von Genen

Ein Verhaltensmerkmal werde von einem Gen beeinflußt, das in den Varianten (Allelen) A, B, C vorliege. Die linke Abbildung stellt die Häufigkeitsverteilung der Merkmalsausprägungen bei den Trägern der Gen-Varianten A, B, C dar. Variante B ist offenbar die häufigste in der Population; ihr Verhalten liegt eher im mittleren Bereich. Die Varianten A und C sind weniger häufig und führen zu Merkmalsausprägungen im unteren bzw. oberen Bereich. Es gibt aber einen Bereich, wo alle drei Verteilungen sich überschneiden: Dieses Verhalten kann von jedem genetischen Typ im Prinzip gezeigt werden. Die rechte Abbildung illustriert die

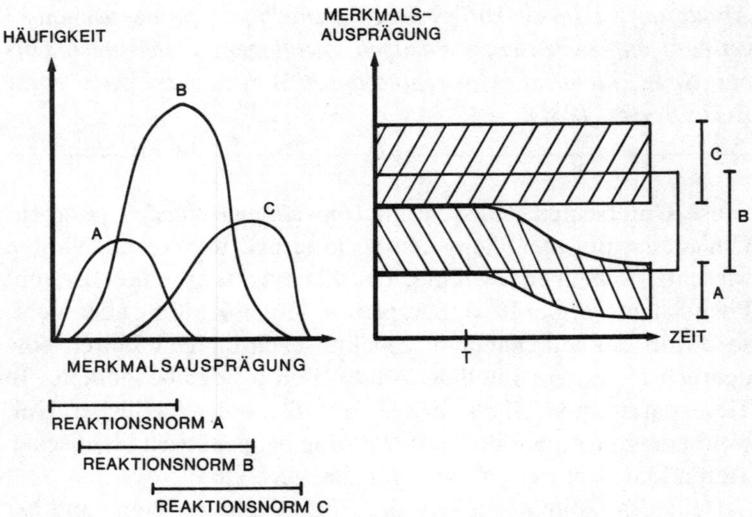

Zeitabhängigkeit der Reaktionsnormen: Die Gen-Variante A wird erst ab dem Zeitpunkt T wirksam, so daß erst dann ihre Verhaltenswirkung einsetzt.

Weiß man also nur, daß eine bestimmte Person Träger eines Gens ist, kann man über die mögliche Wirkung dieses Gens auf ein bestimmtes Verhaltensmerkmal nicht mehr aussagen, als daß ihr Verhalten innerhalb der entsprechenden Reaktionsnorm des Gens liegen wird. Ist sehr viel über die Gen-Wirkung bekannt, kann man zusätzlich noch die *Wahrscheinlichkeit* dafür angeben, mit der die Person eine bestimmte Ausprägung des Verhaltens innerhalb der Reaktionsnorm haben wird. Kurz vor der Entdekkung der Diät-Therapie für Phenylketonuretiker hätte man also den Eltern eines Phenylketonurie-Kindes nur sagen können, daß es sich intelligenzmäßig normal entwickeln *kann*, daß aber ein ungewöhnlich hohes Risiko für eine verminderte Intelligenz besteht.

Es ist wichtig, sich klarzumachen, daß Reaktionsnormen von Genen keine »gottgegebenen«, unveränderlichen Größen sind, weil diese Reaktionsnormen sich ja immer auf existierende Genotypen und Umwelten beziehen. Neue Genotypen oder neue

Umwelten können die Reaktionsnorm von Genen *verändern*. Nach Erfindung der Phenylalanin-armen Diät veränderte sich die Reaktionsnorm des Phenylketonurie-Gens, weil eine vorher nicht bekannte Umweltbedingung auf den Plan trat. Dieselbe Wirkung könnte eine Spontanmutation eines anderen Gens haben, das die Wirkung des Phenylketonurie-Gens unterdrückt.

Variabilität der Umweltwirkung

In Kapitel V.1 haben wir vier verschiedene, für die Persönlichkeitsentwicklung allgemein als wichtig angesehene Umweltfaktoren diskutiert: den Erziehungsstil der Eltern, frühkindliche Temperamentsunterschiede, die Position innerhalb der Geschwisterreihe und frühkindliche Entbehrungen. Allen diesen Faktoren wurde eine gewisse Wirkung auf die Persönlichkeitsentwicklung nicht abgesprochen, doch wurde jeweils versucht deutlich zu machen, daß einzelne dieser Faktoren nur einen äußerst begrenzten Einfluß haben und deshalb für eine auch nur annähernd zuverlässige Vorhersage der Persönlichkeitsentwicklung untauglich sind.

Wie jeweils deutlich wurde, beruht der nur begrenzte Einfluß jedes dieser Faktoren auf der hohen Variabilität der Wirkungen dieses Faktors: Unterschiede, die sich durch einen solchen Faktor erklären lassen, sind viel geringer als die Unterschiede, die immer noch verbleiben, sich also *nicht* erklären lassen. Das gilt für praktisch alle Umweltfaktoren, deren Einfluß auf die Persönlichkeitsentwicklung bisher von Psychologen untersucht wurde. *Die Variabilität, die durch einen einzigen Umweltfaktor erklärt werden kann, ist deutlich geringer als die verbleibende Variabilität, die durch diesen Umweltfaktor nicht erklärt werden kann.*

Worauf beruht diese hohe Variabilität der Wirkung einzelner Umweltfaktoren? Die Antwort auf diese Frage ist exakt analog zur Antwort auf die Frage, warum die Wirkung einzelner Gene so variabel ist. Wieder spielen zwei Faktoren eine Rolle. Erstens entfaltet sich die Wirkung eines bestimmten Umweltfaktors immer im Zusammenspiel mit der Wirkung *anderer* Umweltfaktoren; diese werden sich bei allen Menschen unterscheiden, die sich nicht ständig in derselben Umwelt bewegen, und das ist praktisch immer der Fall. Letztlich entscheidet also nie ein einzelner Umweltfaktor alleine, sondern immer die Gesamtheit aller Umweltfaktoren, die *gesamte Umwelt*, über seine Wirkung.

Zweitens hängt die Wirkung eines Umweltfaktors fast immer auch von dem *Genotyp* ab, auf den er trifft: Verschiedene Genotypen reagieren auf denselben Umwelteinfluß unterschiedlich. Dies wird bei einem Vergleich eineiiger, genetisch identischer Zwillinge mit gleichgeschlechtlichen zweieiigen, genetisch unterschiedlichen Zwillingen deutlich. Wie Tafel 43 zeigt, sind sich zweieiige Zwillinge des gleichen Geschlechts in zahlreichen Persönlichkeitsmerkmalen viel unähnlicher als eineiige Zwillinge.

Tafel 43
Ähnlichkeit ein- und zweieiiger Zwillinge
Obwohl Zwillinge in ähnlichen Welten aufwachsen, sind sich selbst gleichgeschlechtliche zweieiige (genetisch nicht identische) Zwillinge relativ unähnlich. Das wird bei einem Vergleich mit eineiigen (genetisch identischen) Zwillingen deutlich. Die folgende Tabelle zeigt für verschiedene Persönlichkeitsmerkmale die Korrelation dieser Merkmale zwischen ein- bzw. zweieiigen, gleichgeschlechtlichen Zwillingspaaren.

	Korrelation	
Merkmal	eineiig	zweieiig
Größe	0.93	0.48
Gewicht	0.91	0.58
Intelligenzquotient	0.86	0.62
Extraversion	0.51	0.21
Impulsivität	0.45	-0.05
Geselligkeit	0.53	0.29
Ängstlichkeit	0.50	0.23
Aggressivität	0.55	0.09
Dominanz	0.53	0.25
Leistungsorientiertheit	0.45	0.16
Toleranz	0.53	0.35

Quelle: Plomin, R., DeFries, J. C. & McClearn, G. E., Behavioral genetics: A primer, San Francisco: Freeman, 1980; Goldsmith, H. H., Genetic influences on personality from infancy to adulthood, *Child Development*, Vol. 54, 1983, 331-355.

Die größere Unähnlichkeit zweieiiger Zwillinge läßt sich fast ausschließlich auf ihre genetische Unähnlichkeit zurückführen, denn die Umwelten eineiiger Zwillingspartner sind sich nur unwesentlich ähnlicher als die Umwelten gleichgeschlechtlicher zweieiiger Zwillingspartner[53]. Insbesondere ist die oft aufgestellte, aber nur selten überprüfte Behauptung falsch, die größere Ähnlichkeit eineiiger Zwillinge in Persönlichkeitsfragebögen beruhe darauf, daß die Zwillinge selbst oder ihre Eltern *wissen*, daß sie eineiig sind, und dieses Wissen die Selbstbeurteilung der Zwillinge in Persönlichkeitsfragebögen im Sinne einer hohen Ähnlichkeit beeinflußt oder daß die Eltern eineiiger Zwillinge diese besonders ähnlich behandeln, *weil sie wissen*, daß sie eineiig sind. Wäre das richtig, wäre die größere Ähnlichkeit eineiiger Zwillinge zumindest zum Teil nicht-genetisch erklärbar. Dieser Erklärungsansatz ist aber falsch.

In einer großen Zwillingsstudie[54] wurden 400 gleichgeschlechtliche Zwillingspaare im Alter von etwa 15 Jahren gefragt, ob sie eineiig oder zweieiig seien. 40 % der Befragten irrten sich, wie eine medizinische Überprüfung der Eineiigkeit ergab. Die eineiigen Zwillinge, die sich irrtümlich für zweieiige hielten, waren sich in diversen Persönlichkeitstests ebenso ähnlich wie die eineiigen Zwillinge, die sich für eineiig hielten; vor allem waren sie sich viel ähnlicher als die zweieiigen Zwillinge, die sich irrtümlich für eineiig hielten: Diese waren sich ebenso unähnlich wie die zweieiigen Zwillinge, die sich für zweieiig hielten. Offenbar spielt es keine Rolle, ob sich ein Zwilling für eineiig oder für zweieiig hält; entscheidend ist, ob er es wirklich ist.

Insgesamt lassen sich also die Unterschiede zwischen ein- und zweieiigen Zwillingen praktisch ausschließlich auf die genetische Unähnlichkeit der zweieiigen Zwillinge zurückführen. Wenn also schon zweieiige Zwillinge, die genetisch im Durchschnitt immerhin noch zu etwa 50 % übereinstimmen, so viel unterschiedlicher auf die gleiche familiäre Umwelt reagieren als eineiige Zwillinge, muß der insgesamt mögliche genetische Einfluß auf die Wirkung einzelner Umweltfaktoren noch größer sein.

Wie bei der Wirkung einzelner Gene läßt sich also auch die Wirkung einzelner Umweltfaktoren angemessen nur durch eine *Reaktionsnorm* beschreiben, die die mögliche Bandbreite der

Wirkung angibt. Wie die Reaktionsnormen einzelner Gene sind auch die Reaktionsnormen einzelner Umweltfaktoren breit und überschneiden sich für verschiedene Faktoren, die dasselbe Verhalten beeinflussen. Wie die Reaktionsnormen einzelner Gene sind auch die Reaktionsnormen von Umweltfaktoren nicht unveränderlich, da sie sich immer auf existierende Genotypen und Umweltfaktoren beziehen. Und wie genetische Reaktionsnormen sind auch die Reaktionsnormen von Umweltfaktoren zeitlich variabel: Die Empfänglichkeit für Umwelteinflüsse variiert mit dem Alter.

Betrachten wir zunächst noch einmal unter diesem Aspekt die vier Umweltfaktoren, denen ein Einfluß auf die Persönlichkeitsentwicklung traditionellerweise zugesprochen wird. Es ist äußerst plausibel, aber deshalb natürlich noch nicht nachgewiesen, daß der Erziehungsstil der Eltern um so mehr an Einfluß verliert, je stärker sich Kinder von ihrem Elternhaus lösen; daß der Einfluß des frühkindlichen Temperaments und der Geschwisterposition mit wachsendem Alter nachläßt und daß der Einfluß bestimmter Entbehrungen davon abhängt, wann sie erlebt werden.

Diese graduelle Sichtweise läßt sich verschärfen durch die Annahme, daß es für jeden Umweltfaktor, der sich auf die Persönlichkeitsentwicklung auswirkt, eine bestimmte *sensible Phase* gibt, in der er wirksam wird. In gewisser Weise ist das Konzept der sensiblen Phase mit dem der Reaktionsnorm vergleichbar: Es beschreibt auch eine Spannbreite, und zwar die Spannbreite der *zeitlichen Wirksamkeit* eines Umweltfaktors. Im Falle der menschlichen Entwicklung sind die sensiblen Phasen für bestimmte Umweltfaktoren über *weite Zeiträume* erstreckt; ähnlich wie die Reaktionsnormen von Umweltfaktoren lassen sie keine präzisen Angaben über die Wirksamkeit von Umwelteinflüssen zu.

Bei bestimmten Tierarten allerdings lassen sich eng umgrenzte, arttypische, in Tagen oder gar Stunden bestimmbare sensible Phasen für Umwelteinflüsse finden. Das wohl berühmteste Beispiel ist die von Konrad Lorenz und seinen Mitarbeitern intensiv untersuchte *Prägung* des Nachfolgeverhaltens von Graugänsen. In den ersten Stunden nach dem Schlüpfen schließen sich Graugansküken demjenigen Lebewesen an, das während dieser sensiblen Phase anwesend ist und auf das kontaktsuchende Piepsen der Küken antwortet. Normalerweise sind dies die Eltern, aber auch eine beliebige andere Graugans oder sogar ein Mensch kann diese Rolle übernehmen. Während der sensiblen Phase prägt sich das Küken äußere Merkmale des »Elterntiers« in einem schnellen Lernprozeß ein, der so nachhaltig ist, daß eine einmal vollzogene Prägung auf ein bestimmtes Lebewesen praktisch nicht mehr rückgängig zu machen ist. Vereinzelt finden sich andere Beispiele für derartige Prägungsvorgänge bei Tieren. So richten Ziegen in der ersten Stunde nach dem Werfen ihre Brutpflegehandlungen auf jedes Zicklein, das ihnen untergeschoben wird; nach einer Totgeburt kann es sogar vorkommen, daß sie versuchen, menschliche Pflegepersonen trockenzulecken. Schon ein fünfminütiger Kontakt mit einem Zicklein während dieser ersten Stunde reicht aus, um eine dauerhafte Schutz- und Pflegebeziehung zu ihm aufzubauen. Ist aber die sensible Phase verstrichen, ohne daß die Ziege (Geruchs)Kontakt mit einem Zicklein hatte, reagiert sie auch auf ein eigenes, solange vorenthaltenes Kind mit völligem Desinteresse.

Prägungsvorgänge im Sinne von *irreversiblen* (nicht mehr rückgängig zu machenden) Lernvorgängen, die nur in einer klar abgrenzbaren sensiblen Phase ablaufen können, sind aber insgesamt gesehen auch bei Tieren eher selten; beim Menschen gibt es bisher *keinen Nachweis von Prägungsvorgängen.* Dabei geistern immer noch Vorstellungen über die angeblich entscheidende Bedeutung des Geburtsverlaufs oder der ersten Tage nach der Geburt umher, die prägungsähnliche Phänomene für die Entwicklung der Eltern-Kind-Beziehung annehmen. Menschen sind aber keine Ziegen.

Die Mutter-Kind-Beziehung zum Beispiel entwickelt sich über einen langen Zeitraum hinweg kontinuierlich, vor allem gefördert durch den Grad an Reziprozität, an wechselseitigem Aufeinandereingehen. Das schlichte Beisammensein von Mutter und Kind oder Geruchs-, Körper- oder Blickkontakt alleine garantieren noch nicht den Aufbau einer stabilen emotionalen Mutter-Kind-Beziehung, und es ist keine sensible Phase nachweisbar, während der Mutter und Kind unbedingt zusammengewesen sein müssen, damit eine solche Beziehung zustande kommt. Das schließt natürlich nicht aus, daß ein früher und intensiver Kontakt zwischen Mutter und Kind eine stabile Mutter-Kind-Beziehung fördert, aber diese Wirkung beruht dann nicht auf Prägungslernen[55].

Obwohl also die Empfänglichkeit gegenüber bestimmten Umwelteinflüssen im Verlauf der menschlichen Entwicklung stark variiert, lassen sich *keine eng umgrenzten Zeiträume für die Wirksamkeit von Umweltfaktoren angeben.* Auch unter zeitlichem Aspekt ist die Wirksamkeit von einzelnen Umwelteinflüssen hoch variabel. Es ist schon fast müßig, an dieser Stelle noch einmal aufzuzählen, worauf diese hohe Variabilität beruht: auf genetischer Variabilität und dem Einfluß anderer Umweltfaktoren.

Person-Umwelt-Transaktion

Bisher haben wir die Wirkung *einzelner* Gene und Umweltfaktoren auf die Persönlichkeitsentwicklung betrachtet. Wenn wir nun unseren Blick auf einzelne Menschen richten, also auf komplette Genotypen, die in kompletten Umwelten leben, so liegt es zunächst nahe, den Begriff der Reaktionsnorm von Genen auf Genotypen und das Konzept der Reaktionsnorm von Umweltfaktoren auf Umwelten zu übertragen. Für jedes denkbare Persönlichkeitsmerkmal ließe sich dann jedem Genotyp eine Reaktionsnorm zuordnen, die die möglichen Ausprägungen des Persönlichkeitsmerkmals in verschiedenen Umwelten beschreibt; entsprechend ließe sich jeder Umwelt eine Reaktionsnorm zuordnen, die die möglichen Ausprägungen des Persönlichkeitsmerkmals für verschiedene Genotypen angibt.

Es ist klar, daß die Breite dieser Reaktionsnormen geringer ist als die Breite der Reaktionsnormen von einzelnen Genen bzw. Umweltfaktoren, da die Wirkung von Genotypen nur noch von Umweltfaktoren und die Wirkung von Umwelten nur noch von genetischen Faktoren abhängt. Dennoch sind auch diese Reaktionsnormen immer noch recht breit. Im Falle des Intelligenzquotienten ergibt sich zum Beispiel eine mittlere Breite der Reaktionsnormen der Genotypen von über 40 IQ-Punkten. Die auf den Meßfehlern eines IQ-Tests beruhende »Reaktionsnorm« beträgt hingegen weniger als 20 IQ-Punkte, also weniger als die Hälfte[56]. Selbst wenn man also den Genotyp von Menschen vollständig und fehlerfrei erfassen könnte, wäre die Schätzung des IQ durch den Genotyp im Mittel mit einer doppelt so hohen Unsicherheit belastet wie die Testung des IQ mit einem Intelligenztest.

Die Reaktionsnormen von Umwelten sind ungleich schwerer zu bestimmen, denn es gibt keine zwei Menschen, die in einer exakt gleichen Umwelt aufwachsen. Am ehesten lassen sich die Reaktionsnormen von Umwelten noch durch den Vergleich von Adoptivgeschwistern gleichen Geschlechts und ähnlichen Alters abschätzen: Sie sind genetisch nicht ähnlich, wachsen aber in ähnlichen Umwelten auf. In Kapitel V.7 wird gezeigt, daß man dieses Problem dennoch recht gut lösen kann, allerdings nur mit Methoden, die uns hier noch nicht zur Verfügung stehen.

Eine detaillierte Analyse der kombinierten Wirkung mehrerer Umweltfaktoren auf die Persönlichkeitsentwicklung stößt zudem zur Zeit auf drei fundamentale Schwierigkeiten. Zum einen müßte sich eine solche Analyse auf ein *Klassifikationssystem von Umweltfaktoren* stützen können, das ähnlich wirkende Umweltfaktoren in gemeinsame Klassen gruppiert und so die Vielfalt der existierenden Umwelteinflüsse auf die Persönlichkeitsentwicklung in eine übersichtliche Ordnung bringt – ähnlich wie Linné 1739 in seiner »Systema naturae« die damals bekannten Tierarten erstmals in Gattungen und Arten ordnete. Ein solches Umwelt-Klassifikationssystem fehlt aber bisher. Das hat sowohl wissenschaftshistorische als auch systematische Gründe.

Die Psychologie, deren Aufgabe es ja eigentlich sein müßte, ein solches Klassifikationssystem zu schaffen, hat sich traditionell viel mehr um eine Beschreibung des Erlebens und Verhaltens von Menschen gekümmert als um eine Beschreibung der Umweltbedingungen, in denen dieses Erleben und Verhalten stattfindet und von denen es beeinflußt wird. Dabei ist es einleuchtend, daß eine Erklärung des Erlebens und Verhaltens ohne Bezugnahme auf diese Umweltbedingungen nicht möglich ist. Was der Psychologie zur Zeit schmerzlich fehlt, ist eine *Psychologie der menschlichen Umwelt*.

Der systematische Grund für die Vernachlässigung dieses Gebiets ist die außerordentliche Schwierigkeit, Umweltfaktoren voneinander abzugrenzen und nach Ähnlichkeit zu ordnen. Während sich Linné bei seiner Ordnung der Tierarten auf einfache, der Wahrnehmung unmittelbar zugängliche Formkriterien stützen konnte – ähnlicher Körperbau und zuweilen ähnliches Verhalten –, ist die Ähnlichkeit von Umweltfaktoren nicht unmittelbar wahrnehmbar. Sie bestimmt sich ja aus *ähnlichen Wirkungen auf Erleben und Verhalten*, die sich im Falle der Persönlichkeitsentwicklung nie unmittelbar wahrnehmen lassen, sondern nur durch langfristige Beobachtungen an vielen Menschen statistisch erfaßt werden können.

Die zweite fundamentale Schwierigkeit bei der Analyse der kombinierten Wirkung mehrerer Umweltfaktoren auf die Persönlichkeitsentwicklung besteht darin, daß für eine gute Vorhersage der zukünftigen Entwicklung eine auch noch so gute Kenntnis der *gegenwärtigen* Umwelt eines Menschen in keiner Weise ausreicht. Im Prinzip müßten wir die gesamte vergangene Umwelt des Menschen kennen *und* eigentlich sogar alle zukünftigen Umwelteinflüsse, was natürlich nicht möglich ist. Der Genotyp eines Menschen ist zum Zeitpunkt der Zeugung nahezu vollständig festgelegt (Änderungen durch Spontanmutation von Genen können nur noch bestimmte Zellen, bestenfalls Körperteile, betreffen). Die Umwelt eines Menschen ist aber ebenso wie seine Persönlichkeit nie konstant, sondern immer ein *Prozeß*.

Deshalb ist es nicht nur wichtig zu wissen, *ob* ein bestimmter Umweltfaktor einmal im Leben des oder der Betreffenden vorkam, *in welchem Kontext* anderer Umweltfaktoren dies stattfand und *wann* das geschah (z. B. innerhalb einer sensiblen Phase für diesen Faktor), sondern auch *wie lange* der Faktor wirksam war. Um das Beispiel »Heimaufenthalt« aus Kapitel V.1 noch einmal zu strapazieren: In welchem Kontext fand der Heimaufenthalt statt (Ausstattung und pädagogisches Konzept des Heims, Verhalten der Erzieher und Heimkinder, Beziehungen zu Gleichaltrigen im Heim und zu Freunden und Verwandten außerhalb des Heims), wann kam das Kind ins Heim, und wie lange dauerte der Heimaufenthalt?

Die dritte fundamentale Schwierigkeit bei der Analyse der

Wirkung kombinierter Umweltfaktoren auf die Persönlichkeitsentwicklung besteht darin, daß sich Person und Umwelt keineswegs so sauber trennen lassen, wie man bei oberflächlicher Betrachtungsweise vielleicht denken könnte. Person und Umwelt sind ja keine unveränderlichen Konstanten, sondern Prozesse. Und diese Prozesse entwickeln sich nicht unabhängig voneinander, sondern stehen in ständiger Wechselwirkung: der *Person-Umwelt-Transaktion* (vgl. V.2).

In diesem Punkt besteht eine klare Analogie zwischen der Evolution von komplexen Lebewesen und der Persönlichkeitsentwicklung: So wie Genotypen ihre Umwelten auswählen und gestalten und dadurch langfristig ihre eigene Evolution beeinflussen können, können Personen ihre Umwelten auswählen und gestalten und dadurch mittelfristig ihre eigene Entwicklung beeinflussen. In Anlehnung an das Konzept der Genotyp-Umwelt-Koevolution könnte man also bei der Person-Umwelt-Transaktion auch von einer »Person-Umwelt-Koentwicklung« reden. Der Hauptunterschied zwischen Koevolution und Transaktion besteht in dem unterschiedlichen Zeitmaßstab: Während sich die Genotyp-Umwelt-Koevolution über viele Generationen hin vollzieht und Rückwirkungen selbstverursachter Umweltänderungen auf den eigenen Genotyp frühestens nach einer Generation möglich sind, vollzieht sich die gesamte Person-Umwelt-Transaktion innerhalb eines Lebens; Rückwirkungen selbstverursachter Umweltänderungen auf die eigene Persönlichkeit sind innerhalb von Monaten, wenn nicht gar Wochen, möglich.

Die Existenz von Rückkopplungen zwischen Persönlichkeitsentwicklung und Umweltentwicklung verleiht der Persönlichkeitsentwicklung eine besondere Dynamik, da Umwelteinflüsse von der Persönlichkeit abgeblockt oder verstärkt werden können. Diese Dynamik wird in Kapitel V.6 ausführlicher dargestellt. Hier soll nur darauf hingewiesen werden, daß diese Rückkopplungen die Variabilität der Wirkung einzelner Umweltfaktoren erhöhen können: Die Wirkung eines solchen Faktors hängt davon ab, auf welche Persönlichkeit er trifft; alle Varianten zwischen Verstärkung der Wirkung über vollständige Neutralisierung bis hin zu einer Umkehrung der Wirkung durch aktive »Gegenwehr« sind möglich.

Die Person-Umwelt-Transaktion ermöglicht Menschen über die Veränderung von Umweltwirkungen hinaus auch einen flexiblen Umgang mit dem eigenen Genotyp. Sie *kann* – muß aber nicht – dazu genutzt werden, eine hohe *Genotyp-Umwelt-Passung* zu erreichen: Umwelten, an die der eigene Genotyp evolutionär gut angepaßt ist, können bevorzugt aufgesucht, andere können gemieden oder zu »passenden Umwelten« verändert werden. In diesem Fall hätte die Person-Umwelt-Transaktion eine *polarisierende Wirkung* auf bestehende genetische Unterschiede: Sie werden dadurch prononciert, daß genetische und Umwelteinflüsse von ihrer Wirkungsrichtung her »gleichgeschaltet« werden.

Ebensogut kann aber die Person-Umwelt-Transaktion zu einer *Genotyp-Umwelt-Kompensation* führen: Um bestimmte Persönlichkeitseigenschaften zu erreichen, die dem eigenen Genotyp zuwiderlaufen, können Umwelten aufgesucht oder gestaltet werden, die diese Eigenschaften besonders fördern. In diesem Falle hätte die Person-Umwelt-Transaktion eine *nivellierende Wirkung* auf bestehende genetische Unterschiede: Sie würden dadurch eingeebnet, daß genetische und Umwelteinflüsse gegenläufige Wirkungen zeigen.

So mag ein Mensch mit einer genetischen Veranlagung zu introvertiertem Verhalten sich immer mehr in ein Schneckenhaus aus wenigen guten Freunden und intensiv alleine betriebenen Hobbys zurückziehen, weil er sich so am wohlsten fühlt, während ein anderer mit derselben Veranlagung seinen Freundeskreis ständig zu erweitern sucht, weil er meint, daß dies als Zeichen sozialen Erfolges nötig sei; der erste dürfte seine introvertierte Haltung durch Genotyp-Umwelt-Passung erhöhen, der zweite sie durch Genotyp-Umwelt-Kompensation vermindern, weil die häufige Übung im Sozialkontakt ihn extravertierter macht.

Die Person-Umwelt-Transaktion kann also die Wirkung von Genen und von Umweltfaktoren auf die Persönlichkeitsentwicklung verändern; schon deshalb ist ein Denken in einfachen linearen Ursache-Wirkungs-Beziehungen bei der Erklärung der Persönlichkeitsentwicklung nicht ausreichend. Sie kann auch die *Beziehung zwischen* Genotypen und Umwelten verändern; schon deshalb ist es nicht möglich, Genotypen und Umwelten als voneinander unabhängige Einflußgrößen zu betrachten. Zwischen ihnen kann ein Zusammenhang bestehen, der ihre Einzelwirkungen bei Genotyp-Umwelt-Passung potenziert und bei Genotyp-Umwelt-Kompensation nivelliert.

Ein Modell der Persönlichkeitsentwicklung

Die Person-Umwelt-Transaktion können wir nun durch ein einfaches Modell der Persönlichkeitsentwicklung beschreiben (vgl. Tafel 44).

Tafel 44
Ein Modell der Persönlichkeitsentwicklung

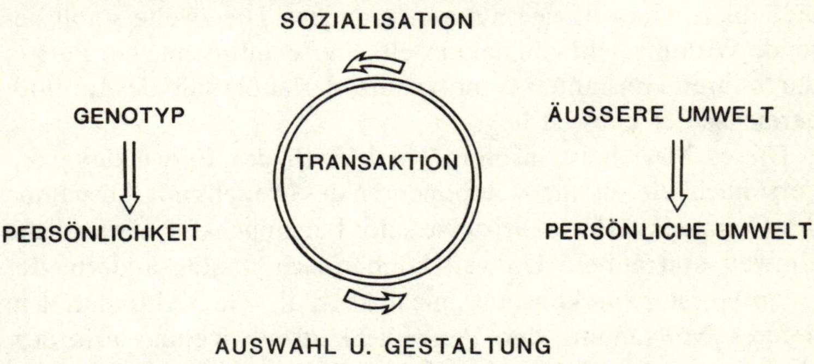

Person und Umwelt stehen in einer ständigen Wechselwirkung, der Person-Umwelt-Transaktion, die deshalb durch einen Kreis dargestellt ist. Personen können ihre Umwelt in Grenzen auswählen und gestalten, so wie auch ihre Umwelt wiederum die Person auswählen und gestalten kann. »Auswahl« bezieht sich im Falle der Person-Auswahl durch die Umwelt ebenso auf natürliche Selektion (Tod) wie auf soziale Selektion (z. B. wählt ein Abteilungsleiter einen Kandidaten für einen Arbeitsplatz aus, eine Abstimmung im Ortsverein einer Partei entscheidet über den Listenplatz eines Kandidaten für die nächste Gemeindewahl, eine Frau beschließt, mit einem Mann zusammenzuziehen – alles Auswahlprozesse, die die Persönlichkeit der ausgewählten Person verändern können). Die Auswahl und Gestaltung der Persönlichkeit durch die Umwelt wird üblicherweise als *Sozialisation* bezeichnet.

Unter »Umwelt« wird in diesem Modell also die Gesamtheit aller Umweltfaktoren verstanden, die auf die betrachtete Person im Laufe ihres Lebens wirken. Nicht alle diese Umweltfaktoren können von der Person beeinflußt werden; diejenigen, die von ihr beeinflußt werden im Prozeß der Person-Umwelt-Transaktion, werden in dem Modell als »persönliche Umwelt« bezeichnet. Auf die persönliche Umwelt wirken die Einflüsse einer »äußeren Umwelt«, die von der Person-Umwelt-Transaktion insofern unabhängig ist, als die äußere Umwelt außerhalb des Einflußbereiches der Person liegt. Die einseitige Wirkungsrichtung der äußeren Umwelt auf die persönliche Umwelt kann sich stabilisierend auf die Person-Umwelt-Transaktion auswirken, wenn die äußere Umwelt sich nur wenig ändert. Die zweite stabilisierende Wirkung geht von der einseitigen Beeinflussung der Person durch ihren konstanten Genotyp aus, der außerhalb des Einflußbereiches der Umwelt liegt.

Dieses Modell ist insofern ein Modell der *Entwicklung* der Persönlichkeit, als alle Komponenten des Modells mit Ausnahme des Genotyps zeitliche Prozesse sind: Persönlichkeit, persönliche Umwelt und äußere Umwelt können sich ständig ändern; der Genotyp ist zwar konstant, nicht aber die Gen-Aktivität. Ein tieferes Verständnis der Persönlichkeitsentwicklung erfordert also ein genaueres Verständnis der Dynamik dieser Veränderungsprozesse, insbesondere derjenigen Prozesse, die die Persönlichkeit selbst betreffen. Im Mittelpunkt der nächsten beiden Kapitel steht deshalb der Prozeß der Persönlichkeitsentwicklung.

5 Reifung und Erfahrung

Um den Prozeß der Person-Umwelt-Transaktion besser zu verstehen, müssen wir entwicklungspsychologischer werden. In diesem Kapitel werden einige Prinzipien herausgearbeitet, die für *universelle Entwicklungsverläufe* gelten. Wir nehmen dabei also die universelle Sichtweise der Entwicklung ein (vgl. III.1). Zwar geht es in diesem Buch vor allem um die Entwicklung von Persönlichkeitsunterschieden, also um differentielle Entwicklungsverläufe (vgl. III.1); doch wird die Entwicklung dieser Unterschiede erst dann richtig verständlich, wenn sie vor dem Hintergrund der Entwicklungsgemeinsamkeiten betrachtet wird.

Das Kapitel beginnt mit einer Skizze der Embryonalentwicklung, also der Entwicklung von der Zeugung bis zur Geburt. An der Embryonalentwicklung lassen sich bereits wichtige Prinzipien der universellen Entwicklung herausarbeiten; gleichzeitig wird die enge Verknüpfung von Evolution und universeller Entwicklung deutlich. Die Prinzipien der Embryonalentwicklung lassen sich dann ausbauen zu allgemeinen Prinzipien der Entwicklung durch *Reifung*, also durch genetisch prädisponierte, strukturelle Veränderungen, vor allem des Nervensystems. Die einseitige Sicht, daß universelle Entwicklung ein passiver Ausdruck von Reifung sei, wird anschließend korrigiert durch eine Diskussion der Bedeutung der *Erfahrung* für die universelle Entwicklung. Dabei zeigt sich, daß Wechselwirkungen zwischen Reifung und Erfahrung bestehen, die eine strikte Trennung von Reifung und Erfahrung in Frage stellen.

Embryonalentwicklung

Wie wird aus einem Genotyp ein so komplexer Organismus wie ein menschliches Neugeborenes? Wie entwickelt sich aus einer befruchteten Eizelle ein vielzelliger Organismus, dessen Zellen einerseits auf bestimmte Funktionen spezialisiert, andererseits zu einem funktionsfähigen Ganzen integriert sind? Die *Embryologie*, der Zweig der Biologie, der sich mit der Entwicklung der Lebewesen von der Zeugung bis zu ihrer Geburt beschäftigt, hat durch zahllose Tierexperimente und Beobachtungen an menschlichen Ungeborenen einige fundamentale Prinzipien der frühen Entwicklung herausgearbeitet. Sie sollen hier (in stark vereinfachter Form) skizziert werden, da sie die enge Verknüpfung von Embryonalentwicklung und Evolution deutlich machen und zugleich einige Grundprinzipien auch der Persönlichkeitsentwicklung illustrieren[57].

Ausgangspunkt der Individualentwicklung ist immer eine *Keimzelle*, beim Menschen die befruchtete mütterliche Eizelle. Sie enthält in ihrem Zellkern die gesamte genetische Information, den Genotyp des entstehenden Individuums, seinen Bauplan. Wie wird dieser Bauplan ausgeführt? Eine verbreitete, aber ganz falsche Vorstellung ist, daß die Eizelle wie ein Baumeister nach ihrem Bauplan andere Zellen produziert und diese Bausteine systematisch so aufeinanderschichtet, daß schließlich das Gebäude des ausgereiften Individuums entsteht. Nach dieser Vorstellung besteht ein wesentlicher Unterschied zwischen Baumeister (Eizelle) und Bausteinen (anderen Zellen), die vom Baumeister dirigiert werden.

Tatsächlich wächst, um im Bild zu bleiben, das Gebäude durch *Vermehrung von Baumeistern*, die, jeder für sich *und* in Abhängigkeit von anderen, Teile des Baus fertigstellen, wobei diese Teile keineswegs systematisch aufeinandergeschichtet werden, sondern durch ständige Aufbau- *und Abbauprozesse* ständig sich wandelnde Gebäudeformen schaffen. Tote Trakte entstehen, Gebäudeteile werden fertiggestellt und Teile davon gleich wieder eingerissen. Zwar überwiegen die Aufbauprozesse, aber der Bau macht vielfältige, zunächst unerklärliche Umwege, bis er vollendet ist. Je weiter fortgeschritten der Bau ist, desto mehr spezialisieren sich die Baumeister auf Details, aber dennoch trägt jeder Baumeister, also jede Zelle, den vollständigen Bauplan in sich. Die Spezialisierung der Baumeister entsteht durch »Leseverbot« für immer größere Abschnitte des Bauplans. Ist die Eizelle noch »omnipotent«, kann also den gesamten Bauplan lesen, dürfen spätere Baumeister nur noch den Plan für den Keller, die Kellertüren, die Heizungstür, das Heizungstürschloß, die Heizungstürschloßschrauben lesen. Das Leseverbot entsteht zum Teil durch die Kommunikation mit benachbarten Baumeistern.

Im Klartext: Jede Zelle eines Lebewesens enthält das gesamte Genom des Lebewesens; Spezialisierung von Zellen erfolgt durch Unterdrückung der Transkription von Genen durch ihre Operatorgene (vgl. Tafeln 32, 33); diese Unterdrückung wird durch Regulatorgene der eigenen Zelle und vor allem durch Regulatorgene anderer, benachbarter Zellen durch Regulator-Metaboliten induziert (vgl. Tafel 33). Das Operon-Modell der Gen-

Regulation reicht also bereits aus, um auf molekularer Ebene wesentliche Prinzipien der frühen Individualentwicklung zu erklären.

Daß jede Zelle auch des ausgewachsenen Organismus die gesamte genetische Information enthält, zeigen zum Beispiel Kerntransplantations-Experimente bei Fröschen: Entfernt man den Kern einer Eizelle, damit also ihre gesamte genetische Information, und pflanzt ihr den Kern einer hochspezialisierten Hautzelle eines ausgewachsenen Frosches ein, so kann sich daraus ein normaler Frosch entwickeln, obwohl die Eizelle nunmehr die genetische Information der Hautzelle enthält.

Wie kommt es aber zur Differenzierung durch teilweise Unterdrückung der Lesefähigkeit von Zellen? Tafel 45 zeigt schematisch die zentralen Prozesse.

Tafel 45
Zelldifferenzierung durch Induktion

Im Wirbeltierembryo wird die Bildung der Organanlagen durch das Zusammenspiel von Induktion und Eigendifferenzierung bewirkt. Bestimmte Zellgewebe induzieren die Differenzierung anderer Zellgewebe, deren Eigenschaften dann determiniert werden. Die induzierten Gewebe können nun ihrerseits die Differenzierung spezieller Zellgewebe induzieren, so daß eine ganze Hierarchie von Induktoren entsteht. Die Tabelle zeigt eine solche Hierarchie in der Entwicklung von Wirbeltierembryos (also auch menschlicher Embryos).

Aktives Gewebe	Induktorrang	Eigendifferenzierung	Induktionswirkung
Urdarmdach-mesoderm	1. Ordnung	Chorda Muskulatur usw.	Neuralplatte Neuralrohr
Neuralrohr	2. Ordnung	Gehirn Augenbecher Rückenmark	Nasengrube Linse Hörblase
Hörblase	3. Ordnung	häutiges Labyrinth	knorpeliges Labyrinth

Die Induktionshierarchien sind nicht streng linear geordnet: Es kann Rückwirkungen der induzierten Gewebe auf ihre Induktoren geben.

In den frühesten Phasen der Embryonalentwicklung sind die Zellen noch *omnipotent*, d. h. sie können sich auch nach mehrfacher Teilung noch zu einem vollständigen Lebewesen entwickeln. Isoliert man z. B. die beiden Tochterzellen einer Froschkeimzelle, die im Verband gelassen je eine rechte oder linke Körperhälfte geliefert hätten, so entsteht aus jeder ein ganzer Frosch. Auf diese Weise kann man *Klone* herstellen, genetisch identische »Zwillinge«. Diese Isolierung kann auch beim Menschen natürlicherweise vorkommen; es entstehen dann aus einer einzigen Eizelle zwei genetisch identische Zwillinge: eineiige Zwillinge (vgl. Tafel 34). Es können sogar mehr als zwei genetisch identische Geschwister entstehen; beim Menschen wurden schon eineiige *Fünflinge* beobachtet.

Obwohl also alle Zellen dieser frühen Embryonalformen omnipotent sind, beginnen sie sich im Verband schon sehr bald zu differenzieren. Das beruht vor allem auf *Induktionswirkungen* benachbarter Zellen, auf der Kommunikation zwischen Zellen. Pflanzt man z. B. bei Amphibien ein Stück des späteren, zur Zeit aber noch omnipotenten Neuralgewebes in einen schon weiter entwickelten Embryo ein, so entwickelt sich das Gewebe *ortsgemäß* entweder zu Gehirn oder zu Haut, je nachdem, wohin man es verpflanzt. Wiederholt man diese Prozedur aber etwas später, so entwickelt sich das Transplantat *herkunftsgemäß* weiter. Wird z. B. ein Gehirngewebe in Hautgewebe verpflanzt, paßt es sich seiner Nachbarschaft nicht mehr an, sondern entwickelt sich als Gehirngewebe weiter, versenkt sich unter die Hautoberfläche und wird dort zu jenem Gehirnteil, den es am alten Ort geliefert hätte. Das Gewebe ist inzwischen »auf Gehirn programmiert«, *determiniert* worden, und zwar durch das Zusammenspiel von Induktion und Eigendifferenzierung. Tafel 45 zeigt, wie so immer spezifischere Zelltypen entstehen. Diese Determination bezieht sich immer auf die aktivierte genetische Information, nicht auf die prinzipiell vorhandene genetische Information. Denn wie schon das Beispiel der Transplantation des Kerns einer hochdeterminierten Hautzelle in eine omnipotente Eizelle gezeigt hat, bleibt die prinzipiell zugängliche genetische Information auch bei der Zelldetermination voll erhalten.

Während der zunehmenden Determinierung von Zellen im Verlauf der Entwicklung bleibt ihre Fähigkeit zur Teilung und zu einer begrenzten Differenzierung erhalten, selbst wenn man sie isoliert. So wachsen aus Embryonalzellen aus der Gehirnanlage des Frosches auch im Reagenzglas lange Nervenfasern. Die Zellen entwickeln sich bis zu ihrem jeweiligen Determinationszustand weiter.

Das Zusammenspiel von Induktion und Eigendifferenzierung ist trotz eines allgemeinen Trends in Richtung immer größerer Zellspezialisierung keine Einbahnstraße. In vielen Fällen wirken induzierte Anlagen auf ihre Induktoren zurück. So induziert der Augenbecher die vorgelagerte Linse, wobei wiederum die Linsenanlage die Entwicklung der Netzhaut auf dem Augenbecher induziert. Wegen der Existenz solcher Rückkopplungen spielt die *Zeit* eine besondere Rolle bei der Entwicklung: Stimmt das »Timing« nicht, können Rückwirkungen von Induktionen auf ihre Induktoren zu früh oder zu spät erfolgen und damit die Differenzierung stören.

Die enge Vernetzung verschiedenster Entwicklungsprozesse beim Heranwachsen komplexer Lebewesen erfordert ganz allgemein eine *zeitliche Abstimmung* dieser Prozesse. Es scheint vielfältig verknüpfte »genetische Fahrpläne« für die Entwicklung zu geben. Allerdings wäre es eine falsche Vorstellung anzunehmen, daß diese Fahrpläne in den Genen wie in einem Computer gespeichert wären. Vielmehr ergeben sie sich aus dem Wechselspiel der einzelnen Entwicklungsprozesse, die zwar voneinander abhängig sind und aufeinander aufbauen, ansonsten aber über eine starke *Eigendynamik* verfügen. Um im Bild zu bleiben: Fährt ein Zug in einen Knotenpunkt ein, fahren die Anschlußzüge deshalb ab, *weil* dieser Zug eingefahren ist, nicht weil es im Fahrplan steht. Sie fahren dann so schnell ab, wie sie können, ohne ihr Ziel zu kennen, wobei Fahrziel und Fahrgeschwindigkeit sich aus dem vorgegebenen Gleisnetz und den Möglichkeiten der Lokomotive ergeben.

Die Eigendynamik zeitlicher Veränderungen im Verlauf der Individualentwicklung wird besonders deutlich bei dem Phänomen der *Transdetermination* von Zellen. Determinierte Zellen können sich oft in Gewebekulturen unbegrenzt über Jahrzehnte hin vermehren, wobei sie meist ihren Determinationszustand ständig wieder reproduzieren. In einigen Fällen läßt sich jedoch beobachten, daß sich die Gen-Aktivität von Zellen im Verlauf der Zeit systematisch ändert. So geht bei Fliegen der Determinationszustand von zukünftigen Beinzellen nach einiger Zeit ohne äußere Einwirkung über in den Zustand künftiger Flügelzellen. Diese selbsterzeugte Änderung der Zellspezialisierung beruht auf einer langsamen Verschiebung zellinterner Gleichgewichte des Stoffwechsels.

Auch die schon erwähnten Abbauprozesse im Verlauf der Individualentwicklung beruhen nicht nur auf Induktion, sondern teilweise auch auf selbsterzeugtem Absterben von Zellen. So entstehen Hände und Füße des menschlichen Embryos aus paddelförmigen Extremitäten durch Absterben von Zellen zwischen den künftigen Fingern und Zehen. Spontanmutationen können das verhindern und so verwachsene Zehen oder Schwimmhäute produzieren. Vieles spricht dafür, daß ein natürlicher Tod nicht nur auf einer passiven »Abnutzung« von Organen beruht, sondern auch auf einer genetisch vorprogrammierten Selbstzerstörung.

Die frühe Individualentwicklung ist also durch eine zunehmende Differenzierung und Integrierung von Zellen charakterisiert, die durch das Zusammenspiel von Induktion und Eigendifferenzierung hervorgerufen werden. Dies führt *auch* zu einem *Wachstum* des Körpers und seiner Organe. Dieses Wachstum, das uns bei Kindern so beeindruckt, ist aber nur ein Aspekt der Entwicklung unter vielen. Es ist keineswegs ein besonders zentraler Aspekt, da sich viele Prozesse der Differenzierung und Integrierung auch ohne Wachstum abspielen können. Entwicklung auf Wachstum reduzieren zu wollen ist vor allem deshalb falsch, weil der rein quantitative Wachstumsbegriff die vielen qualitativen Änderungen im Verlauf der Entwicklung ignoriert.

Irrig ist auch die Annahme, daß die Wachstumsgeschwindigkeit für verschiedene Organe zum selben Zeitpunkt gleich sei:

Tafel 46 zeigt, wie unterschiedlich der Verlauf des Wachstums für verschiedene Körperteile des Menschen ist. Wachstumsprozesse sind also nicht unbedingt synchronisiert.

Tafel 46

Die Asynchronie des Körperwachstums

Die folgende Abbildung zeigt den Verlauf des Wachstums verschiedener Körperteile des Menschen. Die in einem bestimmten Alter erreichte Größe ist ausgedrückt in einem Maßstab, der die

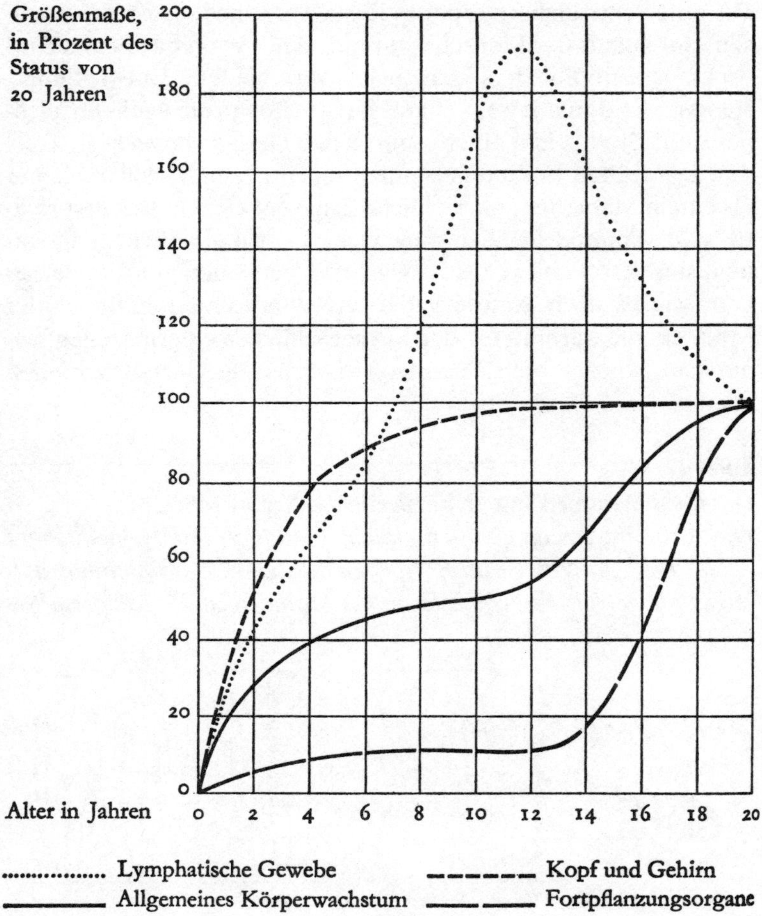

Größe bei der Geburt gleich 0 und die Größe im Alter von 20 Jahren gleich 100% setzt. Die vier Wachstumsverläufe sind ganz unterschiedlich: Die Wachstumsgeschwindigkeit von Kopf und Gehirn nimmt monoton mit dem Alter ab; die Körpergröße zeigt einen Wachstumsspurt in der Pubertät; die Fortpflanzungsorgane zeigen ein explosives Wachstum zu Beginn der Pubertät; und das lymphatische Gewebe degeneriert ab dem Beginn der Pubertät auf die halbe erreichte Größe.

Da unterschiedliche Körperregionen verschieden schnell wachsen, durchläuft der Mensch während seiner vorgeburtlichen Entwicklung – und auch später noch – verschiedene Entwicklungsstadien, die durch jeweils charakteristische Formen gekennzeichnet sind: Er vollzieht einen mehrfachen *Gestaltwandel* (vgl. Tafel 47). Die frühen Embryonalstadien sehen einem Molch ähnlicher als einem Menschen; menschliche Züge entwickeln sich erst relativ spät während der Schwangerschaft. Frühe Entwicklungsstadien sind also keineswegs verkleinerte Versionen von Erwachsenen, wie es noch Antoni van Leeuwenhoek, der Erfinder der Mikroskopie vermutete, der in menschlichen Spermazellen *homunculi*, winzige Menschlein von erwachsener Gestalt, zu sehen glaubte.

Tafel 47

Der Gestaltwandel in der körperlichen Entwicklung

Die Abbildung zeigt die menschliche Gestalt in unterschiedlichem Alter. Bis zum Alter von 8 Wochen ist derselbe Größenmaßstab zugrunde gelegt; ab dem Alter von 2 Monaten ist die Körpergröße

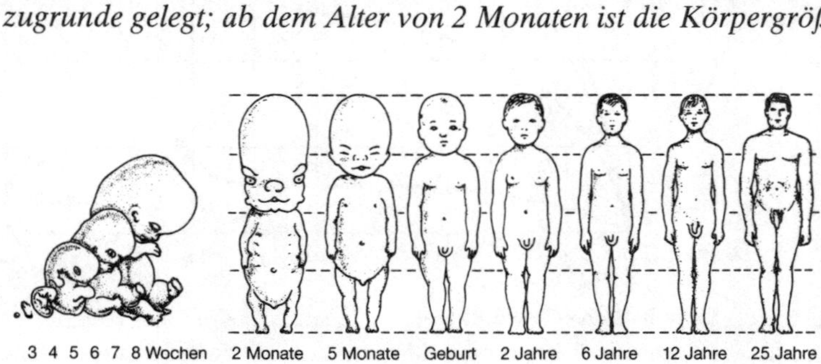

konstant gehalten, um die Veränderung der körperlichen Proportionen besonders deutlich zu machen.

Quelle: Roberts Rugh und Landrum B. Shettles, From Conception to Birth: The Drama of Life's Beginnings, New York: Harper & Row, 1971, S. 37; W. J. Robbins u. a., Growth, New Haven: Yale University Press, 1928, S. 118.

Als die ersten Embryologen damit begannen, diesen Gestaltwandel systematisch zu untersuchen, wurde schnell ein Grundprinzip deutlich, das heute Ernst Haeckel zugeschrieben wird[58]: *Die Ontogenese wiederholt die Phylogenese*, die Individualentwicklung wiederholt die Evolution des Lebens. Dieses Prinzip wird oft in der Weise mißverstanden, daß ein menschlicher Embryo ausgereifte Formen von Einzellern, dann von Fischen, später von niederen Säugetieren und schließlich von Affen durchlaufe, bis er endlich menschliche Züge annehme. Als Beleg für diese Ansicht werden meist *spontane Atavismen* zitiert, körperliche Abnormitäten, die Normalitäten bei unseren stammesgeschichtlichen Vorfahren sind. So gibt es Kinder, die mit Schwänzchen, Pelzgesichtern, zwei Reihen von Zitzen oder gar mit Kiemenporen geboren werden. Dies wird dann durch einen zu frühen Stillstand in der Entwicklung der betreffenden Körperteile erklärt.

Die Annahme, daß die Embryonalentwicklung die Ahnenreihe ausgewachsener Lebewesen wiederhole, ist aber blanker Unsinn. Was in groben Zügen zutrifft, ist, daß sie die Ahnenreihe *embryonaler* Lebensformen wiederholt: *Die Ontogenese wiederholt die Phylogenese der Ontogenese*. So ähneln menschliche Embryos in einer bestimmten Phase der Entwicklung Fisch-Embryos – sie ähneln nicht ausgewachsenen Fischen und sind keineswegs auch nur äußerlich mit Fisch-Embryos identisch. Für einen Embryologen ist es kein Problem, wenige Tage alte Menschen-Embryos von gleichaltrigen Schimpansen-Embryos zu unterscheiden. Die spontanen Atavismen beruhen darauf, daß ein Teilsystem des Embryos einen stammesgeschichtlich alten Entwicklungspfad einschlägt und sich auf diesem Pfad zu einer ausgereiften Form weiterentwickelt. Atavismen sind keine Stillstände der Entwicklung, sondern archaische Entwicklungsvollendungen.

Wie schon in der Evolution von Lebewesen zeigt sich also auch in der Individualentwicklung ein begrenzter Konservativismus der Natur: Neues baut auf Altem, bereits Bewährtem auf. Phylogenetische Veränderungen ontogenetischer Entwicklungen entstehen vor allem durch die Variation später Entwicklungsstadien. Deshalb verläuft die Individualentwicklung stammesgeschichtlich eng verwandter Arten zunächst ähnlich, und Überreste der Embryonalentwicklung selbst ausgesprochen entfernt verwandter Arten lassen sich noch in den Frühphasen der Ontogenese nachweisen. Obwohl diese Überreste keine Funktion mehr zu haben *scheinen* und oft im weiteren Verlauf der Ontogenese gänzlich degenerieren, übernehmen sie dennoch oft dadurch zentrale Aufgaben für die Individualentwicklung, daß sie die Entwicklung bestimmter Organe induzieren. So findet sich die Rükkensaite der 500 Millionen Jahre alten Chorda-Tiere in allen Embryos der stammesgeschichtlich jüngeren Wirbeltiere, auch der menschlichen Embryos. Obwohl sie sich dort im Verlauf der Individualentwicklung zu kümmerlichen, funktionslosen Überresten in den Bandscheiben zurückentwickelt, hat die Rückensaite eine ganz zentrale Induktions-Funktion: Entfernt man sie bei einem Wirbeltier-Embryo, so kann es keine Muskulatur entwikkeln.

Das bisher gezeichnete Bild der Embryonalentwicklung vermittelt den Eindruck einer starken Eigendynamik der beteiligten Zellen und Zellverbände. Das gilt auch für den Embryo selbst. Die weitverbreitete Vorstellung, der Embryo sei ein weitgehend passives Geschöpf, das von der Mutter ernährt, aufgezogen und erst dann, wenn er einigermaßen lebensfähig sei, zur Welt gebracht werde, entspricht in keiner Weise der Realität. Der Embryo ist vom Zeitpunkt der Zeugung an »lebensfähig«: Er schafft sich seine Entwicklungsbedingungen weitgehend selbst. Es ist der Embryo, der den Mutterkuchen, die Plazenta, bildet, welche Nährstoffe von der Mutter aufnimmt und an den Embryo weitergibt, *nicht* die Mutter. Der Embryo nutzt dabei die Fähigkeit der Plazenta, Blutgefäße selbständig zu suchen, zu öffnen und sich daran anzuschließen. Es ist der Embryo, der mit Hilfe der Plazenta die überwiegende Zahl der Hormone herstellt, die für die Fortführung der Schwangerschaft notwendig sind, *nicht* die Mutter. Nach Meinung einiger Gynäkologen produziert der Embryo sogar *alle* diese Hormone selbst. Und es ist der Embryo, der durch von ihm produzierte Hormone den Geburtsvorgang auslöst, *nicht* die Mutter.

Diese Eigendynamik der Embryonalentwicklung ermöglicht Bauchhöhlenschwangerschaften, bei denen sich ein völlig normales Kind in der Bauchhöhle der Mutter entwickeln kann, selbst wenn ihre Gebärmutter vorher operativ entfernt wurde. Es ist wohl auch nur noch eine Frage der Zeit, bis der erste Mann ein Kind zur Welt bringt. Schon Mitte der sechziger Jahre verpflanzte Cecil Jacobsen, der Erfinder der Fruchtwasseruntersuchung, das befruchtete Ei eines weiblichen Pavians in die Bauchhöhle eines männlichen Pavians, wo es sich über vier Monate lang normal entwickelte, bis das Experiment abgebrochen wurde – es ging damals nicht um die Frage, ob Männer Kinder bekommen können, sondern um den Nachweis, daß Embryos alle für ihre Entwicklung notwendigen Hormone selbst produzieren.

Jacobsen ist sich sicher, daß auf dieselbe Weise wie in seinem Pavian-Experiment menschliche männliche Schwangerschaften herbeigeführt und normale Kinder per Kaiserschnitt zur Welt gebracht werden können. Er hält dies allerdings – und das mit gutem Recht – für einen Mißbrauch der Medizin. Aber ähnlich wie bei künstlicher Befruchtung oder Mietmütterschaft gibt es genug Interessenten für solche Schwangerschaften, vor allem unter den weltweit etwa 20000 Transsexuellen. Deshalb ist der Zeitpunkt der ersten geglückten männlichen Schwangerschaft so fern wohl nicht. Sie wäre ein offensichtlicher Beleg für die Eigendynamik der Embryonalentwicklung.

Vergleichen wir die Embryonalentwicklung mit der Evolution, so zeigen sich vier übereinstimmende Entwicklungsprinzipien. In beiden Fällen handelt es sich nicht um die systematische Ausführung eines vorgegebenen Plans, sondern um einen Prozeß der kanalisierten spontanen Vermehrung: Zellen bzw. Lebewesen vermehren sich, soweit es ihre Umwelt zuläßt; das Wechselspiel von Eigendynamik und Fremdbestimmung erzeugt eine Regelhaftigkeit der Entwicklung, die einen Plan vortäuscht. Die Gerichtetheit der Entwicklung beruht dabei sowohl in der Embryonalentwicklung als auch in der Evolution auf zwei weiteren Prinzipien: der zunehmenden *Differenzierung* und *Integrierung* bereits vorhandener Zellen bzw. Lebewesen und dem *konservativen Prinzip*, daß Neues auf Altem aufbaut.

Das vierte übereinstimmende Prinzip ist die *aktive Rolle*, die Zellen, Embryos und ausgewachsene Lebewesen in ihrer Umwelt spielen: Zellen induzieren Veränderungen in Nachbarzellen, wobei diese Induktion teilweise wieder zurückwirkt; Embryos induzieren ihre Plazenta, die für sie aktiv auf Nahrungssuche geht und entwicklungsnotwendige Hormone produziert; Lebewesen wählen ihre Umwelt in Grenzen selber aus und gestalten sie nach ihren Bedürfnissen, wobei diese Umweltänderungen auf sie rückwirken. In Analogie zur Genotyp-Umwelt-Koevolution könnte man von einer Zell-Zell-Koentwicklung und einer Embryo-Mutter-Koentwicklung sprechen.

Ein wesentlicher Unterschied zwischen Embryonalentwicklung und Evolution besteht dennoch: Die Embryonalentwicklung verläuft zielgerichteter, *scheint* eindeutiger auf ein Ziel gerichtet als die Evolution. Dieses Ziel, ein überlebens- und fortpflanzungsfähiger Organismus, ist evolutionär vorgegeben, eine Konsequenz der Koevolution der Art und ihrer Umwelt. Die Selektionsgeschichte der Embryonalentwicklung hat sich genetisch niedergeschlagen und steuert so die Individualentwicklung ziemlich genau auf ein Lebewesen zu, das der Umwelt seiner Ahnenreihe angepaßt ist.

Der Embryologe Waddington nennt diese genetische Steuerung der Entwicklung *Kanalisierung* und vergleicht das sich entwickelnde Lebewesen mit einem Ball, der von der Spitze eines Berges durch eine Gebirgslandschaft rollt, die die genetischen Einflüsse auf die Entwicklung repräsentiert: die *epigenetische Landschaft*. An bestimmten Stellen der Entwicklung reicht eine leichte Brise (Umwelteinfluß), um den Ball auf einer Gratwanderung zwischen zwei Tälern in den einen oder den anderen »Kanal« der Entwicklung zu treiben. In anderen Entwicklungsabschnitten rollt der Ball durch tiefe Geländeeinschnitte, so daß es schon eines Sturms bedarf, um ihn aus der eingeschlagenen Bahn zu bringen[57].

Die Zielgerichtetheit der Embryonalentwicklung besteht also darin, daß die epigenetische Landschaft evolutionär vorgeformt ist; der Ball »kennt« sein Ziel nicht, genausowenig wie die Evolution selbst einem bestimmten Ziel zusteuert. Die epigenetische Landschaft schützt ihn ebensosehr vor widrigen Umweltwinden, wie sie ihn an manchen Stellen diesen Winden aussetzt oder anderswo zu einer umständlichen Route zwingt, die sich in der Ebene erheblich abkürzen ließe. An welchen Stellen die genetische Kanalisierung stark und an welchen Stellen sie unbedeutend ist, ist Resultat der Selektionsgeschichte *und* der den Landschaftsformen innewohnenden Trägheit: Wo ein vor Sturm schützender Granitfelsen erst einmal entstanden ist, läßt er sich nur langsam erodieren, auch wenn der Wind inzwischen aus einer anderen Richtung bläst. Wir werden dieses Bild in Kapitel V.8 noch einmal aufgreifen.

Entwicklung durch Reifung

Die Prinzipien der Embryonalentwicklung gelten auch für die weitere körperliche Entwicklung nach der Geburt. Bis zum Ende des Wachstums finden Differenzierungs- und Integrierungsprozesse statt, aber auch später noch unterliegt der Körper ständigen Veränderungen, nur daß sich jetzt Aufbau- und Abbauprozesse die Waage halten, so daß sich äußerlich das Bild einer stabilen, sich nur unmerklich ändernden Struktur ergibt. Diese Stabilität beruht aber auf ständigen Regenerationsprozessen. Im hohen Alter beginnen dann die Abbauprozesse zu überwiegen; aus Regeneration wird Degeneration.

Diese körperlichen, strukturellen Entwicklungsprozesse beeinflussen auch die Entwicklung des *Verhaltens*. Denn Verhalten ist Struktur in Aktion. Da menschliches Verhalten auf den Funktionen des Nervensystems und des hormonellen Systems beruht, also auf neuroanatomischen Strukturen, ist klar, daß die Entwicklung dieser Strukturen Veränderungen des Verhaltens nach sich zieht. In erster Annäherung können wir also die Verhaltensentwicklung als passiven Ausdruck der Entwicklung dieser neuroanatomischen Strukturen auffassen: Verhaltensentwicklung durch *Reifung*.

Diese Reifungsprozesse folgen den Prinzipien der Embryonalentwicklung[59]. Aus zunächst undifferenzierten Strukturen entfalten sich durch das Zusammenspiel von Induktion und Determination differenziertere Strukturen. Diese sind im großen und ganzen hierarchisch geordnet, wobei ihre Entfaltung diesem hierarchischen Aufbau folgt: Zuerst nehmen untergeordnete Strukturen ihre Funktion auf; sowie übergeordnete Strukturen ausgereift sind, beginnen sie, die Funktion der untergeordneten Strukturen zu kontrollieren und dabei in ihrer Funktion zu verändern. Die Ontogenese wiederholt auch hier teilweise die Phylogenese der Ontogenese: Stammesgeschichtlich ältere Hirnareale reifen eher aus als stammesgeschichtlich jüngere; als letztes abgeschlossen ist die Entwicklung der Großhirnrinde, deren Komplexität und relative Größe den Menschen von allen Tieren unterscheidet. Zu diesen Reifungsprozessen gehören nicht nur das Wachstum und die Differenzierung von Nervenzellen, sondern vor allem die Veränderungen ihrer *Feinstruktur*: Viele Zellen können ihre Funktion als Überträger von Information erst aufnehmen, wenn zusätzliche anatomische Voraussetzungen erfüllt sind (die Markscheidenreifung), und auch funktionierende Zellen verändern sich durch Ausbilden von neuen Schaltstellen zwischen Zellen. Auch nachdem also die Zahl der Nervenzellen schon fixiert ist, kann sich das Geflecht der Nervenzellen weiter differenzieren. Diese Reifungsprozesse sind erst mit etwa 18 Jahren abgeschlossen.

Die Reifungsprozesse des Nervensystems spiegeln sich in zunehmend differenzierteren und stärker hierarchisch integrierteren Verhaltensweisen. Schon während der Embryonalentwicklung entwickeln sich einfache *Reflexe* – relativ starre Reiz-Reaktions-Verknüpfungen, deren Struktur und Funktion genetisch prädisponiert ist. Das menschliche Neugeborene verfügt über eine Vielzahl solcher Reflexe, die sein Überleben sichern, zum Beispiel Atmungsreflex, Saugreflex, Schluckreflex. Daneben lassen sich jedoch auch Reflexe beobachten, deren Funktion nicht so offensichtlich ist. Bei evolutionärer Betrachtungsweise enthüllt sich aber oft diese Funktion: Sie sind *Atavismen* der Entwicklung (vgl. letzten Abschnitt).

Ein solcher Verhaltensatavismus ist der *Klammerreflex*, der einst dazu gedient haben mag, daß sich das Neugeborene am Fell der Mutter festhalten konnte – im Zeitalter der Kinderwagen und Tragetücher ein scheinbar überflüssiger Reflex. Wir werden später sehen, daß Verhaltensatavismen aber ähnlich wie körperliche Atavismen wichtige Funktionen in der Ontogenese spielen können.

Die Reflexe zeigen in den ersten Monaten der nachgeburtlichen Entwicklung einen sehr gesetzmäßigen Verlauf. Die Zeitpunkte ihres Auftauchens und Verschwindens sind so verläßlich, daß ihre Abwesenheit bzw. ihr Fortdauern über den üblichen Zeitpunkt hinaus meist eine größere neurologische Störung signalisiert. Manche Reflexe verschwinden nur zeitweise; so sind bestimmte Reflexe, die dem Laufenlernen dienlich sind, schon sehr früh vorhanden, verschwinden dann für einige Monate und tauchen erst später wieder auf.

Dieses Auf und Ab von Reflexen in den ersten Lebensmonaten ist sehr eng an Reifungsprozesse des Nervensystems gebunden. Das erste Auftauchen von Reflexen signalisiert das Ausreifen bestimmter Hirnstrukturen und ihr Verschwinden ihre Integration in übergeordnete Systeme. Wenn Reflexe verschwinden, handelt es sich nämlich fast immer um eine *aktive Unterdrückung* durch neuausgereifte, übergeordnete Kontrollsysteme. So biegen Säuglinge ihre Zehen nach außen, wenn man ihren seitlichen Fußrand streichelt (der sogenannte Babinski-Reflex). Später verschwindet der Reflex vollständig bei weiterer normaler Entwicklung. Dennoch läßt er sich auch bei Erwachsenen bei bestimmten neurologischen Störungen beobachten, die das hemmende Kontrollzentrum beeinträchtigen, z. B. bei multipler Sklerose.

Während das Verhalten des Neugeborenen noch stark durch reflexhafte Verhaltensweisen charakterisiert ist, also durch relativ starre Reiz-Reaktions-Kopplungen, entwickeln sich im Verlauf der ersten beiden Lebensjahre weitaus flexiblere und organisiertere Verhaltensweisen: die *emotionalen Reaktionen.* Sie zeichnen sich durch eine stärkere *Entkoppelung* von Reiz und Reaktion aus. Verhalten ist nicht mehr Reaktion auf spezifische Reize, sondern bereits Ausdruck einer Bewertung der *Gesamtsituation*, die zahlreiche Einzelmerkmale einschließt. So wird zum Beispiel das Fremdeln, die bei fast allen Kindern zwischen 6 und 12 Monaten beobachtbare negative Reaktion auf unbekannte

Erwachsene, nicht etwa allein durch den Reiz »fremde Person« ausgelöst. Wie zahlreiche Experimente gezeigt haben, haben viele Situationsmerkmale einen entscheidenden Einfluß darauf, ob Säuglinge auf einen Fremden negativ oder positiv reagieren: Anwesenheit und Nähe einer Bezugsperson, die Schnelligkeit, mit der sich die fremde Person dem Säugling nähert, äußerliche Attribute des Fremden (z. B. Größe) und nicht zuletzt, ob die in solchen Experimenten meist anwesende Mutter selber fremdelt oder nicht[60].

Auch die Entwicklung der emotionalen Reaktionen folgt einem recht stereotypen Verlauf, der durch die Differenzierung verschiedener emotionaler Qualitäten gekennzeichnet ist, z. B. Freude, Ärger, Angst und Trauer[60]. Diese sind jedoch nicht mehr wie Reflexe an nachweisbare Hirnstrukturen gebunden. Vielmehr scheint die Differenzierung emotionaler Verhaltensqualitäten an die Entwicklung der Fähigkeit zu bestimmten Situationsbewertungen gebunden zu sein: Emotionale und kognitive Entwicklung entsprechen sich. Beide Leistungen werden aber erst durch das Ausreifen der hierfür notwendigen zentralnervösen Systeme ermöglicht (bei den emotionalen Reaktionen ist dies vor allem das sogenannte limbische System, das anatomisch, phylogenetisch und ontogenetisch zwischen den Reflexzentren im Hirnstamm und dem Großhirn angesiedelt ist).

Die sich vor allem ab dem zweiten Lebensjahr entwickelnden höheren kognitiven Leistungen des Menschen, die neuroanatomisch vor allem an die Funktionen der Großhirnrinde gebunden sind, ermöglichen eine noch viel weitergehende Reiz-Reaktions-Entkoppelung als die emotionalen Reaktionen. Während emotionales Verhalten »sich ereignet«, kaum der willentlichen Kontrolle unterworfen ist, können Erwachsene beliebig lange Situationseinschätzungen vornehmen, bevor sie handeln – bis hin zum bleichen Philosophen, der vor lauter Nachdenken überhaupt nicht mehr zum Handeln kommt. Die Entwicklung dieser Fähigkeit zu *willentlichem Handeln* ist immer noch weitgehend ein Rätsel. Sicher ist aber, daß willkürliche Verhaltenskontrolle später als die emotionalen Reaktionen erworben wird und diesen insofern übergeordnet ist, als emotionale Reaktionen dann in Grenzen kontrollierbar werden.

Die universelle Verhaltensentwicklung läßt sich also als ein reifungsbedingter Prozeß der zunehmenden Reiz-Reaktions-Entkoppelung verstehen, in dessen Verlauf untergeordnete Verhaltenskontrollsysteme durch übergeordnete Kontrollsysteme flexibilisiert werden: Das Verhalten wird gleichzeitig differenzierter und integrierter. Das läßt sich zum Beispiel an der Entwicklung des *Lächelns* demonstrieren.

Schon Neugeborene sind zu sporadischem Lächeln fähig, das aber keine systematischen Beziehungen zu ihrer Umwelt zeigt, sondern eher von inneren Zuständen abhängt (z. B. besonders häufig in bestimmten Schlafstadien auftritt). Mit der Entwicklung der emotionalen Reaktion »Freude« wird die motorische Reaktion des Lächelns unter emotionale Kontrolle gebracht. Später werden dann Kinder fähig, auf Aufforderung willkürlich zu lächeln. Freudiges und willkürliches Lächeln werden dabei von unterschiedlichen Hirnzentren kontrolliert, wie bestimmte neurologische Störungen zeigen. Das Krankheitsbild der »zentralen Facialisparese« beruht auf einer Störung derjenigen motorischen Zentren der Großhirnrinde, die für die willkürliche Kontrolle der Gesichtsmuskulatur zuständig sind. Die Störung ist fast immer auf eine Hirnhälfte konzentriert, so daß jeweils nur eine Gesichtshälfte nicht mehr willentlich beeinflußt werden kann: Sie wirkt »schlaff«. Diese Patienten können auf Aufforderung nur einseitig lächeln. Auf einen guten Witz können sie aber beidseitig lachen, da diese Reaktion unter emotionaler Kontrolle steht. Mehr noch: Die Reaktion ist in der beeinträchtigten Gesichtshälfte *stärker* – ein Ausdruck der »ungehemmten Emotionalität« dieser nicht durch die Willkürmotorik beeinflußten Reaktion[61].

Reifungsprozesse sind nicht nur für die zunehmende Differenziertheit und Integriertheit des Verhaltens verantwortlich, sondern auch für die Fähigkeit zu *lernen*. Schon das Neugeborene verfügt über die Fähigkeit, viele seiner Reflexe in Abhängigkeit von seinen speziellen Umweltbedingungen zu modifizieren und dadurch zu umweltangepaßtem Verhalten zu kommen. So lernt das Neugeborene schon in den ersten Tagen, die Brustwarze der Mutter zu suchen. Umstritten ist, ob Neugeborene schon zum Nachahmen von Gesichtsbewegungen fähig sind; jedenfalls entwickelt sich diese Fähigkeit sehr schnell während der ersten Monate nach der Geburt. Komplexere Lernleistungen wie der Erwerb der Muttersprache erfordern die Beteiligung höherer Hirnzentren und können erst entsprechend spät vollbracht werden. Beim Spracherwerb ist es die *Fähigkeit* zu lernen, die auf der Ausreifung neuroanatomischer Strukturen beruht, nicht aber das erlernte Verhalten: Jedes normal entwickelte Kind kann jede beliebige menschliche Sprache erlernen.

Diese scheinbare Beliebigkeit der Lerninhalte beruht im Fall des Spracherwerbs allerdings darauf, daß die menschlichen Sprachen trotz ihrer Verschiedenheit dennoch viele strukturelle Übereinstimmungen haben. Daraus darf nicht der Schluß gezogen werden, daß beliebige Lerninhalte gleich gut erlernt werden können. Vielmehr erleichtern Reifungsprozesse den Erwerb bestimmter Verhaltensweisen und erschweren den Erwerb anderer.

Psychotherapeuten in Mitteleuropa haben sich oft gewundert, warum so viele ihrer Patienten massive Ängste ausgerechnet vor solchen Tieren haben, die in dieser Gegend ungefährlich und selten oder unscheinbar sind: Schlangen und Spinnen. Dagegen sind massive Ängste vor Automobilen extrem selten, obwohl diese objektiv eine viel größere Gefahr darstellen. Inzwischen wissen wir, daß bestimmte Merkmale dieser Tiere, insbesondere ihrer Bewegungen – das Schlängeln der Schlange, das Kribbelkrabbel der Spinnenbeine – auch bei Durchschnittsbürgern leicht Ekel und Abscheu hervorrufen[62] und besonders leicht mit Angstreaktionen in sogenannten klassischen Konditionierungsexperimenten gekoppelt werden können[63]. Diese Neigung zur Koppelung von Angstreaktionen mit solchen Tiermerkmalen scheint auf genetisch prädisponierten Reifungsprozessen des Zentralnervensystems zu beruhen, die einstmals außerordentlich sinnvoll waren: Reptilien zum Beispiel waren bedrohliche Feinde der Säugetiere. In den Mythen von Drachentötern und Seeschlangen holt uns diese evolutionäre Vergangenheit auch heute noch ein.

Reifungsprozesse sind also wesentlich dafür verantwortlich, ob und wie leicht wir bestimmte Verhaltensweisen erlernen können. Daß ein bestimmtes Verhalten wesentlich auf Reifung beruht, läßt sich schlüssig nur dann nachweisen, wenn eine funktionale Abhängigkeit des Verhaltens von bestimmten Hirnstrukturen und eine Gleichzeitigkeit zwischen dem ersten Auftauchen des

Verhaltens und der Ausreifung dieser Hirnstrukturen besteht. Ein solcher Nachweis ist oft nur schwer zu führen. Statt dessen werden vielfach zwei andere Kriterien als Nachweis der Reifungsabhängigkeit angesehen: die Universalität des Entwicklungsverlaufs und die mangelnde Förderbarkeit des Verhaltens durch Erfahrung. So wird als Argument für die Reifungsabhängigkeit des Laufenlernens oft die Tatsache benutzt, daß fast alle Kinder in einem recht eng begrenzten Altersspielraum (9–17 Monate; vgl. Tafel 12) laufen lernen und Versuche, das Laufenlernen vor diesem Alter durch intensives Training zu beschleunigen, weitgehend sinnlos sind, während die Kinder von Hopi-Indianern, die traditionellerweise bis zum Alter von etwa 15 Monaten bewegungsunfähig eingepackt von der Mutter auf dem Rücken getragen werden, nach dem Auspacken innerhalb kürzester Zeit laufen lernen.

Entwicklung durch Erfahrung

Aus der Universalität seines Entwicklungsverlaufs und der beobachteten mangelnden Förderbarkeit eines Verhaltens läßt sich jedoch nicht zwingend auf seine Abhängigkeit von Reifungsvorgängen schließen. Beruht ein Verhalten auf Erfahrungen, die allen Kindern einer Altersstufe gemeinsam sind, so wird dieses Verhalten auch einen universellen Entwicklungsverlauf zeigen. Und die beobachtete mangelnde Trainierbarkeit des Verhaltens mag schlicht darauf beruhen, daß das *falsche* Verhalten trainiert wurde. Meist geht man ja von der Annahme aus, daß das Erlernen einer bestimmten Verhaltensweise am besten durch direktes Training dieses Verhaltens erreicht wird. Das muß jedoch nicht so sein.

Der tschechische Psychologe Jaroslav Koch trainierte bei Säuglingen systematisch und äußerst intensiv diejenigen Reflexe, die es unseren stammesgeschichtlichen Vorfahren ermöglichten, sich am Fell der Mutter festzuhalten und sich beim Getragenwerden ihren Bewegungen anzupassen, u. a. den Klammerreflex (vgl. Kapitel V. 5). Dieses Training führte dazu, daß die Säuglinge im Alter von 6 Monaten frei hängend an einem Trapez schaukeln und im

Alter von 7 Monaten eine Leiter hochklettern konnten – in einem Alter also, in dem ihre meisten Altersgenossen noch nicht einmal krabbeln können[64]. Offenbar erfüllen die von Koch trainierten »atavistischen« Reflexe wichtige Funktionen für die motorische Entwicklung. Was wir als normale motorische Entwicklung in fast allen Kulturen betrachten, scheint tatsächlich eine verlangsamte Entwicklung zu sein, die hinter unseren eigentlichen Möglichkeiten zurückbleibt. Hätte Koch direkt das Trapezschaukeln oder Leiterklettern trainiert, hätte er wohl kaum Erfolg gehabt. Sein Erfolg beruhte auf den indirekten Wirkungen von stammesgeschichtlich einst universellen, heute aber weitgehend verlorengegangenen *Erfahrungen*.

Allgemein können Erfahrungen drei zentrale Funktionen in der universellen Entwicklung erfüllen: Sie können bereits entwickelte Funktionen und Strukturen *aufrechterhalten*, sie können die weitere Entwicklung *beschleunigen,* und sie können diese Entwicklung *induzieren*[65]. Tafel 48 illustriert diese drei Funktionen.

Tafel 48

Die Wirkung von Erfahrung auf die universelle Entwicklung

Die drei folgenden Abbildungen illustrieren die drei Funktionen Aufrechterhalten, Beschleunigen *und* Induzieren, *die Erfahrungen auf die universelle Entwicklung ausüben können. In den drei Abbildungen kennzeichnet die gestrichelte Linie den hypotheti-*

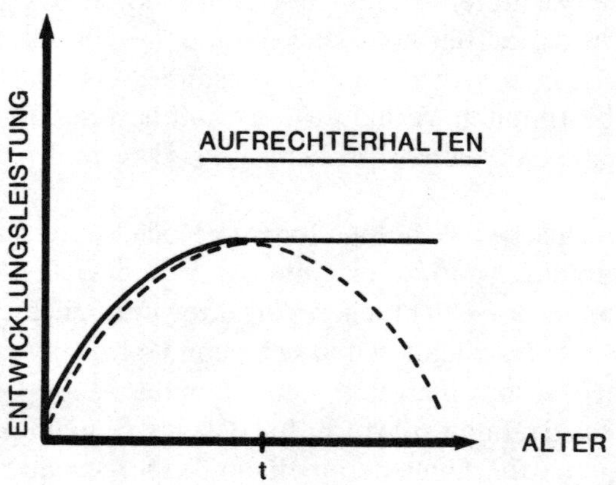

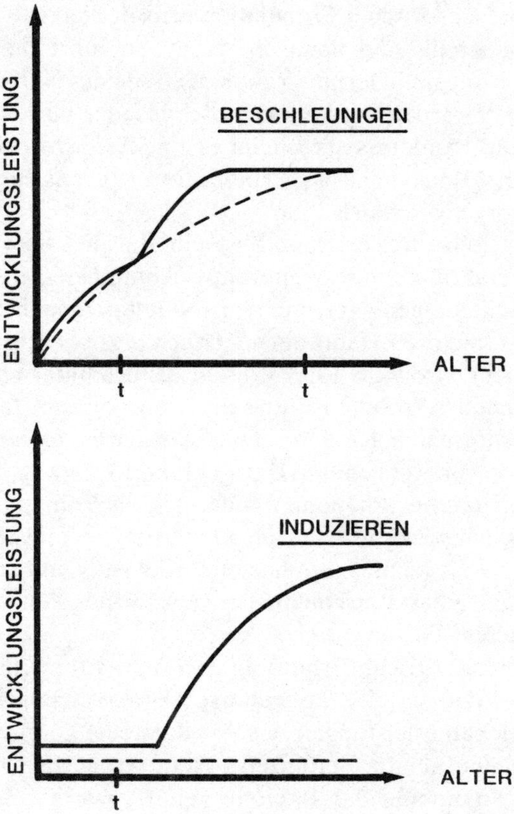

schen Entwicklungsverlauf ohne eine bestimmte Erfahrung und die durchgezogene Linie den Entwicklungsverlauf mit dieser Erfahrung, die ab dem Zeitpunkt t gemacht wird. Unter der Entwicklungsleistung kann ein bestimmtes Verhalten, aber auch eine bestimmte neuroanatomische Struktur verstanden werden.

Daß ein Mindestmaß an Erfahrung für das *Aufrechterhalten* von erlernten Verhaltensweisen notwendig sein kann, ist unmittelbar einleuchtend: Wird Verhalten nicht ab und zu wieder einmal ausgeübt, wird es meist wieder verlernt. Weniger offensichtlich ist, daß auch für die Aufrechterhaltung neuraler *Strukturen* ein Mindestmaß an sensorischer Stimulation erforderlich ist. Zieht man z. B. Tiere schall- und lichtisoliert auf, so führt dies zu einer Verkümmerung und Desintegration der Teile des Nervensystems, die an der Verarbeitung von akustischen oder visuellen Reizen beteiligt sind. Andererseits scheint es eine Art *Schwelleneffekt* zu geben: Ein Mindestmaß an Erfahrung reicht aus, um normale Reifungsvorgänge zu erlauben[65].

Das Kochsche Reflextraining ist ein Beispiel dafür, daß bestimmte Erfahrungen die Weiterentwicklung *beschleunigen* können. »Beschleunigen« im hier verwendeten Sinn heißt jedoch auch, daß ohne die Erfahrungen letztlich *derselbe* Entwicklungsstand erreicht wird (vgl. Tafel 48). Tatsächlich unterschieden sich die Kochschen Akrobaten-Babys im Alter von drei Jahren nicht mehr von normalen Kindern. Daß spezifische Erfahrungen zu einer nur vorübergehenden Entwicklungsförderung führen, ist ein weitverbreitetes Phänomen, das auch als Prinzip der *Äquifinalität* der Entwicklung bezeichnet wird: Die universelle Entwicklung steuert letztlich auf dasselbe Ziel zu, wenn auch, erfahrungsbedingt, mit unterschiedlicher Geschwindigkeit und auf unterschiedlichen Wegen.

Daß eine spezifische Erfahrung auch *induktiv* wirken kann in dem Sinne, daß sie eine notwendige Voraussetzung für *universelle* Entwicklungsleistungen der Art darstellt, konnte bisher im strengen Sinne nur für vereinzelte Tierarten nachgewiesen werden. Das Phänomen der Prägung gehört, wie gezeigt, hierzu: Verstreicht ein bestimmter kritischer Entwicklungsabschnitt, ohne daß eine entwicklungsnotwendige Erfahrung gemacht wurde, so kann eine bestimmte Entwicklungsleistung nicht mehr erworben werden. Prägungsvorgänge sind bei manchen Tierarten bekannt, nicht aber beim Menschen (vgl. V.4). Die Harlowschen Affenexperimente zeigen, daß soziale Erfahrung mit Artgenossen notwendig für die spätere soziale Integration ist (vgl. V.1). Die weitgehende Austauschbarkeit dieser Artgenossen und die Möglichkeit einer gezielten Rehabilitation selbst nach einjähriger völliger sozialer Isolation machen aber deutlich, daß für die Induktionswirkung sozialer Erfahrung ein Mindestmaß an Erfahrung ausreicht.

Die Harlowschen Experimente illustrieren zugleich das Dilemma, in dem wir uns befinden, wenn wir den Einfluß von Erfahrungen auf die *universelle* Entwicklung abschätzen wollen: Je verbreiteter bestimmte Erfahrungen sind, desto eher können sie auf die universelle Entwicklung Einfluß nehmen, aber desto schwerer ist es auch, Auswirkungen ihres Fehlens auf die Entwicklung zu untersuchen. Bei grundlegenden Erfahrungen, die praktisch alle Mitglieder einer Art machen, sind wir auf Extremfälle wie isoliert aufgezogene Affen oder schwer mißhandelte Kinder angewiesen, um den Erfahrungseinfluß abschätzen zu können. Schon deshalb ist eine solche Abschätzung so schwierig.

Wechselwirkung von Reifung und Erfahrung

Zusätzlich wird die Abschätzung der Bedeutung von Erfahrungen auf die universelle Entwicklung dadurch kompliziert, daß Erfahrungen strukturelle Reifungsprozesse beeinflussen können, wie wir im letzten Abschnitt gesehen haben. Deshalb läßt sich eine strikte Trennung von Reifung und Erfahrung nicht aufrechterhalten. Verhalten ist Struktur in Aktion, aber die Aktion kann Rückwirkungen auf die Struktur haben. Der tiefere Grund hierfür besteht in der Tatsache, daß Lebewesen eine *psychophysische Einheit* bilden. Schon ein ganz simples Beispiel macht dies deutlich: Sportler trainieren ihre Muskeln, indem sie bestimmte Verhaltensweisen besonders häufig ausüben. Das Ausüben des Verhaltens führt zu Veränderungen an ihren Muskelzellen, die wiederum das Ausüben des Verhaltens fördern.

Weniger offensichtlich, aber für die Verhaltensentwicklung besonders zentral, ist das Prinzip, daß das Ausüben von Verhaltensweisen generell die Feinstruktur der Verschaltung der beteiligten Nervenzellen verändern kann, besonders wenn die Entwicklung des Nervensystems noch in vollem Gang ist. Neurophysiologisch betrachtet besteht das Ausführen eines Verhaltens aus einer Kaskade von Impulsen entlang einer bestimmten Bahn im Nervensystem. Oft benutzte Bahnen durch das Geflecht der Nervenzellen verändern nicht nur die Funktion dieser Zellen, sondern auch ihre Struktur, schlagen sich also neuroanatomisch nieder[66]. Diese Funktions- und Strukturänderungen erleichtern die Impulsübertragung entlang der Bahn: Die Impulse bahnen sich selbst ihren Weg. Auf diese Weise entsteht eine Wechselwirkung zwischen Verhalten und Struktur.

Diese Wechselwirkung ermöglicht eine erfahrungsabhängige strukturelle Entwicklung des Nervensystems, bei der Verhalten eine Mittlerrolle spielt. Ratten, die in einer anregenden Umwelt aufgezogen werden, weisen in Gehirnquerschnitten von sensorischen und motorischen Zentren ein dichteres Netz zentralnervöser Verschaltungen auf als Ratten, die in einer reizarmen Umwelt aufwachsen[67]. Derartige Zusammenhänge dürfen allerdings nicht überinterpretiert werden, denn die Umweltvariation in solchen Experimenten geht meist weit über das normale Maß hinaus. Trotz zahlreicher Bemühungen ist es bisher nicht gelungen, Erfahrungsunterschiede im Normalbereich beim Menschen neuroanatomisch dingfest zu machen.

Umgekehrt haben wir schon im letzten Abschnitt gesehen, daß Reifungsvorgänge wesentlichen Einfluß darauf haben, ob und wie leicht wir bestimmte Verhaltensweisen erlernen. Das gilt für den Erwerb von Erfahrungen und Wissen ganz allgemein. Ob wir überhaupt bestimmte Erfahrungen machen, bestimmtes Wissen erwerben können, und wie leicht uns dies fällt, ist ebenfalls stark reifungsabhängig: Reifungsprozesse schaffen die Bedingungen der Möglichkeit bestimmter Erfahrung.

Man kann sich das an dem Bild eines Scheinwerfers verdeutlichen, dessen Lichtkegel eine nächtliche Landschaft erhellt: Erfahren können wir nur die Teile der Landschaft, die im Licht liegen; an den Rändern des Kegels fällt es schon schwer, Unterscheidungen zu treffen, und außerhalb bleibt die Welt im Dunkel. Im Verlauf der Individualentwicklung ändert sich reifungsbedingt der erleuchtete Bereich. Aber natürlich gibt es auch einen Einfluß bereits gemachter Erfahrungen, bereits erworbenen Wissens, auf die Breite des Lichtkegels und seine Leuchtkraft.

Manchmal wird aus der Wechselwirkung von Reifung und Erfahrung der Schluß gezogen, daß eine Trennung von Reifung und Erfahrung nicht möglich sei. Dieser Schluß ist jedoch nicht gerechtfertigt. Das Bestehen einer Wechselwirkung besagt ja nicht, daß die beiden daran beteiligten Einflußrichtungen eine gleich große Bedeutung haben. Während Reifungsprozesse sehr stark kanalisieren, welche Erfahrungen überhaupt gemacht werden können, scheinen Erfahrungen beim Menschen, abgesehen von Fällen extremer Erfahrungsdefizite, lediglich beschleunigend oder verzögernd auf Reifungsprozesse zu wirken, ohne das Prinzip der Äquifinalität reifungsbedingter Entwicklungsverläufe brechen zu können. Hier offenbart sich eine grundlegende Asymmetrie, die die *Eigendynamik* fundamentaler Entwicklungsvorgänge unterstreicht: Die universelle, arttypische Individualentwicklung folgt einem genetisch klar vorgezeichneten Pfad. Praktisch alle Menschen lernen laufen, sprechen, sich fortpflanzen, alle altern, alle sterben. Diese Eigendynamik hat ihre Wurzeln in den Selektionswirkungen im Verlauf der Evolution.

6 Die Stabilisierung von Unterschieden

Nach dieser Skizzierung einiger Prinzipien der universellen Entwicklung nehmen wir jetzt wieder die differentielle Sichtweise ein. Wie in Kapitel III. deutlich wurde, ist die querschnittliche Variabilität des Verhaltens auf allen Altersstufen sehr hoch. Wie in Kapitel IV. gezeigt wurde, handelt es sich dabei, längsschnittlich betrachtet, nicht um beliebige Schwankungen um den universellen Entwicklungsverlauf, sondern um eine im allgemeinen zunehmende *Stabilisierung* von Verhaltensunterschieden, so daß wir bei vielen Verhaltensmerkmalen ab einem bestimmten Alter mit einiger Berechtigung von Persönlichkeitsunterschieden sprechen können. Warum kommt es überhaupt zu einer solchen Stabilisierung? Wäre es nicht denkbar, daß angesichts der komplizierten möglichen Wechselwirkungen von Person und Umwelt (Kapitel V.4) Verhaltensunterschiede zwischen Menschen *keine* zeitliche Stabilität aufweisen?

Denkbar wäre das schon, aber es entspricht nicht den Tatsachen (vgl. Kapitel IV.3). Es muß also in den Wechselwirkungen von Person und Umwelt Tendenzen zu einer Stabilisierung von Verhaltensunterschieden geben. In diesem Kapitel werden einige Faktoren beschrieben, die verantwortlich für die beobachtbare zunehmende Stabilisierung von Persönlichkeitsunterschieden sind. Sie lassen sich grob einteilen in *innere Faktoren*, Merkmale der Person selbst, und *äußere Faktoren*, Umwelteinflüsse. Da diese Faktoren meist schon in vorangegangenen Abschnitten in anderem Zusammenhang diskutiert wurden, kann ihre Darstellung kursorisch bleiben. Dafür wird ein bisher nicht berücksichtigter Faktor der Stabilisierung relativ ausführlich beschrieben: das Bild von der eigenen Persönlichkeit, das Selbstkonzept.

Innere stabilisierende Faktoren

Zu den inneren Faktoren, die stabilisierend auf Persönlichkeitsunterschiede wirken, zählt der *Genotyp*. Denn der Genotyp eines Menschen ist eine zeitliche Konstante; es gibt zwar eine *Person*-Umwelt-Transaktion mit Rückwirkungen der Umwelt auf die Persönlichkeit, nicht aber eine Genotyp-Umwelt-Transaktion. Kein Lebewesen scheint in der Lage zu sein, seinen Genotyp innerhalb seiner Lebensspanne zu verändern. Das wird auch als »zentrales Dogma der Genetik« bezeichnet.

Diese Namensgebung ist unglücklich, weil es sich nicht um ein Dogma, sondern um eine überprüfbare Behauptung handelt. Obwohl eine Verletzung des zentralen Dogmas der Genetik mit den bekannten Gesetzmäßigkeiten der Physik, Chemie und den sonstigen Prinzipien der Evolution vereinbar wäre, konnte ein solcher Verstoß bisher nicht nachgewiesen werden. Vielleicht wäre die zusätzliche Flexibilität der Ontogenese, die ein Bruch des Dogmas ermöglichen würde, zuviel des Guten: Die Ontogenese wäre dann zu stark von aktuellen Umweltschwankungen abhängig. Wie dem auch sei, die Stabilität der menschlichen Persönlichkeit beruht *auch* auf dem zentralen Dogma der Genetik.

Trotz dieser Konstanz des Genotyps ist, wie in Kapitel V.4 deutlich wurde, der genetische Einfluß auf die Persönlichkeitsentwicklung keineswegs konstant, weil sich die Aktivität von Genen im Verlauf der Entwicklung ständig ändert; dies kann zu einer genetisch bedingten Verzweigung von Entwicklungspfaden führen. Das wird oft übersehen, wenn der genetische Einfluß auf das Verhalten fälschlicherweise mit dem Genotyp gleichgesetzt wird. Der Genotyp unterliegt dem zentralen Dogma der Genetik, nicht aber der genetische Einfluß auf das Verhalten. Der Genotyp wirkt insofern primär stabilisierend, als er in zeitlich konstanter Weise die *möglichen* genetischen Einflüsse auf die Persönlichkeitsentwicklung begrenzt. Wer das Huntington-Gen nicht hat, wird keinen Intelligenzabfall zeigen, der auf der Chorea Huntington beruht. In diesem und nur in diesem Sinne wirkt der Genotyp stabilisierend auf die Persönlichkeitsentwicklung.

Neben dem Genotyp kann aber auch die gesamte bereits entwickelte Persönlichkeit einen stabilisierenden Einfluß auf die weitere Persönlichkeitsentwicklung ausüben. Zwei Prozesse spielen hier eine zentrale Rolle. Zum einen *filtert* die Persönlichkeit eines Menschen seine Wahrnehmungen, und das kann Rückwirkungen auf die Persönlichkeit haben. Wenn wir unsere Umwelt und uns selber wahrnehmen, tun wir das nicht wie ein Fotoapparat, der ein einfaches Abbild der Helligkeit und Farben liefert, sondern wir vergleichen die eintreffenden Reize mit einer *Erwartung*. Jede Wahrnehmung beginnt bereits mit einer Erwartung, was zu sehen, hören, fühlen, schmecken ist. Diese Erwartung kann mehr oder weniger stark ausgeprägt sein. Je stärker sie ist, desto stärker ist bereits vorbestimmt, was wahrgenommen wird. So können wir unsere Erfahrungen bereits in die Wahrnehmung selbst einbringen, nicht erst in sekundäre Interpretationen des Wahrgenommenen.

Tafel 1 macht z. B. deutlich, daß wir Erwachsene dazu neigen, das Zeichen »M« als Buchstaben M wahrzunehmen. Diese Wahrnehmung beruht auf einer Erwartung, die wir mit dem Lesenlernen erworben haben. Kinder, die noch nicht lesen können, sehen in »M« vier verbundene Striche, sonst nichts. Kinder, die mit Ziffern gut vertraut sind, aber noch nicht mit Buchstaben, dürften deshalb eher als Erwachsene die richtige Lösung von Tafel 1 sehen: Sie besitzen noch nicht die in diesem Fall falschen, irreführenden Erwartungen.

Persönlichkeitsunterschiede schlagen sich oft auch in Erwartungsunterschieden nieder. Selbstunsichere Menschen erwarten zum Beispiel eher als selbstsichere Menschen, daß sie in Gegenwart wenig vertrauter Personen des öfteren unsicher reagieren, daß dies von anderen auch wahrgenommen wird und zu einem schlechten Eindruck führt. Sie sind deshalb sensibler gegenüber

Unsicherheiten im eigenen Verhalten und gegenüber dem möglichen Bild, das sich andere von ihnen machen. So beziehen selbstunsichere Menschen es eher auf sich, wenn andere lachen; aus dem »objektiven Reiz« Lachen (das sich vielleicht gar nicht auf sie bezieht) wird die subjektive Wahrnehmung »ich werde ausgelacht«.

Persönlichkeitsunterschiede können so zu »persönlichkeitskonformen« Wahrnehmungstendenzen führen. Für Pessimisten ist ein halb gefülltes Glas halb leer, für Optimisten ist es halb voll. Wer neurotische Tendenzen hat (vgl. IV.3), wird dieselben Ereignisse als problembeladen und belastend erleben, die andere überhaupt nicht jucken würden. Was uns beunruhigt, sind nicht die Dinge selbst, es ist unsere subjektive Wahrnehmung der Dinge. Wir nehmen die Welt durch die Brille unserer Persönlichkeit wahr.

Diese persönlichkeitskonformen Wahrnehmungstendenzen können wiederum Rückwirkungen auf die Persönlichkeit haben. Wer jede eigene Unsicherheit penibel registriert und aus allen Reaktionen der anderen immer das Schlimmste herausliest, wird dadurch nur um so mehr verunsichert. Es ist ein Teufelskreis aus Erwartungen und Verhalten entstanden, der das zugrundeliegende Persönlichkeitsmerkmal »Selbstunsicherheit« stabilisiert.

Ein zweiter Faktor, der die Persönlichkeitsentwicklung in Abhängigkeit von der bereits entwickelten Persönlichkeit stabilisiert, ist die Tatsache, daß Personen ihre Umwelt in Grenzen selbst auswählen und gestalten können. Geschieht das in Übereinstimmung mit der bereits entwickelten Persönlichkeit, führt dies zu einer *Person-Umwelt-Passung*, die Persönlichkeitsunterschiede stabilisiert (vgl. das Konzept der Genotyp-Umwelt-Passung in V.4). So mag ein introvertierter Mensch sich in das Schneckenhaus seiner privaten Welt zurückziehen und so seine Introvertiertheit stabilisieren, oder ein extravertierter Mensch mag immer wieder nach neuen Kontakten suchen und so seine Extravertiertheit aufrechterhalten.

Die Filterfunktion der Wahrnehmung stabilisiert Persönlichkeitsunterschiede also durch »subjektive« Anpassung der Umwelt an die eigene Persönlichkeit, während es die aktive Auswahl und Gestaltung der Umwelt durch »objektive« Anpassung tun.

In beiden Fällen entwickelt die Persönlichkeit eine Eigendynamik: Sie neigt dazu, sich selbst zu erhalten.

Äußere stabilisierende Faktoren

Zu diesen inneren stabilisierenden Faktoren der Persönlichkeit gesellen sich *äußere* stabilisierende Faktoren. Hierzu gehört die Konstanz der von der Person-Umwelt-Transaktion unabhängigen »äußeren Umwelt« (vgl. Tafel 44). Ein Beispiel aus der Forschung zum frühkindlichen Bindungsverhalten mag das illustrieren. Die Art der Bindung eines Kleinkindes an seine Mutter läßt sich gut in einer von Mary Ainsworth entwickelten Situationsabfolge unter kontrollierten Bedingungen untersuchen: Mutter und Kind kommen in einen Beobachtungsraum, wo verschiedene soziale Situationen inszeniert werden. Als besonders aufschlußreich erwies sich die kurzzeitige Trennung von Mutter und Kind: Kinder mit einer »sicheren Bindung« reagieren ohne große Angst auf die Trennung und freuen sich, wenn die Mutter zurückkommt; »unsicher gebundene« Kinder hingegen reagieren mit starker Angst auf die Trennung oder ignorieren die Mutter, wenn sie zurückkommt[68]. Die zeitliche Stabilität dieser drei Bindungsarten über 6 Monate ist dann sehr hoch, wenn nur Paare aus stabilen Familienverhältnissen untersucht werden; sie liegt dann bei über 80 %. Bezieht man aber Paare aus unstabilen Verhältnissen ein (z. B. Trennung der Eltern, Verlust des Arbeitsplatzes), so sinkt die zeitliche Stabilität drastisch, bedingt durch eine starke Veränderung der Bindungsqualität der Paare aus den belasteten Familien[69].

Zur äußeren Umwelt gehören auch alle nicht von einem selbst beeinflußbaren Erwartungen, die andere an einen stellen. Wer von lauter Astrologie-gläubigen Menschen umgeben ist, wird von diesen durch ständige Astrologie-konforme Interpretationen seiner Verhaltensweisen in eine ganz bestimmte Richtung der Persönlichkeitsentwicklung gedrängt. Dagegen sich zu wehren fällt schwer. Ähnlich schwer ist es, einen Ruf abzuschütteln, den man sich einmal berechtigter- oder unberechtigterweise erworben hat. Kinder können schon in den ersten Schulklassen den Ruf erwerben, aggressiv zu sein; dieses Bild der anderen verstärkt tatsächlich vorhandene aggressive Tendenzen und ist ein Grund für die hohe Stabilität fremdbeurteilter und beobachtbarer Aggressivität im Schulalter; selbst wenn solche Kinder die Klasse wechseln, eilt ihnen oft ihr Ruf schon voraus[70].

Das letzte Beispiel leitet über zu einem bedeutenden Mechanismus der Stabilisierung sozial-emotionaler Persönlichkeitsmerkmale, der innere und äußere Faktoren umfaßt und den ich das *soziale Spiegeln* von Persönlichkeitsunterschieden nennen möchte. Verhaltenstendenzen einer Person werden durch andere Menschen »gespiegelt«: Sie gehen darauf ein und halten das Verhalten dadurch aufrecht. Die Selbstunsicherheit eines von zwei Gesprächspartnern zum Beispiel überträgt sich leicht auf den zweiten und stabilisiert so die Unsicherheit des ersten. Oder die Dominanz des einen kann zu einer submissiven Haltung des anderen führen, die den ersten in seiner Dominanz bestätigt.

Wie komplex eigene Erwartungen, eigenes Verhalten und soziales Spiegeln dieses Verhaltens ineinandergreifen können, illustriert das folgende Experiment[71]. Studenten wurden gebeten, mit einer ihnen unbekannten Studentin ein »Verabredungsgespräch« am Telefon zu führen. Vor dem Gespräch wurde jedem Student ein Foto gezeigt, das angeblich von seiner Gesprächspartnerin stammte, in Wirklichkeit aber entweder eine ausgesprochene Schönheit oder ein ziemliches Aschenputtel darstellte. Beurteiler der auf Tonband aufgezeichneten Gespräche, die nicht wußten, welches Foto dem jeweiligen Gespräch zugrunde lag, beurteilten die Studenten, denen eine attraktive Gesprächspartnerin vorgegaukelt worden war, als freundlicher, offener und geselliger als die, die sich mit einem Aschenputtel verbunden wähnten; aber auch die (ohne ihr Wissen) als Schönheit angekündigten Studentinnen wurden (von anderen Beurteilern) als selbstsicherer und geselliger beurteilt als ihre benachteiligten »Konkurrentinnen«. Das gezielt gesäte Vorurteil wurde also vom Verhalten *beider* Gesprächspartner bestätigt: Die »attraktiven« Studentinnen kräftigten ohne ihr Wissen den getäuschten Partner in seinem Glauben.

Das Experiment illustriert das Phänomen der *selbsterfüllenden Prophezeiung*. Dieser 1948 von Robert Merton kreierte Begriff[72] beschreibt den Fall, daß eine ursprünglich falsche Meinung ein Verhalten erzeugt, das diese falsche Meinung zu einer richtigen werden läßt: Die falsche Meinung wird zu einer Prophezeiung, die sich selbst erfüllt. Der Prophet mag dabei subjektiv das Gefühl haben, *von Anfang an* recht gehabt zu haben: Sprechen die Fakten nicht für ihn?

Bisweilen dürften Persönlichkeitsveränderungen und ihre nachfolgende Stabilisierung auf selbsterfüllenden Prophezeiungen beruhen: Paul wird chronisch schlecht in Mathematik, weil seine Mutter fälschlicherweise »schon immer gewußt hat, daß er keinen Sinn für Zahlen hat«, Paula wird *tatsächlich* zu einer feurigen Liebhaberin, *weil* das immer in den Horoskopen der Zeitung steht, an die sie glaubt, *obwohl* sie mit 18 noch so verklemmt war. In beiden Fällen ist eine Prophezeiung »verinnerlicht«, in das Selbstkonzept übernommen worden und hat dadurch eine Persönlichkeitsveränderung erst herbeigeführt und dann stabilisiert.

Die Rolle des Selbstkonzepts

Das bringt uns zu der wichtigen Rolle, die das Konzept der eigenen Persönlichkeit, das Selbstkonzept, bei der Stabilisierung von Persönlichkeitsunterschieden spielt. Das Selbstkonzept ist der psychologischen Analyse so weit zugänglich, wie es sich aus dem beobachtbaren Verhalten erschließt. Sofern es situativ und zeitlich stabil ist, stellt es also einen Aspekt der Persönlichkeit dar. Neugeborene haben kein Selbstkonzept. Wie entwickelt es sich, und wie hängt seine Entwicklung mit der Persönlichkeitsentwicklung zusammen?[73]

Ein erster wichtiger Entwicklungsschritt wird erreicht, wenn Kinder sich selbst im Spiegel erkennen können. Um zu entscheiden, ob sie das können oder nicht, wendet man einen genialen Trick an, der auf den Verhaltensforscher Gordon Gallup zurückgeht[74]. Die Kinder werden mit einem Spiegel vertraut gemacht, wenn sie es noch nicht sind. Anschließend trägt man mit Rouge einen roten Punkt auf ihre Nase auf, ohne daß sie es merken (wird durch Ablenken erreicht). Dann setzt man sie wieder vor den Spiegel. Kinder, die ihr Spiegelbild sich selbst zuordnen, greifen sofort irritiert an ihre Nase, weil ihr Spiegelbild von ihrem »physiognomischen Selbstkonzept« abweicht. Die anderen reagieren nicht selbstbezogen. Kinder beginnen im Alter von 15–18 Monaten, sich im Spiegel zu erkennen[75].

Das Selbstkonzept der eigenen Physiognomie ist evolutionär betrachtet eine junge Leistung: Gallup konnte zeigen, daß nur Menschenaffen (die dem Menschen am nächsten verwandten Affenarten, z. B. Schimpansen) den »Punkt-Test« vor dem Spiegel bestehen, nicht aber andere Affenarten: Letztere hielten selbst nach wochenlanger Konfrontation mit ihrem Spiegelbild dieses für einen Artgenossen, den sie immer wieder »begrüßten«, attakkierten usw. Voraussetzung für die Fähigkeit des Selbsterkennens im Spiegel scheint das soziale Zusammenleben zu sein: Gallup fand, daß sozial isoliert aufgezogene Affen den Punkt-Test nicht bestanden. Die eigenen Artgenossen scheinen eine wichtige Rolle bei der Entwicklung des Selbstkonzepts zu spielen.

Charles Cooley versuchte diese sozialen Wurzeln des Selbstkonzepts mit dem Konzept des »Spiegel-Selbst« zu beschreiben: Wir sehen uns so, wie wir *glauben*, daß andere uns sehen. Unsere Mitmenschen stellen den Spiegel dar, in dem wir uns wahrnehmen[76]. Wichtig ist, daß diese Wahrnehmung immer subjektiv ist: Unser Selbstkonzept entspricht nicht dem »objektiven« Spiegelbild, sondern dem, was wir im Spiegel wahrzunehmen wähnen. Cooley bezieht also Verzerrungen des Spiegelbildes durch Erwartungen des Betrachters mit ein.

Damit vertrat Cooley bereits 1902 eine transaktionale Perspektive der Selbstkonzept-Entwicklung (anscheinend war ihm das allerdings selbst nicht voll klar): Das Selbstkonzept und seine soziale Spiegelung beeinflussen sich wechselseitig im Prozeß der Selbstentwicklung. Cooley ging damit weit über die simple, auch heute noch bisweilen vertretene Auffassung hinaus, wir erwürben unser Selbstkonzept durch Übernahme der Meinungen, die wichtige Bezugspersonen von uns haben. Diese Meinungen können uns eben nur so weit beeinflussen, wie wir sie überhaupt wahrnehmen.

Die Fähigkeit, sich selbst durch die Augen anderer wahrzunehmen, setzt voraus, daß überhaupt die Perspektive anderer von der eigenen Perspektive getrennt werden kann. Diese Fähigkeit entwickeln Kinder ab dem Alter von 4–6 Jahren, wobei es noch etwa zwei Jahre zusätzlich dauert, bis die beiden Perspektiven stabil getrennt werden können, also kaum mehr gegen Verwechslungen anfällig sind[77]. Man kann diese Fähigkeit auch als »Glauben 1. Ordnung« bezeichnen: Ich kann den eigenen Glauben über die Welt von dem trennen, was ich für den Glauben anderer über diese Welt halte.

Etwa zwei Jahre später entwickeln Kinder die Fähigkeit, drei Perspektiven auseinanderzuhalten: den eigenen Glauben, den eines anderen und den Glauben eines anderen über den Glauben eines dritten (dies wird dann als »Glauben 2. Ordnung« bezeichnet[78]). Man kann dieses Spielchen weitertreiben und die Fähigkeit untersuchen, einen Glauben beliebig hoher Ordnung von einem Glauben niedrigerer Ordnung zu unterscheiden. Spezialisiert man diese Glaubenszuschreibungen verschiedener Ordnung auf die wechselseitige Wahrnehmung von zwei Personen, so entsteht ein Spiegelkabinett, in dem sich zwei Spiegelbilder gegenseitig beliebig oft spiegeln: eine Spirale reziproker Perspektiven. Diese Spirale macht auch uns Erwachsene ab einer bestimmten Stufe schwindelig: »Möglicherweise denkt sie, daß er denkt, daß sie denke, er sei grausam, weil sie empfindet, daß er stets alles, was sie sagt, als Vorwurf auffaßt«[79]. Solche Spiralen entwickeln sich vor allem dann, wenn ein gegenseitiges Mißtrauen besteht.

Diese Spiegelfechtereien bleiben aber reines »mind-fucking«, wie das Amerikaner ausdrücken, wenn sie nicht in tatsächliches *Verhalten* umgesetzt werden. Oder wer es lieber klassisch haben möchte: Im »Raub der Lukrezia« von William Shakespeare heißt es »Thoughts are but dreams until their effects be tried«. Nicht jeder Glaube, nicht jedes Selbstkonzept wird verhaltenswirksam. Was aber privat bleibt, hat keinen Einfluß auf andere. Das bringt wieder mehr Stabilität in das Spiegelkabinett.

Hinzu kommt, daß unser Selbstkonzept ganz wesentlich auf der direkten Selbstwahrnehmung beruht, die nicht sozial vermittelt ist: Auch wenn mich alle Zuhörer für einen souveränen Redner halten, kann ich immer wieder die Erfahrung machen, daß ich anfangs fürchterlich aufgeregt bin. Diese Erfahrung wird mein Selbstkonzept als Redner stark prägen, auch wenn mir andere immer wieder versichern, ich sei souverän aufgetreten. Es gibt also eine Koppelung des Selbstkonzepts an das eigene Verhalten, das ein beliebiges Davonlaufen des Selbstkonzepts vom unterliegenden Verhalten verhindert.

Andererseits haben wir aber im letzten Abschnitt gesehen, daß es selbsterfüllende Prophezeiungen gibt: Ein falscher Glaube kann das eigene Verhalten beeinflussen. Das kann durch soziales Spiegeln stabilisiert werden. Ein anderer stabilisierender Mechanismus ist die Auswahl der eigenen Umwelt. Wer nur fest genug daran glaubt, daß er selbstunsicher ist, weil das in Astrologiebüchern steht oder Onkel Willi das immer schon gewußt hat, dürfte langfristig so verunsichert werden, daß er mehr und mehr Situationen vermeidet, die Selbstsicherheit erfordern, und damit ein Defizit an Erfolgserlebnissen in Konfliktsituationen aufbauen, das ihn tatsächlich langfristig unsicher macht.

Die Filterfunktion des Selbstkonzepts, soziales Spiegeln und Umwelt-Auswahl können auch zusammenwirken. Untersuchungen zum Zusammenhang zwischen selbstbeurteilter Persönlichkeit und astrologischen »Vorhersagen« zeigen zum Beispiel, daß bei Menschen, die an Astrologie glauben, eine überzufällige Übereinstimmung zwischen astrologischer »Vorhersage« und selbstbeurteilter Persönlichkeit besteht; bei Menschen, die nicht an Astrologie glauben, gibt es dagegen eine solche Übereinstimmung nicht[80]. Astrologie-Gläubige scheinen also ihr Selbstkonzept ihrem durch astrologische Lektüre geprägten Weltbild anzupassen.

Es sollte nun nicht überraschen, falls sich bei Astrologie-Gläubigen langfristig sogar eine gewisse Übereinstimmung zwischen astrologischer Prognose und Persönlichkeitsbeurteilungen durch Personen zeigt, die nichts von Astrologie halten. Denn Astrologie-Gläubige dürften eine Tendenz haben, in ihren Bekanntenkreis Menschen aufzunehmen, die diesen Glauben teilen[81]. Da diese – genauso wie sie selbst – ihr Verhalten durch die Brille der Astrologie wahrnehmen und sich gegenseitig in Astrologie-konformem Verhalten bestätigen, kann die astrologische Prophezeiung eine selbsterfüllende Prophezeiung werden.

Das Selbstkonzept kann also unabhängig davon, wie es erworben wurde, ein Kristallisationspunkt für Verhaltenstendenzen werden. Dadurch übt es eine *primär stabilisierende* Funktion auf die Persönlichkeitsentwicklung aus. Denn wie alle Begriffsbildungen neigt auch das Selbstkonzept zu einer »Übergeneralisierung«: Wer sich ab und zu in bestimmten Situationen als stark ängstlich erlebt, mag dadurch in dem Selbstkonzept bestätigt werden, er sei »ängstlich« – und zwar ängstlich in allen möglichen Situationen und zu allen möglichen Zeitpunkten.

Tatsächlich zeigen zahlreiche Untersuchungen, die die situative Stabilität des Selbstkonzepts mit der situativen Stabilität des tatsächlichen Verhaltens verglichen, daß das Selbstkonzept stabiler ist[82]. Daß selbstbeurteilte sozial-emotionale Persönlichkeitsmerkmale zeitlich langfristig etwas stabiler sind als fremdbeurteilte, haben wir schon in IV.3 gesehen. Das Bild von der eigenen Persönlichkeit erfüllt also eher die Kriterien für Persönlichkeitsmerkmale als das tatsächliche eigene Verhalten. Dadurch entfaltet das Selbstkonzept in seiner Wechselwirkung mit diesem Verhalten eine primär stabilisierende Wirkung.

Betrachten wir diese stabilisierende Funktion des Selbstkonzepts unter entwicklungspsychologischem Aspekt, so heißt das, daß die zunehmende Verfestigung eines Selbstkonzepts im Verlauf der Kindheit und Jugend eine Erklärung für die zunehmende Stabilisierung von Verhaltensunterschieden sein könnte. Jerome Kagan scheint sogar die Meinung zu vertreten, daß die Entwicklung des Selbstkonzepts ab dem 2. Lebensjahr entscheidend für die Stabilisierung von Verhaltensunterschieden sei[83].

Diese These ist in dieser Allgemeinheit nicht überprüfbar, weil Menschen immer ein Selbstkonzept entwickeln. Wir haben in diesem Kapitel so viele mögliche andere Stabilisierungsmechanismen kennengelernt (Konstanz des Genotyps und Stabilisierung der Gen-Aktivität, Konstanz der äußeren Umwelt, Person-Umwelt-Passung durch aktive Auswahl und Gestaltung der eigenen Umwelt, Filterfunktion der eigenen Persönlichkeit in der Wahrnehmung, soziales Spiegeln), daß die besondere Hervorhebung des Selbstkonzepts nicht zwingend erscheint. Das Selbstkonzept spielt eine wichtige, aber nicht unbedingt eine entscheidende Rolle in der Stabilisierung von Persönlichkeitsunterschieden.

Wie bedeutsam diese Rolle ist, hängt von dem Einfluß der

anderen beteiligten Prozesse ab: Wie weit ist ein bestimmtes Verhalten von der Gen-Aktivität beeinflußt, von der aktiven Auswahl und Gestaltung der eigenen Umwelt, wie weit wird es durch soziales Spiegeln verstärkt? Es scheint klar, daß die Antwort auf diese Frage je nach dem betrachteten Verhaltensmerkmal unterschiedlich ausfallen wird. Was »unter dem Strich« als stabilisierender Effekt des Selbstkonzepts bleibt, ist also eine ziemlich müßige Frage. Was für ein bestimmtes Persönlichkeitsmerkmal bleibt, läßt sich nur durch sehr aufwendige, langfristige Längsschnittstudien abschätzen, in denen die Entwicklung des Selbstkonzepts und des tatsächlichen Verhaltens gleichzeitig an denselben Personen untersucht wird. Solche Studien gibt es bisher nicht, so daß der relative Einfluß des Selbstkonzepts auf die Entwicklung von Persönlichkeitsunterschieden im Verhalten derzeit noch offen ist.

Die Entfaltung von Persönlichkeitsunterschieden

Angesichts aller dieser stabilisierenden, aber auch destabilisierenden Faktoren dürfte es nicht mehr erstaunlich sein, daß Verhaltensunterschiede einerseits dazu neigen, sich zeitlich fortzupflanzen, also zu stabilen Persönlichkeitsunterschieden zu werden, andererseits aber selten völlig stabil sind, sondern das ganze Leben hindurch im Fluß bleiben. Tafel 49 illustriert dies.

Tafel 49

Die Entfaltung von Persönlichkeitsunterschieden

Betrachten wir eine bestimmte Entwicklungsleistung, die durch ein Verhaltensmerkmal repräsentiert ist, so können wir die einzelnen individuellen Entwicklungsverläufe verschiedener Menschen als Entwicklungspfade *bezeichnen: Jeder Pfad beschreibt den Weg einer Person durch den Merkmal-Zeit-Raum. Solange verschiedene Personen dieselbe Merkmalsausprägung zum selben Zeitpunkt ihrer Entwicklung haben, unterscheiden sich ihre Entwicklungspfade nicht. Weichen ihre Entwicklungen voneinander ab, verzweigen sich ihre Pfade. Die Entfaltung von Persönlichkeitsunterschieden beruht also auf einer Verzweigung von Entwicklungs-*

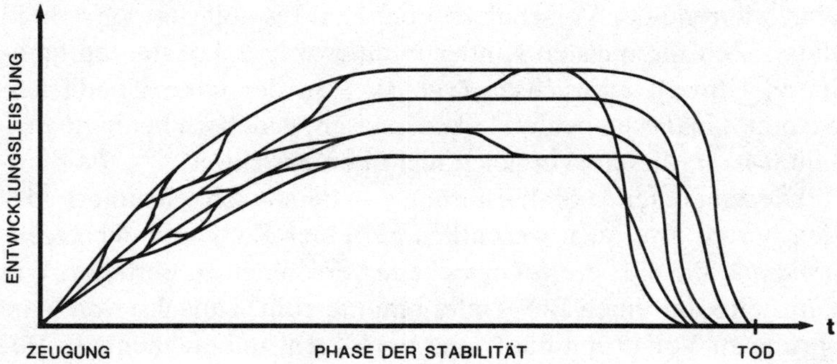

pfaden und deren nachfolgender Stabilisierung. Diese drückt sich darin aus, daß ihr Abstand im Merkmal-Zeit-Diagramm konstant über die Zeit bleibt. Die Abbildung illustriert die zunehmende Stabilisierung der Pfade anhand fiktiver Beispiele.

Die Rolle der Gene, der Umwelt und der bereits entwickelten Persönlichkeit ist dabei grundsätzlich ambivalent: Jeder der drei Faktoren kann, wie wir gesehen haben, sowohl für die Verzweigung als auch für die Stabilisierung von Entwicklungspfaden verantwortlich sein. Nur das Selbstkonzept scheint eine primär stabilisierende Funktion zu haben. Daß die meisten Persönlichkeitsmerkmale im Erwachsenenalter eine relativ lange instabile Vorgeschichte in der Kindheit haben, dürfte wohl vor allem zwei Faktoren zuzuschreiben sein, die ansonsten nichts miteinander zu tun haben. Zum einen scheint die Gen-Aktivität in der Kindheit insgesamt stärker zu variieren als im Erwachsenenalter, wenn auch verläßliche Abschätzungen hierzu noch nicht vorliegen. Und zum zweiten entfalten das Selbstkonzept der eigenen Persönlichkeit und die Fähigkeit, die eigenen Umweltbedingungen in Grenzen nach den eigenen Bedürfnissen zu gestalten, ihre Wirkungen erst im Verlauf der Kindheit.

Wie groß diese inneren stabilisierenden Wirkungen sein dürften relativ zu der Konstanz der äußeren Umweltbedingungen, zeigt sich schon daran, daß sozial-emotionale Persönlichkeitsmerkmale durch die starken Umweltänderungen beim Übergang ins Berufsleben kaum tangiert zu werden scheinen, andererseits aber während der Vorschulzeit noch sehr instabil sind, obwohl in dieser Zeit die meisten Kinder in einer relativ konstanten familiären Umwelt aufwachsen (vgl. IV.3 zu der unterschiedlichen Stabilität in diesen beiden Lebensphasen; genetisch bedingte Stabilität ist in diesem Vergleich nicht berücksichtigt).

Die zunehmende Stabilisierung von Persönlichkeitsunterschieden beruht also auch wesentlich auf einer Zunahme der *Eigendynamik*, die die bereits entwickelte Persönlichkeit entfaltet. Wie ein Stein, der einen Berggipfel hinunterrollt, zunächst von Vorsprung zu Vorsprung hüpft und noch recht unberechenbare Bewegungen macht, dann aber immer mehr Geröll mit sich reißt, bis eine Lawine entsteht, die senkrecht zu Tal stürzt, so gewinnt die Persönlichkeit des einzelnen im Verlauf ihrer Entwicklung eine Eigendynamik, die sie zunehmend stabilisiert und vorhersagbar macht.

7 Abschätzung der Einflußgrößen

In den letzten vier Kapiteln wurden die verschiedenen Quellen der Variabilität und der Stabilität von Persönlichkeitsmerkmalen geschildert und die Persönlichkeitsentwicklung als spiralförmiger Prozeß der Person-Umwelt-Transaktion beschrieben. Persönlichkeitsentwicklung stellt sich jetzt dar als Ergebnis vielfältiger Wechselwirkungen unterschiedlicher Einflußgrößen. Wer diese vier Kapitel aufmerksam gelesen hat, dürfte wohl kaum noch den verbreiteten Trugschlüssen und Sackgassen monokausaler Erklärungen der Persönlichkeitsentwicklung anheimfallen, wie sie in Kapitel V.1 vorgeführt wurden. Abschied von simplen Erklärungsmustern nehmen bedeutet aber auch, sich mit einer neuen Unübersichtlichkeit auseinanderzusetzen. Viele Einflußfaktoren, vielfältige Wechselwirkungen – gut und schön, aber was ist damit gewonnen? Heißt das nicht letztlich, daß wir im Grunde gar nichts mehr über Persönlichkeitsentwicklung aussagen können? Läßt sich das dann überhaupt als Erkenntnisfortschritt bezeichnen?

Ja, denn allein die Einsicht, daß die Dinge komplizierter sind, als man vorher gedacht hatte, ist zweifellos ein Erkenntnisfortschritt. Aber dabei müssen wir im Falle der Persönlichkeitsentwicklung nicht stehenbleiben. In diesem Kapitel wollen wir versuchen, aus differentieller Sichtweise die *relative Bedeutung* der verschiedenen Einflußfaktoren auf die Entwicklung von Persönlichkeitsunterschieden *abzuschätzen*: Wie groß ist der Einfluß des Genotyps *relativ* zum Einfluß von Umweltfaktoren? Wie groß ist der Einfluß eines bestimmten Umweltfaktors *relativ* zu dem Einfluß eines anderen Umweltfaktors? Wir werden sehen, daß diese Schätzversuche *nicht* zu dem Ergebnis führen, daß »alles irgendwie schon eine Rolle spielt«, sondern daß interessante Unterschiede in der relativen Stärke bestimmter Einflußfaktoren bestehen, die es erlauben, wieder etwas mehr Ordnung in die jetzt noch so verwirrende Einflußvielfalt zu bringen.

Die scheinbare Trivialität der Erbe-Umwelt-Diskussion

Bevor wir uns an die Abschätzung der Einflußgrößen machen, muß aber noch ein weitverbreitetes Mißverständnis geklärt werden. Oft wird die Frage, wie groß der relative Einfluß von Erbe (Genotyp) und Umwelt auf die menschliche Entwicklung sei, als *trivial* bezeichnet: Da immer beide Faktoren gegeben sein müssen, sei es müßig, ihre relative Bedeutsamkeit abschätzen zu wollen. Ein Genotyp könne ja nicht ohne Umwelt wirksam werden, und eine Umwelt alleine könne ja ohne Genotyp auch keinen Menschen zustande bringen.

Diese Antwort ist zwar richtig, beantwortet aber die falsche Frage. Natürlich läßt sich der relative Einfluß von Genotyp und Umwelt auf ein Merkmal eines *einzelnen Menschen* nicht abschätzen; eine Aussage wie »die Intelligenz eines Erwachsenen ist zu 60% durch seine Gene und zu 40% durch seine Umwelt bedingt« ist offensichtlicher Unsinn, denn Gene und Umwelten wirken immer gemeinsam und addieren sich nicht. Aber das ist gar nicht die interessante Frage. Diese ist vielmehr, wie stark die *existierenden Unterschiede zwischen Menschen* durch Erbe bzw. Umwelt bedingt sind. Diese differentielle Fragestellung ist sinnvoll. Denn es gibt Unterschiede wie z. B., *welche* Blutgruppe jemand hat, die ausschließlich genetisch bedingt sind, und andere Unterschiede wie z. B., *welche* Sprache jemand spricht, die ausschließlich umweltbedingt sind. Die Frage ist also nicht, wie es überhaupt zu einer Blutgruppe kommt oder warum jemand überhaupt eine Sprache erlernt (hierbei wirken Genotyp und Umwelt untrennbar zusammen), sondern wie es bei Menschen zu unterschiedlichen Blutgruppen kommt bzw. warum Menschen, die eine Sprache sprechen, eine ganz bestimmte Sprache sprechen.

Die »Trivialität« der Erbe-Umwelt-Diskussion ist also nur eine scheinbare; sie beruht auf einer Verwechslung der individuellen mit der differentiellen Sichtweise der Entwicklung (vgl. Kapitel III.1). Da es sich hier um ein weitverbreitetes Mißverständnis handelt, mag eine Analogie helfen, diesen Unterschied noch einmal deutlich zu machen.

Beim Pferderennen wird gewettet, welches Pferd als erstes durchs Ziel geht. Genauer betrachtet siegt aber nie ein Pferd alleine, sondern eine Jockey-Pferd-Kombination: Roß und Reiter bilden die Einheit, die gewinnt oder verliert. Jockey (Genotyp) und Pferd (Umwelt) alleine können nicht gewinnen, das ist trivial. Es gibt aber bedeutsame Unterschiede zwischen Jockey-Pferd-Kombinationen. Unter anderem beruhen diese Unterschiede darauf, daß es gute und schlechte Jockeys und gute und schlechte Pferde gibt. Erfahrene Spieler setzen deshalb nicht auf das beste Pferd, sondern auf die beste Jockey-Pferd-Kombination. Sie wissen aber auch, daß selbst der beste Jockey auf einem mittelmäßigen Pferd kaum eine Chance hat, während ein mäßiger Jockey auf einem hervorragenden Pferd durchaus Sieger werden könnte: Der Einfluß von Jockey-Unterschieden auf die Gewinnchancen unterschiedlicher Jockey-Pferd-Kombinationen ist geringer als der Einfluß von Unterschieden zwischen den Pferden. Trotzdem macht auch der Jockey einen Unterschied.

Diese Analogie, auf die wir noch des öfteren zurückkommen werden, mag deutlich machen, daß die Frage nach der relativen Bedeutung von Einflüssen auf Persönlichkeits*unterschiede* durchaus sinnvoll ist. So ist es eine berechtigte Frage, wie stark Intelligenzunterschiede zwischen den Mitgliedern eines bestimmten Kulturkreises durch genetische und durch Umweltfaktoren bestimmt sind. Bevor wir diese Frage beantworten können, müssen aber noch zwei weitere Faktoren dargestellt werden, die Persönlichkeitsunterschiede beeinflussen: Genotyp-Umwelt-Kovariation und Genotyp-Umwelt-Interaktion.

Genotyp-Umwelt-Kovariation

Wie wir gesehen haben, hängt bei Pferderennen die Erfolgschance von der Qualität der Jockeys und der Pferde ab. Betrachten wir nun die Jockey-Pferd-Kombinationen bei mehreren Rennen, werden wir feststellen, daß die Qualitäten von Jockeys und Pferden nicht unabhängig voneinander sind: Es werden vor allem die guten Jockeys sein, die die guten Pferde reiten, während die schlechten Jockeys eher auf den schlechten Tieren zu finden sind – es besteht ein gleichgerichteter Zusammenhang, eine *positive Kovariation*, zwischen Jockey- und Pferde-Unterschieden. Diese Kovariation kann drei Ursachen haben[84].

Die *aktive* Jockey-Pferd-Kovariation beruht zum einen darauf, daß Jockeys einen gewissen Einfluß darauf haben, welches Pferd sie reiten. Ein Star-Jockey wird sich nicht mit einem zweitklassigen Pferd zufriedengeben. Zum anderen können gute Jokkeys ihre Pferde auch besonders gut einreiten. Bevor Sie weiterlesen, versuchen Sie doch selbst einmal, das analoge Konzept einer *aktiven positiven Genotyp-Umwelt-Kovariation* auf zwei Persönlichkeitsmerkmale anzuwenden: Intelligenz und Extraversion.

Eine Jockey-Pferd-Kovariation kann aber auch ohne direkte Einwirkung des Jockeys zustande kommen. Die *passive* Jockey-Pferd-Kovariation beruht auf einem dritten Faktor neben Jockey und Pferd, der gleichsinnig auf deren Qualitäten wirkt. So wird der Inhaber eines Gestüts mit sehr guten Rennpferden versuchen, auch besonders gute Jockeys unter Vertrag zu bekommen; da seine Pferde dank ihrer Qualität genügend einbringen, kann er sich das auch eher leisten als jemand, der nur über schlechte Pferde verfügt. Wie könnte eine analoge *passive positive Genotyp-Umwelt-Kovariation* bei Intelligenz und Extraversion entstehen? Wer ist der dritte Faktor in diesem Fall?

Schließlich könnte die Jockey-Pferd-Kovariation durch das

Verhalten der Pferde verursacht sein: Vielleicht kommen gute Pferde mit guten Jockeys besonders gut zurecht, so daß dies ihre Gewinnchancen erhöht. In diesem Fall würde man von einer *reaktiven* Kovariation sprechen: Die Reaktion des Pferdes auf den Jockey wirkt sich auf die Jockey-Pferd-Kombination aus. Worauf könnte eine analoge *reaktive positive Genotyp-Umwelt-Kovariation* bei Intelligenz und Extraversion beruhen?

Vermutlich haben Sie die größte Schwierigkeit bei der Analogiebildung zur *passiven* Kovariation gehabt: Wer ist der dritte Faktor, der gleichsinnig auf Genotyp und Umwelt eines Kindes wirkt? Die Eltern! Denn beide Elternteile teilen mit ihrem Kind etwa 50% ihrer Gene. Die elterlichen Genotypen kovariieren also mit dem kindlichen Genotyp. Andererseits beeinflussen sie die Persönlichkeit der Eltern, und diese wiederum beeinflußt die Umwelt des Kindes. So mag ein genetisch intelligent veranlagtes Kind schon deshalb in einer intelligenzfördernden Umgebung aufwachsen, weil es intelligente Eltern hat, die aufgrund ihrer Intelligenz für eine anregende Umwelt des Kindes sorgen. Oder ein genetisch extravertiert veranlagtes Kind mag in seiner Extravertiertheit zusätzlich dadurch gefördert werden, daß es extravertierte Eltern hat, die ihm eine sozial anregende Umgebung bieten. Neben den Eltern können auch die (im Mittel mit ihm ebenfalls zu etwa 50% genetisch identischen) Geschwister eines Kindes eine passive Genotyp-Umwelt-Kovariation verursachen[85].

Die *aktive* Genotyp-Umwelt-Kovariation beruht auf der Kombination von genetischem Einfluß auf die eigene Persönlichkeit und eigener Auswahl und Gestaltung der persönlichen Umwelt. Ein intelligentes Kind wird sich z. B. anregende Spielpartner suchen und so seine Intelligenz selbst fördern; ein extravertiertes Kind wird aktiv viele Kontakte knüpfen und so seine Extraversion selbst verstärken.

Die *reaktive* Genotyp-Umwelt-Kovariation schließlich setzt sich aus dem genetischen Einfluß auf die eigene Persönlichkeit, der Wirkung dieser Persönlichkeitskomponente auf andere Personen und der hierdurch verursachten Reaktion dieser anderen Personen zusammen, die ja einen Teil der Umwelt des Kindes ausmacht. So vermag ein intelligentes Kind andere Kinder oder

Erwachsene eher für sich zu interessieren, so daß sie sich ihm eher in intelligenzfördernder Weise zuwenden; ein extravertiertes Kind vermag eher andere aus der Reserve zu locken und so seine Extraversion spiegelnd zu verstärken.

Diese drei Formen der Genotyp-Umwelt-Kovariation potenzieren also die Wirkung gleichsinnig gerichteter Merkmale von Genotyp und Umwelt auf die Persönlichkeitsentwicklung. Sie lassen sich in das Modell der Persönlichkeitsentwicklung von Kapitel V.4 integrieren, indem es um genetische Verwandte des Kindes erweitert wird (vgl. Tafel 50).

Tafel 50

Genotyp-Umwelt-Kovariation

Das folgende Modell der Persönlichkeitsentwicklung ist eine Erweiterung des Modells aus Tafel 44, S. 205, um den genetischen Beitrag verwandter Familienmitglieder.

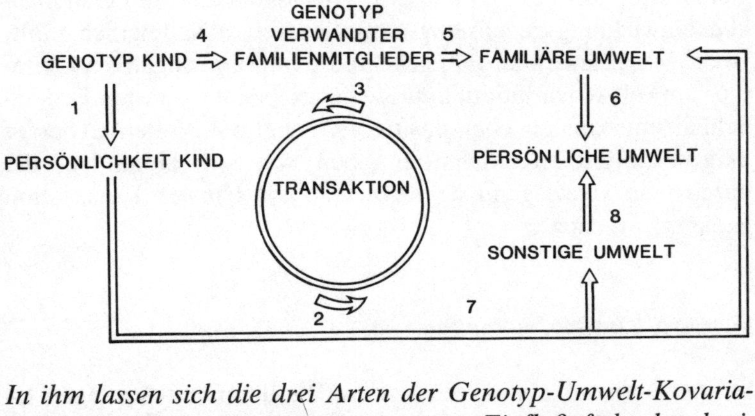

In ihm lassen sich die drei Arten der Genotyp-Umwelt-Kovariation in der Form von zusammengesetzten Einflußpfaden beschreiben. Die aktive Genotyp-Umwelt-Kovariation *führt vom Genotyp des Kindes über seine Persönlichkeit zu seiner persönlichen Umwelt (*Pfad 1 + 2*). Die* passive Genotyp-Umwelt-Kovariation *führt vom Genotyp des Kindes über die Genotypen verwandter Familienmitglieder (z. B. Eltern, Geschwister, Großeltern), die die familiäre Umwelt beeinflussen, zur persönlichen Umwelt des Kindes (*Pfade 4 + 5 + 6*). Die* reaktive Genotyp-Umwelt-Kovariation *führt vom Genotyp des Kindes über Personen der familiären*

*Umwelt (verwandte Familienmitglieder, nichtverwandte Familienmitglieder) und der sonstigen Umwelt (z. B. Freunde, Lehrer) zur persönlichen Umwelt des Kindes (*Pfade 1 + 7 + 6 und 1 + 7 + 8*).*

Neben der Verstärkung der Wirkung gleichgerichteter Merkmale von Genotyp und Umwelt kann die Genotyp-Umwelt-Kovariation aber auch die Wirkung *entgegengesetzter* Merkmale von Genotyp und Umwelt erhöhen. Es besteht dann eine *negative Kovariation*, die wiederum eine aktive, passive oder reaktive Ursache haben kann. So könnte ein wenig intelligentes Kind besondere Förderung in der Schule erfahren, oder den Spielkameraden eines extrem extravertierten Kindes wird dessen dauernde soziale Aktivität zu bunt, so daß sie versuchen, ihm immer wieder einen Dämpfer zu verpassen.

Positive und negative Genotyp-Umwelt-Kovariation können gleichzeitig auftreten und so ihre Wirkungen auf die Persönlichkeitsentwicklung gegenseitig neutralisieren. Was letztlich zählt, ist die Resultante aller möglichen positiven und negativen Genotyp-Umwelt-Kovariationen; diese dürfte bei den meisten Persönlichkeitsmerkmalen eher positiv als negativ ausfallen. Aber es mag bestimmte Eigenschaften geben, wie z. B. Dominanz, die durch eine vorwiegend negative Genotyp-Umwelt-Kovariation gedämpft werden.

Genotyp-Umwelt-Interaktion

Strapazieren wir ein drittes Mal die Pferderennen-Analogie. Es gibt gute und schlechte Jockeys, d. h. Jockeys, die *unabhängig* davon, welche Pferde sie reiten, gut oder schlecht sind. Und es gibt gute und schlechte Pferde, d. h. Pferde, die *unabhängig* davon, von welchen Jockeys sie geritten werden, gut oder schlecht sind. Verfolgt man Pferderennen über eine längere Zeit, so kann man die Qualität der Jockeys dadurch bestimmen, daß man ihren mittleren Erfolg in allen Rennen berechnet (bei denen sie also mehrere Pferde geritten haben); entsprechend läßt sich die Qualität der Pferde berechnen, indem man ihren mittleren Erfolg in allen Rennen bestimmt (bei denen sie von mehreren Jockeys geritten wurden).

Man könnte nun versuchen, die Erfolgswahrscheinlichkeit einer Jockey-Pferd-Kombination durch eine gewichtete Summe des mittleren Erfolges von Jockeys bzw. Pferden zu schätzen, etwa durch 20 % der Erfolgswahrscheinlichkeit von Jockeys und 80 % der Erfolgswahrscheinlichkeit von Pferden (diese Gewichtung drückt aus, daß die Qualität der Pferde für den Gewinn viermal wichtiger ist als die Qualität der Jockeys).

Das ist sicher kein schlechtes Vorgehen, aber besonders ausgefuchste Pferde-Wetter werden versuchen, zusätzlich für jede einzelne Jockey-Pferd-Kombination abzuschätzen, ob es sich um eine gute oder eine schlechte *Kombination* von Jockey und Pferd handelt. Wenn der Jockey zum Beispiel sein Pferd schon sehr lange geritten hat, wird seine Erfolgswahrscheinlichkeit bei diesem Pferd etwas höher sein, als es die gewichtete Summe vorhersagt. Mußte er umgekehrt für einen erkrankten Kollegen einspringen und hatte kaum Zeit, das Pferd vor dem Rennen kennenzulernen, wird seine Chance etwas niedriger sein.

Es gibt also eine Wechselwirkung, eine *Interaktion*, zwischen den Erfolgschancen von Jockeys und Pferden: Ein Jockey mag mit bestimmten Pferden *relativ zu anderen Jockeys* besonders gut oder besonders schlecht zurechtkommen. Der beste Jockey auf dem Platz, der auch noch das beste Pferd reitet, kann unter Umständen dann nicht gewinnen, wenn er es nicht so gut kennt; der zweitbeste Jockey, der das zweitbeste Pferd reitet, mit dessen Eigenarten aber bestens vertraut ist, kann in diesem Fall die besseren Chancen haben. Selbst bei sehr hoher Jockey-Pferd-Kovariation kann die Jockey-Pferd-Interaktion einem Wetter, der nur nach einer gewichteten Summe vorgeht, einen Strich durch die Rechnung machen. Rechnerisch kann man die Interaktion berücksichtigen, indem man von der gewichteten Summe der beiden Erfolgswahrscheinlichkeiten eine Zahl abzieht oder sie addiert.

Versuchen wir, diesen Ansatz auf den Einfluß von Genotyp- und Umweltunterschieden auf die Ausprägung von Persönlichkeitsunterschieden zu übertragen, so stoßen wir auf das Problem, wie wir Genotypen und Umwelten quantifizieren sollen: Sie lassen sich ja nicht durch Erfolgswahrscheinlichkeiten messen. Wie dieses Problem derzeit genau gelöst wird, wird im nächsten Abschnitt dargestellt. Hier reicht es, sich vorzustellen, daß man Genotypen und Umwelten danach quantifizieren kann, wie förderlich bzw. hinderlich sie sich auf die Ausprägung eines bestimmten Persönlichkeitsmerkmals auswirken: Je förderlicher, desto größer ist die ihnen zugeordnete Zahl. Die möglichen Arten der Interaktion zwischen Genotypen und Umwelten lassen sich dann graphisch veranschaulichen (vgl. Tafel 51).

Tafel 51

Genotyp-Umwelt-Interaktionen bei Intelligenz

Die folgenden Abbildungen illustrieren mögliche Formen der Genotyp-Umwelt-Interaktion. Zwei Genotypen A und B wirken sich in unterschiedlich intelligenzfördernden Umwelten auf den Intelligenzquotienten aus. In allen 6 Fällen ist der Genotyp A im Mittel über alle Umwelten IQ-förderlicher als der Genotyp B. Bei (1) besteht keine Interaktion: A ist B in allen Umwelten um eine konstante Zahl von IQ-Punkten überlegen. Bei (2) profitiert A desto mehr von den Anregungsbedingungen der Umwelt, je intelligenzfördernder sie sind. Bei (3) gilt dies für B; Vertreter einer kompensatorischen Erziehung könnten eine solche Interaktion anstreben. Bei (4) unterscheiden sich die beiden Genotypen vor allem im mittleren Bereich der Umwelt; »deprivierende Umwelten« nivellieren die genetischen Unterschiede ebenso wie extrem förderliche Umwelten. Bei (5) und (6) liegt eine disordinale Interaktion vor; »deprivierende Umwelten« schaden dem »sensiblen« Genotyp A mehr als dem »robusten« Genotyp B, während förderliche Umwelten von A mehr genutzt werden als von B. Alle 6 Interak-

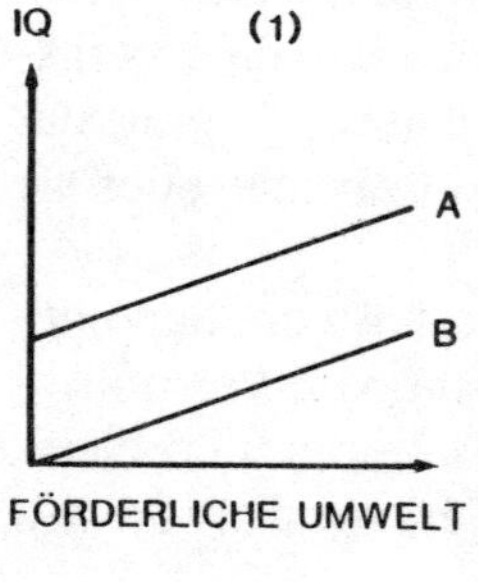

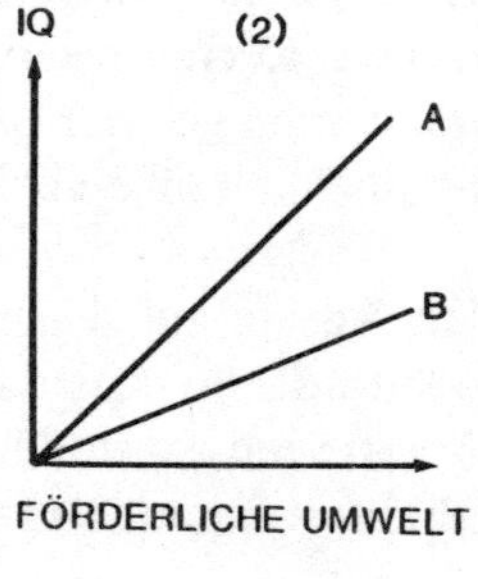

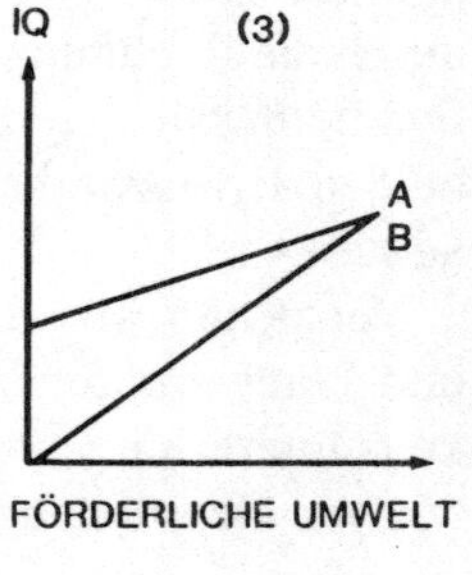

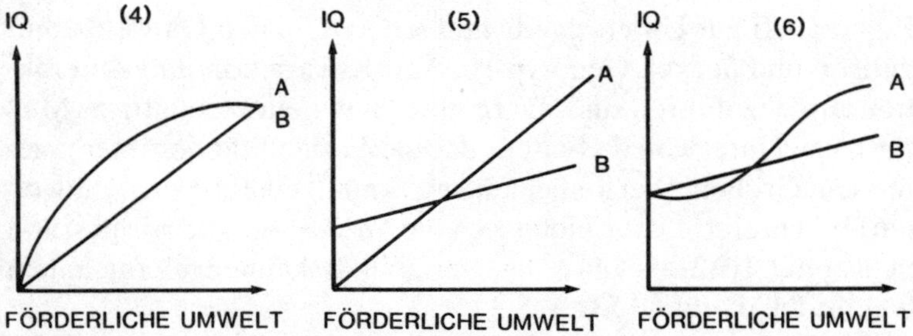

tionsformen sind plausibel; welche vorliegt, läßt sich nicht logisch, sondern nur durch Messung der Intelligenz verschiedener Genotypen in verschieden förderlichen Umwelten entscheiden.

Wichtig ist vor allem der Unterschied zwischen *ordinalen* und *disordinalen* Interaktionen: Bei ordinalen Interaktionen bleibt die Ordnung, die Rangfolge, der Genotypen unter allen Umweltbedingungen gleich, nur die Größe ihrer »Abstände« variiert. Jemand, der eine genetische Veranlagung zu Hochbegabung hat, wird unter allen Umweltbedingungen intelligenter sein als jemand mit einer genetischen Veranlagung zu durchschnittlicher Intelligenz, der den gleichen Umweltbedingungen ausgesetzt ist. Nur sein relativer Intelligenzvorsprung kann sich mit variierenden Umweltbedingungen ändern; es bleibt aber immer ein Vorsprung. Bei disordinaler Interaktion hingegen tritt der Fall ein, daß Hochbegabte unter bestimmten Umweltbedingungen eine *geringere* Intelligenz entwickeln als durchschnittlich Begabte, die unter denselben Umweltbedingungen aufwachsen. Dieser Fall ist bei Intelligenz nur schwer vorstellbar.

Varianzzerlegung

Ausgerüstet mit den Konzepten der Genotyp-Umwelt-Kovariation und -Interaktion können wir jetzt ein erstes Abschätzungsmodell für den relativen Einfluß von Genotyp und Umwelt auf Persönlichkeitseigenschaften formulieren. Was uns letztlich interessiert, ist, wieviel Prozent der in einer bestimmten Population von Menschen bestehenden Unterschiede in der betreffenden

Eigenschaft auf Unterschiede im Genotyp, in den Umweltbedingungen und auf die Genotyp-Umwelt-Kovariation und -Interaktion zurückzuführen sind. Dazu müssen wir ein vernünftiges Maß für diese Unterschiede finden, das die Variabilität der interessierenden Größen (Persönlichkeitsmerkmal, Genotypen, Umwelten) beschreibt. Dafür bietet sich die *Varianz* an, die wir ja schon in Kapitel III.2 als Maß der Variabilität kennengelernt haben (vgl. Tafel 10 auf S. 53 f.).

Wir können damit unsere Frage endgültig formulieren: Wieviel Prozent der Varianz eines Persönlichkeitsmerkmals geht auf die Varianz von Genotypen, wieviel auf die Varianz von Umwelten, wieviel auf die Genotyp-Umwelt-Kovarianz, und wieviel auf die Varianz der Genotyp-Umwelt-Interaktion zurück? Die relative Stärke der drei Einflußfaktoren wird als *Anteil an der Varianz des zu erklärenden Persönlichkeitsmerkmals* ausgedrückt. Je größer sein Varianzanteil ist, desto größer ist die Bedeutung eines Einflußfaktors.

Machen wir uns diese Logik anhand des Pferderenn-Beispiels klar. Um die relative Bedeutung der Jockeys, der Pferde und der Jockey-Pferd-Interaktion auf die Gewinnchancen von Jockey-Pferd-Kombinationen zu bestimmen, verfolgen wir Pferderennen eine längere Zeit und bestimmen die Erfolgswahrscheinlichkeit der verschiedenen vorkommenden Jockey-Pferd-Kombinationen (Anzahl der Siege bei allen Rennen). Ebenso können wir die Erfolgswahrscheinlichkeit der Jockeys und der Pferde berechnen. Aus diesen Erfolgswahrscheinlichkeiten können wir dann die Varianzen für die Erfolge von Jockeys, Pferden und Jockey-Pferd-Kombinationen bestimmen. Es ist wohl unmittelbar einsichtig, daß das Verhältnis der Erfolgsvarianzen von Pferden und Jockeys etwas über ihren relativen Einfluß auf den Ausgang von Pferderennen aussagt. Ist z. B. die Erfolgsvarianz der Jockeys sehr gering, weil alle etwa gleich gut sind, die Erfolgsvarianz der Pferde aber sehr groß, weil deutliche Schnelligkeitsunterschiede bestehen, ist der Einfluß der Pferde auf den Rennerfolg größer als der Einfluß der Jockeys.

Es ist aber nicht so, daß Varianzen sich einfach addieren, daß sich also die Erfolgsvarianz von Jockey-Pferd-Kombinationen immer als Summe der Erfolgsvarianzen von Jockeys und von

Pferden darstellen läßt. Das ist nur der Fall, wenn *keine Kovariation und keine Interaktion* zwischen den Erfolgen von Jockeys und Pferden besteht. Trotz geringer Varianz von Jockeys und Pferden können die Rennen dennoch eine hohe Varianz aufweisen, wenn die guten Jockeys auf den guten, die schlechten Jockeys auf den schlechten Pferden reiten, also eine positive Jockey-Pferd-Kovariation besteht. Zusätzlich kann die Erfolgsvarianz durch eine Jockey-Pferd-Interaktion noch gesteigert werden, etwa in Form einer ordinalen Interaktion der Art, daß gute Jockeys auf guten Pferden ganz besonders schnell und schlechte Jockeys auf schlechten Pferden ganz besonders langsam sind.

Ganz allgemein läßt sich beweisen, daß die Varianz einer Variable, die von zwei Einflußfaktoren abhängt, als Summe der Varianzen dieser Einflußfaktoren, ihrer doppelten Kovarianz und ihrer Interaktion dargestellt werden kann (vgl. Tafel 52). Die relative Stärke der vier Einflußquellen (die beiden unabhängigen Beiträge der Einflußfaktoren, ihre Kovariation und ihre Interaktion) läßt sich also in Prozentanteilen der Varianz der erklärten Variable angeben (vgl. Tafel 52).

Tafel 52

Das Prinzip der Varianzzerlegung

Die relative Stärke von Einflußfaktoren auf Persönlichkeitsunterschiede in einer bestimmten Population läßt sich ausdrücken als Anteil ihrer Varianz an der Varianz des Persönlichkeitsmerkmals. Bezeichnen $p_1, \ldots, p_n$ die verschiedenen Personen der Population, wobei n ihre Anzahl ist, und sind X und Y zwei Einflußfaktoren, so daß das Merkmal M eine Funktion von beiden ist, so läßt sich die Varianz von M darstellen als

$$\text{Varianz (M)} = \text{Varianz (X)} + \text{Varianz (Y)} + 2 \cdot \text{Kovarianz (X, Y)} + \text{Interaktion (X, Y)},$$

wobei die Kovarianz von X und Y der Mittelwert der pro Person multiplizierten Abweichungswerte von X und Y ist:

$$\text{Kovarianz (X, Y)} = \frac{(X(p_1) - \overline{X}) \cdot (Y(p_1) - \overline{Y}) + \ldots + (X(p_n) - \overline{X}) \cdot (Y(p_n) - \overline{Y})}{n},$$

wobei $\overline{X}$, $\overline{Y}$ die Mittelwerte von X und Y sind.

Ist die Kovarianz von X und Y gleich Null, so liefern X und Y vollkommen unabhängige Beiträge zu M. Ist sie positiv, so besteht ein gleichgerichteter Zusammenhang zwischen X und Y: Hohe

Werte von X gehen mit hohen Werten von Y, niedrige Werte von X gehen mit niedrigen Werten von Y einher. Ist die Kovarianz negativ, besteht ein kompensatorischer Zusammenhang zwischen X und Y: Hohe Werte von X gehen mit niedrigen Werten von Y einher und umgekehrt. Die Kovarianz ist also ebenso wie die Korrelation (vgl. Tafel 17, S. 84) ein Maß für den linearen Zusammenhang von Merkmalen. Ihre Werte hängen aber von der Varianz der Merkmale ab und können deshalb zwischen verschiedenen Variablenpaaren nicht direkt verglichen werden. Zwischen Kovarianz und Korrelation besteht die Beziehung

$$\text{Korrelation (X, Y)} = \frac{\text{Kovarianz (X, Y)}}{\sqrt{\text{Var (X)} \cdot \text{Var (Y)}}}$$

Aus den einzelnen Summanden der Varianzzerlegung läßt sich die relative Stärke der Einflußfaktoren in Prozent ausdrücken, indem sie durch die Varianz von M dividiert werden. Das folgende fiktive Beispiel macht das deutlich.

Varianz-beiträge	Var (IQ)	= Var (Genotyp)	+ Var (Umwelt)	+ 2 Kov (G, U)	+ I (G,U)
Numerischer Wert	200	= 70	+ 70	+ 40	+ 20
Einflußstärke	100 %	= 35 %	+ 35 %	+ 20 %	+ 10 %

Bei dieser Population würden also Genotyp und Umwelt die IQ-Unterschiede gleich stark beeinflussen, wobei ihre Wirkung durch eine Genotyp-Umwelt-Kovariation verstärkt wird, die sich in einer Korrelation von 2/7=0.29 zwischen Genotyp und Umwelt niederschlägt, und ihre Wirkung zusätzlich durch eine Interaktion beeinflußt wird, die auf zusätzliche Genotyp-Umwelt-Wechselwirkungen zurückgeht.

Drei der vier Einflußquellen liefern immer positive Beiträge zur Gesamtvarianz: die Einzelfaktoren und ihre Interaktion. Die Kovarianz kann, wie wir in Kapitel V.7 gesehen haben, auch negative Werte annehmen: wenn die Einflüsse der beiden Einflußfaktoren sich kompensieren. Tafel 53 zeigt an fiktiven Rechenbei-

Tafel 53

Die Wirkung von Kovarianz und Interaktion

Das folgende fiktive Beispiel demonstriert die varianzverändernde Wirkung von Kovarianz und Interaktion. Es bedeuten:

$p_1 \dots p_5$	die 5 Personen der Population
AM	ihre Abweichungswerte im Persönlichkeitsmerkmal M
AG	ihre Abweichungswerte in bezug auf ihren Genotyp
AU	ihre Abweichungswerte in bezug auf ihre Umwelt
A (G x U)	ihre spezifischen Abweichungswerte für Genotyp-Umwelt-Kombinationen
VG	die Varianz der Genotypen
VU	die Varianz der Umwelten
KOV (G, U)	die Genotyp-Umwelt-Kovarianz
INT (G, U)	die Genotyp-Umwelt-Interaktion
VM	die Varianz des Merkmals

Individuelle Variable	Abweichungswerte p_1	p_2	p_3	p_4	p_5	Varianzkomponenten Variable	Wert	Modell
AG	–2	–1	0	1	2	VG	2	Einfache Addition von genetischen und Umwelteinflüssen
AU	1	–2	0	2	–1	VU	2	
A (G x U)	0	0	0	0	0	INT (G, U)	0	
AM	–1	–3	0	3	1	VM	4	
						KOV (G, U)	0	
AG	–2	–1	0	1	2	VG	2	Positive Kovariation von Genotyp und Umwelt
AU	–2	–1	0	1	2	VU	2	
A (G x U)	0	0	0	0	0	INT (G, U)	0	
AM	–4	–2	0	2	4	VM	8	
						KOV (G, U)	2	
AG	–2	–1	0	1	2	VG	2	Negative Kovariation von Genotyp und Umwelt
AU	2	1	0	–1	–2	VU	2	
A (G x U)	0	0	0	0	0	INT (G, U)	0	
AM	0	0	0	0	0	VM	0	
						KOV (G, U)	–2	
AG	–2	–1	0	1	2	VG	2	Positive Kovariation und ordinale Interaktion von Genotyp und Umwelt
AU	–2	–1	0	1	2	VU	2	
A (G x U)	–4	–1	0	1	4	INT (G, U)	21.2	
AM	–8	–3	0	3	8	VM	29.2	
						KOV (G, U)	2	

spielen, wie der Einfluß von Genotypen und Umwelten sich einfach addieren, sich durch positive Kovarianz verstärken, sich durch negative Kovarianz auslöschen und sich durch ordinale Interaktion potenzieren kann. Sie sollten nicht vor den Zahlen erschrecken, sondern sich einmal die Mühe machen, die vier Beispiele durchzugehen. Das Prinzip der Varianzzerlegung müssen Sie verstanden haben, um die weitere Argumentation in diesem Kapitel nachvollziehen zu können.

Nachdem wir nun wissen, wie sich die Stärke von Einflußquellen auf Persönlichkeitsunterschiede *im Prinzip* bestimmen läßt, stellt sich die Frage, wie denn nun die verschiedenen Varianzanteile konkret für ein bestimmtes Persönlichkeitsmerkmal und eine bestimmte Population von Menschen berechnet werden können. Beim Pferderennen ist immer klar, welcher Jockey und welches Pferd gerade im Rennen ist; deshalb läßt sich die Erfolgsvarianz der Jockeys, der Pferde und der Jockey-Pferd-Kombinationen durch längere Beobachtung direkt bestimmen.

Im Falle von Persönlichkeitsmerkmalen können wir derzeit aber nur die Varianz des Merkmals selbst direkt abschätzen: Wir messen seine Ausprägung bei einer größeren *Stichprobe* von Mitgliedern der Population. Ist diese Stichprobe *repräsentativ*, d. h. stellt sie ein verkleinertes Abbild der Population dar, ist die Varianz des Persönlichkeitsmerkmals in dieser Stichprobe eine gute Schätzung seiner Varianz in der gesamten Population.

Aber wie sollen wir die Varianz der Genotypen und Umwelten messen? *Theoretisch* ginge das, indem wir wieder anhand einer repräsentativen Stichprobe von Mitgliedern der Population die mittlere Ausprägung des Persönlichkeitsmerkmals für jeden vorkommenden Genotyp und jeden vorkommenden Umwelttyp bestimmen. *Praktisch* geht das jedoch nicht, weil wir derzeit weder den Genotyp eines Menschen noch seine Umwelt klassifizieren können (vgl. V.4).

Die moderne Verhaltensgenetik verfügt aber über Methoden, die Varianzanteile von Genotypen und Umwelten *indirekt* abzuschätzen. Im Kern basieren alle diese Methoden – Zwillingsstudien, Adoptionsstudien und Familienstudien – auf einem Vergleich von Mitgliedern der Population, die *gemeinsame Varianzanteile* haben und sich deshalb *ähnlich* sind. So haben eineiige

Zwillinge denselben Genotyp und eine gemeinsame familiäre Umwelt; Unterschiede zwischen ihnen geben also Aufschluß über Umwelteinflüsse, die nicht beide betreffen. Adoptivgeschwister andererseits haben nur die familiäre Umwelt gemeinsam, da sie von verschiedenen biologischen Eltern stammen; ihre Ähnlichkeit gibt also Aufschluß über die Bedeutung dieser familiären Umwelt. Nicht-eineiige Geschwister schließlich haben im Mittel etwa 50% ihrer Gene und die familiäre Umwelt gemeinsam. Es sollte also möglich sein, aus diesen Ähnlichkeiten die verschiedenen Varianzanteile wie in einem Puzzlespiel zusammenzusetzen und so ihre Größe zu bestimmen.

Varianzabschätzung für Intelligenzunterschiede

Im folgenden wird dieses Puzzlespiel am Beispiel des Intelligenzquotienten demonstriert. Um das Puzzle zusammenzusetzen, müssen wir nur noch wissen, wie wir die Ähnlichkeit von Personen verschiedenen Verwandtschaftsgrades in Varianzanteilen ausdrücken können.

Bilden wir aus Personen einer Population Zufallspaare und vergleichen die Persönlichkeit der Partner in diesen Paaren, so werden alle Persönlichkeitsmerkmale, die wir untersuchen, keinen Zusammenhang zeigen, also zwischen den Partnern dieser Paare nicht korrelieren: Die Paare wurden ja willkürlich einander zugeordnet. Anders wird die Sache, wenn wir die Paare so zusammenstellen, daß sie sich in bestimmten Einflußfaktoren auf die Persönlichkeit *nicht* unterscheiden, diese Faktoren also *gemeinsam* haben. Dann werden sie sich in ihrer Persönlichkeit *ähnlich* sein, d. h. Persönlichkeitsmerkmale werden zwischen den Partnern dieser Paare *positiv korrelieren*. Je mehr Einflußfaktoren die verglichenen Personen gemeinsam haben, desto höher sollte die Korrelation ausfallen; im Extremfall, wenn wir eine Person mit sich selbst vergleichen, indem wir ein Persönlichkeitsmerkmal bei ihr zweimal in kurzem Abstand messen, sollte die Korrelation fast Eins betragen; ihre Differenz zu Eins schätzt in diesem Fall den Varianzanteil, der auf den *Meßfehler* zurückgeht (denn alle anderen Einflußfaktoren sind ja gleich geblieben).

Allgemein läßt sich die Varianz eines Persönlichkeitsmerkmals in einer Untergruppe von Personen der betrachteten Population, die bestimmte Einflußfaktoren gemeinsam haben, zerlegen in die *gemeinsame Varianz* der Paare aus der Untergruppe, die *spezielle Varianz* dieser Paare und die Varianz des *Fehlers* bei der Messung des Persönlichkeitsmerkmals. Die gemeinsame Varianz geht also auf Einflüsse auf das Persönlichkeitsmerkmal zurück, in denen sich die beiden Partner eines jeden Paares nicht unterscheiden, während die restlichen Einflußfaktoren die spezielle Varianz dieser Paare ausmacht.

So läßt sich die Varianz der Intelligenz von biologischen Geschwistern, die in derselben Familie aufwachsen, zerlegen in die Varianz, die auf gemeinsame Einflußfaktoren auf ihre Intelligenz zurückgeht (Geschwister teilen etwa 50% ihrer Gene, die gemeinsame familiäre Umwelt und gemeinsame Freunde und andere Umwelteinflüsse), und die Varianz, die Geschwistern nicht gemeinsam ist (bedingt durch etwa 50% ihrer Gene, unterschiedliche Behandlung durch Eltern und Geschwister, unterschiedliche Freunde und andere unterschiedliche Umwelteinflüsse). Tafel 54 zeigt, daß der gemeinsame Varianzanteil solcher Paare für ein Persönlichkeitsmerkmal durch die *Korrelation* dieses Merkmals zwischen den Partnern der Paare bestimmt werden kann[86].

Tafel 54

Bestimmung gemeinsamer Varianzen durch Korrelationen

Aus denjenigen Paaren von Personen einer Population, die bestimmte Einflußfaktoren auf ein Persönlichkeitsmerkmal M teilen, können wir eine Untergruppe U zusammenstellen. Die Varianz des Merkmals M in dieser Untergruppe U läßt sich dann zerlegen als

$$VMu = VMg + VMs + VF,$$

wobei VMu die Varianz des Merkmals M in der Untergruppe, VMg die gemeinsame Varianz der Partner eines jeden Paares, VMs die spezielle Varianz dieser Partner und VF die Varianz ist, die auf den Fehler bei der Messung von M zurückgeht. Ist KORR die Korrelation des Merkmals zwischen den Partnern der Paare aus U, so gilt

$$KORR = \frac{VMg}{VMu}$$

Die Korrelation gibt also die relative Stärke des Einflusses der Faktoren an, die beiden Partnern eines jeden Paares gemeinsam sind. Korreliert zum Beispiel die Intelligenz von nicht verwandten Adoptivgeschwistern zu 0.25, so bedeutet das, daß 25 % der Intelligenzunterschiede von Adoptivkindern auf Einflüsse zurückgehen, die sie mit ihren Geschwistern teilen. Ist die Varianz der Intelligenz von Adoptivgeschwistern vergleichbar mit der Varianz der Intelligenz in der gesamten Population (was der Fall ist), läßt sich daraus der Schluß ziehen, daß ganz allgemein 25 % der Intelligenzunterschiede beliebiger Personen *auf solche Umwelteinflüsse zurückgehen. Dieser Ansatz läßt sich weiter differenzieren, indem der genetische Varianzanteil VG und der auf Umweltfaktoren zurückgehende Varianzanteil VU getrennt in gemeinsame und spezielle Anteile zerlegt werden:*

$$VMu = (VGg + VUg) + (VGs + VUs) + F.$$

Durch das Studium der Ähnlichkeit von Person-Paaren, die bestimmte genetische oder Umweltfaktoren gemeinsam haben, aber dennoch die volle Variabilität des Merkmals aufweisen (so daß VMu = VM ist), kann also die Stärke bestimmter Einflußfaktoren auf Persönlichkeitsunterschiede bestimmt werden.

Der eigentliche Witz bei der Varianzschätzung durch Ähnlichkeitsmessung besteht also darin, die Tatsache auszunutzen, daß die Ähnlichkeit von Personen in einem Persönlichkeitsmerkmal die Höhe der gemeinsamen Varianz angibt, also die Stärke derjenigen Einflußfaktoren, die auf sie in gleicher Weise wirken.

Um Mißverständnissen vorzubeugen, sei das Wort »gemeinsam« noch etwas näher erläutert. »Gemeinsame Einflüsse« ist immer *relativ zur untersuchten Population* zu verstehen. Einflüsse, denen *alle* Mitglieder der Population in gleicher Weise ausgesetzt sind, fallen *nicht* darunter. »Gemeinsame Einflüsse« auf zwei Personen sind vielmehr Faktoren, die diese beiden Personen gemeinsam haben, *nicht* aber alle Populationsmitglieder. So haben zwei zusammen aufwachsende Geschwister viele Einflußfaktoren gemeinsam, denen andere Kinder nicht ausgesetzt sind: ihre Eltern, deren Freunde und Verwandten, eventuell andere Geschwister, gemeinsame Freunde usw. Daß die Geschwister menschliche Gene haben, eine Sprache sprechen und verstehen oder einen Beruf ausüben, haben sie auch gemeinsam, aber da dies gemeinsame Einflüsse auf 99% aller Mitglieder jeder menschlichen Population sind, interessieren diese Einflüsse nicht. Denn unser Ziel ist ja die Erklärung von Persönlichkeits*unterschieden* in Populationen.

Mit diesem Wissen um die Bedeutung der Korrelation von Persönlichkeitsmerkmalen zwischen Verwandten gewappnet, können wir uns jetzt an die Varianzabschätzung machen. Tafel 55 enthält alle Informationen, die wir brauchen, um die Anteile der Varianz der Intelligenz in westlichen Kulturen abzuschätzen.

Tafel 55

Korrelation des Intelligenzquotienten bei verschiedenen Verwandtschaftsgraden

Die folgende Tabelle enthält Werte von Korrelationen, wie sie typischerweise in Untersuchungen westlicher Kulturen gefunden werden, und gerundete Werte, auf die sich der Text bezieht.

Verglichene Personen	Anzahl Paare	IQ-Korrelationen tatsächlich	IQ-Korrelationen gerundet
Person mit sich selbst (Testwiederholung)	456	0.87	0.90
Zufällig zusammengestellte Paare	15086	–0.01	0.00
Adoptivgeschwister	1594	0.25	0.25
Gemeinsam aufgewachsene Geschwister:			
– unterschiedliches Alter	8228	0.49	0.50
– zweieiige Zwillinge gleichen Geschlechts	864	0.62	0.60
– zweieiige Zwillinge unterschiedlichen Geschlechts	358	0.62	0.60
– eineiige Zwillinge	1300	0.86	0.85
Getrennt aufgewachsene eineiige Zwillinge	107	0.75	0.75

Quelle: Plomin, R. und De Fries, J. C., Genetics and intelligence: Recent data, *Intelligence*, Vol. 4, 1980, 15–24.

Die Korrelation von 0.90 für die *Testwiederholung* besagt, daß 100%−90% = 10% der gemessenen IQ-Varianz auf *Meßfehler* zurückgeht: Wenn wir denselben Test an derselben Person nach kürzerer Zeit wiederholen, muß ja jede Abweichung des Ergebnisses auf einen Fehler (bei der ersten und/oder der zweiten Messung) zurückgehen. 90% der IQ-Varianz sind also wirklich erklärbar (vgl. auch IV.3).

Daß die Korrelation des IQ zwischen nicht verwandten Personen, die in verschiedenen Umwelten aufwachsen, also zwischen beliebigen Mitgliedern der Stichprobe, 0.00 beträgt, ist nicht erstaunlich, sondern trivial; solche Personen haben ja weder gemeinsame genetische noch gemeinsame Umwelteinflüsse relativ zur untersuchten Population.

Die Korrelation von 0.25 zwischen den Intelligenzquotienten von Adoptivgeschwistern besagt, daß *25% der IQ-Varianz auf Umweltfaktoren zurückgeht, die Geschwistern gemeinsam sind*: das häusliche Milieu, eingeschlossen das Verhalten der Eltern ihren Kindern gegenüber, gemeinsame Freunde, gemeinsame Erfahrungen in Schule und Freizeit. Denn Adoptivgeschwister sind sich genetisch nicht ähnlich, teilen aber dieselben Umweltfaktoren wie normale Geschwister[87].

Die Korrelation von 0.50 zwischen Geschwistern bedeutet, daß 50% ihrer IQ-Varianz auf gemeinsame genetische und gemeinsame Umweltfaktoren zurückgeht. Da wir aus den Adoptionsdaten schon wissen, daß die gemeinsame Umweltvarianz 25% beträgt, verbleiben *25% gemeinsame genetische Varianz*. Da Geschwister ziemlich genau die Hälfte ihrer Gene teilen[88], beträgt der *genetische Anteil an der Varianz der Intelligenz* doppelt soviel, also *50%*. Die Daten über die Intelligenzähnlichkeit von Adoptivgeschwistern und Geschwistern reichen also bereits aus, um den genetischen Einfluß auf Intelligenzunterschiede innerhalb westlicher Kulturen relativ zum Umwelteinfluß abzuschätzen. Dabei wird angenommen, daß die genetische und die Umweltvarianz von Geschwistern und Adoptivkindern nicht deutlich von der entsprechenden Varianz in der Gesamtpopulation abweicht. Das scheint auch wirklich der Fall zu sein[85].

Diese Schätzung kann durch eine davon *unabhängige* Methode, den Vergleich eineiiger und zweieiiger Zwillinge, überprüft werden. Wie Tafel 55 zeigt, beträgt die Korrelation der Intelligenz zwischen zweieiigen, gemeinsam aufgewachsenen Zwillingen 0.60. Sie ist damit um 0.10 höher als die zwischen Geschwistern. Da zweieiige Zwillinge sich in ihrem Genotyp nicht ähnlicher sind als beliebige Geschwister, geht diese höhere Korrelation im wesentlichen auf einen höheren Anteil der gemeinsamen Umweltvarianz zurück: Sie beträgt bei Zwillingen 35 %. Daß sie höher ist als bei beliebigen Geschwistern, ist plausibel: Zwillinge wachsen wegen ihres gleichen Alters in einer ähnlicheren Umwelt auf als Geschwister unterschiedlichen Alters[88].

Wenn unsere aus dem Vergleich von Geschwistern mit Adoptivgeschwistern gewonnene Schätzung des genetischen Varianzanteils an der IQ-Varianz richtig ist, haben demnach eineiige Zwillinge 35 % + 50 % = 85 % gemeinsame IQ-Varianz[89]. Tatsächlich beträgt die Korrelation zwischen eineiigen Zwillingen beim IQ 0.85. Dieses Ereignis zeigt, daß unterschiedliche Schätzmethoden für den genetischen Einfluß auf Intelligenzunterschiede zum selben Ergebnis führen – ein gewichtiges Argument für die Güte der Schätzung.

Oft werden Schätzungen des genetischen Einflusses auch auf einem Vergleich gemeinsam und getrennt aufgewachsener eineiiger Zwillinge begründet. Dabei wird davon ausgegangen, daß der Einfluß der gemeinsamen Umwelt bis zur Trennung, insbesondere die gemeinsame Umwelt während Schwangerschaft und Geburt, vernachlässigbar ist und daß die getrennt aufgewachsenen Zwillinge tatsächlich in völlig unähnlichen Umwelten leben. Besonders die erste, aber auch die zweite Annahme läßt sich nicht beweisen. Tatsächlich zeigt die Korrelation in Tafel 55, daß getrennt aufgewachsene eineiige Zwillinge sich ähnlicher sind, als es nach unseren Varianzschätzungen der Fall sein sollte: statt $0.85-0.35 = 0.50$ korreliert die Intelligenz zwischen eineiigen, getrennt aufgewachsenen Zwillingen zu 0.75. Die Differenz von 25 % könnte auf der gemeinsamen Umwelt bis zur Trennung und nicht wirklich unabhängigen Umwelten nach der Trennung beruhen. Tafel 56 faßt die Varianzschätzungen für Intelligenzunterschiede zusammen.

Tafel 56

Varianzanteile des Intelligenzquotienten bei verschiedenen Verwandtschaftsgraden

Die folgende Abbildung zeigt schematisch die Varianzanteile des IQ bei Personen verschiedenen Verwandtschaftsgrades in westlichen Kulturen.

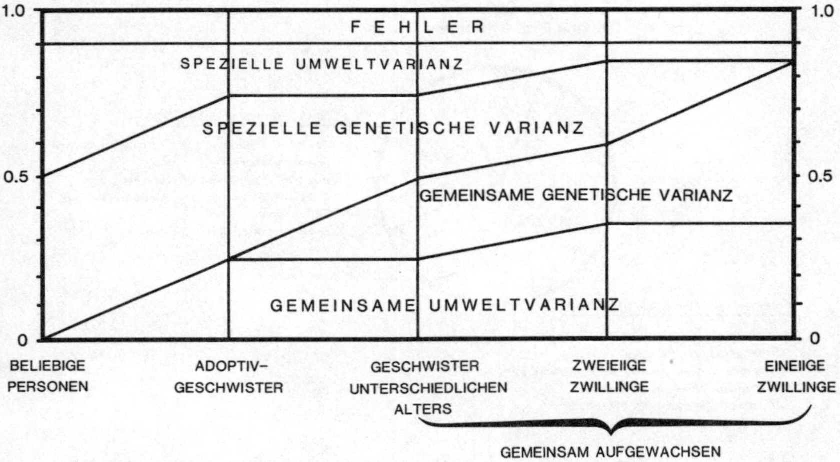

Die Daten sind eine direkte Übertragung der gerundeten Korrelationen aus Tafel 55.

Aus diesen Varianzschätzungen wird deutlich, daß Intelligenzunterschiede in nur geringem Maße (zu etwa 5%) auf individuellen, personspezifischen Umwelteinflüssen beruhen. Der weitaus größere Teil der Umwelteinflüsse besteht aus familiären und außerfamiliären Einflüssen, die Geschwistern gleichen Alters gemeinsam sind (35% der gesamten IQ-Varianz). Von diesen 35% betreffen etwa ein Drittel (10% der gesamten IQ-Varianz) Einflüsse, die nur Zwillinge gemeinsam haben, nicht Geschwister unterschiedlichen Alters. Tafel 57 illustriert die relative Bedeutung der verschiedenen Umweltfaktoren für Intelligenzunterschiede in westlichen Kulturen.

Tafel 57

Umwelteinflüsse auf Intelligenzunterschiede

Die folgende Abbildung zeigt schematisch die Stärke verschiedener Umwelteinflüsse auf Intelligenzunterschiede in westlichen Kulturen. Die Daten beruhen auf den Varianzschätzungen von Tafel 56.

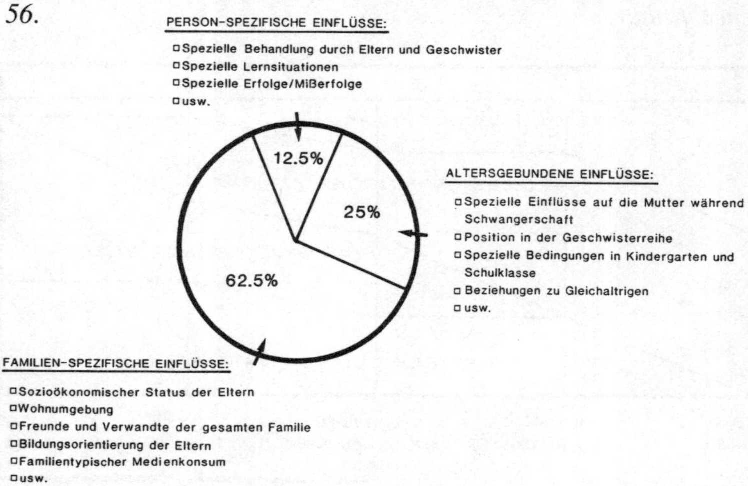

Die Person-spezifischen Einflüsse sind dadurch charakterisiert, daß sich in ihnen eineiige Zwillinge unterscheiden, die altersgebundenen Einflüsse dadurch, daß Zwillinge, aber nicht Geschwister unterschiedlichen Alters sie gemeinsam haben; die Familien-spezifischen Einflüsse teilen alle Geschwister einer Familie.

Varianzabschätzung für sozial-emotionale Merkmale

Während für den IQ inzwischen sehr viele Studien über Ähnlichkeiten in gut vergleichbaren IQ-Tests bei verschiedenen Verwandtschaftsgraden vorliegen, die eine gute Schätzung der Varianzanteile ermöglichen, ist die Lage bei sozial-emotionalen Persönlichkeitsmerkmalen viel unübersichtlicher. Zum einen beziehen sich fast alle Daten für ältere Personengruppen (ab Pubertät) auf *Selbstbeurteilungen* der eigenen Persönlichkeit in Fragebögen. Im Grunde werden also nicht Einflußfaktoren auf Persönlichkeitsmerkmale, sondern nur Einflüsse auf das *Selbstkonzept* der eigenen Persönlichkeit untersucht.

Zum zweiten gibt es viele verschiedene Persönlichkeitsmerkmale, auf die sich die Varianzschätzungen beziehen können: Extraversion, Neurotizismus, Dominanz, Aggressivität, Hilfsbereitschaft usw. Es ist klar, daß die Schätzungen bei unterschiedlichen Merkmalen unterschiedliche Ergebnisse haben. Zum dritten sind die Meßinstrumente (Persönlichkeitstests) für ein und dasselbe Persönlichkeitsmerkmal weniger vergleichbar als bei den IQ-Daten. Trotzdem zeigt sich in den Ähnlichkeitsdaten auch bei sozial-emotionalen Selbstkonzepten ein Trend in Höhe der Varianzanteile unabhängig vom speziellen Merkmal und der Methode seiner Erfassung. Dieser Trend ist in Tafel 58 wiedergegeben.

Tafel 58

Korrelation sozial-emotionaler Selbstkonzepte bei verschiedenen Verwandtschaftsgraden

Die folgende Tabelle enthält Werte von Korrelationen, wie sie typischerweise in westlichen Kulturen für sozial-emotionale Persönlichkeitsmerkmale gefunden wurden (Selbstbeurteilung in Fragebögen). Angegeben sind bei jedem Vergleich von Personengruppen die tatsächlich gefundenen minimalen und maximalen Korrelationen für die untersuchten Merkmale und die »typische Korrelation«. Diese wurde durch Runden des Medians der Korrelationen bestimmt (der Median einer Zahlenfolge ist derjenige Wert, unter bzw. über dem 50% der Zahlen der Folge liegen). Die Tabelle kann direkt mit Tafel 55 verglichen werden.

Verglichene Personen	Korrelationen minimal	Korrelationen maximal	Korrelationen typisch
Person mit sich selbst (Testwiederholung)	0.75	0.85	0.80
Adoptivgeschwister	–0.07	0.36	0.05
Gemeinsam aufgewachsene Geschwister			
– unterschiedliches Alter	–0.05	0.35	0.20
– zweieiige Zwillinge	–0.05	0.46	0.25
– eineiige Zwillinge	0.02	0.72	0.50

Quelle: Die Daten basieren auf den Tabellen 2 und 4 von Goldsmith, H. H., Genetic influences on personality from infancy to adulthood, *Child Development*, Vol. 54, 1983, 331–355. Die dort berichteten Daten beruhen auf dem Vergleich von ca. 8700 zweieiigen und ca. 6450 eineiigen Zwillingen und von ca. 450 verwandten und ca. 450 nichtverwandten gemeinsam aufgewachsenen Geschwistern unterschiedlichen Alters.

Aus diesen Ähnlichkeitsdaten lassen sich die einzelnen Varianzanteile genauso wie bei den IQ-Daten schätzen. Die einzelnen Schritte sollen hier nicht wiederholt werden; es sei nur angemerkt, daß in diesem Fall der Vergleich von Adoptivgeschwistern und normalen Geschwistern zu einer etwas geringeren Höhe der genetischen Varianz führt (30%) als der Vergleich von eineiigen und zweieiigen Zwillingen (40%). Tafel 59 zeigt das Ergebnis der Varianzschätzungen und die relative Bedeutung der Umweltfaktoren.

Tafel 59

Varianzanteile sozial-emotionaler Selbstkonzepte bei verschiedenen Verwandtschaftsgraden und Umwelteinflüsse auf diese Konzepte

Die beiden folgenden Abbildungen beruhen auf den »typischen Korrelationen« aus Tafel 58. Sie entsprechen den Abbildungen aus Tafel 56 und 57 und können direkt mit ihnen verglichen werden.

Abbildung 1

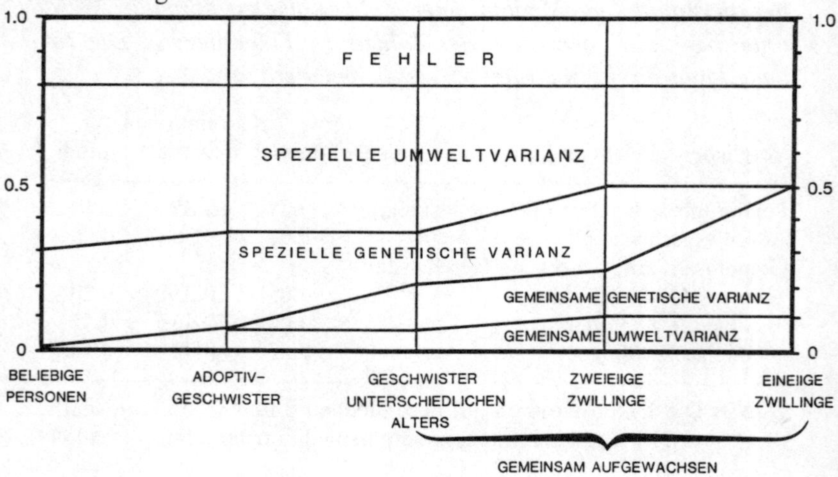

Abbildung 2

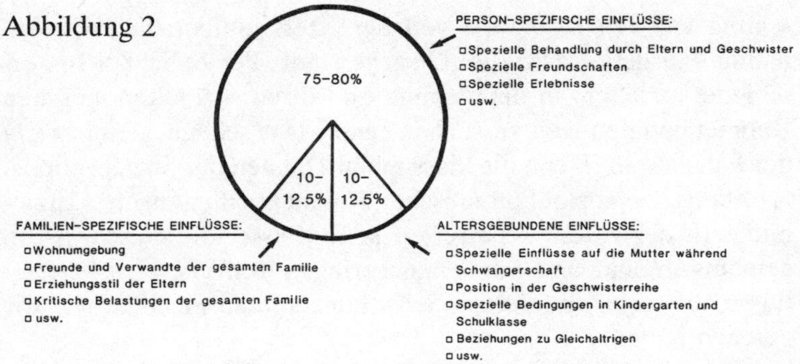

Ein Vergleich zwischen Tafel 59 und den Tafeln 56 und 57 zeigt zwei Unterschiede zwischen den Varianzschätzungen für Intelligenz und für sozial-emotionale Selbstkonzepte. Zum einen ist der genetische Einfluß auf letztere etwas geringer: 37.5–50% (nach Berücksichtigung der Fehlervarianz) statt 55%. Aber vor allem unterscheidet sich der relative Einfluß gemeinsamer und spezieller Umweltfaktoren: Für Intelligenzunterschiede beträgt der Anteil der speziellen Umweltvarianz von Zwillingen an ihrer gesamten Umweltvarianz nur ein Achtel, während er bei sozial-emotionalen Selbstkonzepten etwa drei Viertel ausmacht: *Selbstbeurteilte sozial-emotionale Persönlichkeitsunterschiede in westlichen Kulturen scheinen neben genetischen Einflüssen vor allem durch Person-spezifische, nicht für andere Familienmitglieder gültige Umweltfaktoren bedingt zu sein.*

Diese erst Anfang der achtziger Jahre gewonnene Erkenntnis[90] ist wohl das bedeutendste Ergebnis der Verhaltensgenetik für die Persönlichkeitsforschung – bedeutender als der Nachweis, daß Persönlichkeitsmerkmale genetisch mitbedingt sind. Paradoxerweise waren es Verhaltensgenetiker, die sich ja eigentlich vor allem für genetische Einflüsse interessieren, die als erste eine Klassifikation von *Umwelten* vorlegten, die den relativen Einfluß verschiedener Umweltfaktoren auf die Persönlichkeitsentwicklung abzuschätzen gestattete. Ihr Ergebnis, daß es gerade die von anderen Familienmitgliedern *nicht* geteilten Einflüsse sind, die sozial-emotionale Selbstkonzepte beeinflussen, stellt den Ansatz der klassischen Sozialisationsforschung und Erziehungsstilforschung auf den Kopf, die von der (stets unüberprüften!) Annahme ausging, daß die Ursachen für Persönlichkeitsunterschiede vor allem in der Familie und ihren sozioökonomischen Rahmenbedingungen zu suchen seien. Das scheint gerade *nicht* der Fall zu sein. Denn die klassischen Themen der Sozialisationsforschung – sozioökonomische Rahmenbedingungen, Erziehungsstil der Eltern – betreffen ja Einflüsse, die Geschwistern gemeinsam sind und nur einen geringen Teil aller Umwelteinflüsse auf sozial-emotionale Selbstkonzepte ausmachen, wie wir gesehen haben.

Allerdings gilt dieser provokative Befund nur für *selbst*beurteilte Persönlichkeitsmerkmale. Da Selbstkonzepte einer besonders starken Eigendynamik unterliegen (vgl. V.6), könnte es sein, daß Varianzschätzungen für fremdbeurteilte Persönlichkeitsmerkmale und für beobachtete Verhaltensunterschiede zu anderen Ergebnissen kommen. Derzeit gibt es noch zu wenig Daten über fremdbeurteilte bzw. beobachtete Persönlichkeitsunterschiede, um diesen Einwand zu entkräften.

Als Quintessenz der Abschätzung von Einflüssen auf Persönlichkeitsunterschiede können wir drei Feststellungen treffen, an denen heute nicht mehr zu rütteln ist. Erstens: Sowohl Intelligenzunterschiede als auch Unterschiede in selbstbeurteilten sozial-emotionalen Persönlichkeitsmerkmalen sind durch genetische Unterschiede beeinflußt. Zweitens: Unter den Umweltfaktoren, die Intelligenzunterschiede beeinflussen, haben solche Faktoren den größten Einfluß, die allen Kindern einer Familie gemeinsam sind, während Person-spezifische Faktoren nur eine untergeordnete Rolle spielen. Und drittens: Für sozial-emotionale Merkmale gilt das Umgekehrte, hier sind es vor allem individuelle Einflüsse, *Person-spezifische Faktoren*, die für die Unterschiede verantwortlich sind, zumindest was Unterschiede im Selbstkonzept der eigenen Persönlichkeit angeht.

Blinde Flecken in heutigen Varianzabschätzungen

Damit rücken diese lange vernachlässigten Person-spezifischen Einflüsse in den Vordergrund des Interesses: Um welche Faktoren handelt es sich, und wie groß ist ihr relativer Beitrag zu Persönlichkeitsunterschieden? Derzeit ist fast nur bekannt, welche Person-spezifischen Einflüsse *keine* bedeutende Rolle spielen. In Kapitel V.1 haben wir schon gesehen, daß die Geschwisterposition auf sozial-emotionale Persönlichkeitsunterschiede keinen langfristigen Einfluß ausübt. Über die unterschiedliche Behandlung von Geschwistern durch ihre Eltern ist bisher wenig bekannt; erst recht nicht, ob eine solche unterschiedliche Behandlung tatsächlich einen bedeutsamen Einfluß auf Persönlichkeitsunterschiede der Geschwister ausübt. Wie weit unterschiedliche Freunde und Bekannte für Persönlichkeitsunterschiede verantwortlich gemacht werden können, ist eine interessante Frage, die aber zur Zeit ebenfalls nicht beantwortet werden kann.

Schließlich sind es sicherlich auch einzelne, in ihrer Vielfalt und Irregularität kaum noch wissenschaftlich untersuchbare Faktoren, die Persönlichkeitsmerkmale beeinflussen können: einzelne Menschen aus dem persönlichen Bekanntenkreis oder aus der Welt der Medien, die zu Vorbildern erkoren und zu imitieren versucht werden; ein bestimmter Lehrer in der Schule; bestimmte umweltbedingte Krankheiten und Behinderungen einschließlich aller vorgeburtlichen, nicht-genetischen Entwicklungsstörungen; emotional aufrührende individuelle Erlebnisse. Derzeit stellen die Person-spezifischen Einflüsse auf die Persönlichkeitsentwicklung also noch einen »blinden Fleck« dar. Wäre dieses Buch vor fünf Jahren geschrieben worden, hätte dieser Abschnitt wohl noch ganz gefehlt; in zehn Jahren dürften Psychologie und Verhaltensgenetik für wesentlich mehr Substanz gesorgt haben[91].

Ein zweiter blinder Fleck heutiger Varianzabschätzungen sind mögliche, vielleicht drastische Unterschiede zwischen den Varianzanteilen selbstbeurteilter, fremdbeurteilter und beobachteter Persönlichkeitsmerkmale. Es ist nicht auszuschließen, daß die große Bedeutung der Person-spezifischen Einflüsse nur für sozial-emotionale Selbstkonzepte gilt, nicht aber für tatsächlich beobachtete sozial-emotionale Verhaltensunterschiede im Alltag. Hierzu gibt es bisher viel zu wenige Untersuchungen. Daß solche Untersuchungen auch im Erwachsenenalter möglich sind, demonstriert Tafel 60.

Tafel 60

Persönlichkeitsunterschiede im Gesprächsverhalten

Es gibt leider erst sehr wenige psychologische Untersuchungen zu situativ und zeitlich stabilen Verhaltensunterschieden bei Erwachsenen im Alltag (also nicht in relativ künstlichen Experimentalsituationen). Eine der wenigen wurde mit Hilfe des LOGOPORT durchgeführt, eines 16 x 10 x 5 cm großen, 350 g schweren Geräts, das die Sprechaktivität einer Person bis zu 24 Stunden lang aufzeichnet[92]*. Es erlaubt, Gesprächssituationen automatisch zu erkennen und u. a. die* Gesprächsbeteiligung, *d. h. den mit Sprechen verbrachten Anteil des Gesprächs, aufzuzeichnen. Mißt man die Gesprächsbeteiligung vieler Personen über viele Tage hinweg, so ergibt sich ein Mittelwert von etwa 60 %. Er ist höher als 50 %, weil während eines Gesprächs manchmal mehrere Gesprächspartner gleichzeitig reden und weil das Gerät in 5-sec-Intervallen feststellt, ob der Träger des Geräts spricht oder nicht; dies führt zu einer leichten, für alle Personen konstanten Überschätzung der Ge-*

GESPRÄCHSBETEILIGUNG VON 18 STUDENTEN IM ALLTAG

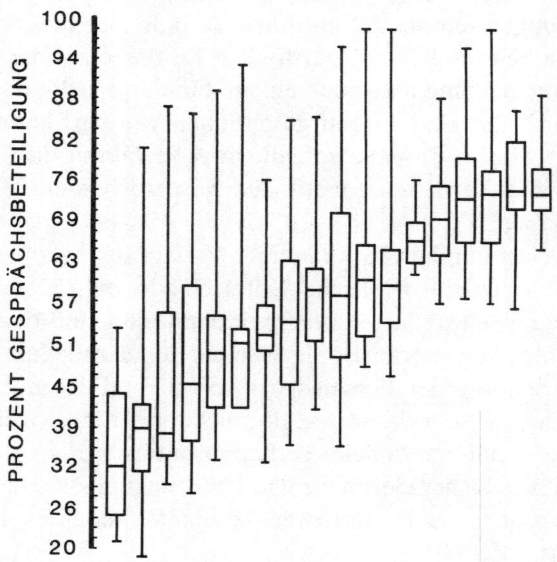

sprächsbeteiligung. Die Abbildung zeigt die gemessene Gesprächsbeteiligung von 18 Studenten, die das LOGOPORT für insgesamt 48–80 Stunden zwischen 8 und 20 Uhr trugen. Pro Person streut die Gesprächsbeteiligung z. T. enorm (die »Box« enthält die Gespräche, deren Prozentrang zwischen 25% und 75% liegt, d. h. außerhalb der Box liegen die 25% Gespräche der Person mit der geringsten und die 25% Gespräche der Person mit der höchsten Gesprächsbeteiligung; die Linien verbinden diese Box mit der höchsten bzw. niedrigsten Gesprächsbeteiligung der Person). Dennoch zeigen sich große Unterschiede in der Gesprächsbeteiligung zwischen den 18 Studenten: Einer kam in keinem einzigen Gespräch über 55% Beteiligung hinaus, ein anderer beteiligte sich in allen seinen Gesprächen zu über 65%. Wurden die Gespräche jeder Person durchnumeriert und dann die mittlere Beteiligung der Personen in den Gesprächen mit gerader Nummer mit der Beteiligung in den Gesprächen mit ungerader Nummer korreliert, so betrug diese Korrelation 0.90: ein klarer Nachweis der Stabilität der Unterschiede in der Gesprächsbeteiligung. Die alltägliche Gesprächsbeteiligung von Studenten ist also ein Verhaltensmerkmal, das situativ und (kurzfristig) zeitlich stabil ist.

Mit dieser und ähnlichen Methoden ließe sich die Frage klären, ob bei »objektiver« Verhaltensmessung die Person-spezifischen Faktoren immer noch die große Bedeutung besitzen, die sie für selbstbeurteiltes Verhalten haben.

Ein dritter blinder Fleck besteht darin, daß bisher nur wenige Persönlichkeitsmerkmale auf ihre Beeinflussung durch genetische und Umweltfaktoren untersucht wurden. Im Bereich der intellektuellen Entwicklung etwa gehen derzeitige Untersuchungen nur selten über das globale Maß des Intelligenzquotienten (vgl. III.2) hinaus. Über spezifischere Intelligenzfaktoren, Kreativität oder die Fähigkeit, sehr komplexe Probleme zu lösen, ist zum Beispiel bislang nur wenig bekannt. Ansonsten sind es vor allem Temperamentsfaktoren (vgl. V.1), denen das Interesse der Forschung gewidmet ist; andere Merkmale, etwa typische Angewohnheiten wie die Art zu essen oder zu lachen, wurden bisher weitgehend ignoriert, obwohl große und vermutlich auch sehr stabile Unterschiede in diesen Angewohnheiten bestehen dürften. Solche Angewohnheiten fallen jedenfalls uns Alltagspsychologen ebenso stark auf wie Temperamentseigenschaften, und es wäre sicher eine Untersuchung wert zu prüfen, ob der nichtgenetische familiäre Einfluß auf solche Angewohnheiten tatsächlich so stark ist, wie es die psychologische Folklore wissen will.

Zwei weitere blinde Flecken bestehen in der heute noch völlig ungeklärten Bedeutung der Genotyp-Umwelt-Kovariation und -Interaktion, die wir in den Varianzschätzungen bisher unterschlagen haben. Besteht eine *positive* Genotyp-Umwelt-Kovariation, so fallen die Schätzungen für den genetischen Varianzanteil *und* den Umwelt-Varianzanteil zu hoch aus, weil gleich große Teile dieser Varianzen auf die Kovariation zurückgehen. Besteht eine *negative* Genotyp-Umwelt-Kovariation, so fallen diese beiden Varianzschätzungen zu niedrig aus. In beiden Fällen bleibt jedoch das *relative Verhältnis* von genetischem und Umwelteinfluß zueinander unberührt (vgl. Tafel 52).

Der Einfluß der passiven Genotyp-Umwelt-Kovariation einerseits und der Einfluß der aktiven und reaktiven Kovariation andererseits (vgl. Tafel 50) lassen sich durch Adoptionsstudien abschätzen. Die Umwelt von Kindern, die bei Adoptiveltern aufwachsen, ist nicht durch eine passive Genotyp-Umwelt-Kovariation beeinflußt; diese besteht nur bei den biologischen Kindern der Adoptiveltern. Da den adoptierten Kindern also ein Kovarianzanteil an der Zerlegung der Varianz ihrer Persönlichkeitsmerkmale fehlt (vgl. Gleichung in Tafel 52), müßte die Varianz ihrer Persönlichkeitsmerkmale geringer sein als die ihrer Adoptivgeschwister. Die Größe der Differenz schätzt den Einfluß der passiven Genotyp-Umwelt-Kovarianz, vorausgesetzt, daß die genetische Varianz der adoptierten Kinder ebenso groß ist wie die ihrer Adoptivgeschwister. In den Adoptionsstudien, in denen diese Voraussetzung gegeben war, waren die Ergebnisse bisher widersprüchlich; insgesamt lassen sie noch keine sichere Aussage über den Einfluß der passiven Genotyp-Umwelt-Kovariation zu.

Dasselbe gilt für den Einfluß der aktiven und reaktiven Genotyp-Umwelt-Kovariation. Da bei Adoptivkindern keine passive Genotyp-Umwelt-Kovariation besteht, muß jede Korrelation zwischen ihrer Umwelt und der Persönlichkeit ihrer *biologischen*

Eltern auf einer aktiven oder reaktiven Genotyp-Umwelt-Kovariation beruhen. Dieser Ansatz erlaubt allerdings nur eine grobe Schätzung, weil der Genotyp der Kinder nur durch den Phänotyp ihrer Eltern, deren Persönlichkeit, geschätzt wird. Um eine solche Korrelation festzustellen, muß die Umwelt der Adoptivkinder so erfaßt werden, daß Umweltmaße entstehen, die mit vorhandenen Persönlichkeitsmaßen ihrer Eltern vergleichbar sind (z.B. intelligenzfördernde Umgebung der Kinder – Intelligenz der Eltern). Solche Umweltmaße wurden bisher aber erst in einer einzigen Adoptionsstudie erhoben[93]. Die Adoptivkinder wurden in dieser Studie von Geburt an untersucht. Bisher liegen erst die Ergebnisse für die beiden ersten Lebensjahre vor; sie zeigen keine Anzeichen für eine reaktive oder aktive Genotyp-Umwelt-Kovariation. Allerdings ist dies für so junge Kinder auch kaum zu erwarten. Es bleibt abzuwarten, ob sich mit zunehmendem Alter, wenn die Kinder eher in der Lage sind, ihre Umwelt selbst auszuwählen und zu gestalten, eine reaktive oder aktive Genotyp-Umwelt-Kovariation nachweisen läßt.

Auch für einen möglichen Einfluß der Genotyp-Umwelt-*Interaktion* gibt es bisher keine schlüssigen Ergebnisse. Eine solche Interaktion läßt sich mit einem ähnlich groben Verfahren abschätzen wie bei der reaktiven und aktiven Genotyp-Umwelt-Kovariation. In Adoptionsstudien wird der Genotyp der Adoptivkinder durch Persönlichkeitsmerkmale ihrer biologischen Eltern geschätzt und die Umwelt der wegadoptierten Kinder in vergleichbarer Weise gemessen. Zum Beispiel unterteilt man die biologischen Eltern in intelligente und nicht intelligente und die Umwelten ihrer wegadoptierten Kinder in intelligenzfördernde und nicht intelligenzfördernde. Damit lassen sich vier Gruppen von Adoptivkindern unterscheiden: solche von intelligenten Eltern, die in wenig oder stark intelligenzfördernden Umwelten aufwachsen, und solche von nicht intelligenten Eltern, die in wenig oder stark intelligenzfördernden Umwelten aufwachsen. Durch einen Vergleich dieser vier Gruppen kann überprüft werden, ob eine Interaktion zwischen den Persönlichkeitsmerkmalen der Eltern und den Umwelten ihrer wegadoptierten Kinder vorliegt. Ist dies der Fall, muß sie auf einer Interaktion zwischen dem Genotyp der Kinder und ihrer Umwelt beruhen; ist dies nicht der Fall, ist eine Genotyp-Umwelt-Interaktion bei den Kindern dennoch nicht auszuschließen, weil ihr Genotyp ja nur sehr grob geschätzt wurde. Bisherige Studien konnten keine Interaktion zwischen Persönlichkeit der Eltern und Umwelt ihrer wegadoptierten Kinder schlüssig nachweisen, so daß die Frage nach der Bedeutung der Genotyp-Umwelt-Interaktion derzeit noch offen ist[94]. Insgesamt gibt es also zur Zeit noch zu wenige Erkenntnisse über die Genotyp-Umwelt-Kovariation und -Interaktion, als daß sich ihr Einfluß auf Persönlichkeitsunterschiede abschätzen ließe. Das dürfte sich aber in den nächsten Jahren ändern.

Die Rolle der Zeit

Die bisherigen Einflußschätzungen bezogen sich ganz allgemein auf Persönlichkeitsunterschiede, ohne daß das *Alter* der untersuchten Population berücksichtigt wurde. Die Angaben in den Tafeln 55 bis 59 gelten für Unterschiede, wie sie typischerweise für Erwachsene und Jugendliche, im Falle der Intelligenz auch für ältere Kinder, gefunden werden. Es ist aber wohl unmittelbar einleuchtend, daß die Einflußschätzungen für unterschiedliche Altersgruppen verschieden ausfallen können. Nimmt der genetische Einfluß auf Persönlichkeitsunterschiede mit wachsendem Alter zu oder ab, oder bleibt er das ganze Leben hindurch konstant? Sind bestimmte Umweltfaktoren in einem bestimmten Alter besonders wirksam? Verändert sich der Einfluß von Genotyp-Umwelt-Kovariation oder -Interaktion im Verlauf der Entwicklung? Antworten auf diese Fragen würden das Verständnis der Persönlichkeitsentwicklung enorm fördern, weil sie Auskunft über die Dynamik der Wechselwirkungen zwischen den verschiedenen Einflußfaktoren geben: Nicht nur das langfristige Ergebnis der Wechselwirkungen wäre dann bekannt, sondern auch die verschiedenen Zwischenstufen, aus deren Abfolge sich das Zusammenspiel der Kräfte rekonstruieren ließe.

Am meisten ist bisher über *Veränderungen des genetischen Einflusses* bekannt. Tafel 61 illustriert das zentrale Ergebnis für die Entwicklung von Intelligenzunterschieden.

Tafel 61

Zunehmender genetischer Einfluß auf Intelligenzunterschiede

Die beiden folgenden Abbildungen zeigen anhand von Daten aus einer Geschwister- und einer Adoptivstudie, daß der genetische Einfluß auf die Intelligenzunterschiede bis zum Alter von etwa 6 Jahren wächst und dann in etwa konstant bleibt.

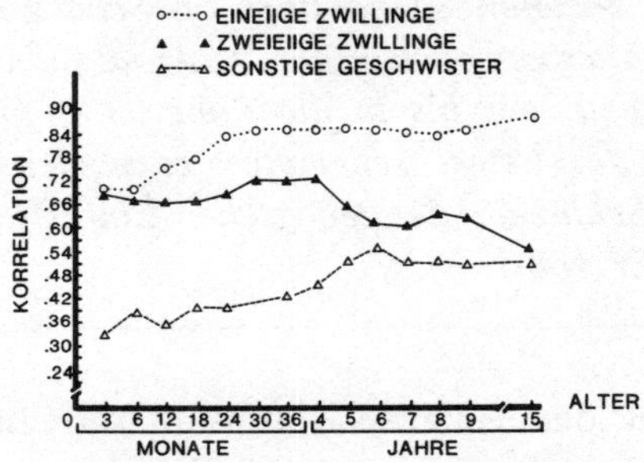

Abb. 1 Korrelationen zwischen der Intelligenz eineiiger und zweieiiger Zwillinge und von Geschwistern unterschiedlichen Alters für verschiedene Altersstufen (insgesamt 494 Paare). Nach Wilson, R. S., The Louisville twin study: Developmental synchronies in behavior, *Child Development*, Vol. 54, 1983, 298–316.

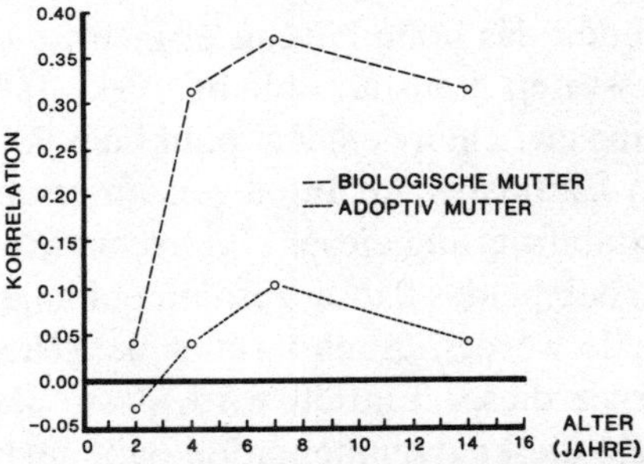

Abb. 2 Korrelationen zwischen der Intelligenz von Adoptivkindern mit der Qualität der Ausbildung ihrer biologischen und ihrer Adoptivmütter für verschiedene Altersstufen (100 Kinder). Nach Honzik, M. P., Developmental studies of parent-child-resemblance in intelligence, *Developmental Psychology*, Vol. 28, 1957, 215–228.

Während sich ein- und zweieiige Zwillinge im ersten Lebensjahr in ihrer Intelligenz etwa gleich ähnlich sind, werden sich eineiige Zwillinge dann im Vergleich zu zweieiigen Zwillingen zunehmend ähnlicher, bis der Unterschied in der Ähnlichkeit der beiden Gruppen sich im Alter von etwa 6 Jahren auf einem Niveau stabilisiert, das bis in die Pubertät (und nach anderen Studien bis in das Erwachsenenalter) etwa gleich bleibt. Entsprechend nimmt die Ähnlichkeit zwischen der Intelligenz von Adoptivkindern und der Ausbildungsqualität ihrer biologischen Eltern (Schulabschluß und Berufsausbildung zusammengenommen als Schätzung ihrer Intelligenz) bis zum Alter von etwa 6 Jahren zu und stabilisiert sich dann auf einem Niveau, das bis in die Pubertät (und nach anderen Studien bis in das Erwachsenenalter) etwa gleich bleibt. Beide Methoden der Schätzung des genetischen Einflusses kommen also zum gleichen Ergebnis.

Danach *nimmt* der genetische Einfluß auf Intelligenzunterschiede bis etwa zum Zeitpunkt der Einschulung stetig *zu* und bleibt dann in etwa konstant. Da Zwillings- und Adoptionsmethode zum gleichen Ergebnis führten, scheint es sich um ein verläßliches Ergebnis zu handeln.

Wie in Kapitel IV.3 gezeigt wurde, ist das Alter von 6 Jahren auch etwa der Zeitpunkt, an dem die *zeitliche Stabilität* von Intelligenzunterschieden das hohe Niveau erreicht, das dann für alle weiteren Altersstufen konstant bleibt (vgl. Tafel 20). Diese Übereinstimmung zwischen dem Zeitpunkt der vollen Entfaltung des genetischen Einflusses auf Intelligenzunterschiede und dem Zeitpunkt der Stabilisierung dieser Unterschiede legt die Schlußfolgerung nahe, daß beides kausal zusammenhängt: Stabile Intelligenzunterschiede werden durch ihren genetischen Einfluß verursacht; je stärker dieser Einfluß wird, desto stabiler sind die Unterschiede. Zu dieser Argumentation paßt auch die Tatsache, daß Unterschiede in sozial-emotionalen Merkmalen im allgemeinen zeitlich nicht so stabil sind wie Intelligenzunterschiede (vgl. IV.3) und weniger genetisch beeinflußt sind (vgl. Tafel 59).

Diese Argumentationskette ist aber keineswegs zwingend. Es läßt sich ebensogut argumentieren, daß die Stabilisierung von Intelligenzunterschieden mit etwa 6 Jahren überhaupt nichts mit genetischen Einflüssen zu tun hat, sondern allein auf die Tatsache zurückzuführen ist, daß bis zu diesem Zeitpunkt die *familiären*

Umweltfaktoren einen gleichmäßigen Druck auf die Intelligenzentwicklung ausüben und so zu einer zunehmenden Stabilisierung von Intelligenzunterschieden führen. Mit dem Schuleintritt verlieren sie dann an Gewicht, so daß die erreichte Stabilität nicht mehr wächst; die Stabilität verringert sich aber auch nicht mehr, weil die schon erzeugten Unterschiede durch Person-Umwelt-Transaktion weiter aufrechterhalten werden. Die bis zum Schuleintritt zunehmende und dann wieder leicht abnehmende Korrelation zwischen der Intelligenz von Adoptivkindern und ihren Adoptiveltern (vgl. Tafel 61, Abb. 2), die ja Ergebnis gemeinsamer familiärer Umweltfaktoren ist, unterstützt diese Art der Argumentation. Die relativ zu Intelligenzunterschieden geringere zeitliche Stabilität von sozial-emotionalen Persönlichkeitsunterschieden schließlich ließe sich durch den geringen Einfluß familiärer Umweltfaktoren auf Unterschiede in diesen Merkmalen erklären (vgl. Tafel 59).

Vermutlich trifft beides zu: Die Konstanz des Genotyps und die Konstanz der familiären Umwelt üben beide einen stabilisierenden Einfluß auf die Entwicklung von Persönlichkeitsunterschieden aus. Dabei muß jedoch berücksichtigt werden, daß *beide* Einflußquellen, die familäre Umwelt *und* der Genotyp, auch Ursache für Instabilitäten in der Persönlichkeitsentwicklung sein können. Wird ein Elternteil arbeitslos, schwer krank und über lange Zeit pflegebedürftig, oder durchleben die Eltern eine schwere Krise in ihrer Partnerschaft, so hat das Auswirkungen auf alle Familienmitglieder, die zu vorübergehenden, bei chronischen Belastungen auch längerfristigen Persönlichkeitsveränderungen ihrer Kinder führen können. Die familiäre Umwelt wirkt nur so weit stabilisierend auf die Persönlichkeit ihrer Mitglieder, wie sie selbst stabil ist. Das gleiche gilt für die Gen-Aktivität: Zwar ist der Genotyp konstant, doch kann die Gen-Aktivität hoch variabel sein (vgl. V.6).

Die zeitliche Variabilität der Gen-Wirkung läßt sich durch einen Vergleich von *Synchronien* der Entwicklung ein- und zweieiiger Zwillinge nachweisen. Die Entwicklung bei zwei Geschwistern verläuft synchron, wenn beide dieselben Merkmalsveränderungen zum selben Zeitpunkt zeigen. Tafel 62 zeigt Beispiele synchroner Intelligenzentwicklungen bei Zwillingen.

Tafel 62

Synchronien der Intelligenzentwicklung

Unter der Synchronie *der Entwicklung eines Merkmals bei zwei verschiedenen Personen versteht man die Korrelation ihrer Merkmale über die Zeit. Je höher diese Korrelation ist, desto gleichsinniger verändern sich die beiden Personen in dem betrachteten Merkmal. Eine hohe Synchronie weist darauf hin, daß beide Personen zu ähnlichen Zeitpunkten ähnlichen Einflüssen auf ihre Entwicklung ausgesetzt waren. Synchronien beziehen sich nicht auf Veränderungen »absoluter« Merkmale, sondern auf Abweichungen vom Mittelwert der betrachteten Population. Die folgenden Abbildungen zeigen typische Synchronien der Intelligenzentwicklung bei eineiigen und zweieiigen Zwillingen, ausgedrückt als Abweichungen der gemessenen Intelligenz der Zwillingspartner von der durchschnittlichen Intelligenz ihrer Altersgruppe.*

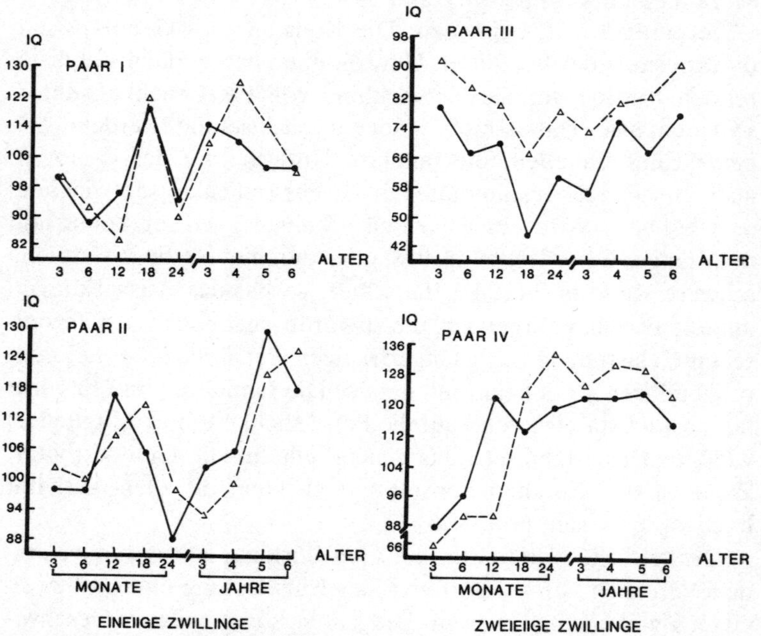

Wie die folgende Tabelle zeigt, weisen eineiige Zwillinge ab dem zweiten Lebensjahr eine höhere Synchronie der Intelligenzentwicklung auf als zweieiige Zwillinge.

Testzeitpunkte	Anzahl Paare eineiig	zweieiig	Höhe der Synchronie eineiig	zweieiig
3, 6, 9, 12 Monate	81	84	0.69	0.63
12, 18, 24, 36 Monate	66	69	0.80	0.72
3, 4, 5, 6 Jahre	75	87	0.87	0.65
6, 7, 8 Jahre	95	85	0.81	0.66
8, 15 Jahre	76	63	0.82	0.50

Quelle: Wilson, R. S., The Louisville twin study: Developmental synchronies in behavior, *Child Development*, Vol. 54, 1983, 298–316.

Wie die Tabelle in Tafel 62 zeigt, sind diese Beispiele typisch für ein- bzw. zweieiige Zwillinge. Interessant ist zunächst die Tatsache, daß es bei Zwillingen überhaupt Synchronien gibt, daß also Entwicklungsbeschleunigungen und -verzögerungen relativ zur gesamten Population bei ihnen überhaupt in gleichsinniger Weise erfolgen. Entscheidend für den genetischen Einfluß auf diese Synchronien ist der Vergleich zwischen eineiigen und zweieiigen Zwillingen: Bei den eineiigen Zwillingen verläuft die Entwicklung ab dem zweiten Lebensjahr synchroner. Das weist auf ein genetisches »Timing« der Intelligenzentwicklung hin: Beschleunigungen oder Verzögerungen der Entwicklung können durch zeitliche Veränderungen der Gen-Aktivität hervorgerufen werden[89].

Über Veränderungen des Einflusses bestimmter Umweltfaktoren auf Persönlichkeitsunterschiede mit zunehmendem Alter ist bisher wenig bekannt, obwohl sich hierfür viele plausible Hypothesen anbieten. So sollte der Einfluß der familiären Umwelt mit wachsendem Alter an Bedeutung verlieren; dafür sollten außerfamiliäre Einflüsse an Bedeutung gewinnen.

Eine weitere Hypothese läßt sich relativ einfach überprüfen: der Einfluß der *altersabhängigen* familiären Umweltfaktoren, also derjenigen Einflüsse, die Zwillinge, nicht aber Geschwister unterschiedlichen Alters, teilen, z. B. Geschwisterposition, gleichaltrige Freunde, gleiche Schulklasse. Wie Abbildung 1 in Tafel 61 zeigt, verlieren diese Einflüsse im Falle der Entwicklung von Intelligenzunterschieden mit zunehmendem Alter der Kinder an Gewicht, bis ihr Einfluß im Alter von 15 Jahren nicht mehr nachweisbar ist: Dann sind sich zweieiige Zwillinge in ihrer Intelligenz nicht mehr ähnlicher als Geschwister unterschiedlicher Jahrgänge[95].

Nicht nur der Einfluß von genetischen und Umweltfaktoren kann zeitlichen Schwankungen unterliegen, sondern auch der Einfluß von Genotyp-Umwelt-Kovariation und -Interaktion. Da es hierzu bislang keine »harten Daten« gibt, müssen wir uns auf Plausibilitätsbetrachtungen beschränken. Die *passive* Genotyp-Umwelt-Kovariation, vermittelt über den Einfluß genetisch verwandter Familienmitglieder auf die eigene Umwelt, sollte mit zunehmendem Alter an Bedeutung *abnehmen*, weil das heranwachsende Kind sich mehr und mehr von der Familie löst und anderen Umwelten ausgesetzt ist (z. B. Schule) oder sie aktiv erobert. Deshalb dürfte umgekehrt der Einfluß der *aktiven* Genotyp-Umwelt-Kovariation (durch Auswahl und Gestaltung der eigenen Umwelt in Abhängigkeit vom Genotyp) und der Einfluß der *reaktiven* Genotyp-Umwelt-Kovariation (Reaktion anderer Personen auf den eigenen Genotyp) mit wachsendem Alter *zunehmen*. Der Einfluß der gesamten Genotyp-Umwelt-Kovariation ist also eine Resultante dieser gegenläufigen Tendenzen, wobei zu berücksichtigen ist, daß bei allen drei Formen der Kovariation *negative* Kovariationen diese Resultante mindern können. Insgesamt ergibt sich ein unübersichtliches Bild verschiedener gegenläufiger Tendenzen, das keine Vorhersage des Kovariations-Effekts besonders plausibel macht, obwohl für bestimmte Persönlichkeitsmerkmale sich plausible Gesamttendenzen ableiten lassen mögen. Dasselbe gilt für zeitliche Schwankungen in der Bedeutung der Genotyp-Umwelt-Interaktion.

Zweite Zwischenbilanz

Die letzten Überlegungen haben bereits eine zweifache *Relativität der Einflußschätzungen* deutlich gemacht. Zum einen hängt die relative Bedeutung eines Einflußfaktors für Persönlichkeitsunterschiede von dem betrachteten *Merkmal* ab; was für Intelligenz gilt, braucht deshalb noch nicht für Extraversion gelten, und was für Extraversion Geltung besitzt, muß weder auf Intelligenz noch auf Ängstlichkeit zutreffen. Zum anderen wurde klar, daß die Bedeutung von Einflußfaktoren auf ein bestimmtes Persönlichkeitsmerkmal sich mit dem *Lebensalter* der betrachteten Person ändert.

Zu dieser zweifachen Relativität von Einflußschätzungen kommt ein dritter relativierender Faktor hinzu: Alle Einflußschätzungen sind *populationsabhängig*, gelten nur für die Gruppe von Menschen, aus der die Stichproben für die Varianzkomponenten-Schätzungen rekrutiert werden. Alle besprochenen Schätzungen beruhen auf Untersuchungen an Stichproben aus westlichen Industrienationen. Was für die USA, Deutschland oder Norditalien zutrifft, mag schon für Sizilien nur noch mit Einschränkung gültig sein und südlich von Marokko gänzlich an Gültigkeit verlieren. Alle Einflußschätzungen beruhen auf Varianzschätzungen, die wiederum von den real existierenden Unterschieden in Genotypen und Umwelten abhängen. Neue Genotypen oder jede Verschiebung der Häufigkeit, mit der bestimmte Genotypen in der Population vorkommen, oder neue Umweltbedingungen oder jede Verschiebung der Häufigkeiten, mit der bestimmte Genotypen in vorhandenen Umwelten aufwachsen, können Varianzkomponenten und damit den relativen Einfluß bestimmter Bedingungen der Persönlichkeitsentwicklung ändern. Das ist keine spezielle Schwäche der Schätzung dieses Einflusses durch Varianzzerlegung, sondern gilt für jedes denkbare Verfahren, das den Einfluß verschiedener Faktoren auf Persönlichkeitsunterschiede abzuschätzen gestattet.

Aus diesen Gründen ist die Aussage »die Persönlichkeit des Menschen ist zu 55 % durch seine Gene und zu 45 % durch seine Umwelt verursacht« *vierfach falsch*, obwohl die Prozentzahlen den Angaben von Tafel 55 entsprechen. Erstens beziehen sich die Prozentangaben nicht auf »die Persönlichkeit des Menschen«, sondern auf Persönlichkeits*unterschiede zwischen* Menschen. Zweitens handelt es sich dabei nicht um beliebige Unterschiede, sondern nur um Unterschiede, wie sie in *westlichen Industrienationen* auftreten, in denen alle Menschen eine Schule besuchen, ähnlichen Medien und ähnlichen Lebensanforderungen ausgesetzt sind. Drittens beziehen sich die Prozentangaben nicht auf beliebige Persönlichkeitsmerkmale, sondern auf Unterschiede, wie sie mit den üblichen *Intelligenztests* gemessen werden. Und viertens gelten die Prozentzahlen nur ab dem Alter von etwa sechs Jahren; in jüngerem Alter ist der genetische Einfluß relativ zum Umwelteinfluß geringer (vgl. Tafel 61).

Diese mehrfache Relativität von Einflußschätzungen heißt aber andererseits nicht, daß solche Einflußschätzungen sinnlos wären. Sinnlos sind nur die Erwartungen, die manche an derartige Schätzungen stellen. Wo die Dinge kompliziert sind, müssen auch die Antworten differenziert ausfallen. Dennoch hat die Abschätzung der Einflußgrößen drei wesentliche Erkenntnisse erbracht, die zumindest für Personen ab dem jungen Erwachsenenalter in westlichen Kulturen allgemeine Gültigkeit zu haben scheinen.

Erstens ist der relative Einfluß der betrachteten Größen *bereichsspezifisch*: Er variiert stark mit der Art der untersuchten Persönlichkeitsmerkmale. Zweitens ist der Einfluß genetischer Unterschiede auf die Entwicklung von Persönlichkeitsunterschieden so groß (auch bei Unterschieden im sozialen und emotionalen Verhalten), daß sie bei der Erklärung dieser Persönlichkeitsunterschiede *nicht ignoriert werden können* (wie es noch vielfach in der Sozialisationsforschung geschieht). Und drittens ist die Entwicklung des Selbstkonzepts im emotionalen und sozialen Bereich stark von *individuellen* Erlebnissen und Erfahrungen abhängig.

Damit ist das Panorama der Persönlichkeitsentwicklung, das wir in V.2 begonnen haben, vollständig. Die phylogenetische Perspektive verlieh ihm eine Tiefenwirkung. Die hohe Variabilität der menschlichen Entwicklung, die aktive Rolle, die Personen als Gestalter ihrer Umwelt spielen, und die stabilisierende Funktion der bereits entwickelten Persönlichkeit auf ihre Weiterentwicklung haben jeweils eine analoge Entsprechung in dem Prozeß der Evolution: die hohe genetische Variabilität von Lebewesen, die ihr langfristiges Überleben sichert, die aktive Rolle, die Genotypen als Gestalter ihrer Umwelt spielen, und die stabilisierende Funktion der bereits evolvierten Genotypen auf ihre weitere Evolution.

Die ontogenetische Perspektive machte am Beispiel der Embryonalentwicklung und der primär reifungsbedingten Entwicklungsprozesse die starke Eigendynamik der Individualentwicklung deutlich. Gleichzeitig erwies sich der Einfluß des Genotyps und der Umwelt als hoch variabel: Er läßt sich nur durch breite Reaktionsnormen beschreiben, deren Breite zudem auch noch altersabhängig ist.

Die Breite der Reaktionsnormen ließ sich verstehen als Ausdruck der starken Wechselwirkungen zwischen den vielen an der Persönlichkeitsentwicklung beteiligten Faktoren. Aus transaktionaler Perspektive wurden diese Wechselwirkungen näher beschrieben: zunächst einfach als Transaktion zwischen Person und persönlicher Umwelt im ersten Modell der Persönlichkeitsentwicklung (Tafel 44) und dann vertieft durch die Trennung von Selbstkonzept und Verhalten und die Diskussion der vielfältigen möglichen Wechselwirkungen zwischen Genotyp, Selbstkonzept, eigenem Verhalten, dem Bild anderer Menschen von diesem Verhalten und anderen Umwelteinflüssen. So ergab sich am Ende von Kapitel V.6 eine verwirrende Vielfalt möglicher Wechselwirkungen, die den Verlauf der individuellen Person-Umwelt-Transaktion bestimmen können.

Die probabilistische Perspektive des Panoramas brachte dann wieder etwas mehr Übersicht in die Vielfalt der Wechselwirkungen: Nicht alles, was möglich ist, ist gleich wahrscheinlich. Unter dem Strich lassen sich je nach betrachtetem Alter und Persönlichkeitsmerkmal Aussagen über den relativen Einfluß genetischer, Familien-spezifischer und Person-spezifischer Einflüsse auf die bestehenden Unterschiede in einer bestimmten Kultur machen. Insgesamt erwies es sich also als möglich, das lineare Denken in einfachen Ursache-Wirkungs-Beziehungen zu überwinden, ohne deswegen in Mystizismus zu verfallen oder in völliger Beliebigkeit zu enden nach dem Motto »alles steht mit allem anderen in irgendeiner Wechselwirkung«.

Das Bild von der Entwicklung der Persönlichkeit, das dabei entstand, unterscheidet sich wohl vor allem in vier Aspekten von unserer derzeitigen alltagspsychologischen Vorstellung von Persönlichkeitsentwicklung: in der *hohen Variabilität* der menschlichen Entwicklung auf allen Altersstufen; der *nur begrenzten und* bei sozial-emotionalen Merkmalen *recht spät einsetzenden Stabi-*

lität von Persönlichkeitsunterschieden; der *starken Eigendynamik* der Entwicklung, die allen fremdbestimmenden Kräften der Umwelt einen starken Widerstand entgegensetzt; und der multifaktoriellen Bedingtheit von Persönlichkeitsunterschieden, zu denen im Falle sozial-emotionaler Selbstkonzepte vor allem Personspezifische Faktoren gehören: einer Bedingtheit durch *sehr komplexe Notwendigkeiten*, in denen der schlichte *Zufall* eine bedeutsame Rolle zu spielen scheint. Die beiden letzten Aspekte, das Verhältnis von Eigendynamik und Fremdbestimmung und die Rolle von Zufall und Notwendigkeit, sollen nun noch etwas vertieft werden.

8 Eigendynamik oder Fremdbestimmung?

Wenn Du nur zwei Möglichkeiten hast und Du mußt Dich entscheiden: wähle die dritte!
Alte jüdische Weisheit

Um das Verhältnis von Eigendynamik und Fremdbestimmung möglichst anschaulich zu machen, greifen wir noch einmal das Bild von der epigenetischen Landschaft auf, das auf den Embryologen Conrad Waddington zurückgeht und das in Kapitel V.5 bereits kurz skizziert wurde. Begeben wir uns also auf einen hohen Gipfel, von dem aus wir die epigenetische Landschaft noch etwas genauer – und kritischer – betrachten können.

Die epigenetische Landschaft

Von unserem hohen Gipfel aus können wir die epigenetische Landschaft in groben Zügen überblicken, wenn auch viele Details uns aus dieser Perspektive verborgen bleiben. Am meisten können wir noch sehen, wenn wir in Richtung »westliche Zivilisationen« schauen. Der vieldimensionale Kontinent »sozialemotionale Persönlichkeitsentwicklung« breitet sich vor uns aus. Wenn wir ihn in Richtung »zunehmendes Alter« überblicken und die vielen Dimensionen sozial-emotionaler Merkmale auf die eine Dimension »Extraversion« reduzieren, können wir ein Geflecht vielfach verästelter Entwicklungspfade verfolgen, die vom Fuß unseres Berges bis zum Horizont verlaufen. Auf den ersten Blick zeichnen sie ein verwirrendes Schnittmuster in die Extraversion-Zeit-Landschaft. Oft verhüllen auch Nebelbänke ihren Verlauf; in der Ferne gar verhindern noch dichte Wolken den Blick auf zwei Drittel der Landschaft, die zu den Ländern »fremdbeurteilte« und »beobachtbare Extraversion« gehören.

Dennoch können wir sehen, daß das Geflecht der Entwicklungspfade mit zunehmender Entfernung übersichtlicher wird: Je weiter das Auge reicht, desto weniger Verzweigungen können wir erkennen. Während im Vordergrund einige Pfade schräg zur Blickrichtung verlaufen, richten sie sich in der Ferne immer mehr parallel zur Zeitachse aus: Ihre Abstände stabilisieren sich. In diesem Buch haben wir den Schwerpunkt auf die Entfaltung von Persönlichkeitsunterschieden gelegt; unser Blick verliert sich deshalb in der Ferne und die (genauso interessanten) Entwicklungsprozesse im Alter liegen jenseits unseres Horizonts. Um sie zu entdecken, müßten wir unseren Gipfel verlassen und vom Flugzeug aus den Entwicklungspfaden in die Ferne folgen[96].

Dagegen haben wir den Beginn der Entwicklungspfade besser im Visier. Unvermittelt tauchen sie hinter einer nahen Hügelkette auf, die unserem Aussichtsberg vorgelagert ist. Obwohl sie dort zunächst noch ziemlich kreuz und quer verlaufen, nehmen sie von Anfang an die ganze Breite der Landschaft ein; nichts spricht dafür, daß sie einem einheitlichen Ausgangspunkt entspringen. Das gilt für alle drei Länder; in »selbstbeurteilter Extraversion« tauchen allerdings die Entwicklungspfade erst in einiger Entfernung auf.

Betrachten wir die Landschaft vor uns genauer, können wir auch einige Erklärungen für den Verlauf der Entwicklungspfade finden. Die Pfade folgen teilweise dem vorgegebenen genetischen Gelände. An manchen Stellen sind sie regelrecht gefangen in schmalen Tälern, aus denen es kein Entrinnen gibt; das ist aber selten. An anderen Stellen verlaufen sie auf Plateaus, auf denen keine Richtung vorgezeichnet ist. Im großen und ganzen handelt es sich bei der Extraversionslandschaft um eine Mittelgebirgsgegend, in der alle Berge erklimmbar sind, wenn auch manchmal nur mit großer Anstrengung. Es gibt deshalb immer wieder Entwicklungspfade, die nicht entlang der genetischen Höhenlinien verlaufen, sondern von einem Tal ins Nachbartal wechseln und das manchmal mehrfach, besonders im Vordergrund des Panoramas. Ob die selteneren Wechsel weiter im Hintergrund darauf beruhen, daß die Berge höher werden, wie es in der Intelligenzlandschaft der Fall ist, ist noch nicht so recht erkennbar; zu ungenau sind sie bisher vermessen.

Die Entwicklungspfade sind aber offensichtlich nicht nur von der genetischen Formation des Geländes, sondern auch von den vorherrschenden Winden beeinflußt. Das wird besonders auf genetischen Plateaus deutlich. Wie ein alter, vom West gebeugter Baum weichen hier die meisten Pfade einheitlich in eine Richtung ab (es gibt aber auch Ausnahmen). Je stärker die Umweltwinde pfeifen, desto stärker verformen sie die Pfade; am Ende eines schützenden Felsens oder beim Übergang in andere Klimate können sie regelrechte Knicke aufweisen. Tatsächlich durchkreuzen die Pfade die unterschiedlichsten Klimazonen mit wechselnden Windrichtungen und Windstärken. Die Extraversionslandschaft muß man sich als recht stürmische Gegend vorstellen.

Die genetische Geländeformation nimmt dabei erkennbaren Einfluß auf die Umweltwinde. Steile Felswände können bösartige Fallwinde erzeugen, die alle Pfade unerbittlich in die Tiefe drücken; an anderen Berghängen können freundliche Aufwinde in die Höhe locken. Aber auch das Umgekehrte gilt, und hier versagt die Metapher: Felsen können entstanden sein, weil sie Schutz vor widrigen Umweltwinden boten. Die genetische Landschaft selbst ist ja nicht unveränderlich, sondern hat sich im Verlauf der Evolution entwickelt, und zwar in Abhängigkeit von den klimatischen Bedingungen der Umwelt. Berge und Winde standen dabei in ständiger Wechselwirkung: sie koevolvierten. Unser Panorama ist nur ein Bild aus einem Jahrmillionen alten Film. Spulen wir den Film im Zeitraffer zurück, sehen wir, wie sich das genetische Gelände und die Klimabedingungen in wechselseitiger Abhängigkeit änderten.

Wie alle Metaphern hat also auch das Bild von der epigenetischen Landschaft seine Grenzen als Abbild der Wirklichkeit. Das gilt nicht nur für die schlechte Veranschaulichungsmöglichkeit der Genotyp-Umwelt-Koevolution. Das Bild von der epigenetischen Landschaft legt einen fundamentalen Fehlschluß nahe: Die Persönlichkeit wird als gänzlich fremdbestimmt betrachtet, als hilfloser Spielball im Kräftefeld einer vorgegebenen genetischen Landschaft und ihres Umweltklimas. Die Entwicklungspfade werden als Spuren eines Balls betrachtet, der durch die epigenetische Landschaft rollt, folgend den genetischen Höhen und Tiefen, getrieben von den Umweltwinden.

Diese Vorstellung entspricht der klassischen Mechanik eines Newton. Im Grunde läßt sich die Persönlichkeit von einem Ball auch zu einem Massepunkt reduzieren ohne innere Organisation und Dynamik. Den Entwicklungspfaden entsprechen dann die Trajektorien, die Raum-Zeit-Linien, der klassischen Bewegungslehre. Der Impuls für Bewegungsänderungen der Punkte muß von außen kommen. Die Zeit ist im Prinzip reversibel; es besteht kein zwingender Grund, warum der Ball nicht auch rückwärts laufen könnte. Er ist geschichtslos. Sein Kurs ist vollständig durch seine Umgebung bestimmt und damit im Prinzip auch vollständig berechenbar.

Durch den Trick, den inneren Faktor des Genotyps nach außen in die genetische Landschaft zu verlegen, scheint die Persönlichkeit aller Eigendynamik entleert und damit ihre Entwicklung in ein mechanistisches Weltbild einpaßbar zu sein. Dabei geht aber ein wesentliches Element verloren: die aktive Rolle der Persönlichkeit in der Person-Umwelt-Transaktion. Wenn das Bild von der epigenetischen Landschaft überhaupt stimmen soll, muß der Effekt der vorangegangenen Ball-Umwelt-Transaktion auf den zukünftigen Kurs des Balls in dessen Umgebung gesteckt worden sein und von dort im verborgenen wirken. Die Analogie ist dann zwar nicht falsch, aber doch immer noch irreführend.

Unser kühler Blick auf die epigenetische Landschaft hat die *Eigendynamik* nicht fassen können, die Lebewesen von der unbelebten Natur unterscheidet und auch die menschliche Persönlichkeit auszeichnet. Steigen wir deshalb von unserer Hohen Warte hinab *in die Landschaft selbst*, um die Schöpfer der Entwicklungspfade aus der Nähe zu betrachten. Es wird wärmer, die

Luft wird dicker. Die epigenetische Mondlandschaft verwandelt sich in einen lebendigen Dschungel.

Der autopoietische Dschungel

Unten angekommen, »empfängt uns die Hitze mit schleimiger Sonne und klebriger Luft, Gestank von Schlamm, der an der Sonne verwest. Wenn man sich duschen will, fallen die fingerlangen Käfer aus dem schimmligen Vorhang – wir ersäufen sie, doch klettern sie nach einer Weile wieder aus dem Ablauf hervor. Dickicht. Dickicht ohne Ende, unabsehbar, dann und wann eine Gruppe indianischer Hütten, verborgen unter Bäumen mit Luftwurzeln, Akazien und Unbekanntes, vor allem Büsche, ein vorsintflutliches Farnkraut, es wimmelt von schwefelgelben Vögeln, die Sonne wie hinter Milchglas, Dunst, man sieht die Hitze. Sprechen macht nur durstig. Es ist schwül, moosig und modrig, es schwirrt und lärmt wie im Zoo, wenn man nicht weiß, was da eigentlich pfeift und kreischt und trillert, es können Affen sein, Vögel, vielleicht eine Katzenart, man weiß es nicht, Brunst oder Todesangst, man weiß es nicht. Was auf die Nerven geht: die Molche in jedem Tümpel, in jeder Eintagspfütze ein Gewimmel von Molchen – überhaupt diese Fortpflanzerei überall, es stinkt nach Fruchtbarkeit, nach blühender Verwesung. Wo man hinspuckt, keimt es!«[97]

Der Ekel, der sich hier offenbart, ist der Ekel des von der Natur überwältigten *Homo faber*, des zweckrationalen Technikers, dessen Kalkül, sich mit distanzierendem Blick die Welt vom Leibe zu halten, im Dschungel Guatemalas nicht mehr aufgeht. Überwältigt wird er von dem allgegenwärtigen Gewimmel des Lebens, von Aufblühen und Verwesen, dem Kreislauf von Geburt, Fortpflanzung, Tod. Intuitiv ahnt Homo faber, daß er dazugehört, aber er möchte sich entziehen. Ihm, der er gewohnt ist, Maschinen zu dirigieren, graust vor der *Autonomie des Lebendigen*, die er, 1955, noch nicht zu brechen vermag.

Autonomie zu erreichen ist prinzipiell nicht schwierig. Auch ein Stein in der Brandung ist stark autonom: Nur langsam wird er abgeschliffen. Schwierig zu erreichen ist Autonomie jedoch für *offene Systeme*, die ständig Materie, Energie und Information mit ihrer Umwelt austauschen, wie es unter anderem Lebewesen tun. Homo faber weiß, wie schwer es ist, komplexe offene Systeme herzustellen, die trotz wechselnder Umwelt ein hohes Maß an Autonomie bewahren.

Anfang der siebziger Jahre versuchte der chilenische Biologe Humberto Maturana, die Eigenschaften lebender Systeme herauszuarbeiten, die ihre so charakteristische Autonomie trotz Offenheit, Komplexität und wechselnder Umwelt gewährleisten. Zur Beschreibung dieser Eigenschaften führte er das Konzept der *Autopoiese* (griechisch etwa »Selbsterschaffung«) ein, das er zusammen mit Francisco Varela weiterentwickelte[98].

Vereinfachend zusammengefaßt besagt dieses Konzept, daß Lebewesen ihre Autonomie dadurch erreichen, daß sie *selbsterschaffend* und *selbsterhaltend* sind. Keine Maschine genügt derzeit beiden Kriterien. Selbsterschaffend heißt, daß das System alle wesentlichen Komponenten, aus denen es besteht, selbst erzeugt. In Kapitel V.5 haben wir gesehen, wie im Verlauf der Embryonalentwicklung der Embryo sich selbst erzeugt, indem er sein Genom, die zytoplasmatische Information der befruchteten Eizelle und seine Mutter nutzt. Alle Makromoleküle, aus denen der Embryo besteht, werden von ihm selber hergestellt. Alle Lebewesen sind selbsterschaffend und auch die Gesamtheit aller Lebewesen, verstanden als ein einziges System. Es gibt auch nicht-lebendige selbsterschaffende Systeme, z. B. musterbildende chemische Prozesse, deren Komponenten nach einiger Zeit vom System selbst rhythmisch synthetisiert werden[99].

Unter allen selbsterschaffenden Systemen sind aber nur die selbsterhaltenden Systeme lebendig. Selbsterhaltend bedeutet, daß ein System durch ständige Aufbau- und Abbauprozesse seine *Identität*, definiert durch einen gegenüber der Umwelt autonomen Rand (z. B. Zellmembran, Haut), erhält, auch wenn es dabei seine Strukturen oder Funktionen drastisch ändert (wie z. B. bei der Verwandlung von einer Raupe in einen Schmetterling). Insbesondere kann es alle seine Komponenten überleben; es ist potentiell unendlich lange existenzfähig.

Insgesamt sind also autopoietische Systeme, Lebewesen, in ihren Funktionen stark auf sich selbst bezogen und werden deshalb auch *selbstreferentiell* genannt. Im Regelkreismodell gedacht, besteht letztendlich ihr einziger Sollwert, den sie zu erreichen trachten, in ihrer Existenz. Maturana und Varela bezeichnen deshalb die *Organisation* autopoietischer Systeme als »abgeschlossen« gegenüber der Umwelt[100]. Wahrnehmung äußerer Reize und selbsterzeugte Halluzinationen fallen in dieser Sichtweise zusammen; Erkenntnis der Umwelt reduziert sich auf den Abgleich interner Zustände.

Die Autoren kamen zu dieser radikalen, teilweise idealistisch anmutenden Sicht durch ihre eigene neurophysiologische Forschung zur visuellen Wahrnehmung. Tatsächlich zeigte sich in ihren Experimenten, daß die an der Wahrnehmung beteiligten Hirnzentren ständig aktiv sind und, gemessen an dieser »Spontanaktivität«, die von den Sehnerven eingespeisten Informationen nur etwa 10 % des gesamten Informationsumsatzes ausmachen. Maturana und Varela sprechen deshalb lieber von »Perturbation« als von Wahrnehmung: Eintreffende visuelle Informationen »deformieren« die spontane Aktivität des Gehirns; die Kompensation dieser Deformation durch das Gehirn ist der Wahrnehmungsakt.

Diese Sicht von Wahrnehmungsvorgängen ist keineswegs so neu, wie heute, da Maturana und Varela groß in Mode sind, so oft behauptet wird. Seit den fünfziger Jahren hat die experimentelle Wahrnehmungspsychologie in zahllosen Experimenten nachgewiesen, daß Wahrnehmung kein passives Abbilden einer objektiven Wirklichkeit ist, sondern daß Wahrgenommenes stets von den Wahrnehmenden selbst erst aktiv konstruiert wird; ihre Erwartungen und Bedürfnisse formen wesentlich mit, was sie wahrnehmen[101] (vgl. auch V.6). Neu ist nur das konsequente Weiterdenken der Autoren, das sie zu ihrer Auffassung von Lebewesen als autopoietischen, selbstreferentiellen Systemen führte. Sie gelangten damit zu einer Sichtweise von Lebewesen, die wie wohl kein anderer Ansatz in der heutigen Biologie oder Psychologie deren Autonomie und Eigendynamik betont. Das gilt auch für ihre Auffassung der Individualentwicklung.

Während nach klassischer Sicht die Individualentwicklung eines Lebewesens ein zielgerichteter Prozeß der Entwicklung zu einem Erwachsenenzustand ist, durch den bestimmte »reife«

Strukturen und Funktionen »erreicht« werden, die eine Anpassung an die Umwelt gewährleisten (etwa aus evolutionärer Sicht: eine erfolgreiche Fortpflanzung), streiten Maturana und Varela dem Begriff »Entwicklung« innerhalb ihrer Sichtweise jeden Sinn ab. Begriffe wie Zielgerichtetheit, Anpassung und Ent-Wicklung von einem unvollständigen zu einem vollständigen Zustand werden nach ihrer Auffassung von äußeren Beobachtern eingeführt, um die Beziehung zwischen dem System und seiner Umwelt zu beschreiben; zur Beschreibung der Organisation des Systems selbst seien sie aber überflüssig. Ontogenese sei deshalb nicht Ent-Wicklung, sondern schlicht Veränderung eines Systems, das zu jedem Zeitpunkt eine vollgültige Einheit darstelle. Die Ontogenese eines Lebewesens sei die »Geschichte der Erhaltung seiner Identität durch kontinuierliche Autopoiese«.

Dieser (höchst einseitige) Ansatz von Maturana und Varela läßt sich ohne große Mühe auf die Entwicklung der Persönlichkeit übertragen. Auch die Persönlichkeit eines Menschen läßt sich als System auffassen. Dessen Komponenten sind situativ und zeitlich stabile Verhaltenstendenzen (stabil im differentiellen, nicht im absoluten Sinn; vgl. Kapitel IV.1). Die Gesamtheit dieser Verhaltenstendenzen und ihrer Wechselwirkungen konstituiert die Persönlichkeit des Menschen. So wie der Körper eines Menschen die Invarianz in den ständigen Aufbau- und Abbauprozessen seiner Zellen ist (vgl. hierzu V.5), so ist die Persönlichkeit die zeitliche und situative Invarianz seines Verhaltens.

Persönlichkeit ist *selbsterhaltend*: Sie konstituiert sich ständig selbst durch das Verhalten des Organismus. Was dabei erhalten wird, ist die Identität des Organismus, so wie sie sich im Verhalten äußert, die Verhaltensidentität. Wäre das Verhalten eines Organismus überhaupt nicht zeitlich und situativ stabil, hätte er keine Verhaltensidentität. Lebewesen können sich nicht *nicht* verhalten, solange sie leben. Aber sie könnten sich (theoretisch) so verhalten, daß sie keinerlei Verhaltensidentität hätten: Ihr Verhalten wäre chaotisch. Sofern sie eine Invarianz in ihrem Verhalten zeigen, ist dies ebensosehr eine aktive Leistung wie die Aufrechterhaltung ihrer materiellen Struktur. Oder wie die Herzkönigin in »Alice im Wunderland« es ausdrückt: Wir müssen so schnell laufen, wie wir können, um da zu bleiben, wo wir sind.

Persönlichkeit ist *selbsterschaffend*: Neue stabile Verhaltenstendenzen werden vom System im Wechselspiel von Reifung und Erfahrung selbst erzeugt (vgl. V.5). Lebewesen sind keine *tabula rasa*, in die durch einen Nürnberger Trichter neue Verhaltensweisen von außen eingegossen werden. Verhalten ist immer schon da; wenn neue Verhaltensweisen entstehen und sich stabilisieren, bauen sie immer schon auf vorhandenem Verhalten auf. Nicht die Umwelt erzeugt Verhalten, sondern Verhalten gebiert Verhalten.

So verstanden, ist Persönlichkeit *selbstreferentiell*: Einziges Ziel ist die Aufrechterhaltung der Verhaltensidentität. Das gilt insbesondere für die Entwicklung der Persönlichkeit: Es ist die Geschichte der Erzeugung und der Aufrechterhaltung einer Verhaltensidentität durch ständiges Sich-Verhalten. So wie der Körper des Menschen sich im Verlauf der Individualentwicklung ständig wandelt, ohne daß dadurch die körperliche Identität gebrochen würde, wandeln sich im Verlauf der Individualentwicklung die Verhaltensweisen, auf denen die Verhaltensidentität, die Persönlichkeit, beruht.

Nur in einem Punkt gibt es keine Parallele zwischen körperlicher Entwicklung und Persönlichkeit: Während der Mensch zu jedem Zeitpunkt der Entwicklung körperlich eine vollgültige Einheit darstellt, entwickelt sich eine Verhaltensidentität erst im Verlauf der Ontogenese – und wie wir gesehen haben, in vielen Aspekten erst recht spät. Zwar findet Verhalten von Beginn der Zeugung an statt, doch bilden sich situativ und zeitlich stabile Verhaltenstendenzen erst später heraus.

Persönlichkeit ist, so verstanden, ein autopoietisches System. Sie besitzt, in diesem Sinne, eine starke Selbstbezogenheit und Eigendynamik. Wo man hinspuckt, keimt es. Wo ein Kind gezeugt wird, entwickelt es eine Persönlichkeit. *Seine* Persönlichkeit.

Das Konzept der Autopoiese hat stark *aristotelische Züge*. Ziel der Naturwissenschaft eines Aristoteles war es, die Vielfalt der vorfindbaren Gegebenheiten in der Natur nach Eigenschaften zu klassifizieren, die den jeweiligen Gebilden inhärent sind: Steine fallen nach unten, Rauch steigt nach oben. Der Versuch, Lebewesen von Nicht-Lebewesen durch die Eigenschaft »autopoietische Organisation« abzugrenzen, entspricht diesem aristotelischen Klassifikations-Ansatz. Mehr noch: Nach Aristoteles verfügt jedes so klassifizierte System über eine »Entelechie«, einen inneren Sinngehalt, der danach strebt, sich in der Organisation des Systems in möglichst vollkommener Form zu verkörpern. »Autopoiese« ist eine Entelechie im besten aristotelischen Sinn, wenn sie auch im Gewand der modernen Systemtheorie einherkommt.

Die aristotelische Individuum-zentrierte, auf die Beschreibung der inneren Organisation zielende Sichtweise von Maturana und Varela kontrapunktiert Waddingtons Bild von der epigenetischen Landschaft, das stark *galileische Züge* hat. Ziel der Naturwissenschaft eines Galilei war es, die Vielfalt der vorfindbaren Gegebenheiten in der Natur durch möglichst weitgehende Reduktion ihrer Struktur auf wenige Eigenschaften zu homogenisieren und dann wenigen, möglichst allgemeingültigen Gesetzen unterzuordnen. Sterne, Menschen und Tennisbälle werden in der klassischen Mechanik zu strukturlosen Massepunkten, die den gleichen Gesetzen gehorchen. Nach Waddington sind Menschen strukturlose Bälle, die durch eine epigenetische Landschaft rollen. Sozialisationstheorien, die die Persönlichkeit eines Menschen lediglich als Produkt der Sozialisationseinflüsse ansehen, die auf ihn wirkten, sind noch einseitigere galileische Reduktionsversuche.

Ich hoffe, es ist in diesem Buch deutlich geworden, daß beide Betrachtungsweisen, die aristotelische, die die Eigendynamik der Entwicklung beschreibt, und die galileische, die ihre Fremdbestimmung durch Genotyp und Umwelt im Visier hat, unzureichend sind: Sie erlauben es jeweils nur, einen bestimmten Teilaspekt der Persönlichkeitsentwicklung zu erfassen auf Kosten des anderen. Daß trotzdem in diesem Buch die Eigendynamik stärker in den Vordergrund geriet als die Fremdbestimmung, hat einen didaktischen, keinen systematischen Grund: Unsere Alltagspsychologie ist derzeit stärker galileisch als aristotelisch orientiert.

Das Konzept der Person-Umwelt-Transaktion überwindet beide Sichtweisen der Entwicklung, sowohl die aristotelische als auch die galileische (das gleiche gilt für das Konzept der Genotyp-Umwelt-Koevolution im Falle der Phylogenese). Deshalb die Metapher vom autopoietischen *Dschungel*: Sie soll das individualistische Bild der Autopoiese mit dem reduktionistischen Bild der epigenetischen Landschaft versöhnen. Der Dschungel brodelt von der Eigendynamik der individuellen, auf Autopoiese hin angelegten Lebewesen, aber diese entfalten sich nicht unabhängig voneinander, sondern in ständiger Verflechtung miteinander innerhalb des Spielraums, der ihnen in dieser unaufhörlichen Dynamik bleibt. Die Entwicklung des einzelnen ist ein ständiger Kompromiß zwischen Eigendynamik und Fremdbestimmung, der in dem Gestrüpp von Wechselwirkungen nur noch schwer nachvollziehbar ist.

Dieser Kompromiß ist deshalb so schwer zu fassen, weil sich die eigendynamischen und die fremdbestimmenden Kräfte nicht addieren, sondern in nichtlinearer Wechselwirkung über die Zeit stehen. Die Zeit ist gerichtet, die Persönlichkeit hat Geschichte gemacht. Nicht nur die Umweltkräfte ändern sich ständig, sondern auch die eigendynamischen Kräfte. Die Wirkung eines Umweltfaktors ist eine Funktion der gesamten Geschichte der Person-Umwelt-Transaktion. Und diese läßt sich nicht additiv aus der Geschichte der Person und der Geschichte der Umwelt zusammensetzen.

So, wie das gleiche Verhalten derselben Person zu verschiedenen Zeitpunkten unterschiedliche Wirkungen auf die Umwelt hervorrufen kann (diese Vorstellung ist uns eher vertraut), kann die gleiche Umwelt zu verschiedenen Zeitpunkten der Persönlichkeitsentwicklung unterschiedliche Wirkungen auf die Persönlichkeit haben. Unsere Geschichte holt uns immer wieder ein. Und so, wie kleine Verhaltensänderungen große Umweltwirkungen entfachen können und große Verhaltensunterschiede in ihrer Wirkung auf das gleiche hinauslaufen können, können kleine Umweltunterschiede zu großen Persönlichkeitsänderungen führen und große Umweltunterschiede die Persönlichkeit nicht tangieren.

Der individuelle Verlauf einer Persönlichkeitsentwicklung ist deshalb trotz aller stabilisierenden eigendynamischen und fremdbestimmenden Kräfte relativ labil; auch bei Kenntnis aller Anfangsbedingungen der Person-Umwelt-Transaktion und der von der Person unabhängigen Umweltänderungen ist das Resultat nur in weiten Grenzen vorhersagbar und berechenbar. Persönlichkeitsentwicklung ist das Produkt von Zufall und Notwendigkeit.

9 Zufall und Notwendigkeit

Diese Mischung aus Zufälligkeit und Notwendigkeit beeindruckt uns immer wieder, wenn wir unser Leben, unsere Biographie, rückblickend betrachten: Auf wie vielen Zufällen beruht es doch, daß wir so geworden sind, wie wir sind! Hätten wir damals nicht zufällig den und die getroffen, wäre es nie dazu gekommen, daß . . . Oder doch? Vielleicht nur auf einem anderen Weg? Betrachten wir die Rollen etwas genauer, die Zufall und Notwendigkeit in der Persönlichkeitsentwicklung spielen.

In einem zeitlich erstreckten Prozeß können sich Phasen zufälliger und notwendiger Zustandsbestimmtheit abwechseln. Lassen wir einen Würfel über einen Tisch rollen, so ist das Ergebnis vollkommen zufällig. Seine Zufälligkeit beruht auf einem Wechselspiel von Zufall und Notwendigkeit. Fast immer ist das Rollen des Würfels gut bestimmbar aus der Resultante seines Bewegungsimpulses (Eigendynamik) und der Erdanziehung (Fremdbestimmung). Es gibt aber mehrfach Zeitpunkte, an denen der Würfel auf einer Kante steht. Zu diesen Zeitpunkten ist er extrem labil, sein Schicksal steht auf der Kippe. Zwischendurch ist seine Bewegung aber wieder gänzlich notwendig. Das Ergebnis des Würfelwurfs ist eine Funktion einiger weniger instabiler Zustände und langandauernder, vollständig determinierter Zustandsänderungen.

Dieses Zusammenspiel von Zufall und Notwendigkeit ist charakteristisch für nichtlineare Wechselwirkungen über die Zeit, wie sie lebende Systeme, aber auch selbsterschaffende nichtlebende Systeme, z. B. »chemische Uhren«, kennzeichnen. Unter bestimmten Bedingungen kann das System *notwendigerweise* an einen Punkt kommen, an dem es zwei (oder mehr) Alternativen für seinen weiteren Zustandsverlauf gibt. Die Alternativen und die »Wahl« einer Alternative sind notwendig; rein zufällig, prinzipiell nicht vorhersagbar, ist aber, *welche* Alternative das System wählt. Es kommt an eine zufällige Gabelung seines Wegs. Die Person kommt an eine zufällige Verzweigung ihres Entwicklungspfades. Die Veränderung, die das System dabei an dem Verzweigungspunkt erfährt, kann kaum merklich sein, aber sie kann auch so groß sein, daß das System einen plötzlichen »Sprung« von einem stabilen Zustand in einen gänzlich anderen zeigt. Tafel 63 demonstriert dies anhand eines Beispiels aus der Chemie offener Systeme.

Tafel 63
Bifurkation und sprunghafte Veränderung

Die notwendig vorgegebene zufällige »Entscheidung« zwischen zwei stabilen Alternativzuständen im Verlauf der Entwicklung eines offenen Systems wird in der Systemtheorie auch als Bifurkation *bezeichnet. Die Abbildung veranschaulicht eine solche Bifurkation, wie sie zum Beispiel in der von Ilya Prigogine und Mitarbeitern studierten chemischen Uhr »Brüsselator«*[35] *vorliegt. Der Brüsselator ist beschrieben durch das Gleichungssystem*

$$\begin{aligned} A &\rightarrow X \\ B + X &\rightarrow Y + D \\ 2\,X + Y &\rightarrow 3\,X \\ X &\rightarrow E \end{aligned}$$

wobei die Buchstaben die Konzentration chemischer Stoffe und die einzelnen Gleichungen chemische Reaktionen bezeichnen (vgl. auch Tafel 36). Erhöht man nun im Brüsselator langsam die Konzentration eines Stoffes X, so kann es unter bestimmten Randbedingungen, gegeben durch die Konzentration der anderen Stoffe, vorkommen, daß die Erhöhung von X die Konzentration eines zweiten Stoffes Y zunächst völlig unberührt läßt. Passiert X jedoch die kritische Schwelle X_0*, springt das System sehr schnell in einen von zwei möglichen Zuständen* Y_1*,* Y_2*. In welchen, ist dabei auch bei Kenntnis der Anfangsbedingungen des gesamten Systems nicht vorhersagbar. Das System passiert mit Notwendigkeit einen Punkt völliger Instabilität und springt dabei in einen neuen stabilen Zustand. Es liegt eine »makroskopische Unbestimmtheit« vor.*

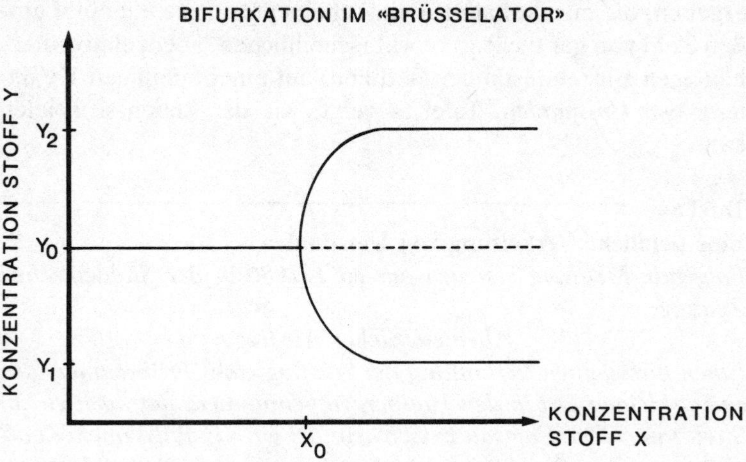

In den meisten Fällen wird diese Zufälligkeit der »Entscheidung« nur relativ sein, weil wir einfach nicht alle Einflußfaktoren kennen oder sie nicht genau genug bestimmen können, um die Entscheidung vorhersagen zu können. Das in Abschnitt V.3 schon zitierte Beispiel von den Billardkugeln (die achte läßt sich aufgrund der Heisenbergschen Unschärferelation prinzipiell nicht mehr immer treffen) macht aber klar, daß durch die Aufschaukelung mikrophysikalischer Unschärfen auch makrophysikalische Prozesse, insbesondere die Funktion des Nervensystems, und damit Verhalten, beeinflußt werden *können*. Das ist aber wohl eher eine akademische Überlegung; die weitaus meisten Verzweigungen von Entwicklungspfaden mögen uns nur deshalb zufällig scheinen, weil wir die Faktoren nicht oder zu ungenau kennen, die die »Entscheidung« bedingen. »Entscheidung« deshalb in Anführungsstrichen, weil es sich natürlich nicht um eine bewußt gewordene oder gar vorsätzlich willentlich getroffene Entscheidung handeln muß. Sehr oft merken wir ja erst im nachhinein, daß wir eine wichtige, unsere Persönlichkeitsentwicklung beeinflussende »Entscheidung« trafen, und ungewiß bleibt, wie oft solche »Entscheidungen« *nie* bewußt werden.

Aber auch ohne solche instabilen Punkte in der Persönlichkeitsentwicklung können sich Veränderungen der Persönlichkeit ergeben, die nur deshalb zufällig scheinen, weil sie auf einer großen Zahl von gar nicht so unwahrscheinlichen, aber relativ unabhängigen Einzelumständen beruhen: auf einer zufälligen *Verkettung von Umständen*. Tafel 64 zeigt, wie das Leben so spielen kann.

Tafel 64
Eine peinliche Verkettung von Umständen

Folgende Meldung erschien am 16. 1. 1986 in der Süddeutschen Zeitung:

Abenteuerlicher Ausflug

Einen turbulenten Verlauf hat der Ausflug eines Frührentners aus einem kleinen Ort in den Haßbergen genommen, der nach einem Streit mit seiner Ehefrau in Schweinfurt ein »Etablissement« aufsuchen wollte. Der für sein Liebesabenteuer mit 3600 DM gerüstete Mann hatte gleich am Anfang Pech: Das Haus war schon geschlossen. Für den 54jährigen begannen nach Angaben der Polizei nun wahrlich aufregende Stunden.

Weil er nicht wieder nach Hause wollte, fragte er auf der Straße ein Pärchen, wo er noch was erleben könne. Die beiden nahmen ihn mit zu sich, wo laut Polizei schon eine fröhliche Zechrunde versammelt war. Als eine 19jährige dem Frührentner dort ein »Geschäft im Schlafzimmer« anbot, lehnte der Mann aber wegen der vielen Gäste im Nachbarraum ab und wollte gehen, was den übrigen jedoch nicht paßte. Als er deshalb auf die Straße lief und um Hilfe schrie, weil er um sein Geld bangte, geschah ein weiteres Malheur: Auf den 54jährigen feuerte ein Spaziergänger mit einer Schreckschußpistole, ohne ihn zu verletzen. Grund für dessen Schüsse: Die 19jährige war dem Frührentner mit nacktem Oberkörper, offenbar um eine Vergewaltigung vorzutäuschen, nachgelaufen und hatte um Hilfe geschrien.

In das nächtliche Tohuwabohu griff nun auch noch ein Wachmann ein, der wiederum dachte, daß der 54jährige überfallen würde. Er kam ihm mit seinem Wachhund zu Hilfe und überwältigte den Mann mit der Pistole. Erst dann fand das Spektakel ein Ende: Die mit großem Aufgebot anrückende Polizei nahm alle beteiligten acht Personen vorläufig fest.

Die ganze Episode läßt sich in Einzelvorgänge zerlegen, die für sich genommen nicht sonderlich unwahrscheinlich sind. Nur ihre Verkettung macht sie so unwahrscheinlich, weil die einzelnen Vorgänge *relativ unabhängig* voneinander sind und sich die Einzelwahrscheinlichkeiten deshalb annähernd multiplizieren: daß das Etablissement geschlossen war, daß unser Held ein Pärchen traf, daß ihm ein Geschäft im Schlafzimmer angeboten wurde usw. ist jeweils für sich genommen nicht besonders unwahrscheinlich. Die Verkettung aller dieser Umstände insgesamt ist jedoch extrem unwahrscheinlich.

Nichts ist aber wahrscheinlicher als extrem unwahrscheinliche Verkettungen von Umständen, wenn viele relativ unabhängige Ereignisse verknüpft werden! Die eine Denkfalle, in die wir hier üblicherweise tappen, besteht in einer Verwechslung der Wahrscheinlichkeit von einzelnen Ereignissen mit der Wahrscheinlichkeit von Ereignisketten. Wenn wir zehnmal würfeln, produzieren wir mit absoluter Sicherheit eine »extrem unwahrscheinliche Verkettung von Ereignissen«, z. B. »6666666666« oder »3152261435«. Egal, wie wir würfeln: Jede Ereigniskette ist gleich unwahrscheinlich; ihre Wahrscheinlichkeit beträgt $\frac{1}{6}^{10}$ = 1/60466176, weniger als ein Sechzigmillionstel. »6666666666« ist dabei genauso unwahrscheinlich wie jede andere zehnstellige Kombination der Zahlen 1–6, auch z. B. »3152261435«.

Die zweite Denkfalle besteht darin, daß wir »sinnvolle« unwahrscheinliche Ereignisse für unwahrscheinlicher halten als gleichwahrscheinliche »sinnlose« Ereignisse«. Wir halten »6666666666« für unwahrscheinlicher als »3152261435«. Davon profitieren die Spielbanken: Der typische Roulettespieler geht davon aus, daß, wenn fünfmal Rot gekommen ist, es unwahrscheinlicher ist, daß beim nächstenmal wieder Rot kommt, als daß Schwarz kommt. Das ist aber ein Fehlschluß, weil bei einem unmanipulierten Roulette jedes Einzelergebnis unabhängig von den vorherigen ist.

Die Geschichte aus Tafel 64 wäre nie in der Zeitung erschienen, wenn sie aus einer genauso unwahrscheinlichen, aber sinnlosen Ereignisfolge wie etwa dieser bestanden hätte: »Ein Frührentner wollte in Schweinfurt ein ›Etablissement‹ aufsuchen. Im Treppenhaus war die Birne kaputt. Nachher fand er ein Markstück unter der Laterne an der Bushaltestelle. Der Bus wurde heute außerplanmäßig von Friedhelm W. gefahren statt von Fridolin M.« Unser typischer Denkfehler besteht darin, daß wir erst dann auf die Unwahrscheinlichkeit von Ereignisverkettungen aufmerksam werden, wenn sie einen »Sinn« ergeben, in irgendeiner Beziehung »wichtig« sind. Erst wenn wir darüber nachdenken, wie wir unsere(n) erste(n) Geliebte(n) kennenlernten, durch welche Umstände wir den Beruf ergriffen haben, den wir ergriffen haben, erst wenn wir überrascht mitten im Dschungel von Guatemala einem alten Studienfreund aus Marburg begegnen, werden wir uns der trivialen Tatsache bewußt, daß das Leben aus extrem unwahrscheinlichen Ereignisverkettungen besteht.

Das ist die eine Seite. Andererseits gibt es auch unter extrem unwahrscheinlichen Ereignisketten extrem große Unterschiede in ihrer Unwahrscheinlichkeit. Wir können uns diese Unterschiede nur nicht mehr *vorstellen*. Was ist schon der Unterschied zwischen 1/1000000000 und 1/100000000000? Immerhin 1:100! So unwahrscheinlich es auch ist, im Dschungel Guatemalas einem alten Studienfreund aus Marburg zu begegnen: Noch viel unwahrscheinlicher wäre es, dort die Zeitungsfrau vom Kiosk gegenüber zu treffen. Auch Zeit und Ort der Begegnung sind so überraschend nicht: Immerhin haben wir beide ein ähnliches Alter, unsere Kinder erlauben uns, den Dschungel Guatemalas nur während der Schulferien aufzusuchen, wir haben aus guten Gründen die Regenzeit vermieden, und was tun schon deutsche Akademiker im Dschungel von Guatemala: Sie besichtigen die Tempel von Tikal. Dort haben wir uns denn auch getroffen. Deutsche Akademiker haben eben, statistisch betrachtet, einige Verhaltenstendenzen gemeinsam, etwa in den Schulferien gerne exotische kulturelle Stätten aufzusuchen. Ihre Persönlichkeit legt sie in dieser Beziehung so weit fest, daß Reiseveranstalter gut davon leben können. Was oft als eine *absolute Koinzidenz*, als ein völlig zufälliges Kreuzen zweier völlig unabhängiger Kausalketten erscheint, ist meist eine sehr unwahrscheinliche Verkettung von Umständen, die, genauer betrachtet, dann doch so unwahrscheinlich gar nicht ist, wenn wir sie mit anderen Verkettungen von Umständen des täglichen Lebens vergleichen.

Und selbst wenn die Kreuzung der beiden Kausalketten auch

noch so unwahrscheinlich ist: Was sich aus der Kreuzung ergibt, ist meist keineswegs besonders unwahrscheinlich. Unsere Persönlichkeit, die unserer Mitmenschen und andere Invarianzen unserer Umwelt begrenzen von vornherein die möglichen Ausgänge der Wechselwirkung zwischen Person und Umwelt im Prozeß der Person-Umwelt-Transaktion. Die Grenzen beruhen auf dem Zusammenspiel von Eigendynamik und Fremdbestimmung und von Zufall und Notwendigkeit.

Dies macht Max Frisch in seinem Theaterstück »Biografie: Ein Spiel« deutlich. Herr Kürmann bekommt die Möglichkeit, zu Verzweigungspunkten seines Entwicklungspfades zurückzukehren und sich anders zu entscheiden. Es gelingt ihm aber nur begrenzt. Was sich letztlich ergibt, sind mögliche Abwandlungen einer Biographie, die trotzdem in allen Varianten unverkennbare Invarianzen aufweist. Frisch schreibt dazu im Programmheft des Schauspielhauses Zürich zur Uraufführung des Stücks am 1. 2. 1968: »Unsere Existenz-Erfahrung: Es geschieht etwas, und etwas anderes, was ebenso möglich wäre, geschieht nicht, und eigentlich liegt's nie oder selten an einer einzelnen Handlung oder an einem einzigen Versäumnis, wo wir Entscheidungen treffen, bleibt uns der Verdacht, daß es die Gebärde eines Gesteuerten ist, der nicht weiß, was ihn steuert; es gibt Zwänge, aber es gibt auch Zufälle; was auf die Gebärde des Entscheidens folgt, kann so und auch anders verlaufen . . . Es summiert sich etwas (Geschichte) . . . Ich habe es als Komödie gemeint«[102].

10 Grenzen der Erklärbarkeit

Auch die Rückseite des Spiegels sehen wir im Spiegel.
Carl Friedrich von Weizsäcker

Unsere Entdeckungsreise durch den Kontinent der Persönlichkeitsentwicklung hat uns weit über die Alltagspsychologie hinausgeführt. An verschiedenen Punkten sind wir aber auch an klare Grenzen der Erklärbarkeit gestoßen. Im einfachsten Fall, wie bei den blinden Flecken in den derzeit vorliegenden Varianzabschätzungen, sind diese Grenzen zeitbedingt und durch einigen Aufwand überwindbar. Hierzu würde ich auch das noch geringe Wissen um den Aufbau des menschlichen Genoms und das mangelhafte Verständnis der Gen-Regulation rechnen. Noch lassen sich die genetischen Einflüsse auf die Entwicklung von Persönlichkeitsunterschieden im Normalbereich nur *indirekt* schätzen durch Methoden wie die Zwillings- oder die Adoptionsforschung. Das wird sich bald ändern; unser Wissen über die menschlichen Strukturgene wird in den nächsten Jahren so rapide zunehmen, daß *direkte* Abschätzungen des Einflusses klassifizierter Gen-Kombinationen auf Persönlichkeitsunterschiede möglich werden (vgl. Kapitel VI). Auch unser Wissen über die Gen-Regulation wird kontinuierlich dabei wachsen.

Auf prinzipiellere Probleme stößt heute der Versuch, ein *Klassifikationssystem für Umweltfaktoren* zu entwickeln, die die Persönlichkeitsentwicklung beeinflussen (vgl. V.4). Vielleicht ist es ein fruchtbarer Weg, den Ansatz der Verhaltensgenetik zu verallgemeinern und Umwelten danach zu klassifizieren, von welchen Gruppen von Personen sie geteilt bzw. nicht geteilt werden. Je nach Definition der Personengruppen würden sich so Umwelten voneinander unterscheiden lassen.

Drei weitere Grenzen der Erklärbarkeit scheinen mir in der Natur der Persönlichkeitsentwicklung selbst begründet und nur schwer zu überschreiten zu sein. Das ist zum einen die *Nicht-Trennbarkeit von Einflußfaktoren*. In V.1 haben wir gesehen, daß jeder Faktor, der traditionellerweise als Ursache von Persönlichkeitsunterschieden angesehen wird, mit einer Vielzahl anderer Faktoren statistisch verknüpft ist. Oft handelt es sich nur um einen relativ losen Zusammenhang, der durch eine entsprechende Methodik gelöst werden kann; so hängt die Geschwisterposition zwar zunächst mit Geschwisterzahl und sozialer Schicht zusammen, aber sie läßt sich ohne allzu große Schwierigkeiten auch unabhängig von diesen beiden Faktoren untersuchen, etwa indem man den Einfluß der Geschwisterposition nur in Mittelschichtsfamilien mit vier Kindern studiert.

Manchmal ist der Zusammenhang aber so eng, daß er praktisch unauflösbar ist. Ein Beispiel hierfür sind die Versuche, die Frage zu klären, ob sich eine Bleibelastung der Umwelt negativ auf die Intelligenz von Kindern auswirkt[103]. Es ist klar, daß Blei, in großer Dosis genossen, das Nervensystem schädigt und so einen Intelligenzmangel hervorrufen kann. Aber gilt das auch für die relativ geringen Bleimengen, wie sie in heutigen Großstädten »natürlich« sind?

Untersuchungen in den USA hierzu ergaben zunächst einen negativen Zusammenhang zwischen Bleibelastung der Umwelt und Intelligenz bei Kindern. Die Bleibelastung erwies sich aber als stark abhängig von der sozialen Schicht: Die Armen und schlecht Ausgebildeten lebten eher in der Nähe von Bleischmelzen, öfter in alten Häusern mit Bleifarben an den Wänden und vorzugsweise in der Nähe von stark befahrenen Straßen. Es erwies sich als praktisch nicht möglich, zwei große Gruppen von Menschen zu bilden, die sich *nur* in der Bleibelastung unterschieden, nicht aber in anderen, den IQ der Kinder beeinflussenden Variablen wie Einkommen, Beruf und Ausbildung ihrer Eltern.

Es gibt zwar statistische Tricks, den Einfluß dieser Variablen aus dem globalen Zusammenhang zwischen Bleibelastung und IQ »herauszupartialisieren« (Kovarianzanalyse, Regressionsmodelle), doch würde diese rein statistische Korrektur dann zu einer Unterschätzung der Bedeutung der Bleibelastung führen, wenn tatsächlich ein kausaler Zusammenhang zwischen Bleibelastung und IQ bestände: Dann nämlich würde dieser kausale Einfluß teilweise auch über die anderen, mit Bleibelastung zusammenhängenden Faktoren wirksam werden, und genau dieser Teil des kausalen Einflusses würde ignoriert werden. Es gibt keine Lösung des Problems; der »wahre Einfluß« der Bleibelastung läßt sich nicht schätzen. Wie wir in Kapitel V.1 gesehen haben, gilt Ähnliches für den »reinen Einfluß« eines längerfristigen Heimaufenthalts: Er ist untrennbar mit familiären Vorbelastungen verschiedenster Art verbunden.

Eine zweite Grenze eher prinzipieller Natur ist die starke *Kontextabhängigkeit* der Einflüsse auf die Persönlichkeitsentwicklung. Wann immer Untersuchungen zu Einflußfaktoren gemacht werden, erweisen sich die Ergebnisse als stark abhängig von allen möglichen Randbedingungen. Die Varianzschätzungen der Verhaltensgenetik zum Beispiel sind davon abhängig, wie das untersuchte Merkmal genau gemessen wurde und auf welche Kultur zu welchem historischen Zeitpunkt es sich bezieht. In Kapitel V.7 wurde dies die »Relativität der Einflußschätzungen« genannt.

Diese Relativität wäre dann kein Problem, wenn die Randbedingungen isolierbar und ihr Einfluß jeweils abschätzbar wären. Aber worin unterscheiden sich die Randbedingungen solcher Varianzschätzungen, wenn wir beispielsweise die genetischen Varianzanteile des IQ in Deutschland und in Dahomé bestimmen? Es gibt so viele Unterschiede zwischen Deutschland und Dahomé, die diese Varianzanteile möglicherweise beeinflussen, daß nicht einmal mit einiger Sicherheit vorhergesagt werden kann, ob der genetische IQ-Varianzanteil in Deutschland oder in Dahomé höher sein wird, geschweige denn, um wieviel höher.

Eine dritte Grenze der Erklärbarkeit beruht auf den *nichtlinearen Wechselwirkungen*, wie sie in der Person-Umwelt-Transaktion vorkommen. Das führt zu häufigen instabilen Zuständen (vgl. V.9). Daß dadurch eine Menge Zufall ins Spiel kommt, ist nicht das eigentliche Problem, denn Zufälle, sind sie nur häufig genug und zufällig genug verteilt, tendieren oft dazu, sich gegenseitig auszulöschen: Würfeln wir sehr oft, wird die mittlere Augenzahl sehr genau 3.5 betragen. Der Zufall wird auf die Dauer »herausgewaschen«. Instabilitäten, die zu sprunghaften Veränderungen führen, z. B. in Form von Bifurkationen (vgl. V.9), haben aber die unangenehme Eigenschaft, daß sich der Zufall *nicht* auf die Dauer herauswäscht. Er ist vielmehr Grundlage für eine Vielzahl unterschiedlicher Zustände, die auch bei sehr langer Beobachtung keine Tendenz zeigen, einen gemeinsamen Zustand anzustreben. Diese Art von Zufall scheint in der Persönlichkeitsentwicklung eine wesentliche Rolle zu spielen.

Wenn das so ist, haben wir damit eine unüberwindbare Grenze der Erklärbarkeit der Persönlichkeitsentwicklung vor uns (es sei denn, wir fassen Aussagen wie »er hatte halt Glück/Pech« als Erklärung auf). Vielen Psychologen scheinen solche Überlegungen so peinlich zu sein, daß sie sie lieber schnell wieder vergessen; es ist schon auffällig, wie selten gerade in der Psychologie der *unkontrollierbare* Zufall ausführlicher erörtert wird. Ähnlich wie ein Rülpser in feiner Gesellschaft wird er zwar von allen Anwesenden bemerkt, aber die meisten tun so, als sei nichts gewesen. Das hat wohl auch etwas damit zu tun, daß Psychologen ohnehin das Gefühl haben, sich mit ihrer Wissenschaft noch auf recht schwankendem Boden zu befinden. Wer (wie ich) es gerade attraktiv findet, wenn noch vieles im Fluß ist, den braucht ein gelegentlicher Blick in den Abgrund nicht zu stören; wer sich hingegen permanent nach einem festeren Boden unter den Füßen sehnt, dem muß schon der Gedanke an einen solchen Abgrund Übelkeit verursachen.

Schließlich gibt es jenseits der Erklärungsgrenzen, die in der Natur der Persönlichkeitsentwicklung begründet liegen, noch eine absolute Grenze der Erkenntnis, die hier jedenfalls angedeutet werden soll. Dieses Buch folgte einer Denkbewegung weg von isolierten Ursachen, von linearen Ursache-Wirkung-Beziehungen, von den Dei ex machina, die unsere Alltagspsychologie erfindet, um den Antrieb und die Richtung der Entwicklung zu erklären. Die Denkbewegung nutzte den Begriff der Wechselwirkung, um sich aus diesem engen Korsett zu befreien, und endete bei dialektischen Begriffspaaren, um den Prozeß der Persönlichkeitsentwicklung verständlich zu machen: Genotyp *und* Umwelt, Reifung *und* Erfahrung, Eigendynamik *und* Fremdbestimmung, Zufall *und* Notwendigkeit. Daß sie dort endete, ist nicht überraschend. Denn jede wissenschaftliche Analyse, wird sie nur weit genug getrieben, stößt letztlich auf das, was Immanuel Kant die *Bedingungen der Möglichkeit von Erfahrung* nannte. Die aufgeführten Begriffspolaritäten beschreiben solche Bedingungen der Möglichkeit, über Persönlichkeitsentwicklung zu psychologisieren.

Bedingungen der Möglichkeit von Erfahrung sind in den Naturwissenschaften Grenzen der Erklärbarkeit, die auf der Beschränktheit des menschlichen Beobachters beruhen. Wir sind also in unserem Bemühen, grundlegende Prinzipien der Persönlichkeitsentwicklung zu verstehen, an die Grenzen des Verstehbaren gestoßen. Dabei wurden wir auf uns selbst zurückgeworfen: Die Grenzen des Verstehbaren liegen in uns selbst, der Konstruktion unseres Nervensystems begründet. In gewisser Weise haben wir damit einen großen Kreis geschlagen, ähnlich den Schiffen des Fernão de Magalhães, die 1519 in See stachen, um Indien auf dem Weg nach Westen zu erreichen, und nach einer Weltumsegelung wieder zu Hause ankamen, immer noch auf dem Weg nach Westen.

Die Kreisförmigkeit des wissenschaftlichen Bemühens um Erkenntnis macht auch ein Gleichnis deutlich, zu dem Konrad Lorenz und Carl Friedrich von Weizsäcker beigetragen haben – jeder auf seine Weise. Lorenz' Buchtitel »Die Rückseite des Spiegels« besagt, daß der menschliche Beobachter, der die Natur erkennen will, selbst ein Teil der Natur ist: Der Spiegel, der die Welt spiegelt, hat als Teil der Natur eine nicht spiegelnde Rückseite[104]. Weizsäcker führte diesen Gedanken in seinem Aufsatz »Die Rückseite des Spiegels, gespiegelt« zu einem kreisförmigen Ende, das er im »Aufbau der Physik« so beschreibt: »Wir fügen im Kreisgang zwei Denktraditionen zusammen, die einander in der Geschichte der Philosophie meist feindlich gegenübergestanden haben. All unser Wissen von der Natur steht unter den Bedingungen menschlichen Wissens; das ist die erkenntnistheoretische Fragestellung. Der Mensch ist ein Kind der Natur, und sein Wissen ist selbst ein Vorgang in der Natur; das ist die evolutionistische Fragestellung. Auch unser evolutionistisches Wissen steht, als menschliches Wissen, unter den von der Erkenntnistheorie studierten Bedingungen solchen Wissens; auch die Rückseite des Spiegels sehen wir nur im Spiegel. Aber auch der Spiegel, in dem wir die Rückseite des Spiegels sehen, ist eben der Spiegel, der diese Rückseite hat; auch die Erkenntnistheorie, wie die von ihr studierte Erkenntnis, ist ein Geschehen in der Natur.«[105]

Aus dieser Reflexion ergibt sich, daß der Aufbau der Naturwissenschaften nicht ganz so hierarchisch gedacht werden kann, wie er in Kapitel V.2 geschildert wurde: Seit Einsteins Spezieller Relativitätstheorie und spätestens seit der Kopenhagener Deutung der Quantentheorie wurde klar, daß jede naturwissenschaftliche Theorie eine Theorie des Beobachters einschließen muß, der die Daten sammelt und interpretiert. Durch Spezialisierung auf die Psychologie ergibt sich, daß jede psychologische Theorie eine Psychologie des Beobachters bereits voraussetzt. Dies wird manchmal als Circulus vitiosus angesehen. Man kann aber die Kreisbewegung auch als *Konsistenznachweis* auffassen: Gefordert wird dann, daß der Beobachter den Gesetzen der Theorie genügt, für die er eingeführt wurde[106].

Die Grenzen der Erklärbarkeit, auf die wir bei diesem Kreisgang stoßen, haben mit der Natur der Persönlichkeitsentwicklung wenig zu tun: Sie liegen in der Beschränktheit der menschlichen Denkfähigkeit begründet. Da Wissenschaftler chronisch neugierig sind, stellt eine solche Erkenntnis für sie immer ein gewisses Problem dar. Verschiedene Reaktionen hierauf sind denkbar.

Man kann enttäuscht über die Unmöglichkeit einer »vollständigen Erkenntnis« die Wissenschaft ganz an den Nagel hängen und sich anderen interessanten Tätigkeiten zuwenden, z. B. Ananas züchten. Man kann einfach zur Tagesordnung der alltäglichen Wissenschaftsroutine übergehen. Man kann den nichtigen Kampf des Wissenschaftlers um die Wahrheit heroisch beschwören, so wie Albert Camus das Schicksal des aufgeklärten absurden Menschen mit dem griechischen Sagenhelden Sisyphos vergleicht, der von den Göttern verdammt wurde, immer und immer wieder einen Felsen auf einen steilen Berg zu wälzen, wo er ihm aber stets kurz vor dem Gipfel entgleitet: »Überzeugt von dem rein menschlichen Ursprung alles Menschlichen, ist er also immer unterwegs – ein Blinder, der sehen möchte und weiß, daß die Nacht kein Ende hat. Der Stein rollt wieder. – Ich verlasse Sisyphos am Fuße des Berges! Seine Last findet man immer wieder. Nur lehrt Sisyphos uns die größere Treue, die die Götter leugnet und die Steine wälzt. Auch er findet, daß alles gut ist. Dieses Universum, das nun keinen Herrn mehr kennt, kommt ihm weder unfruchtbar noch wertlos vor. Jedes Gran dieses Steins, jeder Splitter dieses durchnächtigten Berges bedeutet allein für ihn eine ganze Welt. Der Kampf gegen Gipfel vermag ein Menschenherz auszufüllen. Wir müssen uns Sisyphos als einen glücklichen Menschen vorstellen.«[107]

Ich persönlich neige eher zu der Haltung, die Carl Friedrich von Weizsäcker als den »Kreisgang durch den Garten der Natur« bezeichnet: Kontemplativ die Grenzen der Erkenntnis ausmessen kann man auch im Flachland.

Das wäre kein schlechter Schluß für ein Buch wie dieses. Leider findet aber heutzutage der beschauliche Kreisgang durchs Philosophengärtlein unter gar nicht so beschaulichen Umständen statt. Daß dies so ist, hat auch etwas mit Wissenschaft zu tun. Denn, wie Weizsäcker sich ausdrückt, die Naturwissenschaft ist ein »Schlüssel zu tiefen, wirkungsvollen und lebensgefährlichen

Einsichten«[108]. In Hiroshima und Tschernobyl zum Beispiel wurde das deutlich. Wissenschaftliche Erkenntnisse sind immer ein zweischneidiges Schwert; je wirkungsvoller, desto hilfreicher und bedrohlicher. Aufgabe des Wissenschaftlers ist es deshalb *auch*, rechtzeitig auf die bedrohlichen Seiten absehbarer Anwendungen wissenschaftlicher Erkenntnisse hinzuweisen. Die hilfreichen Seiten haben ja meist ohnehin eine große Lobby, besonders wenn sie sich in Mark und Pfennig auszahlen. Sollte das kontrollierter Phantasie entsprungene Befürchtete nicht eintreten – um so besser. In diesem Sinn ist das letzte Kapitel zu verstehen.

VI Schöne neue Persönlichkeit?

All men are physico-chemically equal, even Epsilons perform indispensable services.
Aldous Huxley, Brave new world

Gesetzt den Fall, wir überleben die nächsten zwanzig Jahre: Werden die absehbaren Möglichkeiten, das menschliche Genom zu entschlüsseln, den Genotyp eines Menschen aus einem einzigen Blutstropfen zu bestimmen, entsprechende Risikofaktor-Berechnungen anzustellen, aufgrund solcher Berechnungen ungeborenes Leben gezielt abzutreiben oder den Genotyp befruchteter Eizellen gezielt zu verändern, unser Verständnis von Persönlichkeit und Persönlichkeitsentwicklung verändern? Mit Sicherheit!

Während diese Zeilen geschrieben werden, wird die öffentliche Diskussion um Auswirkungen der Gentechnologie auf den Menschen immer noch von Horrorvisionen von Mensch-Tier-Chimären, eingefrorenen Klonen und gezüchteten Nobelpreisträgern beherrscht – Kabinettstückchen aus dem Labor von Dr. Frankenstein, die eher den Inhalt von Science-Fiction-Romanen als die wirklichen Probleme der nächsten Jahrzehnte widerspiegeln. Nicht diese ebenso spektakulären wie spekulativen Möglichkeiten der gezielten Einflußnahme auf das menschliche Erbgut dürften die zentralen Probleme werden, sondern die bisher fast unbemerkte »leise Gentechnologie«: die medikamentöse Beeinflussung genetischer Wirkungen und die einfache, billige und im großen Stil betreibbare *Genomanalyse* in Verbindung mit traditionellen Techniken der *Selektion* – Auswahl für Ausbildungsgänge und Arbeitsplätze und die Abtreibung ungeborenen Lebens.

Gentechnologie besteht nämlich nicht nur, wie oft angenommen, aus der *Gen-Manipulation* oder *Gen-Therapie*, also der gezielten Veränderung des Erbguts von Lebewesen, sondern beinhaltet auch Grundlagenforschung zur Analyse der Struktur, Funktion und Regulation von Genen und die Entwicklung von *diagnostischen Verfahren*, mit denen sich bestimmen läßt, ob jemand Träger eines bestimmten Gens oder einer bestimmten Sequenz von Genen ist. Diese Verfahren ermöglichen die *Genomanalyse*, die (letztlich vollständige) Bestimmung der genetischen Information eines Lebewesens. Die Genomanalyse dürfte in absehbarer Zeit viel tiefgreifendere soziale und psychische Auswirkungen haben als die Gen-Therapie, gerade auf unser Verständnis und unsere Bewertung von Persönlichkeitsunterschieden. Bevor diese These systematischer erläutert wird, soll die Brisanz der Genomanalyse am Beispiel der Diagnose der Chorea Huntington erläutert werden – der degenerativen Hirnerkrankung, der wir in Kapitel V schon des öfteren begegnet sind.

1 Die Brisanz der Genomanalyse

Wie schon in Tafel 39 erläutert wurde, ist die Chorea Huntington eine degenerative Hirnerkrankung, die meist im vierten oder fünften Lebensjahrzehnt auftritt und – bislang nicht therapierbar – unweigerlich zu einem vorzeitigen Tod führt. Aus Familienstudien war schon länger bekannt, daß es sich um eine Erbkrankheit mit dominantem Erbgang und vollständiger Penetranz handelt; die Wahrscheinlichkeit, als Kind eines Huntington-Trägers selber zu erkranken, beträgt also 50%.

Im Herbst 1983 entdeckten James Gusella und seine Mitarbeiter am Massachusetts General Hospital in Boston einen Gen-Abschnitt auf dem vierten Chromosom, der mit einer Wahrscheinlichkeit von über 95% nur bei Trägern des Huntington-Gens vorkommt[1]. Obwohl also das »Huntington-Gen« selbst bisher noch nicht bestimmt werden konnte, gibt es seitdem eine diagnostische Möglichkeit, mit hoher Sicherheit festzustellen, ob jemand an dieser tückischen Krankheit erkranken wird oder nicht, wenn unter seinen Verwandten Huntington-Träger sind. Da das »Huntington-Gen« inzwischen eingekreist ist, dürfte es nur noch eine Frage der Zeit sein, bis es eindeutig identifiziert werden kann. Das wiederum ermöglicht nicht nur einen sicheren Test auf die Huntington-Trägerschaft, sondern eröffnet auch die Möglichkeit, die Funktion dieses Gens genau zu untersuchen und aus diesem Wissen über seine biochemischen Wirkungen eine Therapie zu entwickeln – ähnlich wie es bereits eine effektive Therapie zur Verhütung der Phenylketonurie gibt (vgl. Abschnitt V.4).

Solange es aber eine solche Therapie noch nicht gibt und solange auch das Testverfahren noch nicht ausgereift ist, werden Verwandte von Huntington-Kranken in schwerste Konflikte gestürzt. Bisher wissen sie nur, daß sie mit einer Wahrscheinlichkeit von 50% (wenn ein Elternteil bereits erkrankt ist) bzw. 25% (wenn nur einer ihrer Großeltern erkrankt ist) Träger des Huntington-Gens sind. Die meisten Menschen in dieser Situation schaffen sich ein labiles Gleichgewicht zwischen Furcht und Hoffnung, in dem die Hoffnung letztendlich überwiegt. Das betrifft nicht nur ihren eigenen Lebensentwurf, sondern auch die Frage, ob sie Kinder in die Welt setzen sollen – die ja, falls sie selber belastet sein sollten, wiederum mit 50%iger Wahrscheinlichkeit das Huntington-Gen erben würden. Die Genomanalyse bringt dieses labile Gleichgewicht ins Wanken. Betrachten wir die neu entstehenden Konflikte an einem fiktiven Beispiel.

Frau X ist 35 Jahre alt, seit 10 Jahren verheiratet. Ihre Ehe ist kinderlos, weil ihr Vater kurz vor ihrer Hochzeit die Huntington-Krankheit entwickelte; kürzlich starb er nach mehrjährigem Aufenthalt in der Psychiatrie. Frau X wurde trotz Verhütung schwanger, sie ist jetzt im zweiten Monat. Aus Angst vor einer »endgültigen« Diagnose hat sie bisher den »Huntington-Test« noch nicht gemacht. Noch ist Zeit, das Kind abtreiben zu lassen; eine klare medizinische Indikation ist gegeben (bedeutsames Risiko einer schweren Behinderung des Kindes). Was soll sie jetzt tun?

Soll sie durch eine Fruchtwasseruntersuchung (Risiko eines vorzeitigen Abgangs des Kindes etwa 1%) herausfinden lassen, ob ihr Kind Huntington-Träger ist? Eine positive Diagnose würde ihr die Entscheidung zur Abtreibung erleichtern; gleichzeitig wüßte sie aber auch, daß sie in den nächsten Jahren genauso wie ihr Vater an Chorea Huntington sterben würde, es sei denn, die Fortschritte der Genetik würden gerade noch rechtzeitig eine Therapie ermöglichen. Bei einer negativen Diagnose könnte sie das Kind ziemlich unbesorgt austragen (die Wahrscheinlichkeit, daß es Huntington-Träger ist, wäre nur noch 5%

wegen des bislang unvollkommenen Testverfahrens). Ihr Risiko, selbst Huntington-Trägerin zu sein, wäre dann nach wie vor 50%. Dennoch würde die Nachricht, daß ihr Kind nicht belastet ist, sie wahrscheinlich ermutigen, ihre eigene Huntington-Trägerschaft gleich mit untersuchen zu lassen. Eine negative Diagnose würde sie von ihrer langjährigen Angst befreien; eine positive Diagnose würde – neben der niederschmetternden Nachricht für sie selbst – sie erneut in den Konflikt stürzen, ob sie das Kind dann nicht doch abtreiben soll, denn die Wahrscheinlichkeit ist groß, daß sie noch während seiner Jugend erkrankt.

Vielleicht macht Frau X sich über ihr eigenes Schicksal hinaus aber auch Gedanken grundsätzlicher Natur, die kühle Wahrscheinlichkeitsrechnungen obsolet machen. Sie hat ihren Vater als fröhlichen, lebenslustigen Menschen erlebt, der bis zum Alter von 45 Jahren ein völlig normales Leben führte. War dieses Leben nicht lebenswert? Wer berechtigt sie eigentlich, ihr Kind abzutreiben, selbst wenn sich herausstellt, daß es die Huntington-Krankheit geerbt hat und selbst wenn es auch in Zukunft keine Therapie geben wird?

Frau X würde sich vehement dagegen wehren, wenn sie staatlicherseits gezwungen würde, den Huntington-Test für ihr Kind zu machen und es im Fall einer positiven Diagnose abzutreiben. Aber auch ihre individuelle Entscheidung, dies zu tun oder zu lassen, hat eine gesellschaftliche Dimension durch das Beispiel, das sie anderen gibt. Grenzt ihre Bereitschaft, ihr Kind abzutreiben, weil es Huntington-Träger ist, nicht an Euthanasie? Wo genau verläuft die Grenze zwischen »lebenswertem« und »nicht lebenswertem« Leben? Viele sterben im Alter von 45–55 Jahren an Herzinfarkt; vermutlich wird es in wenigen Jahren Tests geben, die genetische Risikofaktoren für frühen Herzinfarkt aufdecken. Sollte man Embryos abtreiben, deren Chance, bis zum Alter von 45 oder 50 oder 55 Jahren an Herzinfarkt zu sterben, 50% oder 70% oder 90% beträgt? Frau X entdeckt, daß sie wie wir alle eine »eugenische Schere« im Kopf hat: Leichte Behinderungen rechtfertigen keine Abtreibung, schwere schon, wo ist die Grenze, ab der, schnipp schnapp, der Embryo abgetrieben werden darf?

Frau X hört, daß es in der Bundesrepublik »Huntington-Gruppen« gibt, Selbsthilfegruppen für Huntington-Träger und deren Familienangehörige. Sie erfährt, daß sie kein Einzelfall ist, sondern daß es viele Menschen gibt, die ähnliche Konflikte haben. Sie beschließt, den Test nicht zu machen und das Kind nicht abzutreiben, obwohl sie noch vor wenigen Jahren für die Abschaffung des Abtreibungsparagraphen § 218 auf die Straße ging und nach wie vor für das Recht eintritt, ein Kind aus medizinischen oder sozialen Gründen abzutreiben. Für sie ist die Überlegung entscheidend, daß ihr individuelles Schicksal und das der verhältnismäßig kleinen Zahl von »Huntington-Risikopersonen« nur die Spitze eines Eisbergs ist, der erst in der nahen Zukunft in seiner ganzen Größe sichtbar werden wird, wenn die Fortschritte der Genomanalyse Tausende von genetischen Risikofaktoren aufdecken werden und praktisch jeder in die Lage kommt, die eugenische Schere einzusetzen oder nicht. Frau X möchte durch ihr Verhalten ein Beispiel dafür geben, daß es auch ein gangbarer Weg ist, sich gar nicht erst auf das Roulettespiel von Risikobestimmungen auf der Basis von Genomanalysen einzulassen, sondern das Risiko von Behinderungen als so natürlich und nicht änderungsbedürftig zu empfinden wie die Sonne, den Regen und den Wind.

Dieses Beispiel hat einige, keineswegs aber schon alle Probleme angerissen, die die Gentechnologie mit sich bringt. Um die Größe des Eisbergs abzuschätzen, dessen Spitze derzeit erst in Familien von Huntington-Kranken sichtbar wird, müssen die Möglichkeiten und Grenzen der Genomanalyse und Gen-Therapie genauer erläutert werden.

2 Genomanalyse

Gene sind zu klein, um ihre Struktur sichtbar machen zu können. Ob jemand Träger eines bestimmten Gens ist, kann deshalb nur mit indirekten Methoden bestimmt werden. Derzeit setzt man radioaktiv markierte Gen-Abschnitte ein, sogenannte *Gen-Marker*, um festzustellen, ob jemand Träger eines bestimmten Gens ist. Tafel 65 zeigt das Vorgehen[2].

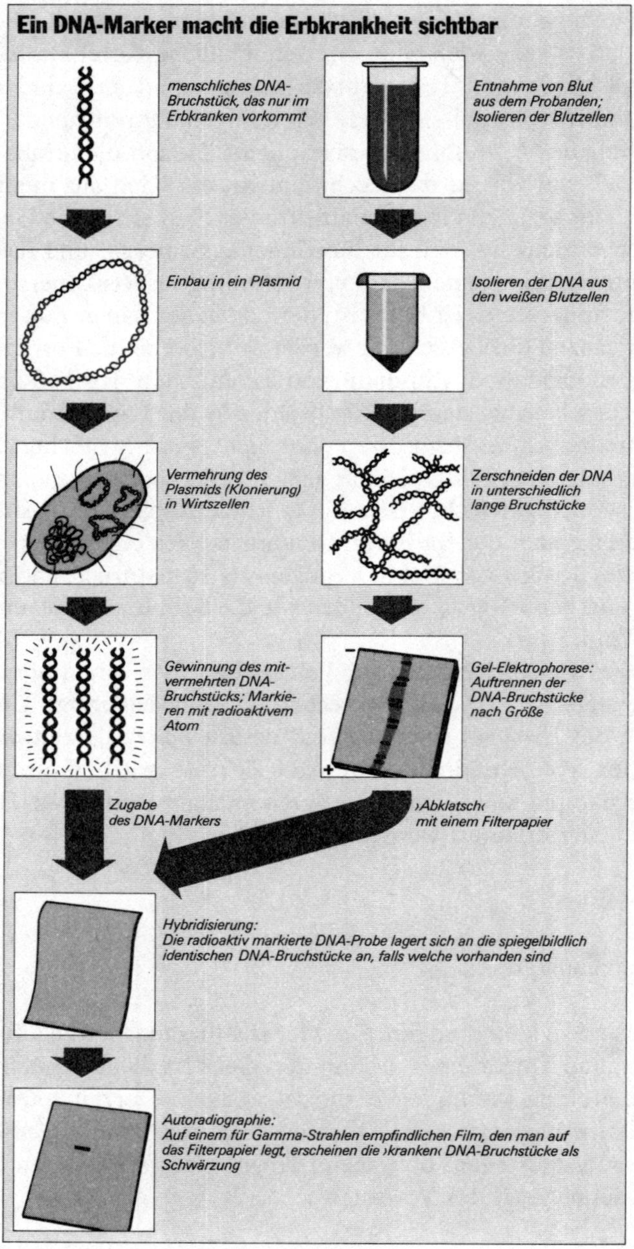

Quelle: Bild der Wissenschaft, 1986, No. 3.

Der kritische Gen-Abschnitt wird isoliert, in Wirtszellen vermehrt und radioaktiv markiert. So läßt sich ein Vorrat an Gen-Markern anlegen. Um nun festzustellen, ob eine Person Träger dieses Gen-Abschnitts ist, muß man nur irgendwelche Zellen dieser Person isolieren, etwa aus einer Blutprobe oder einem Schleimhaut-Abstrich. Die DNS des Chromosomenabschnitts, auf dem das kritische Gen vorkommt, wird dann nach entsprechender Vorbehandlung mit dem Marker zusammengebracht. Enthält die DNS der Person den kritischen Gen-Abschnitt, lagert sich der Marker an den Abschnitt an und schwärzt einen für Gamma-Strahlen empfindlichen Film, wenn man die DNS-Bruchstücke auf ihn legt.

Dieses Verfahren beruht also darauf, daß man möglichst kleine DNS-Abschnitte isoliert, auf denen das kritische Gen liegt. Dies geschieht zum Beispiel mit der Zellhybridisierungstechnik. Dabei werden menschliche und tierische Gewebezellen, z. B. von Mäusen, mit Hilfe von speziellen Viren zu »Hybridzellen« verschmolzen, die mehr oder weniger vollständige Chromosomensätze von Mensch und Maus enthalten. Diese Hybridzellen werden vermehrt und die von ihnen produzierten Proteine analysiert. Durch Vergleich von Zellkulturen, die unterschiedliche menschliche Chromosomen besitzen, läßt sich feststellen, welche Proteine von welchen Chromosomen produziert werden. Setzt man dieses Verfahren mit immer kleineren Chromosomen-Bruchstücken fort, also mit immer kürzeren DNS-Abschnitten, lassen sich so die Orte von Genen finden, die ein bestimmtes Protein produzieren. Auf diese Weise wurden bis 1986 etwa 1700 menschliche Gen-Orte bestimmt, die spezifische Proteine herstellen. Es handelt sich dabei also um Strukturgene (vgl. Tafel 32), von denen der Mensch etwa 50000 besitzt. Derzeit ist der Ort von ca. 20% aller Strukturgene ungefähr bekannt.

Das heißt aber noch nicht, daß diese Gene auch schon dechiffriert wären in dem Sinn, daß ihre Basensequenz bekannt wäre. Ende 1986 waren erst ca. 50 menschliche Strukturgene entschlüsselt. Aber es ist nur eine Frage der Zeit, bis alle Strukturgene geortet und entschlüsselt sind; Schätzungen gehen derzeit davon aus, daß die menschlichen Strukturgene bis zum Jahr 2010 vollständig kartiert und dechiffriert sind. Es bleibt dann immer noch die immense Aufgabe, die Gen-Regulation zu verstehen, also Ort, Code und Funktion der Regulatorgene (vgl. Tafel 33). Dennoch – die Enträtselung des menschlichen Genoms und die hiermit proportional wachsenden Möglichkeiten der Genomanalyse schreiten zügig und unaufhaltsam voran.

Gleichzeitig wächst die Möglichkeit, den genetischen Einfluß auf beliebige Risiken zu untersuchen. Bisher stehen bekannte Erbkrankheiten im Mittelpunkt der Forschung; inzwischen sind die Gen-Orte von über 100 Erbkrankheiten bekannt, neben Chorea Huntington und Phenylketonurie auch die Zystische Fibrose (Mucoviszidose), die Duchenne Muskeldystrophie, Albinismus, Bluterkrankheit, Sichelzellenanämie und bestimmte Veranlagungen für Nierensteine, Herzinfarkt und Diabetes.

Besonders brisant sind die zunehmenden Entdeckungen von genetischen Risikofaktoren für »normale« Erkrankungen. Denn je mehr solche Risikofaktoren bekannt werden, desto größer dürfte das Interesse von Arbeitgebern und Kranken- und Lebensversicherungen werden, entsprechende Tests durchzuführen, um bei Stellenbewerbern oder Antragstellern für Versicherungen ihr »genetisches Risiko« einer Einstellung oder Versicherung abzuschätzen. »Genetic screening«, »genetische Reihentests«, nennt man solche Verfahren, die »genetic fitness«, die »genetische Tauglichkeit« einer großen Zahl von Bewerbern abzuschätzen. Ein Blutstropfen pro Bewerber reicht dafür aus (vgl. Tafel 65).

In den Jahren 1981 und 1982 fanden vom amerikanischen Kongreß veranstaltete Hearings zum »genetic screening« statt. Eine Umfrage unter großen US-Firmen ergab, daß 18 bereits genetische Reihentests anwendeten und 59 angaben, in den nächsten fünf Jahren damit zu beginnen. Der am häufigsten genannte Test war der auf das Gen für Sichelzellenanämie – eine in Schwarzafrika verbreitete Disposition zu Blutarmut, die dort deshalb stark verbreitet ist, weil das Gen der Sichelzellenanämie gleichzeitig vor Malaria schützt. Unter normalen Arbeitsbedingungen stellt das in den USA bei Schwarzen verbreitete Gen für Sichelzellenanämie aber kein Risiko für Gesundheit oder Arbeitsleistung dar (sofern es nicht in der sehr seltenen monozygoten Form vorkommt); es gibt keinen rationalen Grund, einen

Stellenbewerber abzulehnen, nur weil er Träger dieses Gens ist. Dieses Beispiel sollte stutzig machen: Genetische Reihenuntersuchungen können zur Diskriminierung von Bevölkerungsgruppen eingesetzt werden (das Gen ist bei Weißen extrem selten).

Natürlich gibt es durchaus ehrenwerte Absichten, genetische Reihenuntersuchungen bei Stellenbewerbern durchzuführen. Sie können z. B. helfen herauszufinden, wer aus genetischen Gründen allergisch auf bestimmte Substanzen am Arbeitsplatz reagieren wird, und damit einen wichtigen Beitrag zur Prävention von Krankheiten liefern. So wurde z. B. vorgeschlagen, Arbeiter mit einem genetisch bedingten Alpha-1-Antitrypsin-Mangel, der zu Lungenkrankheiten disponiert, aus der Asbest- und Baumwollindustrie fernzuhalten.

Solange es sich um keine große Einschränkung der Berufsfreiheit handelt, weil genügend alternative Arbeitsplätze zur Verfügung stehen, ist hiergegen nichts einzuwenden. Problematisch wird es dann, wenn das festgestellte Defizit sich auf sehr viele Arbeitsplätze bezieht. Und gänzlich obsolet wird der Einsatz der Genomanalyse, wenn sie dazu herhalten soll, schlechte Arbeitsbedingungen aufrechtzuerhalten, indem die Arbeitsplätze mit Personen besetzt werden, die aus genetischen Gründen noch am ehesten in der Lage sind, sie zu verkraften. Anstatt alternative Werkstoffe zum Asbest zu entwickeln und die Asbestproduktion ganz einzustellen, sollte nur noch »genetisch asbesttauglichere« Arbeiter zu beschäftigen wahrlich keine Alternative sein.

Was haben diese Probleme der Genomanalyse mit Persönlichkeitspsychologie zu tun? Tatsächlich wird bisher der Einsatz der Genomanalyse nur im Zusammenhang mit Erbkrankheiten und genetischen Dispositionen zu Erkrankungen diskutiert. Die Genomanalyse eröffnet aber ungeahnte Möglichkeiten, den genetischen Einfluß auch auf Persönlichkeitsmerkmale abzuschätzen und vor allem festzustellen, welche Gen-Kombinationen die Ausprägung solcher Merkmale fördern oder hemmen. Dieses Wissen kann dann genutzt werden, die Disposition von Personen zu bestimmten Persönlichkeitsmerkmalen abzuschätzen, und zwar auch ohne ihr Wissen (eine Blutuntersuchung genügt).

Bisher ist der genetische Einfluß auf Persönlichkeitsmerkmale ja nur global schätzbar durch die aufwendigen und nur schwer durchführbaren Familien-, Adoptions- und Zwillingsstudien (vgl. V.7). Läßt sich der Genotyp von Personen aber künftig durch Genomanalyse direkt bestimmen, kann der Einfluß genetischer Unterschiede und vor allem der Einfluß *bestimmter* Gene und Gen-Kombinationen auf die Ausprägung von Persönlichkeitsmerkmalen an *beliebigen* Personen auf einfache Weise bestimmt werden: Ihr Genom und ihre Werte in verschiedenen Persönlichkeitsmerkmalen werden gemessen und in Beziehung gesetzt; durch bekannte statistische Verfahren lassen sich dann diejenigen Gene und Gen-Kombinationen herausfiltern, die einen Einfluß auf die gemessenen Persönlichkeitsmerkmale haben. Es ist nur eine Frage des Test-Aufwands und der Rechenzeit, so viele genetische Einflußfaktoren herauszudestillieren, daß eine überzufällige Vorhersage von Persönlichkeitsmerkmalen im Einzelfall möglich wird.

Natürlich ist diese Vorhersage immer schlechter, als wenn die interessierenden Merkmale *direkt* gemessen werden: Wie in Kapitel V.4 gezeigt wurde, besteht ja im allgemeinen eine große *Reaktionsnorm* für den genetischen Einfluß auf ein Persönlichkeitsmerkmal. Im Falle des IQ beträgt zum Beispiel die mittlere Reaktionsnorm eines Genotyps über 40 IQ-Punkte, während der Meßfehler eines IQ-Tests den Unsicherheitsbereich auf unter 20 IQ-Punkte begrenzt, also auf weniger als die Hälfte (vgl. V, Anmerkung 56). Die Vorhersage auf der Basis von Genomanalysen hat aber den Vorteil, daß sie keine psychologische Testung der zu diagnostizierenden Person erfordert. Durch einmalige Genomanalyse (und dazu reicht, wie gesagt, ein Blutstropfen) lassen sich beliebig viele Persönlichkeitsmerkmale vorhersagen, selbst bei wenige Wochen alten Embryos. Die Persönlichkeitsabschätzung kann also ohne Mitarbeit (sogar ohne Einwilligung) der betreffenden Person erfolgen und kann so früh durchgeführt werden, daß sie ein Kriterium für einen Schwangerschaftsabbruch bilden kann. In Verbindung mit künstlicher Befruchtung können sogar verschiedene befruchtete Eizellen eines Elternpaars gleichzeitig hergestellt, auf ihre »genetische Tauglichkeit« geprüft und erst *nach* Passieren eines solchen »Embryo-TÜV« eingepflanzt werden – eine besonders effektive Art der Selektion.

Selbst wenn die Reaktionsnormen *aller* ein Merkmal beeinflussender Gene überlappen, eigentlich also kein Entscheidungskriterium im strengen Sinne bieten, dürfte die Genomanalyse schon wegen ihrer »Objektivität« eine große suggestive Wirkung ausüben und so letztlich doch Entscheidungen beeinflussen. »Mein erstes Kind hatte eine normale IQ-Reaktionsnorm von 80–120 und neigt nur zu sechs Allergien. Jetzt bin ich mit einem Mädchen schwanger, dabei wünschte ich mir einen Jungen; es hat eine IQ-Reaktionsnorm von 70–110 und damit nur eine geringe Chance, das Abitur zu machen; und außerdem neigt sie auch noch zu fünfzehn Allergien. Da treibe ich lieber ab und versuch's noch mal.« »Unter den zehn Bewerbern sind drei, die es höchstens auf einen IQ von 110 bringen können, einer ist stark herzinfarktgefährdet, einer ist prädisponiert zum Alkoholiker, und einer raucht, obwohl er lungenkrebsgefährdet ist. Die anderen vier sind unauffällig. – o.k., laden wir die vier zum Vorstellungsgespräch ein.«

Diese Beispiele illustrieren verfehlte, unkritische Anwendungen der Genomanalyse. Andererseits sind aber auch unbestreitbar hilfreiche Anwendungen denkbar. Die Genomanalyse könnte ebenso zur Prävention von Krankheiten eingesetzt werden wie zur Berufs- oder Ausbildungsberatung, wobei sie aber sinnvollerweise nur eine Vorstufe zu gezielteren psychologischen Testverfahren und Beratungsgesprächen bilden sollte. Diese positiven Seiten werden ihre Entwicklung und Verbreitung fördern und damit auch die Gefahr ihres Mißbrauchs. Eine sinnvolle Anwendung der Genomanalyse setzt voraus, daß ihre Ergebnisse richtig interpretiert werden, insbesondere also ein hinreichendes Verständnis von Reaktionsnormen und der Variabilität der Gen-Wirkung in verschiedenen Umwelten (vgl. Abschnitt V.4). Wie alle wissenschaftlich-technischen Entdeckungen ist auch die Genomanalyse ein zweischneidiges Schwert: Ihr Nutzen oder Schaden hängt davon ab, wann sie und wann sie nicht angewendet wird, in welchem Interesse dies geschieht, ob hierfür das ausdrückliche Einverständnis der Analysierten vorliegt, wie streng der Datenschutz für genetische Daten ist und ob die Daten an die Analysierten in verständlicher Form weitergegeben werden.

Diese Rahmenbedingungen für eine sinnvolle Nutzung der Genomanalyse müssen durch entsprechende politische Entscheidungen und juristische Regelungen geschaffen werden. Die Enquête-Kommission für den Deutschen Bundestag »Chancen und Risiken der Gentechnologie«[3] hat hierzu sinnvolle Vorschläge gemacht, etwa daß »vor Ablauf der 12. Schwangerschaftswoche nur solche bei einer pränatalen Diagnose gewonnenen genetischen Daten an die Eltern weitergegeben werden, die eine schwere, nicht behandelbare Krankheit anzeigen«, oder daß Genomanalysen bei Arbeitnehmern nur die gegenwärtige gesundheitliche Eignung abklären dürfen, während alle diagnostischen Untersuchungen, die »Krankheitsanlagen und zukünftige Krankheiten diagnostizieren«, auszuschließen seien. Es bleibt zu hoffen, daß die Öffentlichkeit entsprechenden Druck ausübt, daß diese Vorschläge auch Gesetz werden; die Debatte um den Datenschutz in der Bundesrepublik hat gezeigt, daß ein solcher Druck notwendig ist und teilweise auch erfolgreich sein kann.

Im März 1986 wurde in Frankfurt ein »Forum zum Schutz des genetischen Selbstbestimmungsrechtes« gegründet[4], dessen Teilnehmer das Recht auf genetische Besonderheit proklamierten und sich gegen eugenische Tendenzen wehrten (d. h. gegen Versuche, durch gezielte Abtreibung oder Sterilisierung unliebsame Genotypen auszuschalten). Die Huntington-Gruppen in der Bundesrepublik bildeten schon 1984 einen Arbeitskreis Gentechnologie, der sich u. a. mit einem Katalog von Forderungen und Empfehlungen zur Genomanalyse an die Enquête-Kommission des Bundestages zu Chancen und Risiken der Gentechnologie wandte (vgl. Tafel 66). Daß die als erste von der Genomanalyse Betroffenen so schnell aktiv wurden, macht Hoffnung, daß die Genomanalyse nur vor dem Hintergrund einer intensiven und offenen Diskussion aller Beteiligten eingeführt wird; denn bald könnten wir alle betroffen sein.

Tafel 66

Forderungen der Huntington-Gruppen zur Genomanalyse

Die bundesdeutschen Huntington-Gruppen wandten sich mit verschiedenen Forderungen und Empfehlungen zur Genomanalyse an den deutschen Bundestag. Hierzu gehören:

- *Einführung von Gen-Tests erst dann, wenn sie nahezu 100% sichere Ergebnisse haben*

- *Einführung von Gen-Tests erst dann, wenn eine wirksame Therapie möglich ist (wie etwa bei Phenylketonurie)*
- *Testteilnahme nur auf ausdrücklichen Wunsch der Getesteten*
- *Das Recht auf genetische Besonderheit muß garantiert sein*
- *Das Recht auf Nicht-Wissen des eigenen Genoms muß garantiert sein*
- *Verbot*
  - *von Screening-Programmen durch Arbeitgeber und/oder Staat*
  - *der Kommerzialisierung der Testverfahren*
  - *der Gen-Speicherung, von Gen-Banken und einer Weitergabe an Dritte*
- *Einführung einer neuen, besonders sensitiven datenrechtlichen Kategorie der »Gen-Daten«, die auch das DNS-Material selbst strikten Bestimmungen unterwirft*
- *Es muß ein »Berufsstand Gentechnologie« geschaffen werden, der alle beteiligten Forscher unter einen besonderen Kodex von Verhaltensregeln stellt*
- *Der gentechnologischen Forschung und Anwendung muß eine Ethik-Kommission aus Mitgliedern aller Betroffenen übergeordnet werden, die Einspruchsrechte gegenüber Forschung und Anwendung durchsetzen kann*
- *Die im Moment bestehenden rechtsfreien Räume, die Betroffenen eine Test-Teilnahme zur Existenzbedrohung werden läßt, weil sie arbeits-, versicherungs- und sozialrechtliche Maßregelungen befürchten müssen, erfordern eine umfassende Neuregelung.*

---

3 Harte und weiche Gen-Therapie

Gen-Therapie im engeren Sinne, hier »harte Gen-Therapie« genannt, ist die Veränderung des Genoms einer Zelle, um ihre Funktion gezielt zu beeinflussen. Gen-Therapie im weiteren Sinne, hier »weiche Gen-Therapie« genannt, ist jede Veränderung des genetisch beeinflußten Stoffwechsels mit dem Ziel, genetisch bedingte Stoffwechselstörungen zu beheben.

Harte Gen-Therapie

Hier lassen sich wiederum zwei Anwendungsgebiete unterscheiden[5]. Einmal dürfte es demnächst möglich sein, bestimmte Körperzellen beim erwachsenen Menschen gezielt genetisch zu verändern. Hierzu wird die Fähigkeit von Viren ausgenützt, ihre DNS in das Genom fremder Zellen einzubauen. Dem Patienten werden Knochenmarkszellen entnommen und mit *Retroviren* infiziert, sogenannten *Gen-Taxis*, die fehlerfreie Kopien von defekten Gen-Sequenzen des Patienten enthalten. Diese Kopien wurden vorher im Labor künstlich hergestellt oder aus dem Erbgut Gesunder gewonnen und in die DNS der Retroviren eingebaut; gleichzeitig wurden die Retroviren so verändert, daß sie gerade noch die Fähigkeit besitzen, ihre DNS ins Erbmaterial fremder Zellen zu schmuggeln, sich dort aber nicht mehr vermehren können. Auf diese Weise werden Knochenmarkszellen des Patienten mit »guten« Genen versehen. Ergeben Tests, daß diese Gene tatsächlich ihre Funktion aufnehmen, z. B. ein bestimmtes Protein produzieren, wird das therapierte Knochenmark dem Patienten wieder eingepflanzt; die therapierten Zellen dürften einen Wachstumsvorteil gegenüber den kranken Zellen haben und so ein bestehendes genetisches Defizit mit der Zeit teilweise beheben.

Obwohl diese Technik noch mit vielen Problemen behaftet ist, so daß sie bisher nur in Tierversuchen erprobt wird, dürfte sie in absehbarer Zeit so weit verbessert sein, daß sie auch am Menschen eingesetzt werden kann. Angestrebt, aber noch nicht realisiert, ist eine weitere Veränderung der Retroviren derart, daß sie selbständig nur noch bestimmte Organe angreifen. Das würde die riskante Knochenmarkstransplantation überflüssig machen und spezifischere therapeutische Effekte ermöglichen: Die Gen-Taxis würden dann nur noch bestimmte Ziele ansteuern, etwa die Leber, und dort ihre Gene einbauen. Sollte dieses Verfahren einmal zuverlässig und ohne größere Nebenwirkungen funktionieren, ist es mit klassischen medizinischen Behandlungsformen vergleichbar, da ja nur bestimmte Körperzellen genetisch verändert werden.

Anders sieht es bei einer weiteren Form der Gen-Therapie im engeren Sinne aus: der *Keimbahn-Therapie*, bei der Eizellen, Spermazellen oder frühe embryonale Zellen genetisch verändert werden. In diesem Fall wird nämlich der *gesamte* Genotyp des heranwachsenden Lebewesens verändert, die Veränderung ist später praktisch nicht mehr behebbar, und vor allem wird das veränderte Erbgut später an alle Nachkommen des behandelten Individuums weitergegeben – mit allen Vor- und Nachteilen. Dies wirft zwei ethische Probleme auf.

Einmal werden Veränderungen herbeigeführt, die künftige Generationen betreffen. Ähnlich wie bei dem Problem der Entsorgung von Atomkraftwerken, bei dem viele zukünftige Generationen mit unserem strahlenden Müll belastet werden, muß damit gerechnet werden, daß die Keimbahn-Therapie unbeabsichtigte Nebenwirkungen nach sich zieht, die vielleicht erst nach einer oder zwei Generationen sichtbar werden – etwa wenn sich herausstellt, daß der therapierte Mensch unfruchtbar ist oder nur unfruchtbare Kinder zeugen kann. Zweitens wird ein medizinischer Eingriff bei einem »prospektiven Menschen« durchgeführt – auch wenn es »nur« eine Zelle oder ein Embryo ist –, ohne den Betroffenen um seine Zustimmung zu bitten. Natürlich verletzt jeder Kinderarzt, der einen Säugling behandelt, dieses Prinzip. Entscheidend ist aber, daß bei der Keimbahn-Therapie die *genetische Identität* des Menschen verändert wird. Und ob uns das zusteht, ist tatsächlich ein großes ethisches Problem.

Brisant wird es erst recht dann, wenn die Keimbahn-Therapie dazu herhalten soll, den Menschen durch Veränderungen seines Erbguts »verbessern« zu wollen, wenn es also nicht mehr um die Therapie bekannter genetischer Defekte geht, sondern um *Eugenik*, das gezielte Herstellen »verbesserter« Genotypen – was auch immer das Kriterium für »besser« sei. Wer solche »Qualitätskriterien« definiert, formuliert damit den totalitären Anspruch, darüber zu bestimmen, wie der Mensch beschaffen zu sein habe. Während bei der gezielten Abtreibung oder der künstlichen Befruchtung mit vorgetesteten Embryonalzellen nur natürliche Genotypen ausgelesen werden, eröffnet die Keimbahn-Therapie die Schaffung von Genotypen, die möglicherweise in der natürlichen Evolution des Menschen nicht oder erst in Jahrmillionen auftreten würden. Es handelt sich also um einen fundamentalen Eingriff in die Evolution des Menschen, dessen ethische Rechtfertigung erst noch gegeben werden müßte: Dürfen wir alles, was wir tun können? Die Enquête-Kommission[3] schlägt vor, gentechnische Eingriffe in die menschliche Keimbahn strafrechtlich zu verbieten, sofern die manipulierten Keimbahnzellen sich anschließend zu vollständigen Individuen weiterentwickeln können.

Weiche Gen-Therapie

Genetische Wirkungen müssen aber gar nicht unbedingt durch Eingriff in das Erbgut selbst verändert werden. In Abschnitt V.4 wurde schon am Beispiel der Phenylketonurie deutlich gemacht, daß vom Gen zum Verhalten ein langer Weg führt, so daß genetische Wirkungen durch Eingriff in Zwischenstufen des Stoffwechsels verändert werden können. Diätmaßnahmen oder die Einnahme von Medikamenten können gerade während der Schwangerschaft und Kindheit genetische Defekte kompensieren. Diese Gen-Therapie im weiteren Sinne läßt also die genetische Identität unberührt, verändert aber den Stoffwechsel so, *als ob* der Genotyp geändert sei.

Ist die Therapie *reversibel*, verschwinden also ihre Effekte nach Absetzen der Diät oder Medikamente wieder, ist diese Form der Gen-Therapie sicher unproblematisch. Schwierige ethische Probleme ergeben sich nur dann, wenn *irreversible Effekte* erzielt werden, die Therapieauswirkungen also nicht mehr rückgängig zu machen sind. Bei Phenylketonurie ist dies beispielsweise der Fall, und niemand würde wohl etwas dagegen haben, wenn Chorea Huntington, Bluterkrankheit oder andere klassische Erbkrankheiten auf diese Weise frühzeitig irreversibel therapiert werden können. Problematisch wird es aber, wenn weiche Gen-Therapie zu *eugenischen Zwecken* eingesetzt werden soll, wenn Größe, Gewicht, Körperkraft, Fähigkeiten zu sportlichen Spitzenleistungen, Haar- oder Augenfarbe, Teint, Intelligenzleistungen, Merkfähigkeit, Selbstsicherheit, Streßbelastbarkeit medikamentös irreversibel verändert werden: Sollen z. B. Eltern minderjähriger Kinder solche Persönlichkeitsmerkmale ihrer Kinder verändern dürfen?

Dies ist wohl auch die wahrscheinlichere Art, in der Gen-Therapie zur Veränderung der Persönlichkeitsentwicklung eingesetzt werden wird: Nicht die komplizierte und »blutige« harte

Gen-Therapie, sondern die vertraute Form der medikamentösen Behandlung oder Diät, kontrolliert von den Eltern, wird die Persönlichkeitsentwicklung beeinflussen. Ergibt die Genomanalyse zu Beginn der Schwangerschaft, daß das künftige Kind einen genetisch bedingten Intelligenzmangel, Zwergwuchs, eine körperliche Behinderung aufweisen wird, würden wohl die wenigsten Eltern zögern, eine vorhandene effektive Therapiemöglichkeit zu nutzen. Ehrgeizige Eltern könnten aber auch schnell in die Versuchung kommen, die Intelligenz, die Größe, das Aussehen oder sportliche Fähigkeiten ihres Kindes so weit wie nur irgend möglich zu fördern, auch wenn die Genomanalyse keine pathologischen Auffälligkeiten ergibt.

Die unbestreitbar positiven Möglichkeiten der Gen-Therapie, etwa die Prävention der Auswirkung schwerwiegender genetischer Defekte, ist natürlich ein gutes Argument, die Grundlagenforschung zum Einfluß des Genoms auf Stoffwechsel und Verhalten voranzutreiben. Insbesondere heißt das, daß Genomanalyse in großem Stil getrieben werden muß, um diese komplizierten Zusammenhänge aufzudecken. Je mehr aber solche Zusammenhänge durch Genomanalyse gefunden werden, desto stärker wird die Tendenz sein, dieses Wissen auch in Gen-Therapie umzusetzen. So werden sich Genomanalyse und Gen-Therapie gegenseitig fördern; wir können nicht das eine ohne das andere haben.

Insofern scheint die Forderung, »Genomanalyse erst dann, wenn eine wirksame Gen-Therapie möglich ist«, die z. B. von den Huntington-Gruppen erhoben wurde (vgl. Tafel 66), nicht sehr sinnvoll. Ohne die aktive Mitarbeit der Betroffenen wird keine Therapie genetischer Defekte entwickelt werden können. Dies ist ein zusätzlicher Konfliktpunkt bei der Entscheidung, ob sich jemand mit dem Risiko eines genetischen Defekts für eine Genomanalyse zur Verfügung stellen soll oder nicht. Frau X im eingangs geschilderten Beispiel könnte sich z. B. so entscheiden, daß sie eine Genomanalyse von sich selbst machen läßt und sich für weitere Untersuchungen zur Verfügung stellt, die notwendig sind, um die Wirkung des Huntington-Gens aufzuspüren, das Ergebnis der Genomanalyse aber bewußt nicht erfahren will. So könnte sie einen Beitrag zur Entwicklung einer Huntington-Therapie leisten, die auch ihr selbst oder ihrem Kind möglicherweise nützen könnte, ohne daß ihre Freiheit, ihren Genotyp nicht zu kennen, geschmälert würde.

Das ist alles noch Zukunftsmusik, aber je eher wir uns mit den geschilderten Möglichkeiten der Diagnose und Therapie bzw. Manipulation der Persönlichkeitsentwicklung vertraut machen, desto eher haben wir die Chance, die schwierigen ethischen Fragen rechtzeitig zu diskutieren, die sich hieraus ergeben, und einen gesellschaftlichen Konsens über die Ächtung bestimmter diagnostischer oder therapeutischer/manipulativer Techniken herbeizuführen. Es ist weder zu erwarten, daß Genomanalyse oder Gen-Therapie am Menschen ganz verboten werden, noch daß alles erlaubt sein wird, was möglich ist.

4 Die Zukunft der Persönlichkeit

Vorausgesetzt, Genomanalyse und Gen-Therapie werden so weit entwickelt, daß das Zusammenspiel der Wirkungen einzelner Gene zu großen Teilen durchschaubar und veränderbar wird – welche Auswirkungen könnte dies auf die Entwicklung der Persönlichkeit haben? Drei mögliche Wirkungen möchte ich hier kurz diskutieren, in denen die zentralen Themen dieses Buches nochmals anklingen: Veränderung der genetischen Variabilität und damit Veränderung der Vielfalt der menschlichen Entwicklung; Veränderung der Vorhersagbarkeit der Persönlichkeitsentwicklung und damit Veränderung der Freiheit des einzelnen; und Verbesserung der Erklärbarkeit der Persönlichkeitsentwicklung, damit verbesserte Therapie- und Manipulationsmöglichkeiten und somit erhöhte Verantwortung für uns selbst.

Veränderte genetische Variabilität

Durch gezielte Abtreibung auf der Grundlage von Genomanalysen kann die Variabilität des menschlichen Genom-Pools verringert werden, indem unliebsame Genotypen nur noch sehr geringe Entwicklungschancen haben. Durch Gen-Therapie kann die genetische Variabilität der Menschheit entsprechend vermindert werden; sie kann aber auch durch technologische Neuschöpfung von Genotypen erhöht werden. In jedem Fall handelt es sich um einen Eingriff in die Evolution des Menschen. Solche Eingriffe sind in der langen Geschichte der Genotyp-Umwelt-Koevolution des Menschen im Prinzip nichts Neues (vgl. Kapitel V.3); das Töten von Neugeborenen mit sichtbaren Behinderungen oder die medizinische Behandlung genetisch mitbedingter Erkrankungen, die die Fortpflanzung der Gen-Träger ermöglicht, sind entsprechende Eingriffe mit langer Tradition in vielen Kulturen. Neu ist nur die Zielgerichtetheit, Effizienz und Schnelligkeit, mit der die Variabilität des menschlichen Erbguts gentechnologisch verändert werden kann – insbesondere die Möglichkeit, neue Gen-Kombinationen zu schaffen, deren Entstehung durch Spontanmutation Jahrtausende oder Jahrmillionen in Anspruch genommen hätte.

Dies alles könnte zu einer *Beschleunigung der Evolution des Menschen* führen. Diese Beschleunigung kann ebenso die Menschheit durch zu große Einschränkung der überlebensnotwendigen genetischen Variabilität zu Grunde richten, wie die Vielfalt der genetischen Unterschiede fördern und das Überleben der Menschheit in (vor allem selbstgeschaffenen) Umweltkrisen sichern. Die möglichen Auswirkungen der Gentechnologie auf die genetische Variabilität sind also grundsätzlich ambivalent. Wird der evolutionsbiologisch gesehen naive und gefährliche Weg einer kurzsichtigen eugenischen »Verbesserung« des menschlichen Erbguts gewählt, könnte dies langfristig katastrophale Auswirkungen auf die Überlebensfähigkeit der Menschheit haben; Gentechnologie kann aber auch die Vielfalt des menschlichen Potentials erhalten oder fördern. Die Horrorvision einer Gesellschaft genormter, durch einen genetischen TÜV geprüfter Menschen ist keine notwendige, aber eine mögliche Konsequenz gentechnologischer Maßnahmen.

Veränderte Vorhersagbarkeit der Persönlichkeitsentwicklung.

Die durch Genomanalyse verfeinerten Möglichkeiten der Persönlichkeitsdiagnose dürften die Vorhersage der Persönlichkeitsentwicklung in vorhersehbaren Umwelten steigern. Andererseits dürften die neuen Möglichkeiten der Gen-Therapie die Persönlichkeitsentwicklung dann weniger vorhersagbar machen, wenn nicht gut voraussehbar ist, wer Gen-Therapie in welcher Weise *nutzt*: Ist der Freiheitsspielraum des einzelnen groß, seinen Genotyp oder genetisch beeinflußte Persönlichkeitsmerkmale in verschiedenen Richtungen gentechnologisch zu verändern (besonders durch »weiche« Verfahren), können Vorhersagen der Persönlichkeitsentwicklung nicht mehr wie bisher von der Konstanz des Genotyps ausgehen. Auch hier also erweisen sich die möglichen Auswirkungen der Gentechnik als grundsätzlich ambivalent. Ob die Vorhersagbarkeit der Persönlichkeitsentwicklung besser oder schlechter werden wird, hängt entscheidend davon ab, welchen Spielraum der einzelne hat, Genomanalyse oder Gen-Therapie zu nutzen oder zu verweigern.

Verbesserte Erklärbarkeit der Persönlichkeitsentwicklung.

Je genauer die Zusammenhänge zwischen Genotyp und Persönlichkeitsentwicklung durch die gentechnologische Grundlagenforschung bekannt werden, desto größer wird die Erklärbarkeit der Persönlichkeitsentwicklung werden. Da Umweltbedingungen aber auch ein wesentliches, z. T. das entscheidende Wort mitzureden haben, wird die Erklärbarkeit der Persönlichkeitsentwicklung auch bei voller Kenntnis der genetischen Wirkungen immer noch deutlich begrenzt sein, solange die Wirkungen von Umweltfaktoren und Genotyp-Umwelt-Kovariation und -Interaktion weiterhin nur wenig verstanden sind.

Da der Zuwachs an Wissen über genetische Einflußfaktoren in den nächsten Jahren größer sein dürfte als der entsprechende Wissenszuwachs über Umweltfaktoren, könnte dies zu einer Überschätzung der Bedeutung genetischer Faktoren führen. Die immer noch unter Psychologen, Pädagogen und Sozialwissenschaftlern verbreitete Ignoranz gegenüber genetischen Faktoren bei der Erklärung psychischer Phänomene könnte sehr schnell ins Gegenteil umschlagen: in den Glauben, mit dem neuen gentechnologischen Wissen plötzlich alle bisher unlösbaren Probleme lösen zu können. Eine solche Überschätzung der Bedeutung von Erbfaktoren wäre genauso falsch wie die bisherige Überschätzung der Bedeutung von Umweltfaktoren.

Eine verbesserte Erklärbarkeit der Persönlichkeitsentwicklung bedeutet natürlich auch eine verbesserte Therapie- und Manipulationsmöglichkeit der Persönlichkeit. Wie andere wissenschaftlich-technische Neuerungen mit weitreichenden Konsequenzen, z. B. die Nutzung der Kernenergie, wird auch die Entwicklung der Gentechnologie die Frage immer drängender werden lassen, ob wir alles tun sollen, was wir tun können. Die Gentechnologie legt ein Stück Natur mehr in unsere Hände: unsere genetische Identität. Damit werden wir mehr als bisher für uns selbst *verantwortlich*, eingeschlossen unsere Persönlichkeit und die unserer Kinder.

Noch haben wir die Möglichkeit, aus der unbedachten Ausbeutung der Natur durch den Menschen in den letzten Jahrhunderten zu lernen und Eingriffe in unsere eigene Natur mit größter Vorsicht anzugehen. Wie die Atomtechnologie ist auch die Gentechnologie fähig, sehr langfristige, im Grunde nicht absehbare Wirkungen nach sich zu ziehen – Konsequenzen, mit denen sich spätere Generationen herumschlagen müssen (sofern sie das überhaupt noch können) und für die wir verantwortlich sind. Diese langfristigen Wirkungen erfordern ein neues ethisches Prinzip, das über den Kantschen kategorischen Imperativ »Handle so, daß du auch wollen kannst, daß deine Maxime allgemeines Gesetz werde« hinausgeht, indem die Zukunft in die eigene Verantwortung einbezogen wird. Der Philosoph Hans Jonas formulierte einen zusätzlichen Imperativ für die »technologische Zivilisation«, der dieser neuen Verantwortung gerecht wird: »Handle so, daß die Wirkungen deiner Handlung verträglich sind mit der Permanenz echten menschlichen Lebens auf Erden«[6]. Diese Maxime sollte verpflichtend sein für alle, die gentechnologische Forschung betreiben, finanzieren oder anwenden.

Dabei zwingen die Möglichkeiten der Gentechnologie zu einem gründlichen Nachdenken darüber, was »echtes menschliches Leben« sei. So wie die Bedrohung durch einen atomaren Holocaust die Menschheit vor die Frage stellt, *warum* überhaupt Menschen in der Welt sein sollen, wird die Gentechnologie uns bald vor die Frage stellen, *welche* Menschen in der Welt sein sollen, und dazu die Frage, welche Persönlichkeit Menschen haben sollen und welche (vielleicht) nicht.

Mit diesen ethischen Fragen werden wir uns auseinandersetzen müssen. Für diese Auseinandersetzung steht uns die beklommene Haltung des Menschen zu seiner beklemmenden Macht gut an, der Ton, den Sophokles den Chor in »Antigone« anschlagen läßt:

> Ungeheuer ist viel, und nichts
> ungeheurer als der Mensch.
> . . .
> Die Rede auch und den luft'gen Gedanken und
> die Gefühle, auf denen gründet die Stadt,
> lehrt er sich selbst, und Zuflucht zu finden vor
> unwirtlicher Höhen Glut und des Regens Geschossen.
> Allbewandert er, auf kein Künftiges
> geht er unbewandert zu. Nur den Tod
> ist ihm zu fliehen versagt.
> Doch von einst ratlosen Krankheiten
> hat er Entrinnen erdacht.
>
> So über Verhoffen begabt mit der Klugheit
> erfindender Kunst,
> geht zum Schlimmen er bald und bald zum
> Guten hin.
> Ehrt des Landes Gesetze er und der Götter
> beschworenes Recht –
> hoch steht dann seine Stadt. Stadtlos ist er,
> der verwegen das Schändliche tut.

Anmerkungen

Namen von Zeitschriften in Kursivsatz.

Kapitel I

1 Die Symbole sind spiegelsymmetrisch. Trennen Sie die Hälften durch einen senkrechten Strich und betrachten Sie die Folge der *rechten* Hälften. Alles klar? Dieses Beispiel demonstriert, wie wir durch vorgefaßte Meinungen über die Bedeutung der »realen Welt« (ein »M«, ein »Herz mit einem Querstrich« etc.) in die Irre geführt werden können. Die »reale Welt«

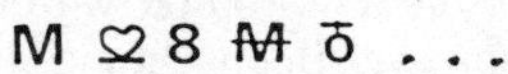

ergibt sich als Spezialfall aus der erweiterten Welt, die sich durch eine systematische Kombination der Zahlen mit ihren Spiegelbildern ergibt.

2 Brecht, B., Gesammelte Werke in 20 Bänden, Bd. 3, Frankfurt/Main: Suhrkamp, 1967, S. 1311.

Kapitel III

1 »säkular« von lat. saeculum = Jahrhundert.

2 Vgl. z. B. Tanner, J. M., Wachstum und Reifung des Menschen, Stuttgart: Thieme, 1962, S. 165.

3 Sroufe, L. A., Wariness of strangers and the study of infant development, *Child Development*, Vol. 48, 1977, 731–746.

4 Genau genommen ist dazu noch eine dritte Standardisierung nötig: die Testwerte müssen »normalverteilt« sein.

5 Als, H. et al., Specific neonatal measures: The Brazelton Neonatal Behavioral Assessment Scale, in J. D. Osofsky (Ed.), Handbook of infant development, New York: Wiley, 1979, 185–215.

6 Die Daten sind einer Untersuchung von 1262 repräsentativ ausgewählten Kindern entnommen; vgl. Bayley, N., Bayley Scales of Infant Development, New York: Psychological Corporation, 1969.

7 Clarke-Stewart, K. A. Interactions between mothers and their young children: Characteristics and consequences, *Monographs of the Society for Research in Child Development*, Vol. 38 (6–7, Whole Serial No. 153), 1973.

8 Asendorpf, J., Social competence. In F. E. Weinert & W. Schneider (Eds.), LOGIC-Report No. 3: Results of wave one. Research Report, Max-Planck-Institut für psychologische Forschung, München, 1987.

9 Die Daten stammen aus Asendorpf, J., Individual response profiles in the behavioural assessment of personality, *European Journal of Personality*, Vol. 2, 1988.

10 Achenbach, T. M. et al., Behavior problems and competencies reported by parents of normal and disturbed children aged four through sixteen, *Monographs of the Society for Research in Child Development*, Vol. 46 (1, Whole Serial No. 182), 1981.

11 Vgl. z. B. Cotler, S., Epidemiology and outcome, in J. M. Reisman (Ed.), Behavior disorders in infants, children, and adolescents, New York: Random House, 1986, 57–82.

Kapitel IV

1 Capelle, W., Die Vorsokratiker, Stuttgart: Kröner, 1963, S. 132–133. Heraklit scheint mit dem Bild des Badenden, das später zu der lapidaren Formel »Alles fließt« verkürzt wurde, bereits die doppelte Veränderung zwischen zwei Beobachtungssituationen im Auge gehabt zu haben: nicht nur das Wasser ist ein anderes (obwohl es derselbe Fluß ist), sondern auch die Persönlichkeit des Badenden (obwohl es dieselbe Person ist). Diese Doppelperspektive wird am deutlichsten in dem folgenden Heraklit zugeschriebenen Ausspruch: »Wir steigen in denselben Fluß und doch nicht in denselben; wir sind es, und wir sind es nicht.«

2 Vgl. z. B. Becker, P., Studien zur Psychologie der Angst, Weinheim: Beltz, 1980.

3 Asendorpf, J., Schüchternheit, in Jahrbuch der Max-Planck-Gesellschaft 1985, S. 795 ff, Göttingen: Vandenhoeck & Ruprecht, 1986.

4 Siehe Kapitel III, Anm. (8).

5 Für statistisch versierte Leser: Die kritische Differenz ergibt sich bei einem gegebenen Testwert X eines Tests mit Mittelwert M, Varianz V und Reliabilität R aus dem Konfidenzintervall für den Testwiederholungswert X': $R\,(X - M) + M \pm \sqrt{V\,(1 - R^2)}\ t_\alpha$, wobei t_α der der Irrtumswahrscheinlichkeit α zugeordnete t-Wert ist. Ist z. B. ein IQ-Wert von 110 getestet worden mit einem Test der Retestreliabilität 0.9, so liegen bei einer Testwiederholung 95 % der beobachteten Testwerte zwischen 109 ± 12.8 (die von Lienert, G. A., Testaufbau und Testanalyse, Weinheim: Beltz, 3. Aufl., 1969, angegebene Formel ist falsch, weil sie den Standardmeßfehler verwendet und die Regression zur Mitte nicht berücksichtigt; vgl. Dudek, F. J., The continuing misinterpretation of the standard error of measurement, *Psychological Bulletin*, Vol. 86, 1979, 335–337).

6 Für Leser, die Formeln mögen: Das Ausmaß der Instabilität im Einzelfall läßt sich auch sinnvoll quantifizieren. Ausgangspunkt dieser Quantifizierung ist die Differenz der Abweichungswerte: Die Instabilität ist um so größer, je größer die Differenz ist. Da die Differenz jedoch wesentlich von der Varianz des Merkmals abhängt – bei großer Varianz bedeutet dieselbe Differenz eine geringere Stabilität als bei kleiner Varianz –, sollten die Abweichungswerte so normiert werden, daß sie eine Varianz von 1 haben; damit sind ihre Differenzen als Maß der Instabilität zwischen verschiedenen Merkmalen vergleichbar. Die so standardisierten Abweichungswerte nennt man z-Werte. Als Maß der individuellen Instabilität zwischen zwei Messungen 1 und 2 ist also das Quadrat der Differenz der zugehörigen z-Werte geeignet:

$$i_{12} = (z_1 - z_2)^2 = \left[\frac{(x_1 - M_1)}{\sqrt{V_1}} - \frac{(x_2 - M_2)}{\sqrt{V_2}}\right]^2,$$

wobei x_1, x_2 die Meßwerte, M_1, M_2 die Populationsmittelwerte und V_1, V_2 die Populationsvarianz zu den beiden Zeitpunkten ist. Daß das Quadrat der Differenz dem Absolutbetrag der Differenz vorzuziehen ist, hat dieselben Gründe wie bei der Definition der Varianz; vgl. Tafel 10. Ist $M_1 = M_2$ und $V_1 = V_2$ (wie z. B. bei IQ-Werten), so vereinfacht sich der Instabilitätswert zu

$$i_{12} = \frac{(x_1 - x_2)^2}{V}$$

Bei IQ-Werten wird also einfach das Quadrat der Testwertdifferenz durch 225 geteilt.

7 Für Leser, die gerne rechnen: Die Korrelation läßt sich auch direkt als mittlere individuelle Stabilität in einer Population ableiten. Die individuelle Instabilität zwischen zwei Zeitpunkten 1 und 2 ist $i_{12} = (z_1 - z_2)^2$ (vgl. Anmerkung 6). Also ist der Mittelwert der individuellen Instabilitäten in einer Population von n Personen

$$I = \frac{1}{n} \cdot \sum_{i=1}^{n} (z_{1i} - z_{2i})^2 = \frac{1}{n} \cdot \sum_{i=1}^{n} (z_{1i}^2 - 2z_{1i} \cdot z_{2i} + z_{2i}^2)$$

$$= \frac{1}{n} \cdot \sum_{i=1}^{n} z_{1i}^2 + \frac{1}{n} \cdot \sum_{i=1}^{n} z_{2i}^2 - 2 \cdot \frac{1}{n} \cdot \sum_{i=1}^{n} z_{1i} \cdot z_{2i}$$

$$= 1 + 1 - 2 \cdot \sum_{i=1}^{n} \frac{(x_{1i} - M_1) \cdot (x_{2i} - M_2)}{\sqrt{V_1 \cdot V_2}}$$

$$= 2 - 2r = 2 \cdot (1 - r)$$

$$\text{wegen}\ \frac{1}{n}\cdot\sum_{i=1}^{n} z_i^2=\frac{1}{n}\cdot\sum_{i=1}^{n}\frac{(x_i-M)^2}{V}=\frac{1}{V}\cdot V=1.$$

Die mittlere Instabilität reicht also von 0 bis 4. I = 0 entspricht einer Korrelation von + 1, I = 2 einer Korrelation von 0 und I = 4 einer Korrelation von − 1. I ist bis auf eine lineare Transformation mit r identisch.

Diese Formeln gelten – ebenso wie die angegebenen Formeln für Varianz und Korrelation – nur für Populationen; für Stichproben wird bei den Mittlungen n durch n − 1 ersetzt.

8 Bell, R. Q. et al., Newborn and preschooler: Organization of behavior and relations between periods, *Monographs of the Society for Research in Child Development*, Vol. 36, 1971.

9 Asendorpf, J., Social competence. In: F. E. Weinert & W. Schneider (Eds.), LOGIC-Report No. 5: Longitudinal findings for waves one to three. Research Report, München: Max-Planck-Institut für psychologische Forschung, 1988.

10 Die Abbildung beruht auf den Daten von Bloom, B. S., Stability and change in human characteristics, New York: Wiley, 1964.

11 Conley, J. J., The hierarchy of consistency, *Personality and Individual Differences*, Vol. 5, 1984, 11–25.

12 Wie bei allen psychologischen Merkmalen muß dabei jedoch zusätzlich die Unzuverlässigkeit der Messung berücksichtigt werden. Sie wird dadurch bestimmt, daß die Messung nach kurzer Zeit (wenige Tage bis einige Wochen) wiederholt und die Korrelation zwischen erster und zweiter Messung berechnet wird. Die Zuverlässigkeit eines Intelligenztests wird also durch seine kurzfristige Stabilität geschätzt. Für übliche IQ-Tests ergeben sich dabei Zuverlässigkeiten im Bereich von 0.90–0.95 für fast alle Lebensalter; lediglich in sehr jungen Jahren (unter 5) kann die Zuverlässigkeit bis 0.80 sinken. Die Schätzung der »echten«, um den Meßfehler bereinigten Stabilität eines IQ-Tests erhält man durch Division der beobachteten langfristigen Stabilität durch die Zuverlässigkeit des Tests.

13 Wilson, R. S., The Louisville twin study: Developmental synchronies in behavior, *Child Development*, Vol. 54, 1983, 298–316.

14 McCrae, R. R. et al., Validation of the five factor model of personality across instruments and observers, *Journal of Personality and Social Psychology*, Vol. 52, 1987, 81–90.

15 Der Verhaltensbegriff muß nicht eng ausgelegt werden: auch Berichte über aktuelles »inneres« Erleben gehören hierzu. Das Erleben kann z. B. mit Hilfe von Video-Rückmeldung des eigenen Verhaltens sehr detailliert rekonstruiert werden; vgl. Asendorpf, J., Videotape reconstruction of emotions and cognitions related to shyness, *Journal of Personality and Social Psychology*, Vol. 53, 1987, 542–549.

16 Moskowitz, D. S. et al., Validity comparison of behavior counts and ratings by knowledgeable informants, *Journal of Personality and Social Psychology*, Vol. 42, 1982, 518–528.
17 Intensive Untersuchungen des Lügens von Paul Ekman und Mitarbeitern haben ergeben, daß manche Menschen so gut lügen können, daß es auch bei detailliertester Verhaltensanalyse nicht möglich ist, besser als durch Zufall zu entscheiden, ob sie gerade gelogen haben oder nicht (vgl. Ekman, P., Telling lies, New York: Norton, 1985). Für die gegenwärtige Psychologie verbleibt also bei manchen Menschen ein prinzipiell nicht zugänglicher Bereich; den durch und durch »gläsernen Menschen« gibt es bisher nicht. Diese Grenze psychologischer Erkenntnis ist gleichzeitig unsere Chance, uns gegen Manipulationsversuche anderer zu wehren; hoffen wir deshalb, daß es dabei auch in Zukunft bleibt (vgl. die ausgezeichnete Darstellung in Scheibe, K. E., Mirrors, masks, lies, and secrets: The limits of human predictability, New York: Praeger, 1979).
18 Younger, A. J. et al., Age-related differences in children's perceptions of social deviance: Changes in behavior or in perspective? *Developmental Psychology,* 22, 1986, 531–542.
19 Asendorpf, J. Unveröffentlichte Analyse.
20 Vgl. z. B. die umfangreiche Längsschnittstudie des Fels Research Institute, in der die Entwicklung vieler sozial-emotionaler Merkmale an einer größeren Stichprobe bis ins Erwachsenenalter verfolgt wurde (Kagan, J. & Moss, H. A., Birth to maturity, New York: Wiley, 1962).
21 Asendorpf, J., Verdrängte Angst steht im Gesicht, *Psychologie heute*, Vol. 11, 1984, 52–58, und Asendorpf, J. et al. The discrepant repressor: Differentiation between low anxiety, high anxiety, and repression of anxiety by autonomic-facial-verbal patterns of behavior, *Journal of Personality and Social Psychology*, Vol. 45, 1983, 1334–1346.
22 Costa, P. T. et al., Enduring dispositions in adult males, *Journal of Personality and Social Psychology*, Vol. 38, 1980, 793–800.
23 Huesmann, L. R. et al., Stability of aggression over time and generations, *Developmental Psychology*, Vol. 20, 1984, 1120–1134.
24 Kagan, J., Perspectives on continuity. In: O. G. Brim & J. Kagan (Eds.), Constancy and change in human development, Cambridge, MA: Harvard University Press, 1980, 26–74.

Kapitel V

1 Becker, W. C., Consequences of different kinds of parental discipline. In: M. L. Hoffman & L. W. Hoffman (Eds.), Review of child development research (Vol. 1), New York: Russell Sage Foundation, 1964, 169–208.

2 Maccoby, E. E. et al., Socialization in the context of the family: parent-child interaction. In: P. H. Mussen (Ed.), Handbook of child psychology, Vol. 4, New York: Wiley, 1983, 1–101.

3 Zuerst Bell, R. Q., A reinterpretation of the direction of effects in studies of socialization, *Psychological Review*, Vol. 75, 81–95; ausführlicher in: Bell, R. Q. et al., Child effects on adults, Hillsdale, NJ: Erlbaum, 1977.

4 Die Daten stammen aus Loehlin, J. C. et al., Personality resemblance in adoptive families, *Behavior Genetics*, Vol. 11, 1981, 309–330, sowie Scarr, S. et al., Personality resemblance among adolescents and their parents in biologically related and adoptive families, *Journal of Personality and Social Psychology*, Vol. 40, 1981, 885–898.

5 Adoptionsstudien können vor allem mit drei Problemen belastet sein. Erstens könnten die zur Adoption freigegebenen Kinder so vermittelt werden, daß die Adoptiveltern Ähnlichkeiten mit den biologischen Eltern haben, z. B. vorwiegend aus derselben sozialen Schicht stammen (»selektive Plazierung«). Das würde zu einer Überschätzung der Ähnlichkeit von Adoptivgeschwistern führen. Zweitens könnten die Adoptivfamilien in bestimmten Merkmalen, z. B. dem Erziehungsstil der Eltern, eine geringere Varianz gegenüber sonstigen Familien haben. Das würde zu einer Unterschätzung der Ähnlichkeit von Adoptivgeschwistern führen. Da Adoptionsagenturen darauf achten, daß die wegadoptierten Kinder in stabile Familien kommen, ist dies auch durchaus plausibel. Die Varianzeinschätzung betrifft aber anscheinend nur Extreme; so wurde in einer Untersuchung aller 3600 Adoptivfamilien in Minnesota zwischen 1948 und 1952 gefunden, daß der IQ der Adoptiveltern im Mittel exakt 100 und seine Varianz 237 betrug, die Familien von ihrem IQ her also repräsentativ für die Gesamtbevölkerung waren. Drittens muß gewährleistet sein, daß die Adoptivkinder in den ersten Lebensmonaten vermittelt wurden und ein ausreichender Altersabstand bis zur Testung der Kinder gegeben ist, damit sich der Einfluß des Elternhauses überhaupt auswirken kann. Die in Tafel 25 angegebenen Daten stammen aus Untersuchungen, die durch keines der drei Probleme deutlich belastet sind.

6 Thomas, A. & Chess, S., Temperament und Entwicklung, Stuttgart: Enke, 1980.

7 Die deutschen Bezeichnungen der Dimensionen sind aus (6) übernommen; die Beispiele stammen aus Thomas, A. et al., The origin of personality, *Scientific American*, Vol. 223, 1970.

8 Thomas, A. et al., Temperament and follow-up to adulthood. In R. Porter & G. M. Collins (Eds.), Temperamental differences in infants and young children, London: Pitman, 1982, 168–175.

9 Es ist nicht unplausibel, daß der Kinderwunsch von Eltern durch

Erfahrungen mit einem »schwierigen Kind« gedämpft wird; eine solche Rückwirkung wurde m. W. bisher nicht untersucht.

10 Ernst, C. & Angst, J., Birth order, Berlin: Springer, 1983.

11 (10), S. 10–12.

12 (10), S. 25–28.

13 (10), Kap. 1.

14 (10), Tabelle 4, S. 43.

15 (10), Tabelle 33, S. 155–156.

16 (10), S. 184 ff, insbesondere Tabelle 42.

17 Vgl. z. B. Hellbrügge, T. (Hrsg.), Kindliche Sozialisation und Sozialentwicklung, München: Urban & Schwarzenberg, 1974; oft findet sich auch bei der Diskussion des Entstehens der Mutter-Kind-Bindung der Verweis auf bei (wenigen) Tierarten beobachtete irreversible Lernvorgänge in sensiblen Phasen (Prägung), z. B. bei Hassenstein, B., Verhaltensbiologie des Kindes, München: Piper, 1973 (neu: 1987); der Vergleich des Entstehens der Mutter-Kind-Bindung mit Prägungsvorgängen ist aber eine unzulässige Verallgemeinerung des Prägungsbegriffs (vgl. V.4).

18 Eine Übersicht geben die deutschen Ausgaben Spitz, R. A., Vom Säugling zum Kleinkind, Stuttgart: Klett-Cotta, 6. Aufl., 1980, sowie Bowlby, J., Bindung: Eine Analyse der Mutter-Kind-Beziehung, München: Kindler, 1969, und Bowlby, J., Trennung: Psychische Schäden als Folge der Trennung von Mutter und Kind, München: Kindler, 1976.

19 Harlow, H. F. et al., Affectional responses in the infant monkey, *Science*, Vol. 130, 1959, 431–432; Harlow, H. F. et al., Learning to love, *American Scientist*, Vol. 54, 1966, 244–272.

20 Ernst, C. & Luckner, N. v., Stellt die Frühkindheit die Weichen? Stuttgart: Enke, 1985.

21 Vgl. die Übersicht in (20), S. 48 ff.

22 Das gilt auch für den Zusammenhang zwischen Tod eines Elternteils und späterem Selbstmord(versuch); vgl. (20), S. 65 ff.

23 Vgl. z. B. Scarr, S., Wenn Mütter arbeiten: Wie Kinder und Beruf sich verbinden lassen. Stuttgart: Beck, 1987.

24 Koluchová, J., Severe deprivation in twins: A case study, sowie: A report on the further development of twins after severe and prolonged deprivation. In: A. M. Clarke & A. D. B. Clarke (Eds.), Early experience: Myth and evidence, New York: Free Press, 1977, 45–55 sowie 56–66.

25 Freud, A. & Dann, S., Gemeinschaftsleben im frühen Kindesalter, in: Die Schriften der Anna Freud, Band IV, Frankfurt/Main: Fischer, 1987, S. 1161–1228.

26 Hartup, W. W., Peer relations. In: P. H. Mussen (Ed.), Handbook of child psychology, Vol. 4, New York: Wiley, 1983, S. 157–158.

27 Harlow, H. F., Age-mate or peer affectional system. In: D. S. Lehrman et al. (Eds.), Advances in the study of behavior, Vol. 2, New York: Academic Press, 1969, 333–383.

28 Novak, M. A. & Harlow, H. F., Social recovery of monkeys isolated for the first years of life: Pt. 1: Rehabilitation and therapy, *Developmental Psychology*, Vol. 11, 1975, 453–465.

29 Eine Übersicht über typische psychische Schädigungen durch nationalsozialistische Verfolgung im Kindes- und Jugendalter gibt Lempp, R., Extrembelastung im Kindes- und Jugendalter, Bern: Huber, 1979.

30 Vgl. (20), S. 157.

31 Lasky, J. J. et al., Post-hospital adjustment as predicted by psychiatric patients and by their staff, *Journal of Consulting Psychology*, Vol. 23, 1959, 213–218.

32 Oettermann, S., Das Panorama: Die Geschichte eines Massenmediums, Frankfurt/Main: Syndikat, 1980.

33 Die Vorstellung eines pyramidenförmigen Aufbaus der Naturwissenschaften hat eine lange Tradition. Die hier geschilderte Hierarchie hat z. B. Ähnlichkeiten mit der Pyramide von Auguste Comte, obwohl bei ihm die Psychologie noch nicht vorkam. Elaboriertere Versionen der Pyramide in bezug auf die belebte Natur finden sich z. B. in Whitehead, A.N., Science and the modern world, New York: Macmillan, 1925, und Miller, J. G., Living systems, New York: McGraw-Hill, 1978.

34 Die hier geschilderte hierarchische Ordnung beschreibt eher eine logische Platzanweisung der Naturwissenschaften als die faktische Auffächerung der von den einzelnen Disziplinen untersuchten Gegenstandsbereiche: Diese Auffächerung ist nur historisch verständlich. Auch läßt sich der streng hierarchische Aufbau bei näherer Analyse logisch nicht durchhalten, weil jede naturwissenschaftliche Theorie auch eine Theorie des menschlichen Beobachters einschließen muß; vgl. hierzu genauer V.10.

35 Prigogine, I. & Stengers, I., Dialog mit der Natur, München: Piper, 5. Aufl. 1986.

36 Eigen, M. & Winkler, R., Das Spiel: Naturgesetze steuern den Zufall, München: Piper, 1975; vgl. auch V.3.

37 Küppers, B.-O., Der Ursprung biologischer Information, München: Piper, 1986.

38 Darwin, C., The origin of species, London: John Murray, 1859.

39 Sameroff, A. J., Early influences on behavior: Fact or fancy, *Merrill-Palmer Quarterly*, Vol. 21, 1975, 267–294.

40 Unter dem Genotyp eines Lebewesens versteht man die Gesamtheit der in seinen Zellen vorhandenen Information, einschließlich der im Zytoplasma vorhandenen Information. Der Genotyp im engeren

Sinne besteht nur aus der Information, die in der DNS der Zellkerne enthalten ist. Sie wird als das Genom des Lebewesens bezeichnet. Der Genotyp besteht also aus Genom plus zytoplasmatischer Information. Eineiige Zwillinge haben zwar das gleiche Genom, nicht aber den gleichen Genotyp (vgl. [37], S. 52–53).

41 Gut verständliche, gleichzeitig aber durchaus differenzierte und tiefgehende Darstellungen der Evolution geben Riedl, R., Die Strategie der Genesis, München: Piper, 1976 und (36).

42 Riedl, R., Evolution und Erkenntnis, München: Piper, 1982, S. 128.

43 Cohen, D. J. et al., Reliably separating identical from fraternal twins, *Archives of General Psychiatry*, Vol. 32, 1975, 1373–1374.

44 Vgl. z. B. Hadorn, E. & Wehner, R., Allgemeine Zoologie, Stuttgart: Thieme, 19. Aufl., 1974, S. 45 ff.

45 Eine gut verständliche Einführung geben Wickler, W. & Seibt, U., Das Prinzip Eigennutz, Hamburg: Hoffmann & Campe, 1977.

46 Ich folge hier der Darstellung in Jantsch, E., Die Selbstorganisation des Universums, München: Hanser, 1979.

47 Eine Übersicht gibt z. B. der Sammelband von Sebeok, T. A. & Umiker-Sebeok, J. (Eds.), Speaking of apes: A critical anthology of two-way communication with man, New York: Plenum Press, 1980.

48 Lumsden, C. J. & Wilson, E. O., Genes, mind, and culture: The coevolutionary process, Cambridge, MA: Harvard University Press, 1981.

49 Gould, S. J., Ontogeny and phylogeny, Cambridge, MA: Harvard University Press, 1977, S. 397 ff.

50 Majerus, M. E. N. et al., Genetics and evolution of female choice, *Nature*, Vol. 321, 1986, 164–167.

51 Plomin, R., Development, genetics, and psychology, Hillsdale, NJ: Erlbaum, 1986.

52 Vgl. z. B. Plomin, R. et al., Behavioral genetics: A primer, San Francisco: Freeman, 1980, Kap. 10.

53 (52), S. 295 ff.

54 Scarr, S. & Carter-Saltzmann, L., Twin method: Defense of a critical assumption, *Behavior Genetics*, Vol. 9, 1979, 527–542.

55 Leiderman, P. H., Die soziale Bindung der Mutter zum Kind: Gibt es eine sensible Phase? In: K. Immelmann et al. (Hrg.), Verhaltensentwicklung bei Mensch und Tier, Berlin: Parey, 1982, S. 566–579.

56 Für statistisch versierte Leser: Die Reaktionsnorm eines Genotyps läßt sich als Konfidenzintervall für die Merkmalsausprägungen des Genotyps auffassen. Die »Zuverlässigkeit« der Merkmalsbestimmung durch den Genotyp, also das Verhältnis genetisch bedingter Varianz zur Gesamtvarianz, beträgt im Falle des IQ in westlichen Industrienationen etwa 0.50 (vgl. V.7). Damit ergibt sich für den IQ bei einer Irrtumswahrscheinlichkeit von 5 % eine Breite des Konfi-

denzintervalls von $2 \cdot 1.96 \cdot 15 \cdot \sqrt{1-0.5} = 41.6$. Dies ist eine Schätzung für die mittlere Breite der Konfidenzintervalle aller Genotypen; zwischen verschiedenen Genotypen dürften die tatsächlichen Reaktionsnormen aber stark variieren. Solange sich Genotypen nicht direkt messen lassen, sind diese Unterschiede in den Reaktionsnormen nicht bestimmbar. Entsprechend ergibt sich für einen IQ-Test mit einer Zuverlässigkeit von 0.90 ein Konfidenzintervall von $2 \cdot 1.96 \cdot 15 \cdot \sqrt{1-0.9} = 18.6$.

57 Waddington, C. H., Principles of development and differentiation, New York: Macmillan, 1966.

58 Haeckel, E., Natürliche Schöpfungsgeschichte, Berlin: Georg Reimer, 1868. Diese Auffassung hatte aber schon viele Vorläufer, angefangen mit Anaximander und Aristoteles (vgl. [49], Kap. 2 u. 3).

59 Vgl. z. B. Rohen, J. W., Funktionelle Anatomie des Nervensystems, Stuttgart: Schattauer, 1971.

60 Sroufe, L. A., Socioemotional development. In: J. D. Osofsky (Ed.), Handbook of infant development, New York: Wiley, 1979, 462–516.

61 Rinn, W. E., The neuropsychology of facial expression, *Psychological Bulletin*, Vol. 95, 1984, 52–77.

62 Bennett-Levy, J. & Marteau, T., Fear of animals: What is prepared? *British Journal of Psychology*, Vol. 75, 1984, 37–42.

63 Öhman, A., Face the beast and fear the face, *Psychophysiology*, Vol. 23, 1986, 123–145.

64 Koch, J., Der Einfluß der frühen Bewegungsstimulation auf die motorische und psychische Entwicklung des Säuglings, Bericht über den 26. Kongreß der Deutschen Gesellschaft für Psychologie, Göttingen: Hogrefe, 1969.

65 Gottlieb, G., The psychobiological approach to developmental issues. In: P. H. Mussen (Ed.), Handbook of child psychology, Vol. 2, New York: Wiley, 1983, 1–26.

66 Thompson, R. F. & Berger, T. W., Physiological and anatomical mechanisms: Neural bases of learning. In: P. Marler & H. S. Terrace (Eds.), The biology of learning, Berlin: Springer, 1984, 479–508.

67 Rosenzweig, M. R. & Bennett, E. L., Enriched environments: Facts, factors, and fantasies. In: J. L. McGaugh & L. Petrinovich (Eds.), Knowing, thinking, and believing, New York: Plenum Press, 1976, 179–213.

68 Ob diese Wertung des Verhaltens bei/nach der Trennung angemessen ist, ist umstritten; hier geht es nur um die Stabilität der Bindungsqualität. Auch läßt sich bestreiten, daß die Bindungsqualität ein Persönlichkeitsmerkmal des Kindes sei: Im Grunde handelt es sich um eine Eigenschaft der Beziehung zwischen Mutter und Kind, also um ein dyadisches Konzept. Dennoch kann man die Bindungs-

qualität als Persönlichkeitsmerkmal von Kind bzw. Mutter auffassen, allerdings mit sehr eingeschränkter situativer Stabilität: Die Art der Bindung eines Kleinkindes zur Mutter korreliert nämlich nicht mit der Art seiner Bindung zum Vater. Vgl. die ausgezeichnete Diskussion des Bindungskonzepts in Lamb, M. E. et al., Security of infant attachment as assessed in the »strange situation«: Its study and biological interpretation, *Behavioral and Brain Sciences*, Vol. 7, 1984, 127–171.

69 Vgl. die Übersicht in (68), S. 135–136.

70 Dodge, K. A., A social information processing model of social competence in children. In: M. Perlmutter (Ed.), The Minnesota symposia on Child Psychology, Vol. 18, Hillsdale, NJ: Erlbaum, 1986, 77–125.

71 Snyder, M. et al., Social perception and interpersonal behavior: On the self-fulfilling nature of social stereotypes, *Journal of Personality and Social Psychology*, Vol. 35, 1977, 656–666.

72 Merton, R. K., The self-fulfilling prophecy, *Antioch Review*, Vol. 8, 1948, 193–210.

73 Eine sehr verständliche Einführung gibt Naudascher, B., Spieglein, Spieglein an der Wand, München: Kösel, 1983; vgl. ansonsten Harter, S., Developmental perspectives on the self-system. In: P. H. Mussen (Ed.), Handbook of child psychology, Vol. 4, New York: Wiley, 1983, 275–385.

74 Gallup, G. G. Jr., Mirror image stimulation, *Psychological Bulletin*, Vol. 70, 1968, 782–793.

75 Lewis, M. & Brooks-Gunn, J., Social cognition and the acquisition of self, New York: Plenum Press, 1979.

76 Cooley, C. H., Human nature and the social order, New York: Charles Scribner's sons, 1902.

77 Wimmer, H. & Perner, J., Beliefs about beliefs: Representation and constraining function of wrong beliefs in young children's understanding of deception, *Cognition*, Vol. 13, 1983, 103–128.

78 Perner, J. & Wimmer, H., »John thinks that Mary thinks that . . .« Attribution of second-order beliefs by 5- to 10-year old children, *Journal of Experimental Child Psychology*, Vol. 39, 1985, 437–471.

79 Laing, R. D. et al., Interpersonelle Wahrnehmung, Frankfurt/Main: Suhrkamp, 1971, S. 37.

80 Pawlik, K. & Buse, L., Selbst-Attribuierung als differentiell-psychologische Moderatorvariable, *Zeitschrift für Sozialpsychologie*, Vol. 10, 1979, 54–69.

81 Mit der Tendenz, die eigene soziale Umwelt so auszuwählen, daß sie unser Selbstbild stabilisiert, beschäftigen sich z. B. Swann, W. B. Jr., Self-verification: Bringing social reality into harmony with the self, und Tesser, A. et al., Self-definition and self-evaluation mainte-

nance, beide in J. Suls & A. Greenwald (Eds.), Psychological perspectives on the self (Vol. 2), Hillsdale, NJ: Erlbaum, 1983.

82 Eine Übersicht gibt Mischel, W., Personality and assessment, New York: Wiley, 1968. Wie Epstein mit Recht einwendet, bezieht sich Mischel aber auf »nicht ausreichend aggregierte« Verhaltensdaten: Wird das beobachtete Verhalten in verschiedenen Situationen über längere Zeit gemittelt, so steigen die situative und die zeitliche Stabilität von Verhaltensunterschieden deutlich über die von Mischel (1968) angegebene »magische Grenze« von 0.30 hinaus an; vgl. Epstein, S., The stability of behavior: I. On predicting most of the people much of the time, *Journal of Personality and Social Psychology*, Vol. 37, 1979, 1097–1126. Aber auch nach Berücksichtigung des Aggregationsproblems bleibt die situative Stabilität beobachtbarer Verhaltensunterschiede meist unter der von Selbstkonzeptunterschieden.

83 Kagan, J., The second year: The emergence of self-awareness, Cambridge, Mass.: Cambridge University Press, 1981; vgl. auch Kagan, J., Die Natur des Kindes, München: Piper, 1987, Kap. 3 u. 4.

84 Die folgende Darstellung fußt auf Plomin, R. et al., Genotype-environment interaction and correlation in the analysis of human behavior, *Psychological Bulletin*, Vol. 84, 1977, 309–322; vgl. auch Scarr, S. & McCartney, K., How people make their own environments: A theory of genotype → environment effects, *Child Development*, Vol. 54, 1983, 424–435.

85 Geschwister teilen nicht in jedem Einzelfall 50% ihrer Gene, sondern im Durchschnitt annähernd 50%. Dieser Prozentsatz ist eine leichte Unterschätzung wegen der genetischen Ähnlichkeit der Eltern (Vater und Mutter können ja bestimmte Gene gemeinsam haben, so daß alle Kinder in diesen Genen gleich sind). Andererseits stellt die Schätzung von 50% eine leichte *Überschätzung* der zu einem bestimmten Zeitpunkt gemeinsamen *aktiven* Gene dar, wenn die Geschwister keine Zwillinge sind: Je größer ihr Altersabstand ist, desto weniger sind bei beiden die gleichen Gene aktiv. Dieses Problem ist erst in den letzten Jahren erkannt worden (vgl. Plomin, R., Multivariate analysis and developmental behavorial genetics: Developmental change as well as continuity, *Behavioral Genetics*, Vol. 16, 1986, 25–43).

86 Statistisch etwas versierte Leser mögen hier stutzen: Gibt nicht das *Quadrat* einer Korrelation zwischen zwei Variablen X, Y den gemeinsamen Varianzanteil von X und Y an? Manchmal ja, aber nicht immer. Im vorliegenden Fall haben wir zwei Variablen X_1, X_2 vor uns mit

$$VX_1 = VXg + VXs_1 + VF = VXu$$
$$VX_2 = VXg + VXs_2 + VF = VXu$$

wobei VXg der gemeinsame Varianzanteil, VF der Varianzanteil des Fehlers und VXs_1, VXs_2 die speziellen Varianzanteile des Merkmals X in der Untergruppe U und Xg, Xs_1, Xs_2, F unabhängige Variablen sind. Also ist

$$\mathrm{Korr}(X_1, X_2)^2 = \frac{VXg \cdot VXg}{VX_1 \cdot VX_2} = \frac{VXg^2}{VXu^2}$$

(vgl. Stelzl, I., Fehler und Fallen der Statistik, Bern: Huber 1982, S. 238).

87 In manchen Adoptionsstudien kommt es dennoch durch »selektive Plazierung« zu einer genetischen Ähnlichkeit von Adoptivgeschwistern. Werden z. B. Kinder aus Mittelschichtsfamilien vorzugsweise an Adoptiveltern aus der Mittelschicht vermittelt, führt dies zu einer positiven Korrelation zwischen dem Genotyp der Geschwister, weil Schichtunterschiede bei manchen Persönlichkeitsmerkmalen, z. B. bei Intelligenz, mit genetischen Unterschieden einhergehen. In neueren Adoptionsstudien versucht man, eine selektive Plazierung dadurch zu kontrollieren, daß man die Korrelation des interessierenden Persönlichkeitsmerkmals zwischen den biologischen und den Adoptiveltern der adoptierten Kinder bestimmt: Ist sie Null, ist zu erwarten, daß auch die Korrelation zwischen den genetischen Faktoren Null ist, die das Merkmal beeinflussen.

88 Ein weiterer Grund für die höhere Ähnlichkeit zweieiiger Zwillinge verglichen mit Geschwistern beliebigen Alters könnte eine größere Ähnlichkeit in *aktiven* Genen sein (vgl. Anm. 85).

89 Voraussetzung hierfür ist, daß die Umwelten eineiiger und zweieiiger Zwillinge gleich ähnlich sind; daß dies in guter Annäherung zutrifft, wurde in Kapitel V.4 dargelegt.

90 Rowe, D. C. & Plomin, R., The importance of nonshared (E_1) environmental influences in behavioral development, *Development Psychology*, Vol. 17, 1981, 517–531.

91 Vgl. für erste Ansätze zu einer systematischen Erforschung Personspezifischer Umwelteinflüsse Daniels, D. & Plomin, R., Differential experience of siblings in the same family, *Developmental Psychology*, Vol. 21, 1985, 747–760.

92 Heidenfelder, K. H., Objektive Registrierung des Sprechverhaltens, Unveröffentlichte Dissertation, Universität Würzburg, 1985.

93 Plomin, R. et al., Origins of individual differences in infancy: The Colorado Adoption Project, Orlando: Academic Press, 1985.

94 Plomin, R., Development, genetics, and psychology, Hillsdale, NJ: Erlbaum, 1986, Kap. 5.

95 Dieser Effekt könnte zum Teil aber auch an der größeren Ähnlichkeit gemeinsam *aktiver* Gene bei älteren Geschwistern unterschiedlichen Alters liegen; vgl. (85).

96 Eine Einführung in die Psychologie der gesamten Lebensspanne ge-

ben z. B. Baltes, P. B. & Eckensberger, L. H. (Hrsg.), Entwicklungspsychologie der Lebensspanne, Stuttgart: Klett-Cotta, 1979.
97 Collage aus: Frisch, M., Homo faber (Frisch, M., Gesammelte Werke in zeitlicher Folge, Band IV.1, Frankfurt/Main: Suhrkamp, 1976, S. 33 ff).
98 Maturana, H. R., Erkennen: Die Organisation und Verkörperung von Wirklichkeit, Braunschweig: Vieweg, 1982, S. 157–235.
99 Berühmtestes Beispiel sind die »chemischen Uhren«, wie sie von Prigogine untersucht werden; vgl. (35).
100 »Abgeschlossen« bezieht sich nur auf Maturanas und Varelas Begriff von Organisation; natürlich sind Lebewesen offene Systeme im üblichen Sinn der Systemtheorie bzw. Thermodynamik, d. h. sie tauschen Materie, Energie und Information mit ihrer Umwelt aus.
101 Diese neue Sichtweise der Wahrnehmung wurde in den fünfziger Jahren als »new look in perception« bezeichnet; vgl. z. B. Lilli, W., Die Hypothesentheorie der sozialen Wahrnehmung. In: D. Frey (Hrsg.), Kognitive Theorien der Sozialpsychologie, Bern: Huber, 1978.
102 Frisch, M., Gesammelte Werke in zeitlicher Folge, Band V.2, Frankfurt/Main: Suhrkamp, 1976, S. 581–582.
103 Scarr, S., Constructing psychology: Making facts and fables for our times, *American Psychologist*, Vol. 40, 1985, 499–512.
104 Lorenz, K., Die Rückseite des Spiegels, München: Piper, 1973.
105 Weizsäcker, C. F. v., Aufbau der Physik, München: Hanser, 1985, S. 330–331.
106 (105), S. 526 ff.
107 Camus, A., Das Frühwerk, Düsseldorf: Karl Rauch Verlag, 1967, S. 519.
108 (105), S. 15.

Kapitel VI

1 Gusella, J. F. et al., DNA markers for nervous system diseases, *Science*, Vol. 225, 1984, 1320–1326.
2 Eine gut verständliche Einführung gibt Karcher, H. L., Gen-Diagnose: Auf der Suche nach den ererbten Faktoren, *Bild der Wissenschaft*, 1986, No. 3, 63–77.
3 Bericht der Enquête-Kommission »Chancen und Risiken der Gentechnologie« an den Deutschen Bundestag, München: J. Schweitzer, 1987.
4 Frankfurter Forum zum Schutz des genetischen Selbstbestimmungsrechts, Neuhaußstr. 6, 6000 Frankfurt/Main 1.
5 Eine gut verständliche Einführung gibt Zell, R. A., Gen-Therapie: Menschen ohne Makel, *Bild der Wissenschaft*, 1986, No. 3, 78–84.
6 Jonas, H., Das Prinzip Verantwortung: Versuch einer Ethik für die technologische Zivilisation, Frankfurt/Main: Suhrkamp, 1984, S. 36.

Register

Adoptionsstudien s. Geschwister
Autopoiese 291 ff.
Einzelkind s. Geschwisterposition
Entwicklung 32 ff.
- differentielle 45 ff., 88 ff.
- embryonale 207 ff.
- individuelle 33 ff.
- normale/anomale 39–40, 69–71
- Synchronie 276 ff.
- universelle 36 ff., 206 ff.
- Variabilität 62 ff.

Epigenetische Landschaft s. Gen
Erfahrung
- Wechselwirkung mit Reifung 229 ff.
- Wirkung auf universelle Entwicklung 225 ff.
Erziehungsstil 113 ff.
Evolution 157 ff.

Gen/Genotyp
- Definition 158–161
- epigenetische Landschaft 218–219, 286 ff.
- Genomanalyse 312 ff.
- Gen-Regulation 165 f.
- Gentechnologie 311
- Gen-Therapie 323 ff.
- und Evolution 158 ff.
- Variabilität der Wirkung 190–195
- Verhaltenswirksamkeit 185 ff.
- Wechselwirkung mit Umwelt 179 ff., 247 ff.
Geschwister
- Adoptivgeschwister 119, 260 ff.
- genetische Ähnlichkeit 169 f.
- Geschwisterposition 126 ff.
- Umweltähnlichkeit 260 ff.
- Zwillinge 169 f., 192 ff., 262 ff.

Heimkinder 135 ff.
Huntington-Krankheit 188 ff., 312 ff.

Intelligenz
- Abbau im Alter 41 f.
- Definition IQ 55 ff.
- Einflüsse auf 259 ff.
- Stabilität von Unterschieden 95 ff.
- Synchronie von IQ-Änderungen 276 ff.
- und Genotyp-Umwelt-Interaktion 252
Interaktion (statistische) 155
- Gen-Umwelt-Interaktion 250 ff.

Koevolution Gen-Umwelt 179 ff.
Korrelation 84 ff.
Kovariation/Kovarianz 247 ff., 256

Längsschnittstudie 40 ff.

Ontogenese 153, 215

Persönlichkeitsunterschiede
- Definition 73 ff.
- evolutionsstabile 172 ff.
- Intelligenz s. Intelligenz
- sozial-emotionale 98 ff., 266 ff.
- Stabilität s. Stabilität
- Vorhersagbarkeit 108 ff.
Phenylketonurie 187 ff.
Phylogenese 152, 215

Querschnittstudie 40 ff.

Reaktionsnorm
- von Genen 193 f.
- von Genotypen 200
- von Umweltfaktoren 197
- von Umwelten 201 ff.
Reifung
- Wechselwirkung mit Erfahrung 229 ff.
- Wirkung auf universelle Entwicklung 206 ff, 219 ff.

Selbstkonzept 237 ff.
Stabilität
- differentielle 88
- Ergebnisse zur 91 ff.
- homotype/heterotype 110
- individuelle 83
- Stabilisierung 91 ff., 231 ff.
- universelle 84
Synchronie s. Entwicklung

Temperament (frühkindliches) 120 ff.
Transaktion 154, 200 ff.
Traumatische Erlebnisse 130 ff.

Umwelt
- Person-Umwelt-Transaktion 200 ff.
- und Evolution 176 ff.
- Variabilität der Wirkung 195 ff.
- Verhaltenswirksamkeit 113 ff., 195 ff.
- Wechselwirkung mit Genen/Genotypen 179 ff., 247 ff.

Variabilität/Varianz
- Erzeugung von 51
- Varianzdefinition 52–54
- Varianzzerlegung 253 ff.
- von Verhalten 62 ff.

Zwillinge s. Geschwister
Zufall 156, 297 ff.